权威·前沿·原创

皮书系列为
"十二五""十三五"国家重点图书出版规划项目

印度尼西亚经济蓝皮书

BLUE BOOK OF INDONESIAN ECONOMY

印度尼西亚经济发展报告
（2017）

ANNUAL REPORT OF INDONESIAN ECONOMIC DEVELOPMENT
(2017)

增长与机会

Growth and Opportunities

主　编／左志刚
副主编／朱刚琴　常　亮　陈文婷　池海文

社会科学文献出版社
SOCIAL SCIENCES ACADEMIC PRESS (CHINA)

图书在版编目（CIP）数据

印度尼西亚经济发展报告.2017：增长与机会／左志刚主编.--北京：社会科学文献出版社，2017.11
（印度尼西亚经济蓝皮书）
ISBN 978-7-5201-1801-9

Ⅰ.①印… Ⅱ.①左… Ⅲ.①经济发展-研究报告-印度尼西亚-2017　Ⅳ.①F134.24

中国版本图书馆CIP数据核字（2017）第281029号

印度尼西亚经济蓝皮书
印度尼西亚经济发展报告（2017）
——增长与机会

主　　编／左志刚
副 主 编／朱刚琴　常　亮　陈文婷　池海文

出 版 人／谢寿光
项目统筹／陈晴钰
责任编辑／陈晴钰

出　　版／社会科学文献出版社·皮书出版分社（010）59367127
　　　　　地址：北京市北三环中路甲29号院华龙大厦　邮编：100029
　　　　　网址：www.ssap.com.cn
发　　行／市场营销中心（010）59367081　59367018
印　　装／北京季蜂印刷有限公司
规　　格／开本：787mm×1092mm　1/16
　　　　　印张：23.25　字数：353千字
版　　次／2017年11月第1版　2017年11月第1次印刷
书　　号／ISBN 978-7-5201-1801-9
定　　价／89.00元

皮书序列号／PSN B-2017-675-1/1

本书如有印装质量问题，请与读者服务中心（010-59367028）联系

▲ 版权所有 翻印必究

主要撰写者介绍

左志刚 经济学博士，国际注册管理会计师（CGMA），毕业于中国人民大学财政金融学院，现任广东外语外贸大学教授，副院长，教育部备案的广东外语外贸大学印度尼西亚研究中心主任，财务学科带头人。主要研究方向为跨国企业经营和科技金融，在《外国经济与管理》《财经研究》等刊物发表论文二十余篇，主持国家社科基金项目和省部级项目6项。

朱刚琴 广东外语外贸大学副教授，印度尼西亚语专业学科带头人，主要研究方向为印度尼西亚语言、文化和政治，近年发表论文十余篇、出版教材4本，"十二五"国家重点图书出版规划项目《印度尼西亚社会文化与投资环境》的主撰之一。

常 亮 经济学博士，广东外语外贸大学副教授，系主任。近年在 *Emerging Market Finance and Trade*、《金融学季刊》等杂志发表论文十余篇，主持广东省自然科学基金等项目多项。

陈文婷 管理学博士，讲师，广东外语外贸大学云山青年学者，中山大学并购重组研究中心研究员，香港中文大学香港亚太研究所荣誉副研究员，美国会计协会会员，国家自然科学基金项目评审专家。近年来在《管理科学学报》、*China Journal of Accounting Research* 等期刊发表论文十余篇，主持国家自然科学基金项目、广东省项目等多项。

池海文 国际注册管理会计师（CGMA），现任广东外语外贸大学副教授、MPAcc教育中心主任，主要研究方向为国际财务管理，近年来主持省市课题多项，发表论文多篇。

摘　要

印度尼西亚（以下简称印尼）经济体量大，人口多，是世界第四人口大国和第三大发展中国家，印度尼西亚与中国的交流历史悠久，社会、经济和文化方面的差异也比较明显。在当前背景下，研究印度尼西亚经济问题和相关政治文化影响因素，对加深了解、推动中印合作的意义十分显著。

作为研究印度尼西亚的第一本蓝皮书，本书围绕经济主题，分为总报告、外贸与外商投资篇、国内产业经济篇、经济合作篇和专题篇五个部分，从政府政策综合分析、产业结构、主导企业和政治文化等视角，对印度尼西亚的宏观经济和主要产业发展动态、竞争力和合作空间进行解析，为中国政府、中国企业寻求在印度尼西亚的合作机会提供重要参考，也为中国学术界研究印度尼西亚提供素材。

第一部分为总报告，分析了印尼宏观经济走向和前景。分析表明，2016年，印尼经济在经历5年连续下滑后出现回暖，通货膨胀和汇率下跌趋势得到有效控制，但进出口仍然呈现双边下滑态势，失业率较高。宏观经济好转主要得益于政府扩大投资、加强基础设施建设和转移支付、削减能源补贴等政策措施。未来经济的发展，受政府持续扩张投资的财力有限、国内消费需求增长和出口乏力等因素影响，存在较大不确定性。

第二部分为外贸与外商投资情况，包括第二、第三章。

第二章分析了印尼对外贸易情况。分析表明，2012年以后，印尼进出口总量出现双向下滑态势，2012~2014年还出现了贸易逆差。2015~2016年虽实现了贸易顺差，但这是进口下降幅度超过出口下降幅度的结果。印尼对外贸易结构上，出口方面资源品和工业制成品并重，进口则以设备和工业用品为主。贸易伙伴主要来自亚太，其贸易顺差主要来自美、荷、印等国，

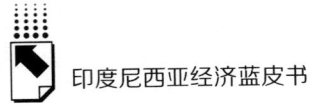

中国自2015年始成为其最大进口来源国和第三大出口市场。

第三章研究了印尼外商投资情况,自2013年以来,印尼的外商直接投资总量增长明显放缓,维持在每年290亿美元左右。外商直接投资的主要领域是矿业、运输仓储和通信服务业、冶金、机械与电子工业,以及电力、天然气和供水。间接投资方面,证券市场外资交易比重较高,但近期受美元加息等因素影响出现负的净投资。2016年中国大陆对印尼直接投资额为26.65亿美元,排名第3位。

国内产业经济部分包括五章,选择印尼政府规划的重点产业和"一带一路"海外合作关注重点,包括如下内容。

第四章分析了印尼能源工业发展动态、竞争力和产业机会。近年,印尼能源需求增长明显,但能源生产增长较慢。能源结构上以油气资源为主,发电以火力发电为主,但水力、地热能发电潜力大。印度尼西亚资源丰富,但能源供应缺口明显,电力投资机会较多,且具备一定的基础设施条件和政策空间。

第五章分析了印尼信息通信和广电产业情况。广电产业维持了两位数的较快增长,信息通信产业规模则突破了千亿美元,但各细分领域增长出现分化。细分领域中,互联网接入与在线零售是发展重点,电子商务增长很快,网络硬件产业则发展平稳。由于市场发展规模较小,与中国同类企业相比竞争力还存在明显差距,且本届政府重视信息通信基础设施建设,产业合作空间较大。

第六章分析了交通运输业,包括陆路、海运和航空三个部分。分析表明:印尼交通运输业近年快速增长,以现值计算,航空业年均增长率在30%以上,公路运输作为交通运输业主体,年增长率也在20%以上,铁路则在2014年开始出现爆发性增长,但其基数极小,在交通运输业中占比仅为1%。本届政府极力扩大公路网络和提高通行效率,并鼓励民营资本参与,加上印尼本土公路企业建设和管理能力不足,收费公路领域的合作机会较多;航空部门也存在扩大网络、加大密度的市场空间。

第七章分析了金融业,包括银行、证券和保险。印尼金融体系欠发达,金融服务的覆盖度较低。在银行市场,四大国家银行占据约一半的市场份额，近两年来规模增长放缓；证券市场和保险市场的外资参与度较高，外国投资者交易额约占股票市场交易额的40%，外资保险公司则是保险市场的主体。股票市场自2015年9月以来出现了一波中期上涨行情，但受外部环境影响，近期出现市场中外资负的净投资扩大现象，表明了外国投资者对市场的担心。由于当前市场规模仍然相对较小，且政府有推动金融发展，尤其是扩大银行、保险覆盖面的决心，存在较大的产业发展空间，但政府同时强调风险防范和谨慎监管，外资利用这些产业机会存在一定难度。

第八章分析了印尼的食品饮料和烟草产业。作为涉农产业，它对解决就业问题意义重大，因而也是本届政府非常重视的产业之一。该产业对印尼GDP贡献较大，在过去五年间一直保持增长，但增速有所减缓。由于人口基数大、政府政策支持等因素，仍然有较大的发展空间。

经济合作部分包括两章，分别分析印尼产业合作空间和中国企业在印尼寻找合作的经验。

第九章从产业现状、政府规划、产业投资与资金需求、政策优惠等角度分析了印尼产业提供的合作空间；同时从政策限制因素、社会与文化差异以及基础设施建设领域的政策协调与用地方面分析了投资印度尼西亚产业面临的挑战。

第十章通过雅万高铁、镍矿投资、OPPO印尼公司三大案件分别阐述了在印尼进行大型基础设施项目合作、产业投资和企业经营方面的经验和风险。这三种类型是中国与印度尼西亚开展企业合作的主要形式，因而其案例经验具有较大参考价值。

第十一章为专题，从三个方面对佐科政府推动改革发展的政治策略进行了分析，包括佐科改革发展的基本理念，改革发展思想的政治传承，以及推动改革发展的政治策略，如合纵连横、政治和解、稳中求进等。同时，对2016年下半年至2017年5月的钟万学政治事件的政治含义进行了简要分析。

前　言

本书是中国出版的第一本关于印度尼西亚的蓝皮书，以经济为主题。

印度尼西亚处于中国提出的 21 世纪海上丝绸之路的重要节点，是世界第四人口大国和第三大发展中国家，有一定的经济发展基础，市场大，资源丰富。中国是印度尼西亚第一大贸易伙伴，两国已在 2005 年建立了战略伙伴关系，存在巨大的合作潜力。印度尼西亚也提出了自身的海上强国战略，与我国的海上丝绸之路建设存在交集，既有协同关系，也有竞争关系，再加上政治、法律、社会和文化差异，两国合作项目也面临众多风险和挑战，政府决策层和希望走出去的中国企业亟须了解印度尼西亚经济、政治和社会动态，希望把握合作机会，防范合作风险，本书就是基于这一目的而展开的研究。

本书是广东外语外贸大学"印度尼西亚研究中心"的集体成果，是海上丝绸之路协同创新中心（简称"海丝协同中心"）系列成果之一。"海丝协同中心"依托于广东国际战略研究院建设，是国家"一带一路"智库合作联盟理事单位、外交部政策研究重点合作单位，已获认定为广东省协同创新中心，并且是广东省高水平大学重点学科建设项目依托单位。"海丝协同中心"以广东外语外贸大学为牵头单位，以中国社会科学院世界经济与政治研究所、商务部国际贸易经济合作研究院、厦门大学、中国国际问题研究院、中共中央对外联络部当代世界研究中心、中国科学院南海海洋研究所、中山大学、云南大学、暨南大学等为协同单位。同时，广东外语外贸大学还是全国最早开设印度尼西亚语专业的高校之一，在印度尼西亚专业人才培养和印度尼西亚问题研究方面有长期积累，为全国高校印度尼西亚专业师资和驻印度尼西亚企事业单位培养了大量骨干人才。

本书由经济管理与印尼文化政治两类学科人员协同合作完成，各章节写作分工是：左志刚负责编写第一、二、三、七、九和十章，朱刚琴负责编写第十一章，常亮负责编写第四章，陈文婷负责编写第五章，左志刚与石方志、高献珍合作编写第六章，池海文负责编写第八章，何倩仪参与了第一章和第十章的资料搜集与整理工作。

本书有如下特点：

①突出实用性，着重回应政府和企业与印度尼西亚开展合作的现实关切。

②宏观与微观分析并举，本书不仅从宏观上分析印度尼西亚经济动态，也用大量篇幅深入产业和企业层面进行分析，提供大量产业动态信息和典型企业个案信息，为中国企业走向印度尼西亚提供有价值的参考。

③资料权威翔实，依托"海丝协同中心"的数据库建设和庞大的印度尼西亚校友网络，进行了大量宏观、产业和企业资料的收集整理和调研，翔实的资料使本书具有较强的实践参考价值。

左志刚
2017年6月8日

目 录

Ⅰ 总报告

B.1 印度尼西亚经济形势总体报告 …………………………………… 001
  一 经济增长动态与特征 ………………………………………… 002
  二 外贸与外商投资形势 ………………………………………… 009
  三 产业发展态势 ………………………………………………… 012
  四 政府主要经济政策与措施 …………………………………… 016
  五 经济前景分析 ………………………………………………… 021

Ⅱ 外贸与外商投资篇

B.2 印度尼西亚国际贸易形势分析 …………………………………… 032
B.3 印度尼西亚外商投资发展报告 …………………………………… 043

Ⅲ 国内产业经济篇

B.4 印度尼西亚能源工业发展形势、竞争力与产业机会 …………… 052

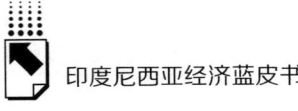

B.5 印度尼西亚信息通信与广电产业发展形势、
　　　竞争力与产业机会 …………………………………………… 087
B.6 印度尼西亚交通运输业发展动态、竞争力与产业机会 ………… 135
B.7 印度尼西亚金融业发展动态、竞争力与产业机会 ……………… 177
B.8 印度尼西亚食品饮料烟草行业发展形势、竞争力与产业机会 …… 214

Ⅳ 经济合作篇

B.9 印度尼西亚产业合作空间与主要风险总体分析 ………………… 255
B.10 中国－印度尼西亚企业合作案例 ………………………………… 295

Ⅴ 专题篇

B.11 佐科政府推动改革发展的策略与政治基础分析 ………………… 314

Summary …………………………………………………………………… 341
Contents …………………………………………………………………… 346
Abstrak …………………………………………………………………… 353

皮书数据库阅读 **使用指南**

总 报 告

General Report

B.1 印度尼西亚经济形势总体报告

摘　要： 2016年，印度尼西亚经济在经历5年连续下滑后出现回暖，现价GDP增长5.02%，同时表现出投资驱动作用提升、三次产业结构优化、采矿与油气工业比重下降、服务业占比提升、通货膨胀和汇率下跌趋势得到有效控制等特征，面临的主要问题是进出口呈现双边下滑、外商投资增长乏力、失业率较高等。印度尼西亚经济好转主要得益于政府扩大投资、加强基础设施建设和转移支付、削减能源补贴等政策措施，但经济未来的发展还受政府持续扩张投资的财力限制、国内消费需求和出口乏力，以及国内政治和国际经济环境不稳定等因素的影响，仍然面临较大的不确定性。

关键词： 宏观经济　回暖态势　增长前景　改革举措

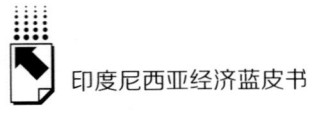

一 经济增长动态与特征

（一）主要指标

2016年，印度尼西亚经济经历5年连续下滑后，在外部经济环境仍然没有明显改善的背景下，政府通过经济改革和加大经济调节力度，实现了5.02%的经济增长。该增长率虽未达到预设的5.2%目标，但好于2015年4.79%的水平，扭转了5年来的持续下滑趋势。通货膨胀率为3.1%，实现了预定控制目标。经济增长和有效通胀控制对稳定汇率起到了积极作用，汇率止跌趋稳，2016年底至13309印度尼西亚盾对1美元的水平，较2015年底略有回升。受全球经济疲软影响，出口增长仍然乏力，经常账户赤字略有扩大，赤字占GDP比重由2015年的2.02%增加到2.3%（见表1）。

表1　印度尼西亚2005～2016年主要经济指标变动情况

指标	2005年	2010年	2014年	2015年	2016年快报数
GDP现价(百万美元)	304372	755094	888538	877642	932212
GDP现价(十亿印度尼西亚盾)	2774281.1	6446851.9	10565817.3	11540789.8	12406809.8
人均GDP现价(美元)	1345	3125	3492	3407	3605
GDP真实增长率(%)	5.69	6.22	5.02	4.79	5.02
经常账户余额占比(%)	0.09	0.68	-3.1	-2.02	-2.3
汇率	9704	9090	11865	13389	13309

资料来源：UNCTAD，BPS。

（二）经济总体回暖

2016年之前五年，由于全球经济尤其是中国经济放缓，商品价格下跌，加上火灾等自然灾害的损失，印度尼西亚经济处于持续下滑通道中（见图1），2015年的经济增长率仅为4.79%，较2010年的6.22%下滑了1.43个百分点。2015年政府预设的年度经济增长目标是5.2%，政府的2015～

2019年中期发展计划设定的中期经济增速为每年增长6.0%~8.0%,而实际情况与预期相差较大。下滑趋势在不同行业中有明显差异,出口依赖性强的行业持续处于低迷状态,其中以矿业和农业尤为明显,以2015年为例,矿业负增长,为-7.9%,农业增长1.6%。在总体经济放缓的背景下,也有一些行业实现了较快增长,最为明显的是金融保险业和建筑业,以2015年末为例,金融保险业第四季度增长了12.5%,第三季度增长了10.4%,而建筑业第四季度增长了8.2%,第三季度增长了6.8%,高于同期GDP增速。

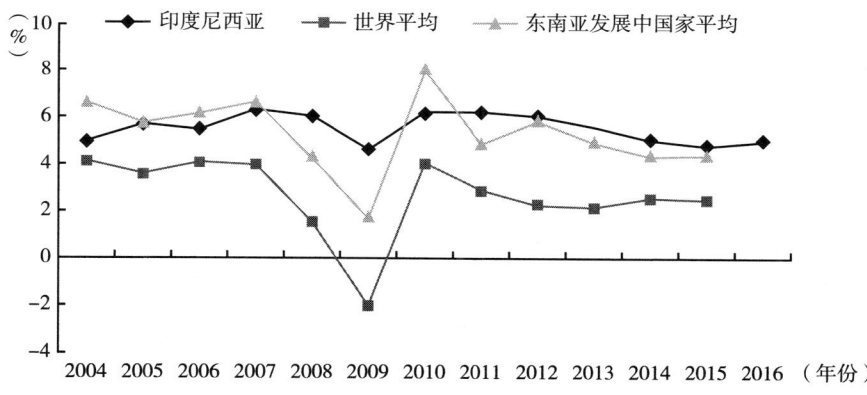

图1　印度尼西亚2004~2016年经济增速及国际对比

资料来源:UNCTAD,BPS。

一年多时间内,印度尼西亚新一届政府积极调整经济政策,努力加强基础设施建设,推动制造业发展,维持国际收支平衡,2016年整体经济状况终有明显好转。依据BPS公布的快报数据,印度尼西亚2016年GDP实现5.02%的增长,高于2015年4.79%的水平,虽未达到预定5.2%目标,但扭转了连续5年的下滑持续,显示出经济回暖的积极信号。同时,它还实现了物价和汇率的回稳,抑制住了前期通胀快速攀升、汇率快速下跌的势头,2016年通货膨胀率控制在3.1%,年底汇率为13309印度尼西亚盾对1美元,都较2015年表现要好。2016年的油、气产量也有所提升,原油生产达到82.9万桶/天的生产水平,较上年约增加8000桶/天,原油销售年均价格为40美元/桶。天然气生产达到118.4万桶油当量/天,而原定目标是115万桶油当量/天。

(三)经济增长驱动力的结构性改变

消费、投资、出口是拉动经济增长的"三驾马车",通过分析GDP的结构特征(见表2)可以发现印度尼西亚经济增长主要驱动力的变化。数据显示2008年前后三者的经济贡献率发生了一些结构性变化。2008年之前,消费的经济贡献率在70%以上,其中家庭消费的贡献率在60%以上,总出口约为30%,净出口约为4%。而在2008年及以后,受外部环境影响,总出口和净出口(总出口和总进口之差)均下降明显;同时受物价上涨、实际工资下降等国内因素影响,家庭消费也出现下滑;相反,政府支出增加明显,其中消费性支出由2008年的8.3%上升到2016年的9.5%,甚至在2015年高达12.2%,同时政府增加了对基础设施的投资支出,推动全社会投资由2008年的28.3%上升到2016年的34.3%,增加6个百分点。在2015年的投资中,来自国内资本的直接投资达179.46万亿印度尼西亚盾,比2014年增长约14.95%,其中大部分国内直接投资都发生在工业领域,达到89.04万亿印度尼西亚盾,占国内直接投资总额的49.62%。出口对经济增长的贡献持续降低,2016年出口值占GDP比重降为19.1%,净出口对GDP的贡献率仅为0.8%。

表2 近年来印度尼西亚经济增长驱动力

单位:%

	年 份	2007	2008	2009	2010	2011	2012	2013	2014	2015	2016
1	最终消费	71.5	68.6	67.9	65.2	64.5	65.6	66.8	66.8	70.0	67.2
(1)	家庭消费	63.2	60.3	58.4	56.2	55.4	56.4	57.3	57.2	57.8	57.7
(2)	政府消费	8.3	8.3	9.5	9.0	9.1	9.2	9.5	9.5	12.2	9.5
2	投资	25.4	28.3	31.5	32.9	33.0	35.1	34.0	34.7	32.0	34.3
3	出口	29.1	29.5	23.9	24.3	26.3	24.6	24.0	23.7	20.4	19.1
(−)	进口	24.8	28.1	20.9	22.4	23.9	25.0	24.8	24.5	19.4	18.3

注:表中数字为各类别金额占GDP比重,合计不等于100为统计误差项,2015年、2016年依据BPS数据计算。

资料来源:UNCTAD,BPS。

"三驾马车"作用的结构性变化意味着经济增长的动力转变为更加依赖政府力量。国际比较发现（见表3），在全球经济放缓的背景下，从东南亚发展中国家以及世界平均来看，政府消费并未有显著的改变。印度尼西亚经济中政府消费和投资支出的显著增加，是印度尼西亚本届政府强化政府经济职能，积极应对经济放缓问题的结果。

表3　经济增长驱动力的国际对比

单位：%

年份		2007	2008	2009	2010	2011	2012	2013	2014
东南亚发展中国家	最终消费	66.2	66.3	67.3	64.7	64.5	65.5	67.8	67.9
	家庭消费	56.1	56.1	56.2	54.0	53.8	54.4	56.3	56.4
	政府消费	10.1	10.1	11.1	10.7	10.7	11.1	11.5	11.5
	投资	24.5	26.7	25.8	28.3	28.3	29.6	29.1	28.4
	出口	76.6	75.6	64.0	65.5	66.8	64.7	63.8	64.2
	进口	67.0	69.4	56.2	58.8	60.5	60.2	59.9	59.0
世界平均	最终消费	74.4	74.5	76.7	75.1	74.4	74.3	74.3	74.1
	家庭消费	58.0	57.6	58.7	57.7	57.2	57.2	57.3	57.3
	政府消费	16.4	16.8	18.0	17.4	17.1	17.0	16.9	16.8
	投资	24.9	25.0	22.9	24.1	24.8	24.9	24.8	25.0
	出口	30.1	31.4	26.6	29.1	31.0	30.8	30.9	30.5
	进口	29.4	30.8	26.1	28.3	30.2	30.0	29.9	29.5

资料来源：UNCTAD。

（四）产业结构得到一定程度优化

印度尼西亚经济的三次产业结构总体呈现工业化中期阶段的特征，第二产业和第三产业各占据40%的比重，第一产业即农业则处于基础性地位，占比基本维持在14%左右。三次产业结构演化的特征主要表现为第三产业即服务业呈现明显增长趋势，由2008年的41.51%逐步上升到2016年45.28%的水平（见图2）。

（五）国内通胀趋缓

印度尼西亚国内消费价格指数自2009年以来总体处于温和通胀水平，2009年通胀率为4.81%，2013~2015年受油价补贴削减、农业产出波动等

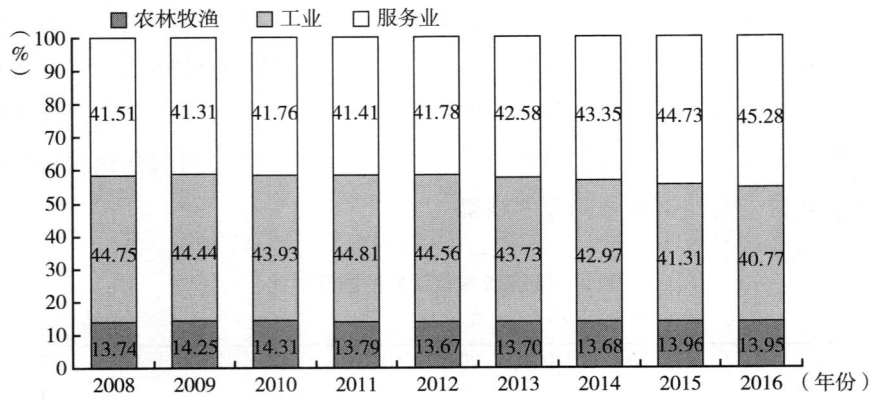

图 2　印度尼西亚三次产业结构

资料来源：BVD，IRU。

因素影响出现明显通胀上升，年均通胀率在 6.4% 左右。为了稳定物价，印度尼西亚央行采取了相对稳健的货币政策，逐步调高了基准利率，2015 年达到 7.5% 的水平，短期存款利率也由 2012 年的平均 5.95% 逐步升高到 2015 年平均 8.34%，货币市场平均利率由 4.01% 上升到 6.36%（见图 3）。这些举措在 2016 年初步收到成效，根据 2016 年 BPS 的快报数据，通胀率为

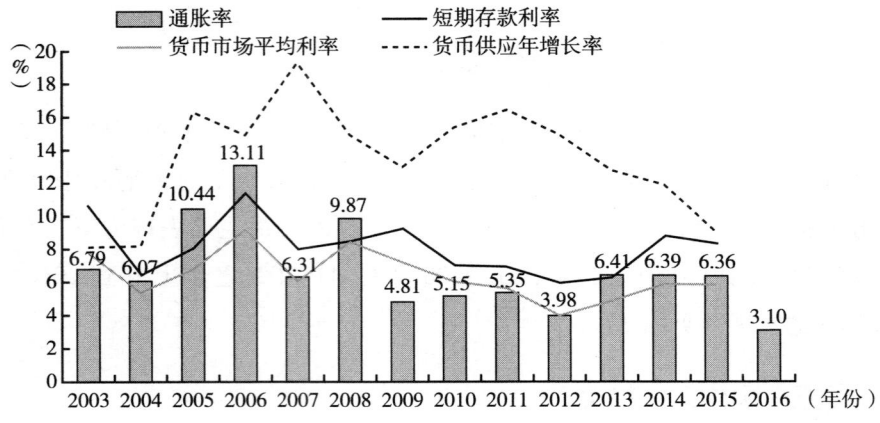

图 3　印度尼西亚货币与通货膨胀趋势

资料来源：BVD，BI。

3.1%，低于预设的4%目标。除了货币政策调整外，物价趋稳与燃油价格下降和食品价格的企稳也有很大关系。

（六）汇率下降趋势被遏制

在汇率方面，2011年以来，印度尼西亚盾总体呈持续贬值趋势。2011年，印度尼西亚盾对美元的平均汇率为8770，之后一路下滑，到2015年第三季度，贬值程度达到一个高点，对美元平均汇率为13867，贬值了58.1%（见图4）。汇率下降主要与印度尼西亚出口疲弱有关，如图4所示，平均汇率与经常项目逆差趋势线呈相反走势，在2011年第三季度之前，经常项目处于微幅顺差状态，之后呈逆差态势，且逆差不断波动性扩大，2014年第二季度逆差比例达到4.25%。本届政府上台后，情况有所改善，2014年第四季度经常项目赤字降至59.6亿美元，经常项目赤字的收窄主要归因于进口下跌幅度超过出口下降幅度。2015年和2016年经常项目赤字继续收窄，2016年赤字比率仅为1.8%。整个期间，汇率总体呈关联性变动，逆差收窄则汇率上升，逆差扩大则汇率下降。

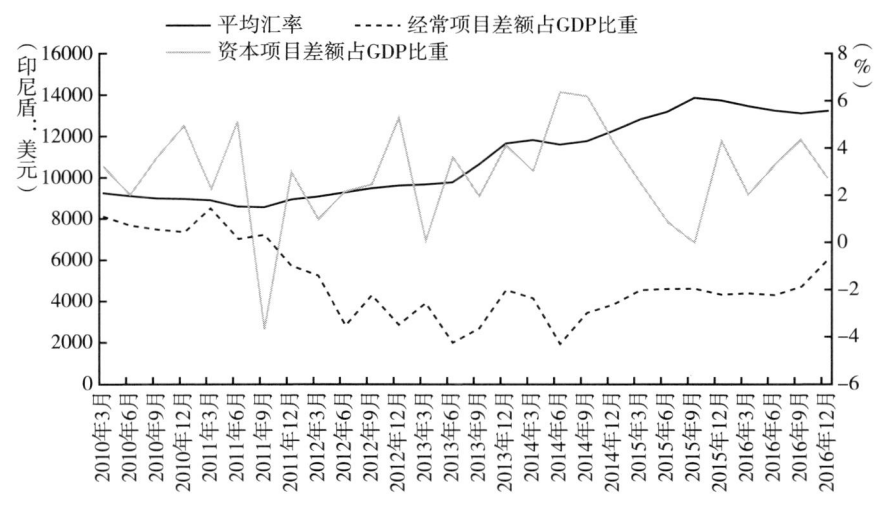

图4　印度尼西亚货币汇率与国际收支差异走势（季度）

资料来源：BVD，BI，WIND。

（七）失业率偏高

从就业情况看，依据国际货币基金组织（IMF）的统计数据，近年来印度尼西亚失业率基本在6%以上，2015年为6.2%，在数据所报告的32个国家和地区排名中，属于失业率中等偏高的国家，高于东南亚其他国家水平（见表4），这可能与其人口众多和近年来经济增长缓慢有关。

表4　近年来失业率国际对比

单位：岁，%

国家/地区	工作年龄	2011年	2012年	2013年	2014年	2015年
沙特阿拉伯	15＋	5.8	5.5	5.6	5.5	NA
比利时	15～64	7.2	7.7	8.4	8.5	8.3 e
瑞典	16～64	7.8	8	8	7.9	7.4 e
委内瑞拉	15＋	8.3	8.1 e	7.8 e	7.2 e	7.4 e
荷兰	15～74	5	5.8	7.3	7.4	6.9 e
印度尼西亚	15＋	6.6	6.1	6.2	5.9	6.2
奥地利	15＋	5.1	5.2	5.6	6.1	6.1 e
哈萨克斯坦	15＋	5.4	5.3	5.2	5	5.0 e
德国	15～74	5.9	5.4	5.2	5	4.6 e
斯里兰卡	10＋	4.1	4	4	4	4.0 e
马来西亚	15＋	3.1	3	3.1	2.9	3.2 e
越南	15＋	4.5	2.7	2.8	2.1	2.4 e
意大利	15～74	8.4	10.7	12.1	12.6	11.9 e
新加坡	15＋	2	2	1.9	2	1.9 e
埃及	15＋	10.4	12.4	13	13.4	12.9
法国	15～74	9.2	9.8	10.3	10.3	10.4
芬兰	15～74	7.8	7.7	8.1	8.7	9.3
加拿大	15＋	7.5	7.3	7.1	6.9	6.9
巴西	10＋	6	5.5	5.4	4.8	6.8
菲律宾	15＋	7	7	7.1	6.8	6.3
丹麦	15～66	7.6	7.5	7	6.5	6.2
巴基斯坦	10＋	5.6	6.0	6.1	6.2	6
俄罗斯联邦	15～72	6.5	5.5	5.5	5.2	5.6
英国	16～74	8.1	8	7.6	6.2	5.4
美国	16＋	8.9	8.1	7.4	6.2	5.3
挪威	15～74	3.3	3.2	3.5	3.5	4.4

续表

国家/地区	工作年龄	2011年	2012年	2013年	2014年	2015年
墨西哥	14+	5.2	4.9	4.9	4.8	4.3
中国	15+	4.1	4.1	4.1	4.1	4.1
日本	15+	4.6	4.3	4	3.6	3.4
中国香港	15+	3.4	3.3	3.4	3.3	3.3
泰国	15+	0.7	0.7	0.7	0.8	0.9

资料来源：IMF：World Economic Outlook，2016。

二 外贸与外商投资形势

（一）出口增长乏力

2012年以来，印度尼西亚出口总量出现明显下滑（见图5），2012～2014年还出现了贸易逆差，其中2014年贸易逆差为21.98亿美元。进出口下滑的趋势在2015年尤其明显，出口贸易额从2014年的1825.5亿美元下降到2015年的1503.66亿美元，下降幅度达17.6%，而2013～2014年出口下降仅为2%～3%。虽然同期印度尼西亚盾的贬值已经缓冲了部分出口下降的压力，但仍然有如此大幅度的出口下降，表明出口压力较为明显。2016年，出口总值为1441.90亿美元，较2015年进一步下降4.1%。进口方面，受经济增长乏力和货币贬值双重影响，下降更为明显，2015年进口总值为1426.94亿美元，较2014年的1781.79亿美元下降19.9%，而2013～2014年仅下降约4%；2016年快报数显示进口为1356.53亿美元，进一步下降4.9%。但2016年印度尼西亚维持了贸易顺差85.37亿美元。

（二）外商直接投资增长趋缓，中国对印尼投资增加

2010年以来，外国对印度尼西亚的直接投资（FDI）持续增加，截至2016年，FDI投资额达289.64亿美元，较2009年增长了1.68倍（见图

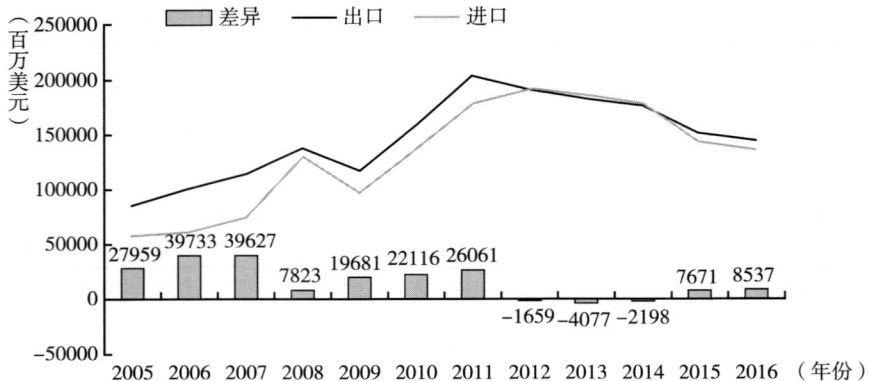

图 5　印度尼西亚近年来进出口总额及差异

注：2016 年为初步统计数。
资料来源：BPS。

6）。不仅投资总金额有所增加，而且涉及的投资项目和行业也在扩大。以 2015 年为例，外商直接投资项目达 17738 个，较上年增长 99.64%。但从增长趋势看，FDI 自 2014 年开始未见有明显增长，尤其从 2015 年末开始，由于美国加息预期等因素，印度尼西亚资本市场的外资外流明显。

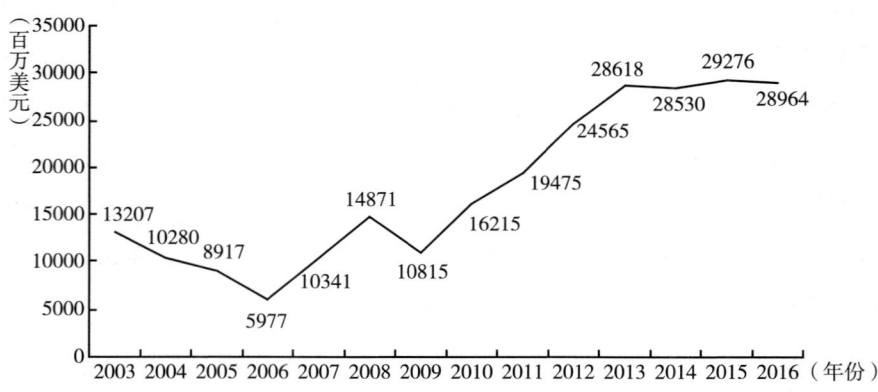

图 6　印度尼西亚近年来外商直接投资（FDI）

注：2016 年为初步统计数。
资料来源：BPS。

依据印度尼西亚央行最近披露的数据,印度尼西亚国际收支基本维持平衡,其中经常账户存在小额逆差,而资本账户中,资本市场的外资大量外流被公共部门的外资流入所抵销,从而资本账户仍有结余,同时外汇储备有所增加,大于三个月充足率的国际标准(印度尼西亚央行,2017)。

但是需注意的是,印度尼西亚外债中,相当部分为波动性较大的短期债务,在2014年,约占GDP的10%和外汇储备的77%(世界银行,2015)。过于依赖短期债务资金来解决其经常账户赤字问题,并且大量债务是以外币如美元计价,以及大量国内债券为外国投资者持有,都是值得注意的影响印度尼西亚金融体系稳定的风险因素。印度尼西亚央行披露的最新数据显示,2016年底,印度尼西亚全部外国债务中,政府公共部门的债务占比为49.9%,私人部门的外国债务占比为50.1%,而在私人部门的外国债务中有70.6%即1120亿美元为长期债务,仅有29.4%为短期债务(印度尼西亚央行,2017),因而资本账户有走向稳健的迹象。

依据印度尼西亚官方对2016年外国直接投资初步统计,中国内地对印度尼西亚投资26.65亿美元,排名第3位,占印度尼西亚全部FDI的9%。中国香港地区对印度尼西亚投资达22.48亿美元,排名第4位,占比为8%(见表5)。两地合计与日本对印度尼西亚的直接投资基本相当。与上一年比较,这一数据已有明显变化,2015年,中国内地和中国香港对印度尼西亚的直接投资分别为9.37亿和6.28亿美元,占比分别为5%和3%,排名分别为第6位和第9位。中国内地对印度尼西亚直接投资一年间增长184%,这是两国加深合作,推动双边贸易和投资取得的成果。

表5 印度尼西亚FDI主要来源国(2016年)

排名	国家/地区	实际投资(百万美元)	占比(%)
1	新加坡	9179	32
2	日本	5401	19
3	中国内地	2665	9
4	中国香港	2248	8
5	荷兰	1475	5

续表

排名	国家/地区	实际投资(百万美元)	占比(%)
6	美国	1162	4
7	英属维尔京群岛	1157	4
8	马来西亚	1116	4
9	韩国	1066	4
10	毛里求斯	576	2
	其他国家	2919	10
133个国家/地区合计		28964	100

注：2016年初步统计数。
资料来源：IRU。

三 产业发展态势

（一）采矿和油气工业比重下降，交通运输与建筑业上升

按照印度尼西亚统计局的产业分类标准，本文对细分产业结构变动情况进行了对比分析。结果显示，2016年与2011年相比，一部分产业在国民经济中的地位发生了较大变化（见图7），其中份额增加最明显的是两个行业：交通运输仓储业和建筑业。其中，交通运输仓储业由2011年的3.53%增长到2016年的5.2%，提高了1.67个百分点。建筑业也得益于本届政府对基础设施建设的重视，获得了较明显的增长，其在国民经济中的份额由2011年的9.09%上升到2016年的10.4%，提高了1.31个百分点。此外，金融和保险业、教育服务业的份额也有了明显增长，在国民经济中的比重5年内分别提高了0.74和0.4个百分点。交通运输和仓储业、建筑业、金融和保险业及教育服务业的发展对降低物流成本、资金成本等都有积极效果，能为经济持续发展带来良好的支撑。

与此同时，采矿和油气工业的份额下降，矿业与采石业在经济中的比重由2011年的11.81%下降到2016年的7.2%，下降4.61个百分点；而制造

业中的油气工业5年间更是下降了5.4个百分点，由此也致使制造业整体在国民经济中比重出现轻微下降，由2011年的21.8%下降到20.5%。

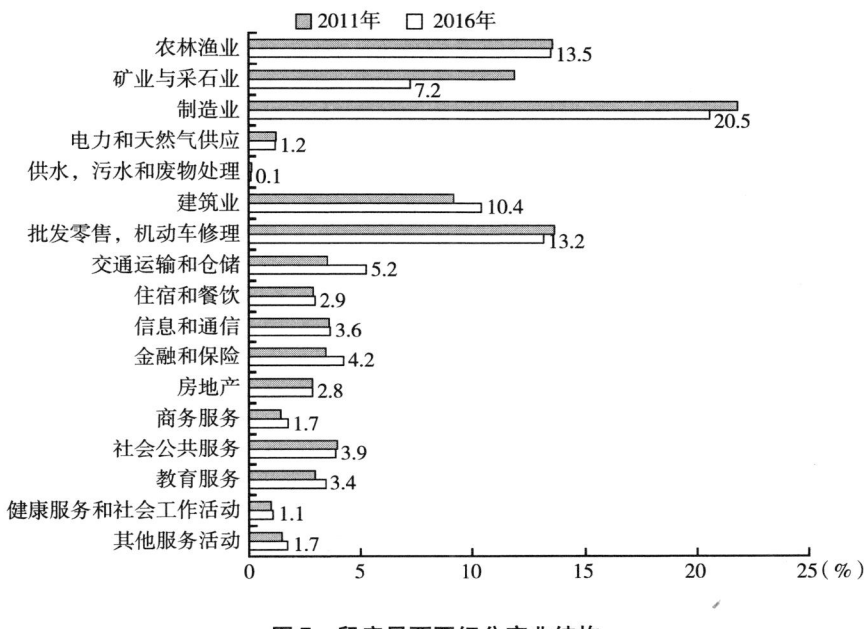

图7 印度尼西亚细分产业结构

注：单位为现价计算的各产业增加值在GPD中的比重（%），2016年为初步统计数。
资料来源：BPS。

（二）信息通信和交通运输等产业快速增长

从具体产业的自身增长情况看，我们以不变价格计算的各产业近6年增长率显示出一些产业快速增长，明显高于GDP增长速度（见表6），具体包括：一是信息和通信产业，近6年年均增长10.2%，是GDP增速的2倍，但其在国民经济中的份额（现价计算）增长并不十分明显，反映出该产业受物价因素影响较大，信息和通信产业相关服务和产品价格涨幅明显低于食品、能源和建筑业的服务和产品价格涨幅；二是交通运输和仓储业，其增加值在近6年的年平均增长率为7.4%，每年均高于GDP增速；三是金融和保险业，近6年年均增长7.9%；四是建筑业，其增加值近6年年均增长率为

6.7%；五是健康服务和社会工作活动，年均增长率达7.5%。

出现明显萎缩的产业包括：一是矿业与采石业，在2011年仍有4.3%的增长率，到2015年则出现负增长，为-3.4%，呈现明显的收缩趋势，2016年虽有所回升，但仅为1.1%的增长率；二是制造业中的油气工业也出现明显下降，2015年负增长5%，2016年负增长10.7%，体现为一种持续收缩趋势；三是批发零售和机动车修理行业，呈现先高后低的特征，表明经济下滑导致消费不振。

另外，从产业增长的波动性看，电力和天然气供应、金融和保险两个领域均有较大的波动性，前者增速总体与国民经济发展速度相当，2012年出现一个高峰，由于电力和天然气供应属于公用事业，它的发展波动与政府政策有较大关系；金融和保险业发展同样与政府政策关系较大。

表6 印度尼西亚细分产业增长动态

单位：%

产业	2011年	2012年	2013年	2014年	2015年	2016年
农林渔业	3.9	4.6	4.2	4.2	3.8	3.3
矿业与采石业	4.3	3.0	2.5	0.4	-3.4	1.1
制造业	6.3	5.6	4.4	4.6	4.3	4.3
电力和天然气供应	5.7	10.1	5.2	5.9	0.9	5.4
供水,污水和废物处理	4.7	3.3	3.3	5.2	7.1	3.6
建筑业	9.0	6.6	6.1	7.0	6.4	5.2
批发零售,机动车修理	9.7	5.4	4.8	5.2	2.6	3.9
交通运输和仓储	8.3	7.1	7.0	7.4	6.7	7.7
住宿和餐饮	6.9	6.6	6.8	5.8	4.3	4.9
信息和通信	10.0	12.3	10.4	10.1	9.7	8.9
金融和保险	7.0	9.5	8.8	4.7	8.6	8.9
房地产	7.7	7.4	6.5	5.0	4.1	4.3
商务服务	9.2	7.4	7.9	9.8	7.7	7.4
社会公共服务	6.4	2.1	2.6	2.4	4.6	3.2
教育服务	6.7	8.2	7.4	5.5	7.3	3.8
健康服务和社会工作活动	9.3	8.0	8.0	8.0	6.7	5.0
其他服务活动	8.2	5.8	6.4	8.9	8.1	7.8

注：以2010年不变价格计算，2016年为初步统计数。
资料来源：BPS。

（三）进口替代和促进就业的产业成为政府优先发展目标

根据印度尼西亚政府制定的中期产业发展规划，即《关于2015~2035年度全国产业发展总体规划》，政府优先支持符合以下标准的产业：①满足国内需求，替代进口或在国内市场具有较大增长潜力；②改善就业，创造较多就业岗位；③具有国际竞争力或在全球市场上有成长潜力；④附加值逐步提升，具有良好自我发展能力；⑤有利于优化产业结构；⑥具有比较优势，能控制原材料和生产技术。这些标准体现了印度尼西亚政府"确保国内就业增长""增强工业自主能力""减少资源初级产品输出"的经济政策思想。

具体来讲，三个产业领域将得到政府的优先支持。

一是自然资源和农产品深加工相关产业。印度尼西亚是一个自然资源丰富的国家，不仅农业、林业和渔业资源丰富，石油、天然气、矿产等自然资源也十分丰富。印度尼西亚政府自20世纪80年代后期就采取了减少对初级资源产品出口依赖的经济政策，尤其是降低了对石油、天然气、有色金属等能源矿产初级产品的出口依赖，目的是增强国内工业体系完整性和自我发展能力，获取更有利的国际分工地位和产业附加值。为此，在本届政府规划的十大重点发展产业群中，就有三大领域属于资源品的深加工业，涉及具体产业23项，具体是：①农产品和食品加工产业，如水产品加工业、牛奶加工业、增鲜剂材料工业、植物油加工业、水果蔬菜加工业、面粉业、甘蔗加工业；②以农林产品为基础原料的工业部门，如油化工业、农业化工行业、牛饲料工业、木材工业、纸浆和造纸工业；③以矿产资源为原料的工业部门，如钢铁冶炼加工、非铁基本金属加工和冶炼、非金属矿物加工、石化工业、有机化工业、塑料材料和合成树脂工业、合成和天然橡胶工业等。

二是对增加就业意义重大的劳动密集型产业。印度尼西亚人口众多，贫困人口比重较高，2017年1月印度尼西亚官方公布的贫困人口数据为全国贫困人口2776万人，贫困人口率10.70%。基于这一现实，本届政府将增加就业作为消除贫困的关键举措之一，因此在经济发展策略上十分重视对劳动密集型产业的支持，在中期产业发展规划中除了发展上述资源品加工产业

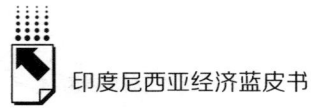

中的食品加工业、以农业为基础的相关加工业外，还强调优先发展纺织、皮革和制鞋业等劳动密集型行业，具体涉及产业17项。

三是对增强工业自主发展能力意义重大的装备与零配件产业。印度尼西亚的制造业发展所需的许多重要装备仍然依赖进口，机械设备进口是全部进口品类中的第二大项。因此本届政府将装备制造与相关零配件产业作为重点支持的产业之一，具体包括医疗设备工业、汽车和火车工业、造船、航空航天工业、电子与计算机设备工业、通信设备工业、电气设备工业、机械设备工业等。

四 政府主要经济政策与措施

（1）大幅扩大预算投资支出，增强政府在经济发展中的作用

本届政府自2014年10月施政以来，大力加强了政府的经济职能，这种职能的转变显著地体现在政府预算支出上。2015年、2016年政府预算支出的最大变化之一是大幅增加了资本性支出，特别是基础设施投资支出。资本性支出在2015年原始预算数为174.7万亿印度尼西亚盾，本届政府通过努力将这一数字经过预算调整提升为275.8万亿印度尼西亚盾，提升幅度达57.9%。该预算实际执行完成209万亿印度尼西亚盾。在2016年预算中，资本支出为201.6万亿印度尼西亚盾，虽然在数字上比2015年预算减少了27%，但政府以特殊配置基金（DAK）的方式将资金资助转移到各地区，因此中央政府资本支出的减少转变为地方政府资本支出的增加。2016年预算中，特殊配置基金资本由2015年的实际支出数58.8万亿印度尼西亚盾增加到2016年预算数的208.9万亿印度尼西亚盾。

从图8可以看出，近年来中央政府财政赤字有扩大趋势，这是政府强化经济职能而预算收入增加有限的必然结果。依据BVD提供的统计数据，2015年中央财政赤字率为2.59%，估计2016年将达到2.6%。

除了增加政府投资外，印度尼西亚本届政府也致力于鼓励社会投资，为此

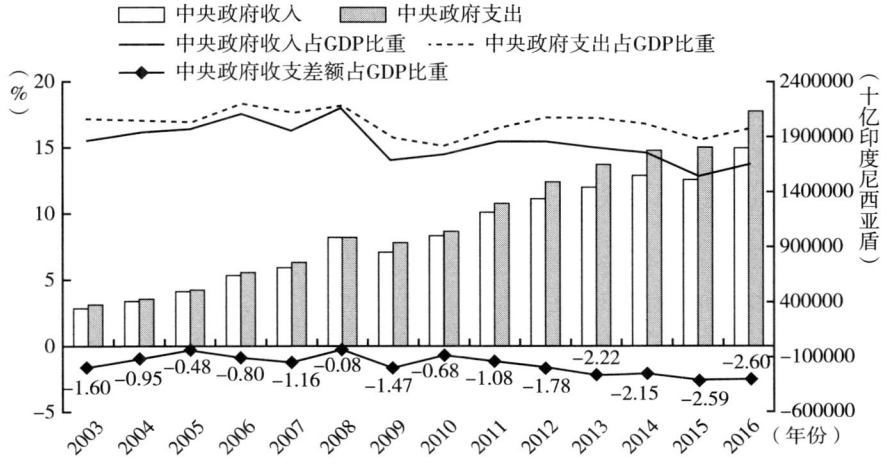

图8 印度尼西亚中央政府财政收支情况

注：2016年为预估数。
资料来源：BVD。

采取的具体措施包括：鼓励企业重估其资产，以反映通货膨胀和印度尼西亚盾贬值；消除房地产和基础设施发展的双重征税安排；改善经济特区；加快土地认证；对劳动密集型产业实行税收激励；在土地纠纷中实行一图政策，等等。

（2）着重加强基础设施投资建设

由于持续几十年投资不足、资产管理不善，印度尼西亚当前经济发展实际上面临着巨大的基础设施缺口：道路、港口和机场拥堵，电力短缺，岛间货运成本高、通勤时间长，供水和环境卫生设施缺乏等，这些成为制约其经济增长和居民生活改善的瓶颈因素。

自2014年10月上台以来，本届政府为推动基础设施建设采取了一系列措施，包括政府增加预算资金安排，督促预算资金支付，向国有基础设施部门注入大量资金，以及直接"分配"一些重要项目给国有企业执行等。2015年10月下旬，印度尼西亚人民协商会议（DPR）在2016年预算中提出为国有基础设施企业注资40万亿印度尼西亚盾的计划。政府2016年预算则将基础设施投资增加到313万亿印度尼西亚盾。政府还大幅度增加特殊配置基金（DAK）和农村基金来补充地方基础设施建设的财政支出。政府在2016年的第一个重大举措就是在1月8日发布一系列优先事项和战略项目，基本上都是基础设施和工业项目的规划清单。政府还制定了2015~2019年中期规划，设定了每年6%~8%的经济增长目标，为此基础设施支出每年需要增长10%左右。同时，政府还将一些最初由私人建设和运营的基础设施项目交由国有企业执行，包括贯穿苏门答腊岛的高速公路、与雅加达铁路相连的苏加诺—哈达国际机场、南苏拉威西的孟加锡新港、小型机场管理运营、土地整理等，目的是加快基础设施项目建设的进度。从2015年下半年至2016年实施的一系列基建项目，使民众和投资者能够切实感受到政府对基础设施问题的重视和所做的努力。

（3）积极稳定物价

自2013年始印度尼西亚国内出现物价较快上涨的趋势，年度通胀水平超过6个百分点，为此印度尼西亚政府采取了多项措施以稳定物价，重点措施包括：一是将食品价格通货膨胀率降低为4%~5%；二是控制政府定价商品和服务的价格涨幅，如公共交通的票价；三是优化价格管理政策；四是以总统令形式加强Pokjanas TPI和TPID机构在通胀管理中的作用；五是加强中央和地方政府的协调；六是加强商务信息监测，增加政策制定的科学化水平，以确保宏观经济的稳定性。到2015年第四季度，物价上升势头初步得到控制，并且保持到2016年，全年通胀率被控制在3.1%的水平。2017年政府将通胀控制目标依旧设定为4%±1%的水平，表明了其对物价控制的信心。

（4）增加转移支付，改善地区不平衡和贫困人口问题

中央政府通过特别分配基金（DAK）渠道向各省和地区提供财政资金的转移支付，以增强落后地区政府财力，改善地区发展不平衡问题。DAK在2016年预算中显著增加，达到208.9万亿印度尼西亚盾，相对于2015年的实际数58.8万亿印度尼西亚盾增长了255%，其中用于资本性支出的部分增加了33万亿印度尼西亚盾。

印度尼西亚贫困人口问题较为突出，据BPS数据，截至2014年9月，

约2770万人（占印度尼西亚人口的11.1%）生活在贫困线以下，2015年贫困率仍然为11.1%，而2016年的快报数显示略有下降，为10.7%。印度尼西亚官方设定的贫困线标准为每人每月收入312328印度尼西亚盾，折合每天约为80美分，如果根据国际上每天2美元的标准，则贫困率非常高，约达40%（Sumner和Edward，2014）。贫困人口问题在农村尤为突出，政府为改善农村经济条件和缓解贫困人口问题，通过农村基金（Village Funds）向各村庄进行转移支付。在本届政府之前，该类转移支付每年仅为数万亿印度尼西亚盾，在2015年则增长到两位数，达到20.8万亿印度尼西亚盾，2016年进一步翻番，达到47万亿印度尼西亚盾，较2015年增长了126个百分点。

（5）大力削减能源补贴，以增加政府可用财力

长期以来，印度尼西亚政府面临预算执行效率不高的问题，2015年资本支出预算实际实现的比例仅为76%，全部支出预算实现率为90.5%，而收入预算实现率为85%，这些还是在经过一次较大规模的期中预算调整后的结果。

预算执行率不理想除了政府本身的行政效率较低之外，更重要的经济原因是收入增长乏力，收入预算执行不到位制约了支出预算的执行。最直观的反映是2016年预算收入计划数只比2015年实际数增长3.5%，反映了政府对增加预算收入的前景并不乐观。

为了增加可用财力，本届政府在预算改革方面的重大举措之一就是大力消减能源补贴。能源补贴在印度尼西亚财政支出中长期占据了重要份额，2008年大幅上涨，并从2011年起保持在高位，2014年预算中能源补贴达到350万亿印度尼西亚盾，2015年的原始预算也高达344.7万亿印度尼西亚盾，占到全部预算支出的16.9%，本届政府通过努力将其削减为137.8万亿印度尼西亚盾，实际执行119.1万亿印度尼西亚盾。在2016年预算中，能源补贴进一步削减为102.1万亿印度尼西亚盾，较上年实际数降低25.9%，其中燃油补贴63.7万亿印度尼西亚盾，下降1.5%，电力补贴38.4万亿印度尼西亚盾，下降47.5%。当然，2016年补贴预算下降也与世

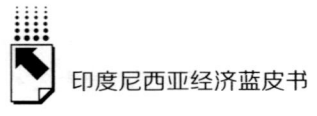

界能源价格下降有关。

能源补贴的大幅削减增加了财政操作空间,使政府可将有限的财力更多地用于支持基础设施建设以及用于消除地区不平衡的转移支付,2016年能源补贴占中央财政支出的比重已降到4.9%的历史低位。

(6)实行税务特赦,吸引避税资本回流,同时增加政府收入

印度尼西亚政府于2016年7月18日推出了税务特赦计划,该计划的主要目标是鼓励离岸的印度尼西亚资本回流,即之前基于避税等目的而停留在国际避税地的归属印度尼西亚居民和企业所拥有的资本。印度尼西亚政府估计,高达约4000万亿印度尼西亚盾(约3030亿美元)的归属印度尼西亚的资本停留在新加坡、巴拿马、伦敦、中国香港和英属维尔京群岛等税率相对较低的地区,这些资本停留在境外,不仅导致政府税源流失,也丧失了对本土经济进行投资所能产生的经济发展功效。

特赦计划设计运行期限约为九个月,即截至2017年3月31日,在此之前向政府申报资产或通过政府指定渠道资产流回国内,则只需要补缴较少的税款,而且申报得越早,补税所适用的税率就越低,具体如表7所示。例如纳税人在2016年9月30日之前申报他/她以前未申报的资产,那么补税税率为4%,如果纳税人不仅申报财产,而且同期将这些财产归调回印度尼西亚,则仅适用2%的补税税率。在2017年3月31日计划结束后,政府将对逃税行为予以严厉处罚。

表7 税务特赦计划的申报期限和补税税率

单位:%

	期　限	补税税率
资金申报	2016年7月1日~2016年9月30日	4
	2016年10月1日~2016年12月31日	6
	2017年1月1日~2017年3月31日	10
资金调回	2016年7月1日~2016年9月30日	2
	2016年10月1日~2016年12月31日	3
	2017年1月1日~2017年3月31日	5

资料来源:印度尼西亚财政部。

印度尼西亚政府的预期目标是能够吸引约 1000 万亿印度尼西亚盾（约 760 亿美元）的离岸资金回流，并增加约 165 万亿印度尼西亚盾（约 125 亿美元）的税收。从执行情况来看，迄今已有超过 60 万纳税人通过该计划申报离岸财产，前两个阶段产生了 80 亿美元的税收收入，在第一阶段，产生约 70 亿美元的税收，超过预期三分之二的收入目标；第二个阶段于 2016 年 12 月 31 日结束，产生的税收比第一阶段少很多，为 10 亿美元（路透社，2017）。

税务特赦计划也引起了一些争议，批评者的主要意见是：对之前的逃税行为予以赦免相当于对其过去税务犯罪行为的奖励，这对于那些已经诚实纳税的居民和企业非常不公平。因此，有人认为特赦计划可能会损害纳税人对印度尼西亚整个税收制度的信心，使实际效果与计划目标完全相反。

五 经济前景分析

（一）推动经济稳定与增长的有利因素

（1）政府持续扩大的预算投资支出

本届政府自执政以来，虽然财政收入增加难度较大，但仍然大幅增加经济建设方面的支出，以拉动投资，改善基础设施，支撑佐科总统经济基础设施建设优先发展的施政理念。从图 9 可以看出，在 2014 年及之前，即苏西诺执政期间，经济建设支出占中央政府预期支出基本在 10% 的水平，佐科执政后，在 2015 年的预算中将经济支出由接手时的 8.1% 提高到 15%，金额由 97.1 万亿印度尼西亚盾增长到 177.1 万亿印度尼西亚盾，几近翻倍。政府扩大预算投资支出的趋势在继续，2016 年增加到 331 万亿印度尼西亚盾，增长 86.9%，约占中央预算全部支出的 1/4；2017 年的预算继续小幅提高，为 332.7 万亿印度尼西亚盾，占比上升到 25.4%。在外部经济环境没有得到根本改善的条件下，持续扩大的预算投资支出为经济增长注入了

"强心剂",并且这些投资支出主要用于改善基础设施,这恰是印度尼西亚经济发展所急需的。

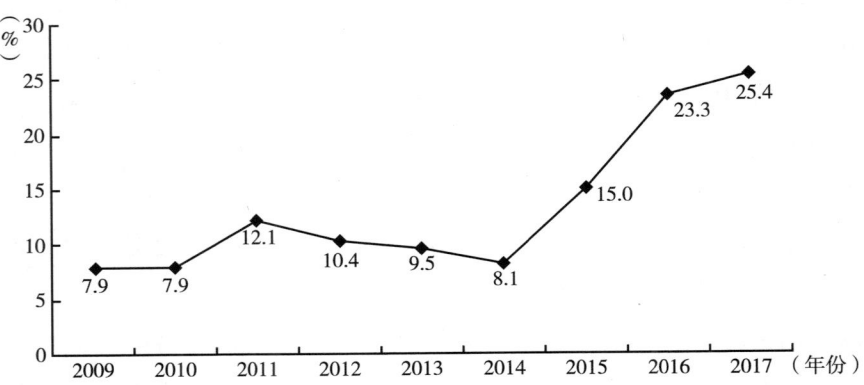

图9 印度尼西亚中央政府经济建设支出占全部财政支出的比重

资料来源:印度尼西亚财政部。

表8 印度尼西亚中央政府预算支出(2009~2017年)

单位:十亿印度尼西亚盾

部门	2009年	2010年	2011年	2012年	2013年	2014年	2015年	2016年[①]	2017年[②]
一般公共服务	494766	495320	517167	647998.6	705724.2	797763.6	624497.7	322588.1	343648.5
国防	12279	20968	47419	61226.9	87510.1	86113.3	105907.3	109003.9	104589.5
社会安全	14451	14926	22067	29096.5	36120.4	34856.6	52941.3	122930.5	106277.3
经济建设	56853	57359	101414	105574.5	108082.6	97140.8	177105.2	331005	332683.7
自然环境	7035	7889	11070	8814.1	10590.4	9326.4	9874.5	11007.2	12312.2
住房和公共工程	18135	20907	23425	26440.9	33790	26244.3	16981.1	34340.7	32773.9
医疗卫生	17302	18002	13649	15181.7	17577	10893.4	23225.7	66069.8	61724.5
旅游文化	1490	1416	2901	2516.3	1818.8	1469	3166.3	5868.6	5761
宗教	830	913	1397	3419.7	3872.8	4001.9	5097.3	9778.4	10423.3
教育	89918	84086	91483	105207.5	114969.1	122697	143638.7	143262.1	141766.1
社会保障	3318	3457	4586	5081.5	17107.5	13070.8	20867.8	150841.7	158479.3
合计	716376	725243	836578	1010558.2	1137162.9	1203577.2	1183303.7	1306696	1310439.3

注:①经修订的预算②建议预算案。

资料来源:印度尼西亚财政部。

（2）交通运输和仓储业增长迅速，降低物流成本、支撑经济发展的能力有所增加

印度尼西亚经济发展长期以来受物流成本较高的制约，交通运输和仓储业在近年来出现较快增长，有利于降低物流成本，促进经济发展。以不变价格计算，印度尼西亚交通运输和仓储业总值近6年平均增长率为7.4%，而以现价计算近6年平均增长率为18.7%。交通运输和仓储业在国民经济中的份额已由2011年的3.53%增长到2016年的5.2%，提高了1.67个百分点。

由于印度尼西亚国土岛屿众多，长期以来对外运输和岛间运输主要依赖航空和海运，而岛内运输则靠公路，因此在结构上印度尼西亚交通运输业以公路、航空和海运为主。在2016年，三者对交通运输和仓储业的经济贡献率分别为47.13%、27.28%和6.17%；而内陆水运贡献率一直不大，只占到2%~3%，铁路运输业规模更小，对运输业的贡献率平均不到1%。印度尼西亚本届政府将交通基础设施建设作为重中之重，大力推动铁路、机场和高速公路建设，铁路、航空和公路运输业都有显著增长。在铁路运输方面，由于基数小，有些地区甚至是从无到有，所以增长率非常高，近6年平均增长率达24.5%，2015年更是高达50.4%；航空业的增长率也非常高，近6年平均增长率达到30.4%，各年增长相对平稳。

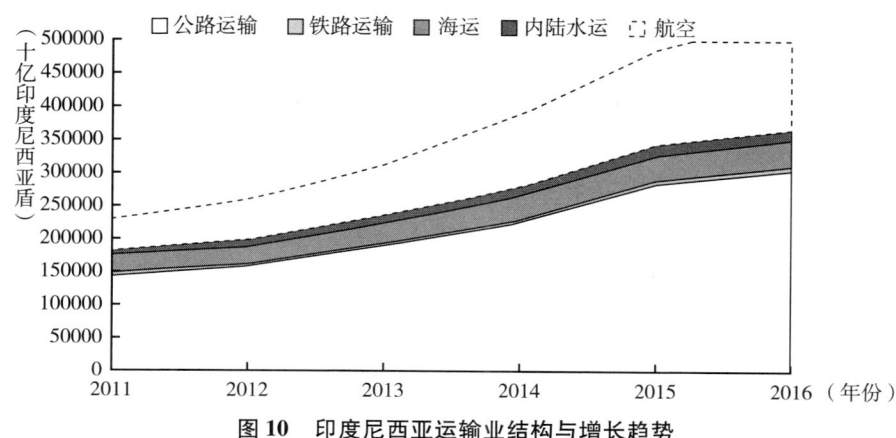

图10 印度尼西亚运输业结构与增长趋势

注：2016年为初步统计数。
资料来源：BPS。

（3）政治支持度上升，经济政策协调性增加，改革红利开始显现

佐科政府上台后，在政治和经济等方面推行了一系列改革措施，政治方面的改革以打造更有包容性的政府为核心，寻找执政联盟、反对党和社会公众的更广泛支持，以扭转上台之初执政党联盟在国会处于少数席位的不利局面。经过两年多时间的努力，支持率已由初期的37%上升到69%（见表9）。政治支持度的上升为佐科政府推动经济改革，振兴印度尼西亚经济提供了前提条件，使佐科政府的经济改革政策在国会的通过率上升，从而使经济新政的内在协调性增加。

表9 印度尼西亚执政联盟在国会席位数变动趋势

单位：%

时间	执政党席位占比	反对党席位占比
2014年7月	37	63
2015年9月	46	54
2016年7月	69	31

资料来源：Kata data。

佐科政府的经济改革主张非常明确：一是加大基础设施建设和政府的投入力度；二是放松和优化政府管制，改善营商环境。佐科政府规定，各政府部门只有在经总统批准的情况下才能推出部门的新条例，同时取消大量不利于改善营商环境的现有部门规章。截至目前，政府已取消了3143项部门规章，在政府规划的第14期（自2016年11月始）经济政策改革规划中，还计划有215项全国性管制政策将被取消。

虽然印度尼西亚政府的改革还任重道远，但改革红利已经开始显现。例如，在世界银行2016年10月底发布的一项报告中，印度尼西亚的营商环境排名从第106位上升至91位，跻身全球营商环境改善最大的10个经济体之列。同时，印度尼西亚社会投资也出现较高速度增长，全社会投资金额在近三年平均增速超过21%。

(4) 人口红利将持续发挥积极影响

印度尼西亚是世界第四人口大国，2015年人口约为2.555亿人，比2010年全国人口普查中的总人口增加约7.4%。人口密度约为337.1人/平方英里。2010年，印度尼西亚城镇人口的比例约为49.8%，随着经济的发展，城镇化率有所提高，2015年这一比例为53.3%。按照当前经济发展趋势、预计出生率、死亡率和移民率，预测2035年城镇化率将达到66.6%（见图11）。从年龄构成看，一半人口在30岁以下。

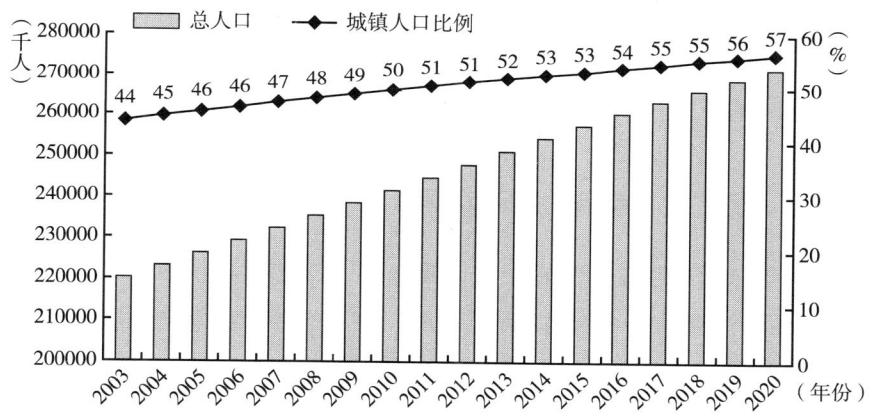

图11　印度尼西亚人口及城镇化率

资料来源：UNCTAD。

年轻且主要集中于城市的人口结构形成了印度尼西亚经济发展的一种长期红利，它将为印度尼西亚经济增长和参与国际竞争提供相对较低的劳动力成本，尤其是注意到近年来印度尼西亚就业人口实际工资增长较慢的这一情况（见图12）。当然，印度尼西亚劳动力人口受教育程度低是一项重要不足，只有小学和初中学历者占66%，仅有12%的人口接受过高等教育，因而需要加大教育尤其是职业教育的发展力度来逐步提高劳动力素质，以更好地开发人口红利。

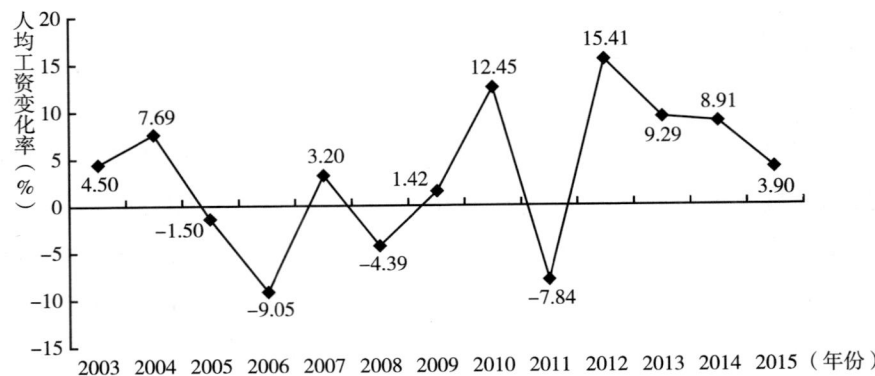

图12　印度尼西亚就业人口实际工资增长率

资料来源：BVD EIU。

（二）经济增长前景中的不利因素

2016年印度尼西亚经济表现出回暖趋势，GDP增速由2015年的4.8%回升到5%，经常账户赤字缩窄至1.8%，物价趋于稳定，通胀率控制在3.5%的水平，为近16年内最低水平。这是本届政府积极推动改革、加大基础设施建设、削减能源补贴等多方努力的结果。但我们也应注意到，印度尼西亚经济回暖和持续增长仍面临许多挑战，存在一定的不确定性，具体包括以下方面。

（1）政府收支预算实现能力不足和财政赤字扩大，制约了政府进一步刺激经济增长的空间

印度尼西亚经济保持持续回暖仍然面临较大压力。政府扩大投资支出在本次经济企稳中扮演重要角色，而政府持续扩大投资的能力受到预算收入约束，包括税收增长约束和扩大国债发行的约束。例如，2016年，由于财政赤字扩大，增加了国债发行，3个月期的政府债券收益已达到5.7%，高于原定的5.5%目标。2016年，印度尼西亚政府在年中对支出预算进行了大幅调整，缩小了政府支出规模，一些基础设施建设和公共服务项目未能按计划推行，削减预算的主要原因是预算收入不能按计划实现，即税收和非税收入

低于预期。预算收支执行能力不足一直是印度尼西亚政府面临的重要挑战。例如，2014 年政府预算中资本支出部分的实现比例仅为 85%，2015 年更是降到 76%，在 2016 年，支出预算实现率也仅为 88.7%。尽管 2016 年政府预算执行质量有所改善，但仍然与预算数存在较大差异，导致许多公共基础设施建设项目执行和公共服务改进低于预期，公共服务水平仍然偏低。

印度尼西亚政府收支实现能力不足的关键是预算收入实现能力不足，其中又以税收征管能力不足为核心。其内在原因，除税务部门的征管能力外，根本在于印度尼西亚税源结构问题。印度尼西亚税收高度依赖于对企业的课税和商品消费课税，两者每年分别贡献总税收收入的 25% 和 40% 左右，相比之下，个人所得税只占约 20%。其中，对企业的课税又大部分来自企业开采自然资源所缴纳的税收，例如，2013 年企业课税的 20% 来自石油和天然气企业，在国际油价和天然气价格低迷的情况下，油气开采减少，导致税收增长乏力。

预算收入增长乏力，而预算支出又不断扩大以满足本届政府的施政目标，其结果必然是财政赤字不断扩大。2016 年，初始预算安排的赤字率为 2.2%（收支差额与 GDP 的比重），年中该比率被迫修订为 2.4%，而最新快报数显示实际实现的赤字率为 2.5%。赤字率的提高使政府通过债务融资解决公共项目建设资金缺口的空间缩小，它将提高国债发行成本，增加国债发行难度，使政府刺激经济增长的举措面临资金困境。另外，赤字率向国际警戒线 3% 的水平接近也会引起国际社会对印度尼西亚货币等的担忧。

（2）全球经济政策不确定性和金融市场波动加大，外部需求仍然没有走出下降通道，出口前景不明

根据亚洲发展银行的数据，亚洲地区出口增长率 2011～2015 年平均为每年 4.7%，与 2000～2010 年平均每年 11.2% 的增长水平相比相去甚远。总体上讲，对于亚洲国家而言，外部需求仍然处于下滑通道中。在此背景下，美国总统换届、英国脱欧等事件都加剧了欧美发达国家在应对经济下滑方面政策的不一致性和不确定性。全球金融市场对此已做出反应，2016 年第四季度的金融市场波动显著增加，尤其是股票和债券市场的波动性增加。

由于发达经济体对亚洲商品需求是影响东南亚国家出口水平的关键因素,前述波动性增加了印度尼西亚扩大出口的难度。例如,石油出口在印度尼西亚对外贸易中占据重要份额,但受全球经济放缓影响,国际石油输出国组织(OPEC)决定2017年减产120万桶/天,其中印度尼西亚分担3.7万桶/天,据此计算的总量相当于印度尼西亚2017年预算中石油产量的4.5%,而2017年预算编制时印度尼西亚政府已经比2016年预算调低了5000桶/天,为此印度尼西亚不得不临时退出OPEC组织,这一情况直接反映出印度尼西亚出口方面面临的压力。

(3) 国内消费未出现稳固性回暖

根据世界银行和印度尼西亚央行的调查数据,2016年第四季度印度尼西亚国内零售指数有所回升,尤其在12月份上涨了16个点,但同期消费者信心指数(CCI)表现平淡,没有出现明显回升,这意味着未来市场并不会表现出更强的消费意愿。印度尼西亚央行的监测数据显示,2016年商业活跃指数在经历两个季度的上升后在10月份开始出现下滑,制造业采购经理指数(PMI)也在第四季度出现下降。其他有关商业活跃程度的高频指标也表现出混杂信号,例如,自2016年8月以来,摩托车销售减缓;2016年第四季度汽车销售出现增长;同期水泥销售持续了前期的下降趋势。这些混杂信号足以表明印度尼西亚国内消费和商业活动并未出现稳固性回暖,作为驱动经济增长的"三驾马车"之一的消费能否为经济稳定和增长提供支撑仍然存在较大的不确定性。

(4) 宗教政治化倾向和恐袭事件对经济发展环境形成负面压力

印度尼西亚是多宗教信仰的国家,印尼"建国五项原则"虽然要求国民有宗教信仰,但信仰何种宗教公民有自由权利,保障宗教信仰自由是宪法精神之一,政府当前承认的宗教有伊斯兰教、基督教、天主教、佛教、印度教和孔教六大宗教,约87%的居民信仰伊斯兰教。近年来,尤其是自2016年下半年以来,印尼国内爆发的一系列公共事件显示了宗教政治化倾向加深。例如,2016年11月4日,雅加达发生穆斯林游行(组织者为捍卫伊斯兰阵线),要求警方就钟万学亵渎《古兰经》一事展开调查。游行多达十万

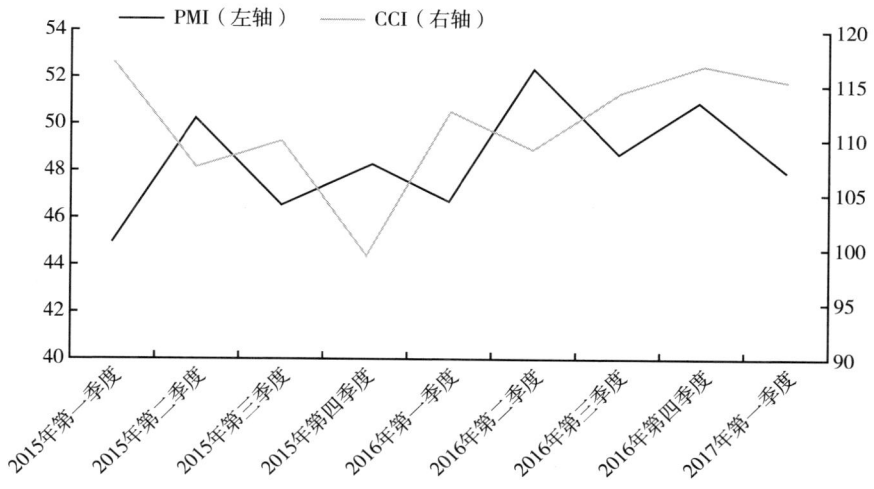

图 13　印度尼西亚消费信心与采购经理指数

资料来源：BI，World Bank。

人，虽然警方严阵以待，但当天晚上仍有个别地区发生小规模骚乱。伊斯兰组织印度尼西亚伊斯兰学者理事会教义捍卫国家行动（GNPF）于11月18日表示将于12月2日再次组织游行示威，要求警方逮捕钟万学。事件的背景是2016年7月，钟万学宣布参选2017～2022届雅加达首都特区领导人，钟万学自执政雅加达首都特区以来成绩斐然，因此民意支持度高并得到了四大政党的支持，但在钟万学被定为亵渎《古兰经》嫌犯后，民调显示钟万学支持率一度落后于其他竞争对手。2017年2月15日，雅加达特区首长首轮选举钟万学组合领先但票数未过半数，4月19日进行第二轮选举，钟万学组合败选。政治力量利用宗教情绪谋取私利，使宗教出现政治化倾向，将不利于营造经济发展所需要的和谐稳定环境。

另外，2016年1月14日，印尼首都雅加达发生一系列爆炸事件，造成至少7人死亡，多人受伤，极端组织"伊斯兰国"（IS）发表声明宣称对此次恐怖袭击负责。2017年5月8日，印尼第三大城市万隆发生针对警察的恐袭事件，一名极端分子将一个自制的土炸弹放在印尼西爪哇万隆市政府门口停车场引爆，极端分子要求释放被印尼反恐部队逮捕的极端分子，并与警方发生交火。此前在 2000～2009 年，印尼共遭受过 7 次恐怖袭击，其中 2009 年一年内就发生了两次。造成死亡人数最多的，是 2002 年和 2005 年发生在巴厘岛的爆炸案，2002 年爆炸案造成包括 88 名澳大利亚人在内的 202 人死亡，2005 年的爆炸案共造成 23 人死亡。一系列恐袭事件反映出宗教极端主义已是印尼国内安全面临的明显威胁，对政府发展经济的努力形成冲击。历史上，印尼曾是荷兰的殖民地，著名的"伊斯兰祈祷团"就是为反对荷兰殖民统治建立起来的军事组织，印尼独立后，此军事组织并未放下武器，仍然在为建立"伊斯兰国家"而继续战斗，与"基地"组织和 IS 的"追求"不谋而合。随着各国联合打击 IS 力度的加强，很多 IS 成员从中东流窜到印尼，并且印尼地理状况特殊，是全球最大的群岛国家，这也增加了印尼政府清除恐怖势力的难度①。

（三）经济前景预判

基于全球经济并未走出低迷，加上国内消费并未根本复苏等压力因素的考虑，印度尼西亚政府对 2017 年经济持谨慎乐观态度，其预设的 2017 年的经济增长目标为 5.1%，通胀率为 4%，经常账户赤字率为 2.4%（见表 10），这两个指标均较 2016 年的实际数有所放宽，体现出一种谨慎的态度。

表 10　印度尼西亚政府设定的 2017 年主要经济目标

经济指标	目标值	经济指标	目标值
经济增长(%)	5.1	3 个月政府短期国库券利率(%)	5.3
通货膨胀率(%)	4.0	原油价格(美元/桶)	45
汇率	13300	石油产量(千桶/天)	815
经常账户赤字率(%)	2.4	天然气产量(石油当量千桶/天)	1150

资料来源：IRU。

① 《印尼为什么再遭恐怖袭击》，《中国青年报》2016 年 1 月 16 日。

国际社会对印度尼西亚本届政府取得的经济成果比较认可,对其发展前景持相对乐观态度。以亚洲开发银行的预测为例,亚洲开发银行对印度尼西亚经济增长的预测与其本国政府预判基本一致(见表11)。从表11中可以看出,印度尼西亚经济在东盟十国中,经济增长速度处于中等水平,而通胀率则相对较高。

表11 国际组织对东盟国家经济表现的预期

国家	GDP增长率(%)		通胀率(%)		经常账户平衡占GDP比重(%)	
	2016年	2017年	2016年	2017年	2016年	2017年
文莱	1	2.5	-0.6	0.4	-4.5	-2
柬埔寨	7	7.1	2.8	3.4	-11.1	-10.2
印度尼西亚	5	5.1	3.5	4	-2.3	-2.4
老挝	6.8	7	1.6	2.3	-16	-19
马来西亚	4.1	4.4	2.1	2.5	1.2	2.3
缅甸	8.4	8.3	9.5	8.5	-8.3	-7.7
菲律宾	6.4	6.2	1.8	2.8	2	1.8
新加坡	1.8	2	-0.8	0.8	19.5	19.5
泰国	3.2	3.5	0.4	2	9.5	4
越南	6	6.3	2.5	4.5	3	4

资料来源:ADB。

综合以上对有利与不利因素的分析,本文认为,虽然印度尼西亚的经济增长面临出口压力和预算投资财力制约等,但是持续的基础设施改善,尤其是在"一带一路"框架下更深入地开展与中国的经贸合作,能明显提高能源供应、物流交通和加工制造能力,印度尼西亚经济增长内在动力增强的效果会逐步显现,印度尼西亚经济表现有可能好于预期,但这需要以印度尼西亚国内政局稳定和国际环境和平为前提,尤其需要防范地区冲突和国内政治事件对经济发展的冲击。

外贸与外商投资篇

Foreign Trade and Foreign Investment

B.2
印度尼西亚国际贸易形势分析

摘 要： 印度尼西亚对外贸易总量自 2009 年以来在全球贸易中的份额有所上升，但 2012 年以后进出口总量双向出现下滑，并导致 2012~2014 年贸易逆差。2015~2016 年实现了贸易顺差，但这是进口下降幅度超过出口下降幅度的结果。贸易结构上，出口中资源品和工业制成品大体相当，而进口以设备和工业用品为主。贸易伙伴主要是亚太国家，自 2015 年始中国是其最大进口来源国和第三大出口市场，其贸易顺差主要来自美、荷、印等国。

关键词： 对外贸易　总量趋势　贸易结构

一　贸易总量趋势和结构特征分析

1. 贸易总量持续下滑，但扭转了贸易逆差问题

2009 年以后印度尼西亚的进口、出口贸易总量在全球贸易中的占比有所提升。2005~2009年，印度尼西亚出口在全球中的份额在0.83%左右，进口在全球中所占份额为0.65%左右，而近年来出口与进口在全球贸易中的份额都超过了0.9%。

但从其本身的增长趋势看，受全球经济放缓等因素影响，2012年以来，印度尼西亚进口、出口总量均有所下滑（见图1），2012~2014年还出现了贸易逆差，其中2014年贸易逆差为21.98亿美元。进出口下滑的趋势在2015年尤其明显，出口贸易额从2014年的1825.5亿美元下降到2015年的1503.66亿美元，下降幅度达17.6%，而2013~2014年出口下降仅为2%~3%。同期印度尼西亚盾的贬值已经缓冲了部分出口下降压力，但仍然有如此大幅度的出口下降，表明出口压力较为明显。

2016年，印度尼西亚出口总值为1441.90亿美元，较2015年进一步下降4.1%。进口方面，受经济增长乏力和货币贬值双重影响，下降更为明显，2015年进口总值为1426.94亿美元，较2014年的1781.79亿美元下降19.9%，而2013~2014年仅下降约4%；2016年快报数显示进口为1356.53亿美元，进一步下降4.9%。由于进口比出口下降更快，2015年扭转了贸易逆差问题，在2016年维持了贸易顺差85.37亿美元。

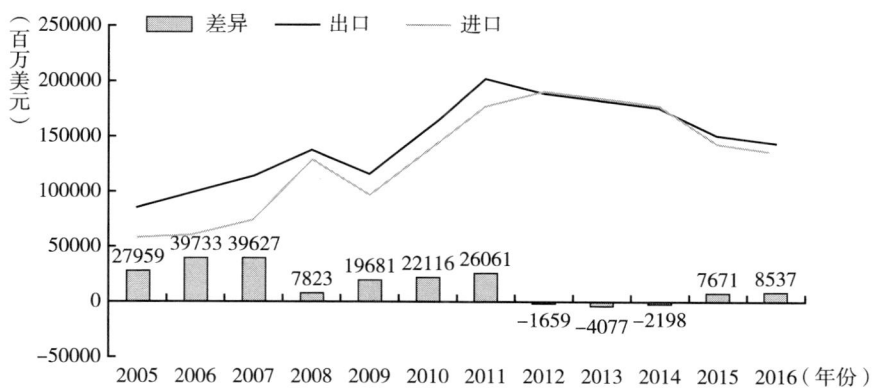

图1 进出口总额及差异

注：2016年为初步统计数。
资料来源：BPS。

2. 贸易结构上以商品贸易为主体，资源产品与工业制品出口大体相当

在全部贸易中，商品贸易占据主体，近年占比为80%~87%。以2015年为例，服务贸易出口约为218.91亿美元，占比为12.68%，而商品贸易占比为87.32%。从服务出口类别来看，主要以旅游服务为主，在2015年占据全部服务出口的48.7%，其次是运输服务，包括海运、航空运输，在2015年占据全部服务出口的15.8%（UNCTAD，2016）。

印度尼西亚自20世纪80年代开始就强调降低对资源品出口的依赖，增加工业制成品的出口，也取得了显著成效。但在近十年中，其工业制成品出口未有进一步的增长。2015年，工业制成品出口占44%，食品出口占21%，油、气、矿石等资源品出口占29%（见图2）。

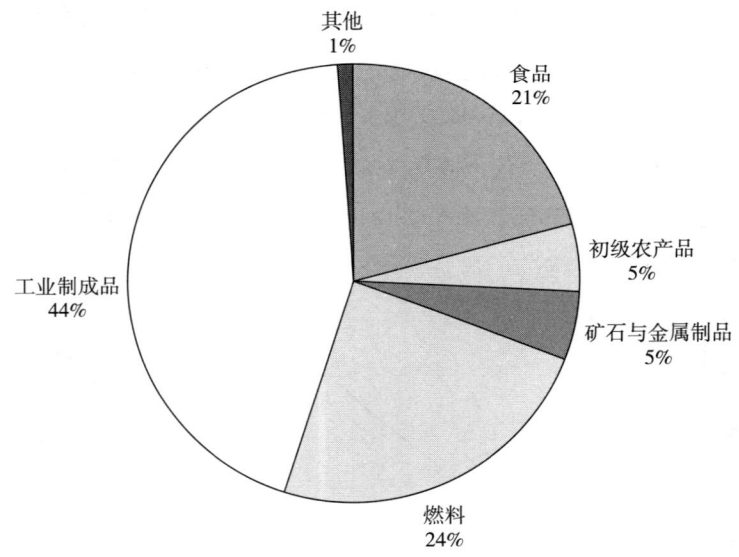

图2　出口产品结构

注：数据年份为2015年。
资料来源：UNCTAD。

3. 进口以设备与工业用品为主

在印度尼西亚进口的商品中，设备和运输工具是最大的一个类别，并且增长明显。以2015年为例，在剔除黄金等贵金属进口货值后，设备和运输

工具进口货值占据全部货值的35.8%，其次为工业用品、燃料及相关产品、化工制品的进口，占比分别为16%、15.6%和12.5%。从变动趋势上看，2015年与2010年对比，增长最快的是烟酒饮料的进口，5年间增长了56.1%；其次是生活用品进口的增长，达46.2%；再次是食品与活物进口的增长，达23.1%。设备与运输工具的增长5年间只有8.6%；而燃料及相关产品的进口5年间下降了17.6%（见图3）。

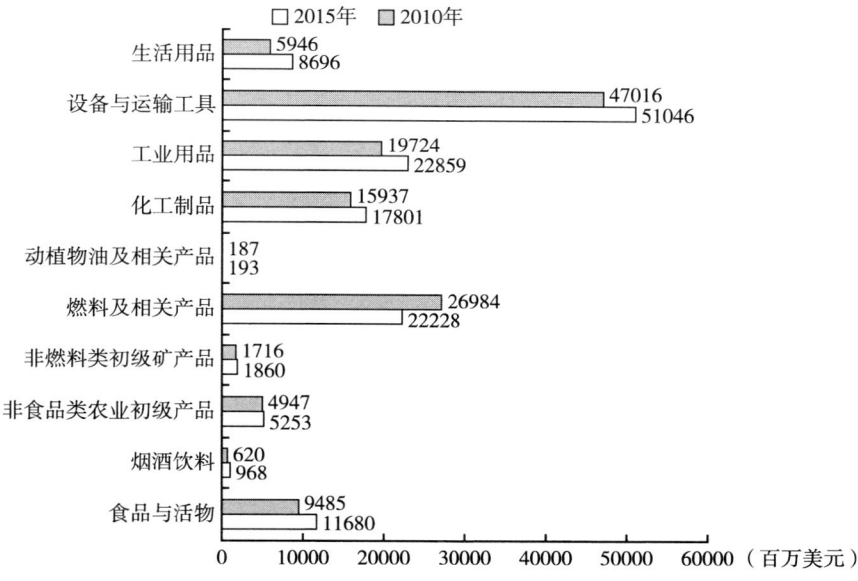

图3　进口产品大类货值

资料来源：UNCTAD。

二　主要产品进出口变动情况

1. 出口方面冶金、机械和化工等工业品下降明显

印度尼西亚的对外商品贸易中，资源品与工业制成品出口基本上各占"半壁江山"。在工业部门中，食品行业的出口货值最高，以2015年为例，其出口货值为264.48亿美元，占全部工业制成品出口货值的24.35%，即约四分之一的工业品出口贡献自食品行业。其次是化工行业,出口占比8.29%;黑色金属冶炼,即钢铁等,出口占比7.93%;服装出口占比6.74%。

从变动情况看,食品出口在2015年有明显下降,较上年降幅达10.59%。其中下降最为明显的几个行业分别是化工、黑色金属冶炼、机械设备、金属制品和非机械设备、橡胶和塑料制造、电气设备、炼油及煤洗炼等;相反,有所增长的几个行业分别是饮料、皮革与制鞋、印刷与音像复制、制药及植物制品等(见表1)。

表1 主要产品出口情况

单位:百万美元,%

排名	行业部门	2012年	2013年	2014年	2015年 出口值	2015年 较上年变化	2015年 比重
1	食品	28105.3	26477.9	29582.1	26448.2	-10.59	24.35
2	化工	11251.3	11472.3	12191.4	9008.5	-26.11	8.29
3	黑色金属冶炼	10501.0	9578.2	9851.9	8607.0	-12.64	7.93
4	服装	7226.6	7429.7	7400.0	7318.3	-1.1	6.74
5	橡胶和塑料制造	11820.2	10737.5	8474.8	7156.4	-15.56	6.59
6	电子和光学产品	8928.8	7821.1	7460.6	6404.4	-14.16	5.9
7	纸和纸制品	5541.6	5681.4	5553.2	5383.9	-3.05	4.96
8	其他工业品	2078.5	2238.8	4208.2	5307.5	26.12	4.89
9	纺织	5286.8	5295.4	5378.8	4999.6	-7.05	4.6
10	皮革与制鞋	3864.5	4220.6	4469.8	4853.7	8.59	4.47
11	汽车、拖车和半拖车	4300.2	4152.2	4809.7	4757.0	-1.1	4.38
12	电气设备	4927.8	5119.3	5027.9	4522.7	-10.05	4.16
13	木材及木材、藤制品	3433.8	3598.7	3996.1	3902.0	-2.36	3.59
14	机械设备	3076.7	3580.3	3424.0	2871.4	-16.14	2.64
15	家具	1749.7	1718.8	1767.1	1713.9	-3.01	1.58
16	其他运输设备	1924.9	1886.0	1538.2	1507.9	-1.97	1.39
17	金属制品、非机械设备	1760.2	1697.0	2029.4	1224.3	-39.67	1.13
18	烟草	732.5	834.3	942.3	922.8	-2.07	0.85
19	非金属矿产业	989.5	982.5	947.7	915.7	-3.37	0.84
20	制药及植物制品	489.6	496.6	575.1	646.8	12.46	0.6
21	饮料	81.6	83.4	70.3	91.1	29.59	0.08
22	印刷与音像复制	33.9	41.9	34.0	39.2	15.28	0.04
23	炼油及煤洗炼	10.6	14.5	21.1	1.5	-93.03	0.00
	总出口	118115.2	115158.6	119753.7	108603.5	-9.31	100

资料来源:印度尼西亚工业部。

2.产品出口的目标市场

亚太地区是印度尼西亚产品的主要出口市场,尤其是中国、日本、新加坡、印度、美国,这五个国家分列 2015 年印度尼西亚产品出口的前 5 强。表2、表3 分别列示了印度尼西亚出口产品中的十大类产品的具体出口目的地,以及具有较大出口潜力的十大类产品的目标市场。

表2 十大类出口产品的主要目标市场

编号	产品	主要出口市场(国家或地区)
1	纺织品	美国,日本,德国,土耳其,韩国,英国,阿拉伯联合酋长国,中国,巴西,马来西亚,比利时,意大利,荷兰,西班牙,加拿大,沙特阿拉伯,泰国,法国,越南,中国台湾
2	电子产品	新加坡,美国,日本,中国香港,中国,德国,马来西亚,荷兰,韩国,菲律宾,法国,泰国,印度,澳大利亚,阿拉伯联合酋长国,英国,中国台湾,越南,比利时,意大利
3	橡胶及其制品	美国,日本,中国,韩国,新加坡,巴西,德国,加拿大,荷兰,土耳其,法国,印度,西班牙,意大利,英国,比利时,中国台湾,南非,澳大利亚,阿根廷
4	棕榈油	印度,中国,马来西亚,孟加拉国,荷兰,埃及,新加坡,意大利,西班牙,乌克兰,伊朗,俄罗斯,巴基斯坦,德国,坦桑尼亚,巴西,南非,越南,缅甸,肯尼亚
5	森林产品	日本,中国,美国,韩国,澳大利亚,马来西亚,中国台湾,沙特阿拉伯,阿拉伯联合酋长国,印度,德国,荷兰,英国,越南,新加坡,比利时,意大利,法国,孟加拉国,泰国
6	鞋类	美国,比利时,德国,英国,荷兰,意大利,日本,墨西哥,法国,巴西,中国,丹麦,巴拿马,韩国,西班牙,澳大利亚,俄罗斯联邦,智利,南非
7	汽车	泰国,日本,沙特阿拉伯,菲律宾,马来西亚,新加坡,阿拉伯联合酋长国,南非,巴西,越南,中国,墨西哥,阿曼,喀麦隆,中国台湾,英国,缅甸,德国,印度,科威特
8	虾	美国,日本,中国,英国,比利时,中国香港,越南,新加坡,法国,加拿大,澳大利亚,马来西亚,中国台湾,俄罗斯,荷兰,意大利,德国,韩国,丹麦
9	可可	马来西亚,美国,新加坡,朝鲜,西班牙,德国,法国,荷兰,英国,澳大利亚,菲律宾,印度,加拿大,泰国,日本,巴西,阿拉伯联合酋长国,爱沙尼亚,俄罗斯,新西兰
10	咖啡	美国,日本,德国,意大利,马来西亚,比利时,英国,俄罗斯,埃及,摩洛哥,印度,中国台湾,加拿大,澳大利亚,格鲁吉亚,新加坡,阿尔及利亚,厄瓜多尔,法国,南非

资料来源:印度尼西亚工业部。

表3 有增长潜力的十大类产品出口目标市场

编号	产品	目标市场(国家或地区)
1	皮革和皮革制品	中国香港、印度、越南、中国、德国、新加坡、朝鲜、韩国、意大利、马来西亚、泰国、西班牙、中国台湾、日本、柬埔寨、斯里兰卡、南非、法国、菲律宾、美国、墨西哥
2	医疗仪器	新加坡,美国,日本,中国香港,中国,德国,马来西亚,荷兰,韩国,菲律宾,法国,泰国,印度,澳大利亚,阿拉伯联合酋长国,英国,中国台湾,越南,比利时,意大利
3	草药	印度,马来西亚,美国,中国台湾,日本,新加坡,法国,荷兰,德国,瑞士,韩国,越南,澳大利亚,中国香港,阿根廷,泰国,英国,沙特阿拉伯,阿拉伯联合酋长国,约旦
4	加工过的食物	美国,马来西亚,菲律宾,新加坡,日本,中国,柬埔寨,泰国,越南,沙特阿拉伯,荷兰,德国,中国香港,澳大利亚,比利时,英国,印度,西班牙,韩国,中国台湾
5	香精油	美国,新加坡,法国,印度,瑞士,西班牙,德国,荷兰,中国,英国,墨西哥,阿拉伯联合酋长国,土耳其,意大利,巴西,日本,巴基斯坦,中国香港,中国台湾,东帝汶
6	鱼和鱼产品	日本,美国,泰国,越南,中国,新加坡,马来西亚,意大利,韩国,中国香港,中国台湾,西班牙,俄罗斯,澳大利亚,比利时,荷兰,法国,德国,英国,伊朗
7	工艺品	美国、日本、英国、德国、澳大利亚、法国、荷兰、韩国、西班牙、新加坡、意大利、加拿大、中国台湾、比利时、南非、马来西亚、瑞典、阿拉伯联合酋长国、中国、巴西
8	珠宝	新加坡,中国香港,南非,澳大利亚,美国,阿拉伯联合酋长国,日本,意大利,荷兰,泰国,马来西亚,德国,韩国,英国,丹麦,土耳其,西班牙,法国,瑞士,加拿大
9	调味品	美国,越南,印度,荷兰,新加坡,德国,日本,意大利,马来西亚,法国,中国,澳大利亚,泰国,比利时,韩国,巴西,英国,俄罗斯,加拿大,巴基斯坦
10	非纸文具	美国,越南,印度,荷兰,新加坡,德国,日本,意大利,马来西亚,法国,中国,澳大利亚,泰国,比利时,韩国,巴西,英国,俄罗斯,加拿大,巴基斯坦

资料来源:印度尼西亚工业部。

3. 进口方面汽车、烟草等产品下降明显

印度尼西亚进口以工业用品为主,如化工产品、机械设备、电子和光学产品等,也包括化工和电子行业这些类别的最终产品。以2015年为例,这三个类别的进口货值分别达到191.9亿美元、185.8亿美元和128.6亿美元,位居进口货值的前三强,分别占全部进口的17.52%、16.97%和11.74%。

从变化情况看，2015年进口下降明显，产品进口下降12.08%，其中下降幅度较大的分别是汽车、拖车和半拖车、炼油及煤洗炼、烟草、纸和纸制品、印刷与音像制品等。依据总体统计数据的快报数，进口下降趋势持续到2016年，只是下降幅度有所收窄，2016年总体进口金额较2015年进一步下降4.9%（见表4）。

表4 主要进口产品变动情况

单位：百万美元，%

排名	行业	2012年	2013年	2014年	2015年 进口货值	2015年 较上年变化（%）	2015年 比重（%）
1	化学产品	22123.8	21883.4	21918.2	19186.7	-12.46	17.52
2	机械设备	243024	22012.9	21120.9	18580.3	-12.03	16.97
3	电子和光学产品	16071.2	15864.6	14666.7	12862.0	-12.3	11.74
4	黑色金属冶炼品	16941.1	15727.3	13959.6	11810.7	-15.39	10.78
5	食品	9647.8	9651.6	9724.3	8338.9	-14.25	7.61
6	电气设备	7686.7	7466.6	7118.8	6625.4	-6.93	6.05
7	纺织品	6426.7	6647.3	6744.1	6512.9	-3.43	5.95
8	汽车、拖车和半拖车	10709.1	9020.0	7091.1	5248.8	-25.98	4.79
9	金属制品、非机械设备	4901.4	5075.1	5370.2	4788.1	-10.84	4.37
10	橡胶和塑料制品	3674.9	3618.9	3472.4	3110.1	-10.43	2.84
11	其他运输设备	7922.1	4632.5	2961.2	3033.8	2.44	2.77
12	纸和纸制品	3052.9	3249.1	3245.2	2683.5	-17.31	2.45
13	其他工业品	1375.9	1500.5	1340.8	1389.7	3.65	1.27
14	非金属矿产品	1495.8	1414.7	1471.2	1315.4	-10.59	1.2
15	制药及植物制品	1014.6	1141.6	1188.4	1180.2	-0.7	1.08
16	皮革、皮革产品和鞋类行业	973.8	1054.4	1078.4	1037.9	-3.75	0.95
17	服装	401.9	498.0	469.4	421.6	-10.19	0.38
18	烟草	504.4	501.7	466.3	375.1	-19.55	0.34
19	家具	375.6	382.8	351.7	335.3	-4.67	0.31
20	木材及木材、藤制品	398.0	384.7	366.4	327.3	-10.69	0.3
21	饮料	156.4	176.9	200.5	176.6	-11.93	0.16
22	印刷与音像制品	108.2	78.5	122.8	96.7	-21.3	0.09
23	炼油及煤洗炼	64.4	95.4	115.1	78.7	-31.62	0.07
	总进口		132079.2	124564.3	109515.8	-12.08	100

资料来源：印度尼西亚工业部。

三 与主要贸易伙伴的贸易平衡关系

1. 中、日、新、美等亚太国家是印度尼西亚主要贸易伙伴

从出口目的地看,亚太国家是印度尼西亚产品出口的主要目的地,日本、美国、中国、新加坡和印度是其出口前5大目的地。

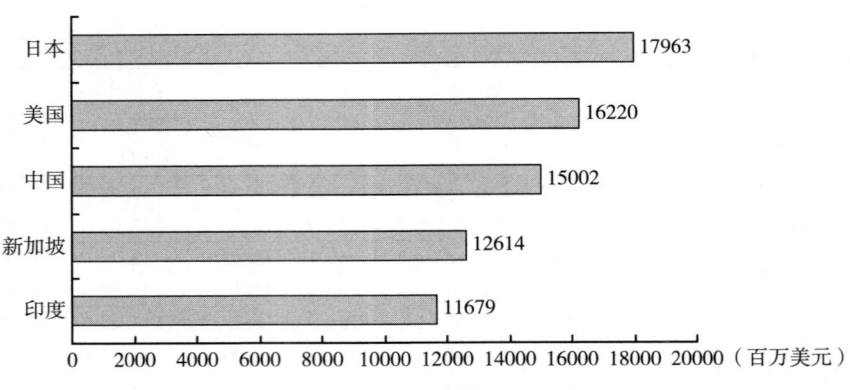

图4 最大的5个出口目的地

注:依据2015年出口数值计算。
资料来源:UNCTAD。

从进口来源地看,2010年排名前三位的分别是新加坡、中国和日本,而到了2015年,中国已成为其主要进口来源国,新加坡为第二位。从中国进口的增加是双边贸易增长的结果,同期印度尼西亚出口中国的产品也大幅增加(见图5)。

2. 贸易逆差主要来自东亚国家,顺差则主要来自美、荷、印等国

从表5可以看出,印度尼西亚对东盟和东亚国家的商品贸易中,基本上都是处于逆差状态,尤其是与中国、泰国、日本的商品贸易存在较大的贸易逆差,东盟国家中只有与菲律宾的商品贸易实现了顺差,并且金额较大,在2015年达到19.2亿美元的顺差。全球范围来看,印度尼西亚的商品贸易顺差主要来自美国、荷兰和印度,在2015年顺差分别达到89.4亿美元、25.7亿美元和34.6亿美元。

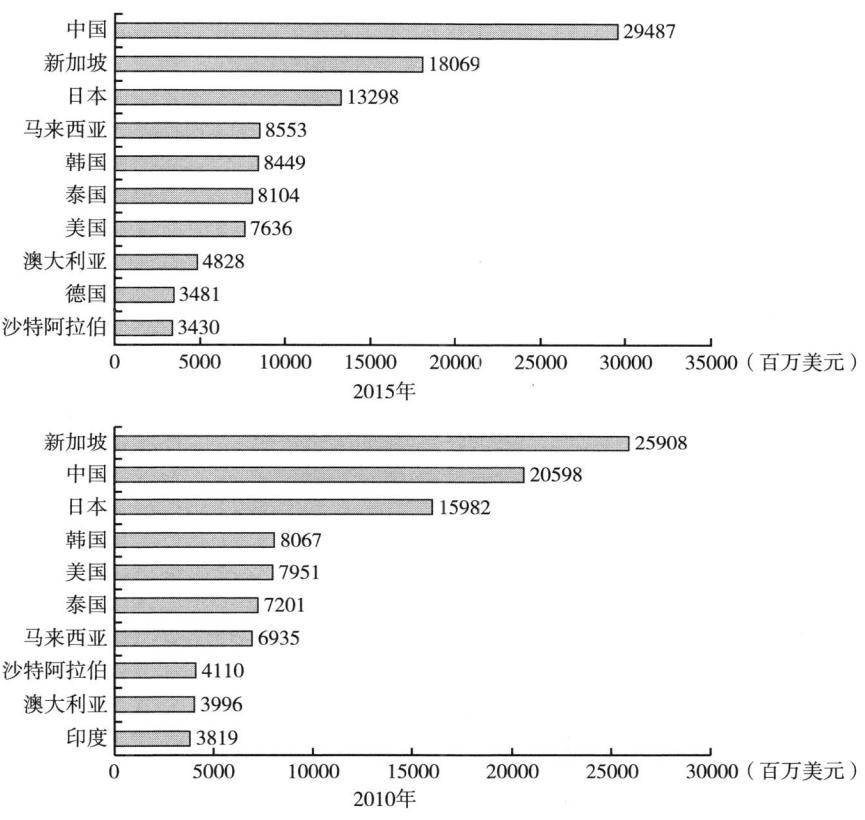

图5 最大的10个进口来源地

资料来源：UNCTAD。

表5 印度尼西亚与各贸易伙伴的商品贸易平衡关系

单位：百万美元

编号	国家或地区	2012年	2013年	2014年	2015年
东盟					
1	新加坡	-462.9	-189.8	-519.2	-720.4
2	泰国	-6705.60	-6301.90	-5406.60	-4213.30
3	马来西亚	650	-139.2	-365.3	269.3
4	越南	-516.8	-596.9	-942.9	-798.5
5	菲律宾	1694.80	1780.40	2194.90	1921.40

续表

编号	国家或地区	2012年	2013年	2014年	2015年
东亚					
6	中国	-17149.20	-18256.20	-18738.00	-18603.60
7	日本	-10853.50	-7883.90	-5612.90	-3425.60
8	韩国	-4567.20	-5207.30	-4093.40	-2782.70
9	中国香港	-4567.20	-5207.30	-4093.40	-2782.70
10	中国台湾	-351.5	-345.9	263.7	471.3
美国和太平洋地区					
11	美国	3693.50	6672.60	9275.60	8939.80
12	加拿大	-626.3	-718.2	-583.4	-334.3
13	巴西	35.3	68.7	-292.3	-587.8
14	澳大利亚	393.3	231.6	807.2	658.1
欧盟					
15	英国	245.2	458.9	733.9	663.9
16	荷兰	3630.60	3009.20	2964.10	2570.70
17	法国	-807.1	-534.4	-288	-375
18	德国	-1341.50	-1764.30	-1355.50	-979.6
19	比利时	604.8	543.6	590.2	527.1
20	意大利	293.3	116	275	247.9
21	西班牙	887.6	735.5	944.2	730.7
其他主要国家					
22	印度	3622.00	3828.90	3146.00	3459.30
23	沙特阿拉伯	719.8	755.8	1176.00	1373.10
24	南非	1044.50	659.9	959.9	442.8
25	俄罗斯联邦	-980	-1131.50	-40.7	153.5
	25个国家与地区的合计	-31414.10	-29415.70	-19000.60	-13175.00
	其他国家	7805.10	11044.90	12504.10	12262.70

资料来源：印度尼西亚工业部。

B.3
印度尼西亚外商投资发展报告

摘　要： 2013年以来对印度尼西亚的外商直接投资总量增长明显放缓，维持在290亿美元左右的水平，而证券市场外资占比较高，受美元加息等因素影响印度尼西亚出现资本外流，但这种资本流出被公共部门外债资本流入所抵销，资本账户略有结余，国际收支维持平衡。外商直接投资的主要领域是矿业、运输仓储和通信服务业、冶金、机械与电子工业，以及电力、天然气和供水，2016年中国内地对印度尼西亚直接投资达26.65亿美元，排名第3位，较上年上升了3个名次。

关键词： 外商投资　投资趋势　产业重点

一　外商直接投资总体趋势

1. 总体处于上升通道中，但近期出现增长乏力趋势

外国对印度尼西亚的直接投资（FDI）自2010年以来，处于持续上升通道中，截至2016年，FDI投资额达289.64亿美元，较2009年增长了1.68倍（见图1）。不仅投资总金额有所增加，而且所涉及的投资项目和行业也在扩大。以2015年为例，外商直接投资项目达17738个，较上年增长99.64%。

但从增长趋势看，外商直接投资自2014年开始未见明显增长，处于波动状态，尤其从2015年末开始，由于美国宣布其货币政策正常化，并随后进入美元加息周期，印度尼西亚资本市场的外资外流明显，特别是对私营部门的贷款和权益投资。

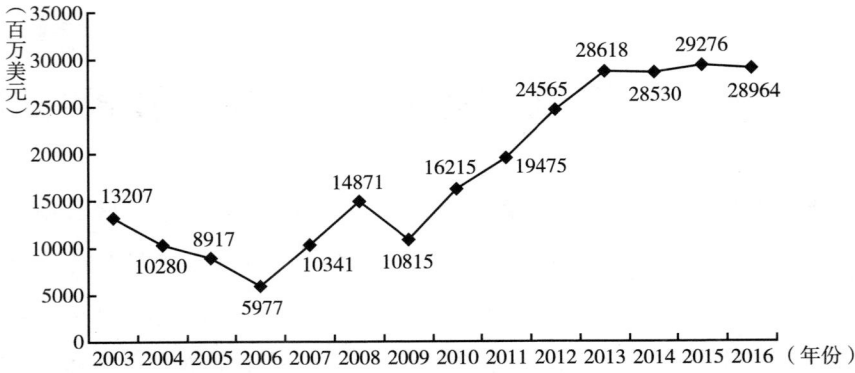

图 1　外商直接投资

注：2016 年为初步统计数。
资料来源：BPS。

2. 资本账户维持顺差并保证了国际收支的总体平衡

依据印度尼西亚央行最近披露的数据，印度尼西亚国际收支基本维持平衡，其中经常账户存在小额逆差，而资本账户中，资本市场的外资大量外流被公共部门的外资流入所抵销，从而资本账户仍有结余，同时外汇储备有所增加，大于三个月充足率的国际标准（印度尼西亚央行，2017）。

但是需注意的是，印度尼西亚外债中，相当部分为波动性较大的短期债务，在 2014 年，约占 GDP 的 10% 和外汇储备的 77%（世界银行，2015）。过于依赖短期债务资金来解决其经常账户赤字问题，并且大量债务是以外币如美元计价，同时大量国内债券为外国投资者持有，这些都是值得注意的影响印度尼西亚金融体系稳定的风险因素。印度尼西亚央行披露的最新数据显示，2016 年底，印度尼西亚全部外国债务中，政府公共部门的债务占比为 49.9%，私人部门的外国债务占比为 50.1%，而在私人部门的外国债务中有 70.6% 即 1120 亿美元为长期债务，仅有 29.4% 为短期债务（印度尼西亚央行，2017），因而资本账户有走向稳健的迹象。

二 外国资本在证券市场的投资情况

1. 外国资本在证券市场的参与度较高

从股票市场的季度成交数量看,约40%的交易量是由外国投资者账户所购入,这一比例在2016年上半年及之前一直保持相对稳定,但2016年下半年外国投资购入金额绝对数出现下降,而其所占市场交易的比重则出现更大幅度的下降,意味着下半年市场整体交易仍然活跃,但外资已经不太认同这种行情。

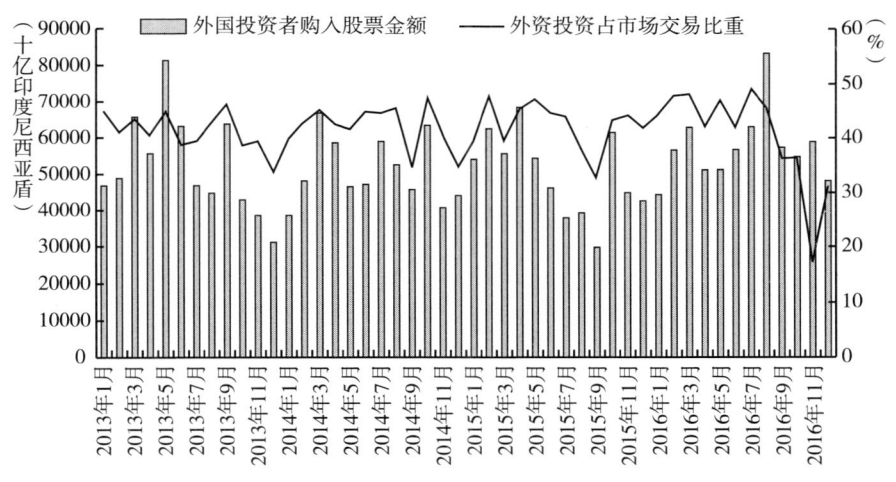

图2 印度尼西亚股票市场外国投资者参与情况

注:季度汇总数。
资料来源:印度尼西亚证交所。

2. 2016年下半年受美元加息等因素影响出现净流出

与上述外资在2016年下半年的市场参与度下降趋势相一致,股票市场中外资出现资金净流出,这主要是美元加息等外部因素所刺激,因为印度尼西亚货币近年来一直处于弱势,2016年汇率刚刚企稳,而美元加息动作和未来加息预期的强化使得外资更偏好于美元资产。从图3可以看出2015

年因印度尼西亚整体经济疲软,外资从股票市场净流出,2016年经济的回暖表现已吸引外资更多地进入股票市场,但美元等外部因素在2016年下半年再次改变了这一趋势。

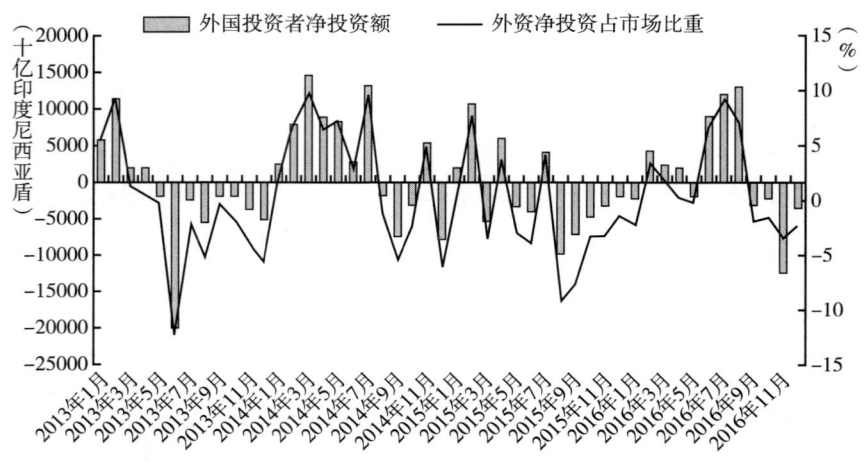

图3　印度尼西亚股票市场外国投资者净投资

注:季度汇总数。
资料来源:印度尼西亚证交所。

三　外商直接投资的行业分布特征

1. FDI的行业分布结构

依据快报数,2016年,外商直接投资为289.64亿美元,但快报数尚未公布各行业的外资直接投资情况,因此我们使用2015年数据分析FDI的行业分布特征。2015年,外商直接投资达到292.7亿美元,涉及17738个项目。依据投资金额计算,外商直接在印度尼西亚工业部门(第二产业)和服务业(第三产业)中的投资大体相当,分别为117.6亿美元和112.8亿美元。具体行业的投资情况如图4所示,外商直接投资最多的四个领域分别是:①矿业;②运输仓储和通信服务业;③冶金、机械与电子工业；④电力、天然气和供水。另外，化工和制药业、食品加工业、机动车辆和其他运输工具业、不动产和商务服务业等也占据重要位置。

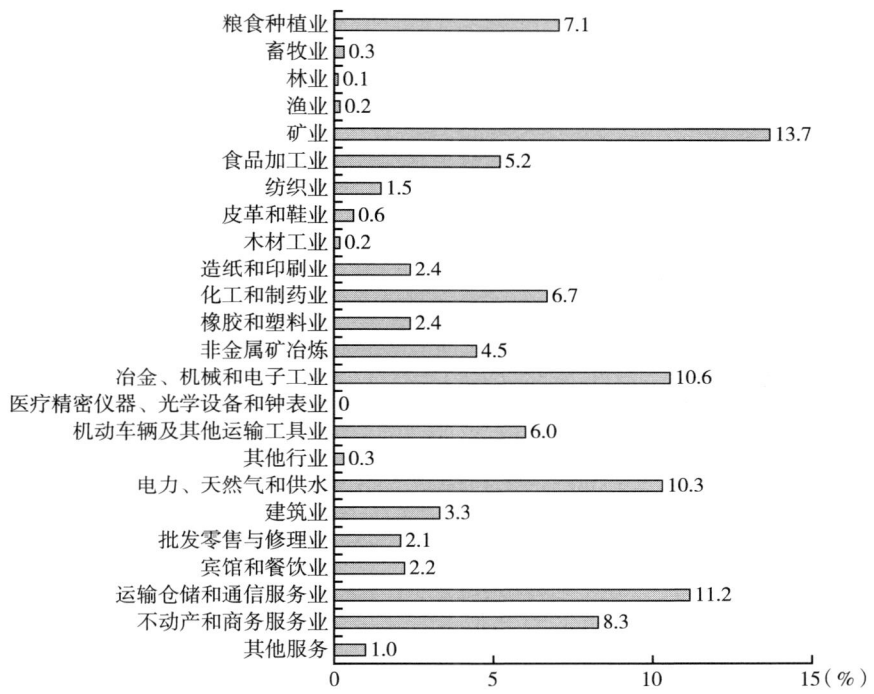

图4　印度尼西亚FDI的行业结构特征

注：依据2015年投资金额计算。
资料来源：印度尼西亚工业部。

2. FDI投资领域的变动趋势

从变动趋势看，近两年外商直接投资在金额上并无明显增长，但在项目数量上却有着巨大的增长，以2015年与2014年对比，2015年外商直接投资达到292.7亿美元，比2014年略有增长，增幅仅为2.59%，但2015年涉及17738个项目，项目数比上年同期增加99.64%。这种反差意味着FDI在印度尼西亚的投资有项目小型化趋势，也表明印度尼西亚政府在降低FDI的门槛。

从图 5 可以看出,外商的直接投资从金额看较多地集中在矿业,化工和制药业,冶金、机械和电子工业,电力、天然气和供水,运输仓储和通信服务业,粮食种植业、食品加工业、机动车辆及其他运输工具业等行业。从变动情况看,2015 年较 2012 年在冶金、机械和电子工业,电力、天然气和供水,运输仓储和通信服务业,非金属矿冶炼,不动产和商务服务业等的投资增长较为明显。

而从投资案例数看,在批发零售与修理业的投资宗数最多,并且增长最为明显,因为这类投资的单项金额相对较低。投资宗数较多的其他领域还包括矿业,食品加工业,化工和制药业,冶金、机械和电子工业等行业(见图 6)。

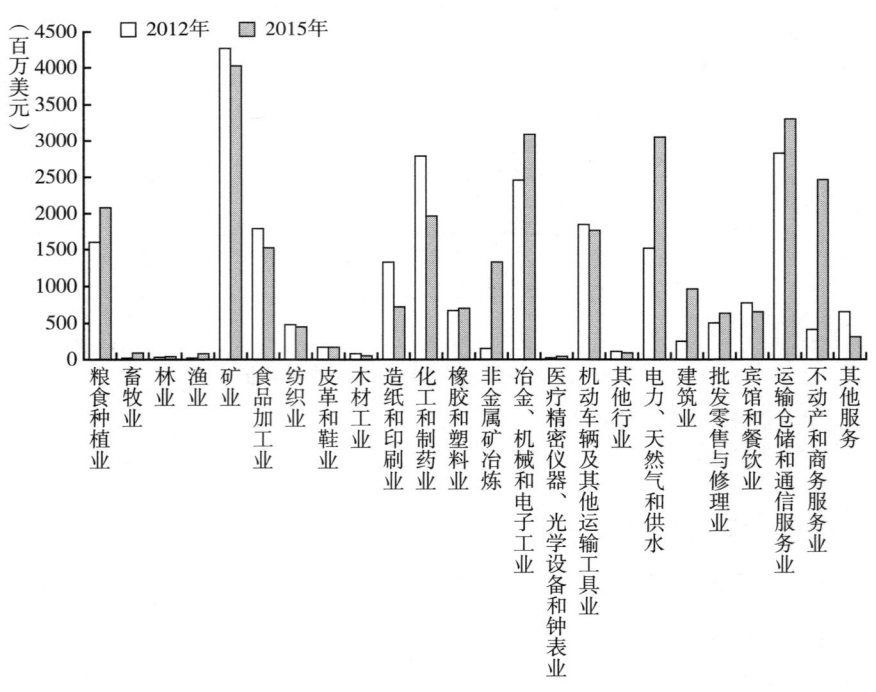

图 5　FDI 投资领域变动趋势(投资金额)

资料来源:印度尼西亚工业部。

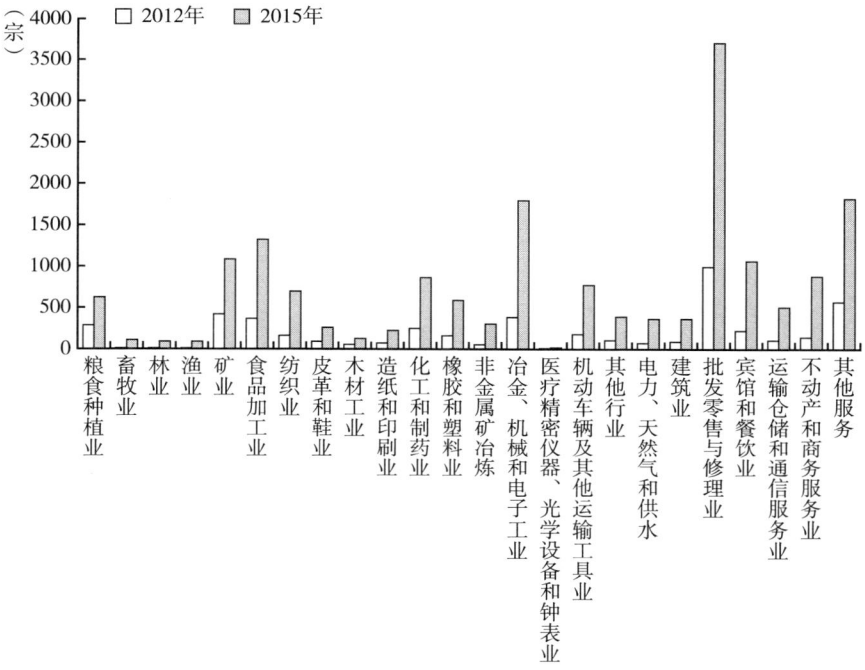

图 6 FDI 投资领域变动趋势（投资案例数）

资料来源：印度尼西亚工业部。

四 中国对印度尼西亚的直接投资情况

1. 对印度尼西亚直接投资快速增长，但总量仍然相对有限

依据印度尼西亚官方对 2016 年外国直接投资的初步统计，中国内地对印度尼西亚投资达 26.65 亿美元，排名第 3 位，占印度尼西亚全部 FDI 的 9%。中国香港地区对印度尼西亚投资达 22.48 亿美元，排名第 4 位，占比为 8%（见表 1）。两地合计与日本对印度尼西亚的直接投资基本相当。与上一年比较，这一数据已有明显变化，在 2015 年，中国内地和中国香港对印度尼西亚的直接投资分别为 9.37 亿和 6.28 亿美元，占比分别为 5% 和 3%，排名分别为第 6 位和第 9 位。中国内地对印度尼西亚直接投资一年间增长184%，这是两国加深合作，推动双边贸易和投资取得的成果。

表1　印度尼西亚FDI主要来源地（2016年）

排名	国家/地区	实际投资（百万美元）	占比（%）
1	新加坡	9179	32
2	日本	5401	19
3	中国内地	2665	9
4	中国香港	2248	8
5	荷兰	1475	5
6	美国	1162	4
7	英属维尔京群岛	1157	4
8	马来西亚	1116	4
9	韩国	1066	4
10	毛里求斯	576	2
	其他国家	2919	10
	133个国家/地区合计	28964	100

注：2016年为初步统计数。
资料来源：IRU。

2. 对印度尼西亚投资的行业以冶金、机械及电子工业为主

中国内地对印度尼西亚的直接投资主要集中于冶金、机械和电子工业领域，2011~2016年该领域的投资占比达到41%，金额为18.48亿美元，其次为公共事业部门的电力、天然气和供水领域，占比16%，金额为7.3亿美元。对其他行业的投资则较为分散（见表2）。

表2　中国对印度尼西亚直接投资的行业分布（2011~2016年）

排名	行　业	金额（百万美元）	比重（%）
1	冶金、机械和电子工业	1848	41
2	电力、天然气和供水	730	16
3	矿石加工（不含冶金）	295	7
4	矿业	244	5
5	商业与修理业	243	5

续表

排名	行业	金额(百万美元)	比重(%)
6	化工和制药业	207	5
7	食品工业	189	4
8	粮食种植业	167	4
9	建筑业	129	3
10	不动产	128	3
11	其他行业	352	8
	合　计	4532	100

注：2016年为初步统计数。

资料来源：IRU。

国内产业经济篇
Industrial Economy

B.4
印度尼西亚能源工业发展形势、竞争力与产业机会

摘　要： 印度尼西亚能源消费增长明显，但能源生产受国际油价等因素影响增长较慢。印度尼西亚能源消费和生产总体上以油气资源为主，发电以火力发电为主，水力、地热能发电潜力大。印度尼西亚资源丰富，但能源供应缺口明显，电力投资机会较多，且具备一定的基础设施条件和政策空间。中国企业在印度尼西亚已有一定的电力投资经验，具备较好的竞争力。

关键词： 能源工业　电力　产业机会

一　概述

本文所述印度尼西亚能源工业包括油气工业、电力工业两大部分。其中，油气工业又分为石油和天然气工业两大块。油气工业的上游活动包括勘探与开采石油和天然气,下游包括精炼和分销以燃料、燃料油或原材料为形式的石油产品等活动。电力工业细分为生产、传输、销售、销售代理、市场管理以及电力系统管理业务。可再生能源工业通过建立水力发电站、地热发电站、太阳能电站等来发电。

总体来说,印度尼西亚能源消费增长明显,但能源生产受国际油价等因素影响增长较慢,且呈现能源出口下降而进口增加的态势。印度尼西亚能源消费和生产总体上以油气资源为主,发电以火力发电为主,水力、地热能发电潜力大。印度尼西亚资源丰富,但能源供应缺口明显,电力投资机会较多,且具备一定的基础设施条件和政策空间,中国企业在印度尼西亚已有一定的电力投资经验,具备较强的竞争力,油气等其他能源领域则存在较多制约因素。

近年来,印度尼西亚能源消费增长迅速,消费额和消费量逐年增加。预计未来几年将分别以6%和2.4%增长,2020年底消费额将达到2023亿美元,消费量将达到1.912亿吨油当量。能源需求与日俱增,但近年来石油和天然气市场收入受石油价格影响而下降,电力市场收入增长率为17.7%,可再生能源也实现3.9%的平均增长。

首先,从石油和天然气的角度来看,2010~2014年印度尼西亚国内对石油和天然气的需求稳步增长,但由于石油价格的下降,2011年后该市场收入下滑,2015年出现收入暴跌,不过预计未来几年将逐步回升。而2011~2015年,印度尼西亚天然气供应单位收入增长速度较慢,消费量增长速度适中,预计这一趋势将继续保持。

其次,从电力角度来看,印度尼西亚各类电力资源都比较丰富,但电力生产发展水平较低,电能缺口较大。随着电力设施的兴建,2010~2014年电力工业取得较大成就,印度尼西亚电力收入和产量都持续增长,并预计将继续发展下去。

同时,印度尼西亚是世界地热能源储藏量最大的国家,水电开发潜力也很大,2010~2014年可再生能源发电也实现平均增长,不过发电量总体下降,这一市场尚未成为印度尼西亚的主要市场。

二 总体趋势

（一）能源消费增长明显

印度尼西亚能源消费在2015年为1509亿美元，2011~2015年复合年增长率（CAGR）为7.3%（见图1），这与同时期的泰国和中国相比（分别为9%和7.3%的复合年增长率），处于中等较快水平。2011~2015年印度尼西亚的能源消费量复合年增长率为2.9%（见图2），2015年为1.701亿吨油当量（toe）。预计2020年底消费量将增加到1.912亿吨油当量（toe），2015~2020年复合年增长率将达到2.4%。

能源消费额增长率与消费量增长率的差异，主要来自国内能源的终端产品价格上涨和能源消费结构的变化，其中终端产品价格上涨是主要因素，这与印度尼西亚政府削减能源补贴而企业和居民的能源需求强劲有关。

2015年在印度尼西亚能源消费量中，石油和石油产品创下最高消费量，为7800万吨油当量（toe），占部门总量的45.8%。2015年生物燃料和废物的消费量为5460万吨油当量（toe），占部门总量的32.1%。

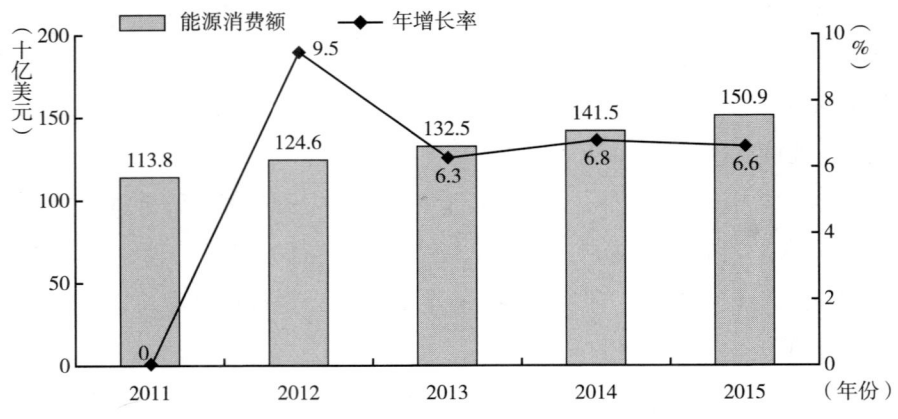

图1 印度尼西亚能源消费额增长情况

资料来源：Marketline。

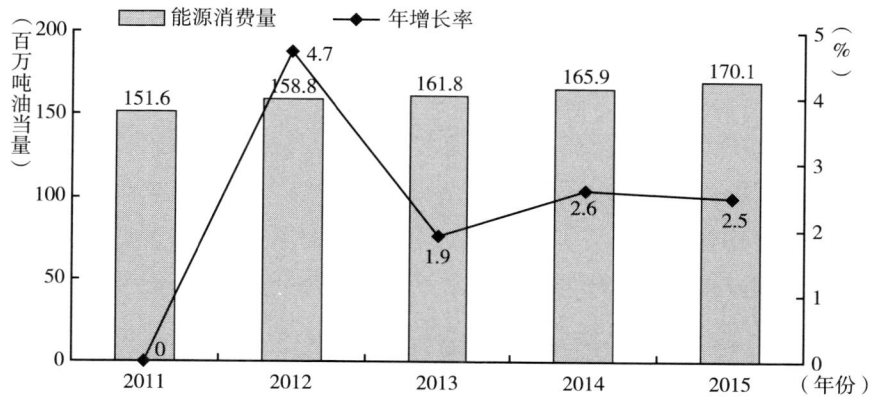

图 2 印度尼西亚能源消费量增长情况

资料来源：Marketline。

（二）能源生产增长较慢：受国际油价等因素影响

2011～2015年印度尼西亚对石油和天然气的需求稳步增长。预计印度尼西亚石油和天然气市场2015年总收入为383亿美元，2011～2015年复合年变化率（CARC）为-14.6%，与同时期泰国和中国市场的复合年变化率（CARC）-13.1%和-13.5%相比，处于中等较低水平。

影响近期全球石油和天然气市场表现的主要因素是2015年全球原油价格的暴跌。2015年第四季度布伦特原油以每桶45美元销售，这大约是2014年中期价格的一半，接近2009年石油价格。这是2015年市场极其低迷的主要原因。

价格下降的原因主要是美国的石油生产增加，较2009年增加2倍。加拿大和俄罗斯也维持原油产量，使得沙特阿拉伯和尼日利亚等生产商只能寻求亚太地区而不是西方的买家。但石油输出国组织（OPEC）内有不同的观点。一方面，一些OPEC国家，特别是伊朗、委内瑞拉和尼日利亚，为了稳定价格，希望能削减生产；而另一方面，沙特阿拉伯和其他海湾国家认为，这样的政策只会导致市场份额的损失。

根据调研机构Marketline的数据预计，2011～2015年市场消费量的复合年增长率（CAGR）为3%（见图4），2015年将达到9.081亿桶油当量（boe）。预计2020年底市场消费量将升至10.498亿桶油当量（boe），2015~2020年的复合年增长率将达到2.9%。

综上可见，石油消费需求稳步增长，但由于原油价格大跌，市场收入下降，未来五年市场收入将主要受到原油价格的影响。

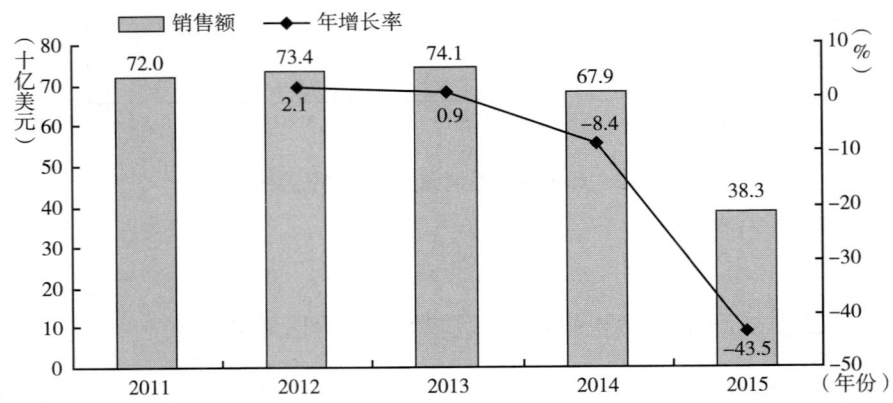

图3　印度尼西亚石油和天然气销售额变化情况

资料来源：Marketline。

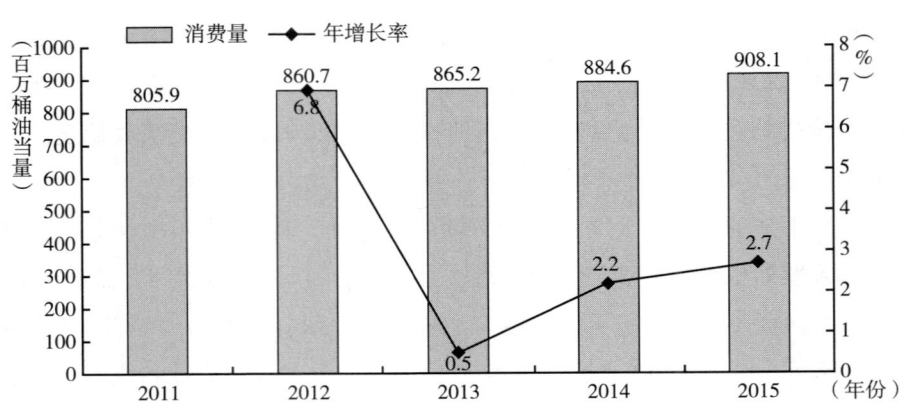

图4　印度尼西亚石油和天然气消费量增长情况

资料来源：Marketline。

（三）能源出口下降进口增加

印度尼西亚是能源净出口国，这主要是由于其大量的天然气和煤炭出口。印度尼西亚近年来的能源进出口情况见图5。与之相比，中国是能源净进口国，对外能源依赖程度较高。

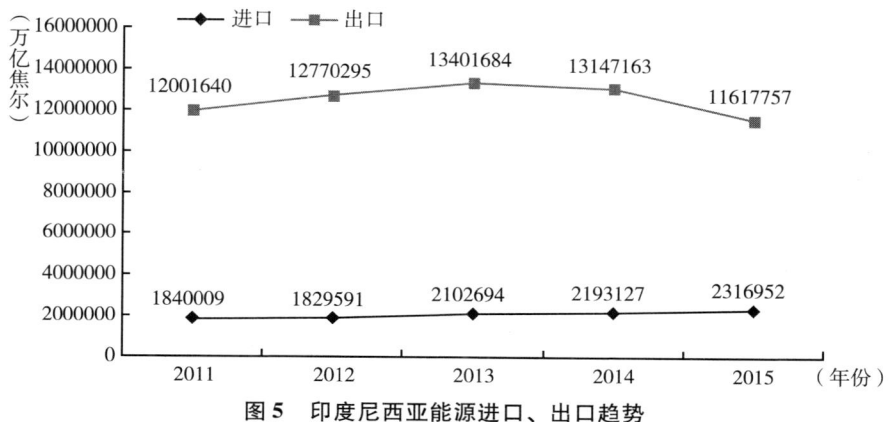

图5　印度尼西亚能源进口、出口趋势

资料来源：BPS。

印度尼西亚进口商品中，燃料比重较大，基本超过20%，这与其作为石油净进口国有关。与之相比，中国燃料进口占商品进口比重近年来保持在17%左右，基本与世界水平持平（见图6）。

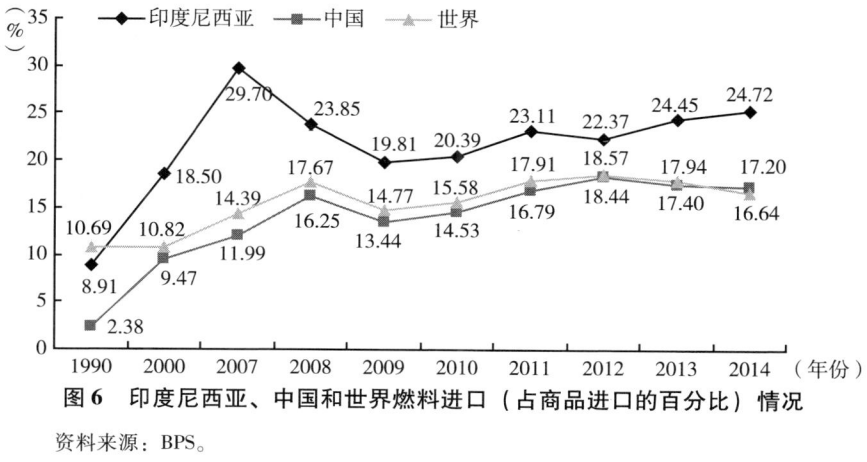

图6　印度尼西亚、中国和世界燃料进口（占商品进口的百分比）情况

资料来源：BPS。

作为能源出口大国,印度尼西亚燃料出口占商品出口的比重高于世界水平,近年来维持在30%左右。中国燃料出口所占比重已多年低于2%,能源主要满足国内需求(见图7)。

图7　印度尼西亚、中国和世界燃料出口(占商品出口的百分比)情况

资料来源:BPS。

三　结构特征

(一)能源生产的资源结构

(1)主要油气产区

印度尼西亚含油气盆地约60个,其中海上和陆上分别占73%和27%。已发现油气田340多个,其中大油气田5个,储量约占全国总储量的57%,已投产油田140多个。含油气盆地集中在5大区域:苏门答腊油气区(包括北、中、南苏门答腊三个盆地)、爪哇油气区、东加里曼丹油气区(包括巴里托、打拉根、库特等盆地)、东部油区(包括萨拉瓦、斯兰等盆地)、南海海域(西纳土纳盆地)。

(2)近年能源生产结构:以油气为主,部分为生物质能

具体的能源生产情况可见表1,其中来自煤转换的能源占绝大多数,

2015年占比为69%,而以原油为原料的能源生产在2015年只占11%,天然气占15%,新能源生产仅占3.6%。

表1 2011~2015年印度尼西亚能源生产情况

单位:万亿焦耳

能源来源	2011年	2012年	2013年	2014年	2015年
硬煤、褐煤和泥炭	12177312	12782538	13200180	12076941	11842386
原油	2186955	2091343	—	1912893	1904819
天然气	2920288	2846984	2819216	2689941	2644065
生物质能	463239	483418	509769	587473	624290
其他能源	49692	79381	105129	89323	94290
总计	17847178	18283664	18635199	17356571	17109978

(二)能源消费的资源结构

(1)能源消费总体上以油气资源为主

由图8可见,2015年,印度尼西亚消费的主要能源是石油和石油产品,消费量达7800万吨,约占总消费量的45.8%;其次为生物燃料,消费量为5460万吨,约占32.1%;天然气消费量为1850万吨,约占10.9%;电力和热能消费量

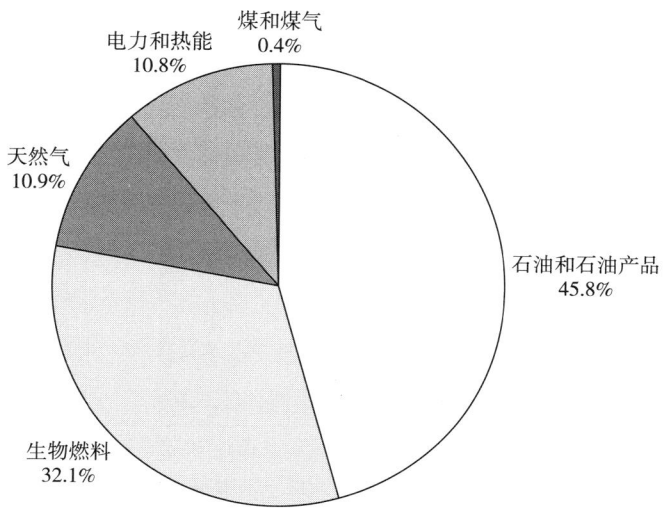

图8 印度尼西亚2015年各能源消费量占比

为1840万吨，约占10.8%；煤和煤气消费量为70万吨，约占0.4%。

(2) 天然气消费需求较为稳定

2011～2015年，印度尼西亚天然气供应单位收入略有下降，消费量增长速度适中。预计2015～2020年天然气行业仍将保持上述变化态势。

2015年印度尼西亚天然气供应单位总收入为108亿美元，2011～2015年复合年变化率为-0.4%（见图9），与同时期泰国和中国天然气的复合年变化率14.3%和28.7%相比，处于较低水平。

2011～2015年天然气用气的复合年增长率为1.4%，2015年达到13983亿立方英尺（cubic feet）。预计2020年底该行业的消费量将上升到15944亿立方英尺，2015～2020年复合年增长率将达到2.7%。

2015年印度尼西亚天然气行业内，工业领域贡献最大，总收入为23亿美元，占行业整体收入的21.8%。2015年商业领域贡献10亿美元的收入，占行业总收入的9.5%。

预计该行业下跌速度将会更快，2015～2020年五年期复合年变化率将为-1%，2020年底收入将为102亿美元，同时期内泰国和中国同行业将分别实现14.6%和34.4%的复合年增长率，印度尼西亚增长仍较缓慢。

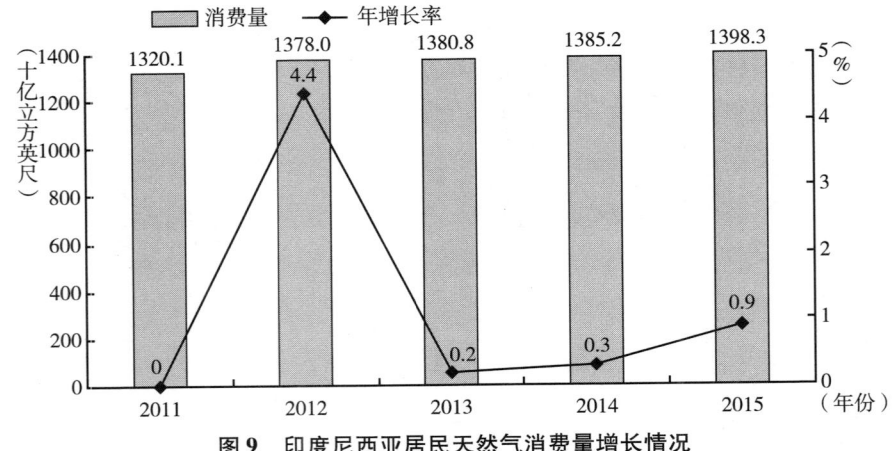

图9　印度尼西亚居民天然气消费量增长情况

资料来源：Marketline。

综上可见，印度尼西亚对天然气的需求将保持适中的增长速度，行业收入将继续小幅下降。

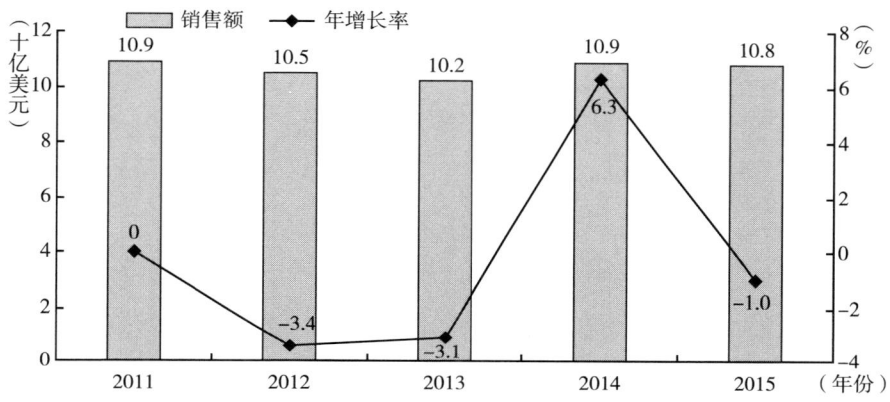

图 10 印度尼西亚天然气销售额增长情况

资料来源：Marketline。

（3）可再生能源消费水平不稳定

2014 年印度尼西亚可再生能源发电的销售额为 19.162 亿美元，2010～2014 年复合年增长率为 3.9%（见图 11），与同时期泰国和中国市场 76.5% 和 24.2% 的复合年增长率相比，处于较低水平。

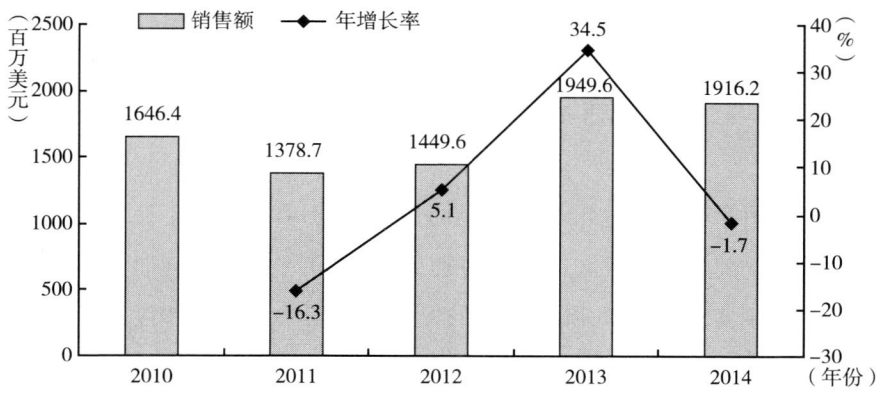

图 11 印度尼西亚可再生能源发电销售额变化情况

资料来源：Marketline。

2010～2014年可再生能源市场发电量下降，2014年为25.1TWh（见图12）。预计到2019年底发电量将下降到22.8TWh，2014～2019年复合年变化率将达到-2%。

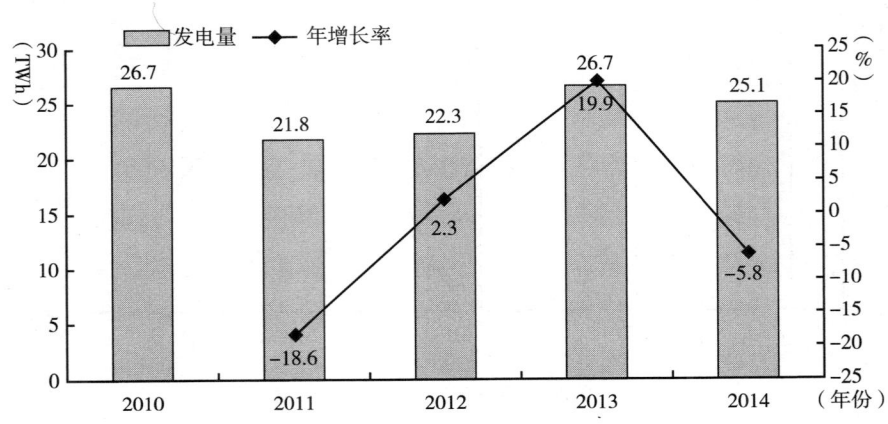

图12 印度尼西亚可再生能源发电量变化情况

资料来源：Marketline。

2014年可再生能源市场中，水力发电占有最大份额，总发电量14.7TWh，占市场整体发电量的58.6%。相比较而言，2014年地热能发电量为10.1TWh，占市场发电总量的40%。

印度尼西亚地热能非常大：该能源仅占全球可再生能源发电量的1.1%。2014年，印度尼西亚拥有世界第三大地热能容量，仅次于美国和菲律宾。

预计可再生能源发电市场的增长将放缓，2014～2019年五年间复合年增长率将为3%，2019年底销售额将达到22.179亿美元。同时期泰国和中国市场将分别实现79.4%和24.1%的复合年增长率，因此印度尼西亚增长较慢。

综上可见，印度尼西亚可再生能源发电量下降。未来这种现象可能仍会继续。

（三）能源消费的行业结构

印度尼西亚能源消费的行业结构，主要是以工业和建筑为主，交通业和家庭用户为辅（见表2）。

表2　2011~2015年印度尼西亚能源消费的行业结构

单位：%

行　　业	2011年	2012年	2013年	2014年	2015年
工业和建筑	53.03	47.81	42.21	24.31	36.51
交通业	18.08	24.31	33.50	42.12	28.79
家庭用户	22.71	20.84	24.29	30.41	29.97
农业	0.17	0.26	0.29	0.42	0.20
其他消费者	6.00	6.79	3.69	4.55	4.53
总　　计	100.00	100.00	100.00	100.00	100.00

资料来源：BPS。

（四）电力的生产与消费结构

（1）电力生产和消费总量均逐年增长

印度尼西亚电力工业2014年总收入约为90亿美元，2010~2014年复合年增长率为17.7%（见图14）。相比之下，泰国和中国同行业分别以8.1%和10.9%的复合年增长率在增长，印度尼西亚处于较快发展水平。

印度尼西亚的发电量在2010~2014年复合年增长率为6.6%，2014年达到208.3TWh（见图13）。预计发电量在2019年底将上升至265.9TWh，2014~2019年复合年增长率为5%。

2014年印度尼西亚电力工业中，传统化石燃料发电量最多，为181.0TWh，占总发电量的86.9%。相比之下，可再生能源2014年发电量为27.2TWh，占总发电量的13.1%。

预计该行业的增长将放缓，2014~2019年五年期复合年增长率将为16.4%。2019年底销售额将达到192亿美元。同时期泰国和中国同行业将分别实现4.6%和9.5%的复合年增长率,印度尼西亚将继续维持高增长。

综上可见,印度尼西亚更大规模的用电和经济增长刺激了需求,电力销售额和发电量都在增长,未来五年将继续健康发展。

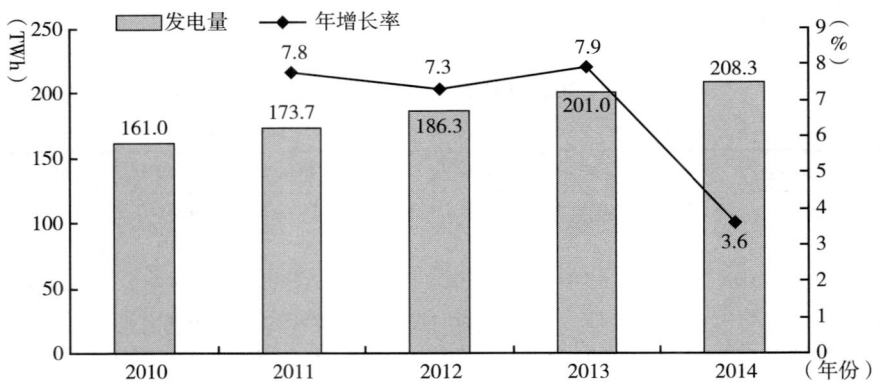

图13 印度尼西亚电力生产变化情况

资料来源:Marketline。

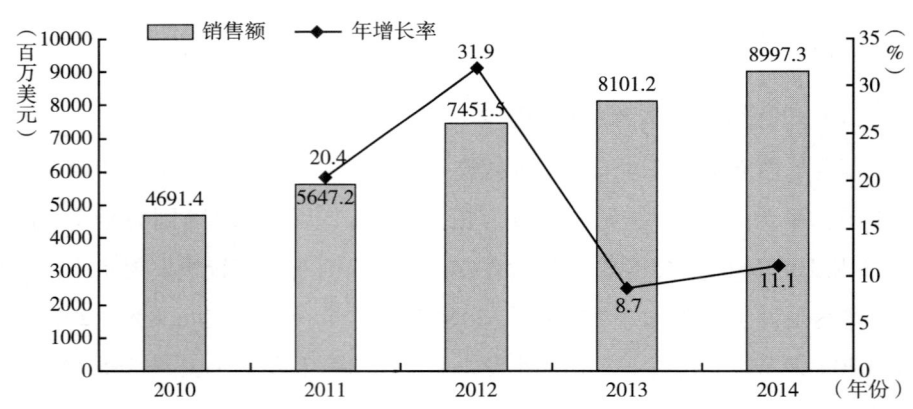

图14 印度尼西亚电力销售额变化情况

资料来源:Marketline。

(2)发电的资源结构:以火力发电为主,水力、地热能发电潜力大

火力发电:印度尼西亚的发电能源结构以火力发电为主,主要为燃煤发电,另外还有一部分为天然气和燃油发电。预计中期内,印度尼西亚的火力

发电能力将稳步提高。不过，由于燃料供应不足，燃油发电规模扩张无力，火力发电在印度尼西亚发电能源结构中的占比将持续下降。

水力发电：印度尼西亚有着丰富的未开发水力资源，这是该国发展水电的优势所在。近几年，在政府重视可再生能源发电的政策倾向下，印度尼西亚水电部门吸引的投资也越来越多。

核能发电：印度尼西亚核能发电进展缓慢，目前该国尚无核电站。印度尼西亚政府计划到2024年建成本国第一座核电站，但前景尚不明朗，至少在短期内很难看到明显进展。

非水电新能源发电：印度尼西亚尚未开发的非水电新能源发电潜力很大。其中，地热发电潜力最大。印度尼西亚太阳能发电规模还很小，但总体来看具有较大的发展潜力。与地热和太阳能相比，印度尼西亚风能发展潜力相对有限。

2014年，印度尼西亚发电的主要可再生能源为：水力发电15.9TWh，占可再生能源发电量的58.6%；地热发电10.88TWh，占40.0%；生物质和废物发电0.35TWh，占1.3%（见图15）。

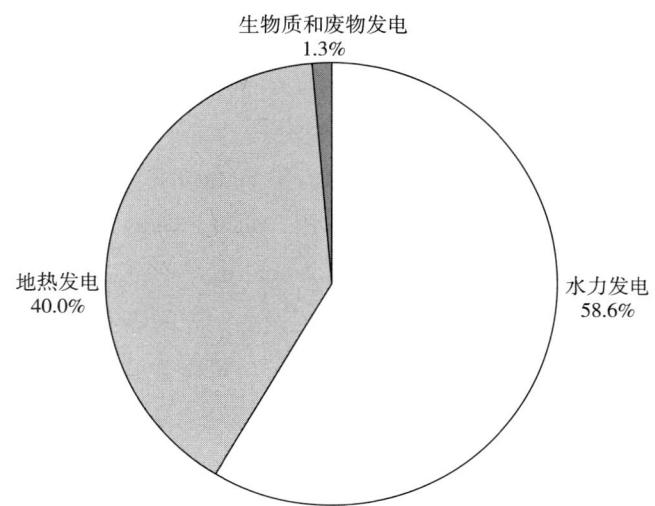

图15 2014年印度尼西亚各可再生能源发电比例

资料来源：Marketline。

(3) 电力消费结构：家用和工业消费居多

印度尼西亚的电力消费主要以家用和工业消费居多，具体情况见表3。

表3　2013~2015年印度尼西亚电力消费结构

单位：GWh

用户类型	2013年	2014年	2015年
家庭用户	77869	84136	88742
商　业	33749	36289	36995
工　业	65256	66278	65429
路　灯	3283	3395	3448
社会组织	4873	5447	5946
政　府	3313	3484	3719
总　计	188342	199028	204280

资料来源：BPS。

四　竞争力分析

（一）主要能源企业竞争力概况

印度尼西亚的主要能源企业包括PT Pertamina（Persero）、Perusahaan Listrik Negara，PT（PERSERO）PLN、PT Adaro Energy Tbk、PT Berau Coal Energy Tbk、PT Tambang Batubara Bukit Asam Tbk等公司。

其中，PT Adaro Energy Tbk是印度尼西亚领先的煤矿公司，也是国内第二大动力煤生产商，公司业务纵向整合，子公司覆盖采矿、驳船、装船、疏浚、港口服务、营销和发电等领域。该公司经营着全国最大的单一煤矿（南加里曼丹），立志成为东南亚地区领先的综合煤矿和能源集团。

PT Berau Coal Energy Tbk是印度尼西亚第五大煤炭生产商，其85%的股份由伦敦上市公司Bumi Plc持有，这家领先的自然资源集团最大的产煤资产位于印度尼西亚。目前，Berau Coal最大的市场是中国（世界顶级能源消费国），约占公司总销售额的44%。

PT Tambang Batubara Bukit Asam Tbk（Bukit Asam）是一家国有控股公司，是印度尼西亚最大的煤矿企业之一。它在南苏门答腊的煤炭有66414公顷，在西苏门答腊有2950公顷，在东加里曼丹有18230公顷。公司有采矿权的区域里煤炭资源总量达到73亿吨，而可开采储备达到18亿吨（这个数字不包括南苏门答腊拉哈特摄政区的可开采储量，这是与地方行政当局有争议的话题）。

PT Medco Energi Internasional Tbk（MEDC）经营油气勘探和生产业务，是一家综合性的国内能源公司，也从事国际勘探和生产。

PT Energi Mega Persada Tbk（EMP）是在印度尼西亚经营的上游油气生产公司。EMP于2004年6月上市，IPO价格为每股160印度尼西亚盾。

PT Golden Energy MINES Tbk是一家总部设在印度尼西亚的煤矿开采和贸易公司，从位于占碑、中加里曼丹和南加里曼丹的采矿点生产动力煤。

PT Borneo Lumbung Energy & Metal Tbk是由矿业大亨Samin Tan控制的印度尼西亚煤矿公司。该公司生产和分销硬焦煤，是印度尼西亚唯一一家优质的硬焦煤生产商。

PT Harum Energy Tbk是印度尼西亚最大的动力煤生产商之一，通过子公司来运营四座煤矿，产出低灰分、低硫动力煤，主要出口海外市场，大约10%在本土销售。Harum Energy是Tanito Harum集团（全国最大的煤矿集团之一）的一部分，由印度尼西亚第一富豪Kiki Barki创立。

PT Exploitasi Energi Indonesia Tbk（CNKO）从事煤矿开采和贸易、发电、建造和经营蒸汽发电厂，于2001年开始运营。公司的蒸汽发电厂位于庞卡兰布翁、中加里曼丹、冷岳和淡美拉汉。

Perusahaan Listrik Negara（PLN）是印度尼西亚国有企业，负责提供国民所需的电力。该公司垄断印度尼西亚的电力分配，是资产第二大的国有企业，其股份100%由国家持有。

印度尼西亚经济蓝皮书

表4 2013~2015年印度尼西亚主要能源企业核心竞争力指标

企业名称	营业收入（千美元）	税前利润（千美元）	总资产（千美元）	所有者权益（千美元）	流动比率	利润率（%）	净资产收益率（税前利润）（%）	已动用资本回报率（税前利润）（%）	资产收益率（税前利润）（%）	员工数（人）	数据年份
Adaro Energy TBK, PT	2687331	279973	5958629	3353043	2.40	10.42	8.35	6.19	4.70	7847	2015
Berau Coal Energy TBK, PT	1366463	-5215	1773454	-41890	0.67	-0.38	n.s.	28.58	-0.29	1311	2014
Tambang Batubara Bukit Asam (Persero) TBK, PT	997566	193490	1227129	674617	1.54	19.40	28.68	23.57	15.77	2663	2015
Medco Energi Internasional TBK	700814	-146387	2909809	701594	1.98	-20.89	-20.87	-2.90	-5.03	1511	2015
PT Energi Mega Persada TBK	624784	-316200	1516927	368377	0.58	-50.61	-85.84	-34.70	-20.85	638	2015
Golden Energy Mines TBK, PT	353343	1673	369667	247512	2.79	0.47	0.68	2.72	0.45	348	2015
Borneo Lumbung Energi & Metal TBK, PT	264201	-614494	1329272	-307675	0.17	n.s.	n.s.	n.s.	-46.23	3264	2013
Harum Energy TBK, PT	249574	-17690	380654	343430	6.91	-7.09	-5.15	-4.43	-4.65	814	2015
Exploitasi Energi Indonesia TBK (PT)	80812	-44329	411996	186091	1.16	-54.85	-23.82	-11.70	-10.76	264	2015
Perusahaan Listrik Negara, PT (Persero) PLN	23562659	n.a.	48591685	13250890	1.14	n.a.	n.a.	n.a.	n.a.	40593	2014
Perusahaan Gas Negara (Persero) TBK	3163327	437363	6495022	3022803	2.58	13.83	14.47	9.55	6.73	2262	2015
Cikarang Listrindo TBK, PT	548370	108251	1005719	337131	1.95	19.74	32.11	14.45	10.76	675	2015
Dian Swastatika Sentosa TBK, PT	498890	-38616	1733482	916714	1.53	-7.74	-4.21	-1.31	-2.23	626	2015

资料来源：BVD。

PT Perusahaan Gas Negara Tbk（PGN）由政府控制，是印度尼西亚最大的天然气运输和配送公司。PGN 从天然气输送和配送公司发展成为综合性的能源提供商，连接全国的天然气用户。PGN 及其子公司目前经营一个 3865 公里的配电网和一个 2047 公里长的输送管网。

PT Cikarang Listrindo Tbk（POWR）主要从事发电、营销、配电和代理，其发电厂位于西卡朗、勿加泗。公司于 1993 年 11 月开始运营。

PT Dian Swastika Sentosa Tbk 是一家在印度尼西亚从事电力和蒸汽发电、煤矿开采、批发贸易和电信基础设施的公司。

（二）代表性能源企业竞争力

1. PT Pertamina (Persero) 印度尼西亚国家石油公司

（1）企业概况

PT Pertamina（Persero）（印度尼西亚国家石油公司）于 1968 年由三家国有公司合并而成立，在石油和天然气行业具有主导地位。2001 年的新法律结束了 Pertamina 在石油和液化天然气产品的开发、生产、提炼、分配和出口方面的垄断地位。Pertamina 在 2002 年和 2003 年重组改制成立了独立的子公司，并且在 2006 年进行了股份化改制。其总部位于雅加达。主要从事石油、天然气和地热能源的勘探、精炼、生产和分销。

（2）主要业务线

Pertamina 主要从事石油、天然气和地热能源的勘探、精炼、生产和分销。该公司有三个业务部门：下游、上游和其他业务。

Pertamina 在下游部门包括炼油，营销和贸易，配送和液化天然气（LNG）业务。营销和贸易业务包括向国内外市场分销石油和石油化工产品。陆地和海洋的分配网络和运输设施支撑着这一部门的运作。

Pertamina 经营六家炼油厂，总生产能力超过一百万桶。炼油厂 Unit III Plaju 和炼油厂 Unit IV Cilacap 整合成石油化工厂，生产净化的邻苯二甲酸（PTA）。Pangkalan Brandan、Dumai、Plaju、Cilacap、Balikpapan、Balongan 和 Mundu 炼油厂生产液化石油气（LPG）。

Pertamina 通过印度尼西亚的零售代理进行零售燃料营销，包括以下加油站：Stasiun Pengisian BBM untuk Umum（SPBU）、Agen Minyak Tanah（AMT）、Agen Premium&Minyak Solar（APMS）和 Premium Solar Packed Dealer（PSPD）。

Pertamina 在国内市场分配和销售燃料、非燃料、天然气和石化产品。它有 8 个营销单位，分布于印度尼西亚的许多地区。Pertamina 的仓储设施包括 24 个陆上仓库，97 个海上仓库，53 个航空仓库，1308 个单位的坦克和 1051 公里管道。Pertamina 最大的仓储容量约为 1360 万千升。109 个燃料终端、14 个船对船（STS）转移、21 个液化石油气终端和 62 个航空燃料仓库支撑着 Pertamina 在印度尼西亚的分销网络。

Pertamina 的上游板块包括石油和天然气的勘探、开发和生产。这一部门内的其他业务活动包括上游技术服务、钻井服务、开发地热能及煤层气（CBM）和页岩气。此外，Pertamina 还在上游段提供地热能管理服务。

Pertamina 地热能源公司从事完全在境内进行的勘探和生产活动，这是为了实现政府计划中提到的提供第二阶段 10000 兆瓦（MW）的电力。

其他业务包括办公室和房屋租赁、酒店运营、空中运输服务、健康服务、投资管理、天然气运输服务、人力资源开发服务和保险服务。Pertamina 在各行业有 13 家子公司和 16 家合资企业。

（3）绩效与竞争力

2015 年，全球原油价格暴跌，印度尼西亚盾汇率走低，Pertamina 公司内部也面临一些挑战，导致其收入大幅下降，为过去五年最低水平，但 Pertamina 推行了一系列战略计划来应对困境，实现五年来最高的 EBIT 利润率。具体绩效表现如下。

2015 年，对于 Pertamina，甚至是全球的石油和天然气公司，都是不景气的一年，因为全球原油价格暴跌。2014 年 7 月印度尼西亚原油每桶约 106.4 美元，2015 年 1 月平均价格为每桶 45.3 美元，并继续下滑至 2015 年 12 月的每桶 35.5 美元。由于中国和欧洲经济放缓，石油和天然气需求持续疲软，再加上OPEC成员国持续高产石油，美国生产页岩油，这些都是造成这一变化的原因。

2015年1月美元对印度尼西亚盾的汇率为12474，2015年12月底汇率跌至13795，这也是Pertamina面临的一大困难。

除了外部因素外，Pertamina也面临自己公司的一些挑战。国家石油公司（NOC）占国内石油和天然气生产量的份额较小，只有24%，其炼油厂的容量和复杂性不足，印度尼西亚政府的石油和天然气补助金减少。

Pertamina进行了一系列战略计划来改进2015年的运营效率，包括通过Petral的清算来提高采购原油和炼油产品方面的效率和透明度，集中采购非碳氢化合物产品，检查油流量以降低损失，以及企业现金管理计划。

在最近18个月全球原油价格下跌约70%，世界石油和天然气公司的赢利能力平均下降了40%~70%的情况下，Pertamina的这些措施取得成功显得尤为重要。虽然2015年收入大幅下降，为418亿美元，是过去五年最低水平，但Pertamina将其EBIT利润率由2014年的6.12%提高至2015年的8.33%，实现五年来最高的EBIT利润率（见图16、图17）。

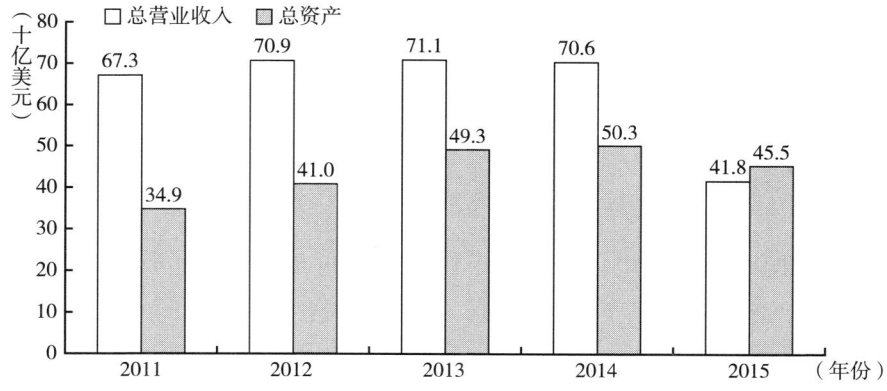

图16　Pertamina公司营业收入和总资产

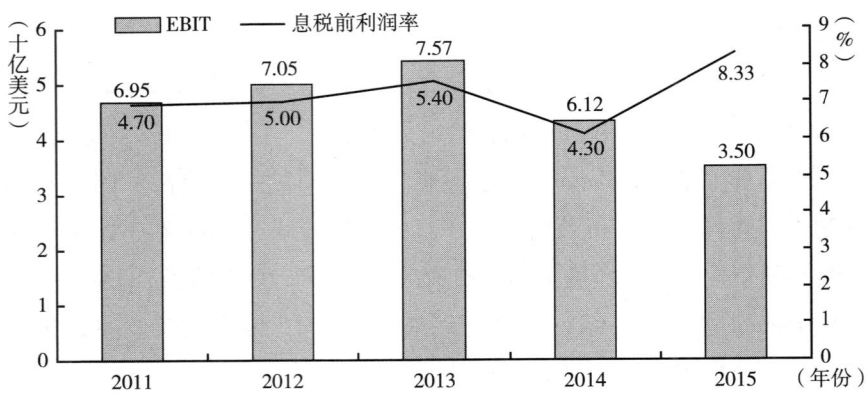

图 17　Pertamina 公司盈利能力

2. PT Perusahaan Listrik Negara（PLN）印度尼西亚国营电力公司

（1）企业概况

PLN（印度尼西亚国营电力公司）于 1964 年 12 月成立，是印度尼西亚第一个真正属于自己国家的电力公司，1994 年由股份制公司变为上市公司。PLN 主要为印度尼西亚住宅客户和商业企业发电、输电和供电，分为爪哇 - 巴厘岛系统及岛外系统两个部分并分别管理。截至 2014 年 12 月，公司向超过 5750 万住宅、商业和工业客户传输和分配电力。电力的生产来自公司自己的发电厂、租赁的发电厂和从独立发电厂购买的电力，公司的装机容量达 39257 兆瓦。

该公司的总输电网络为 39909 公里，总配电网长度为 925311 公里。传输网络由超高电压（500 千伏）和高电压（275 千伏，150 千伏和 70 千伏）组成，配电网由中电压（20 千伏）和低电压（220 伏）组成。

该公司通过几家子公司和三家合资公司经营。子公司包括 Indonesia Power、Pembangkitan Jawa Bali（PJB）、Pelayanan Listrik Nasional Batam（PLN Batam）、Indonesia Comnets Plus（ICON）、Prima Layanan Nasional

Enjiniring（PLN Enjiniring）、Pelayanan Listrik Nasional Tarakan（PLN Tarakan）、PLN Batubara、PLN Geothermal、PT Haleyora Power 和 PT Pelayaran Bahtera Adhiguna。合资企业有 PT Perta Daya Gas、IP-NTP Consortium 和 PT Rajamandala Electric Power。2014 年，它通过子公司拥有和运营着本国发电量的 70%，并在输配电领域保持着垄断地位。

（2）主要业务线

Indonesia Power，PJB 和 PT Haleyora Power 公司参与发电和其他相关业务。PLN Batam 参与巴淡岛地区的公共电力供应。ICON 从事通信行业。PLN Enjiniring 参与工程咨询、工程和施工监理。PLN Tarakan 涉及塔拉卡纳岛地区的电力供应。PLN Batubara 从事煤矿业务。PLN 地热公司通过开发和运营经济和高品质的地热能源来供应可再生能源。PT Pelayaran Bahtera Adhiguna 从事 Persero 蒸汽发电厂的煤运输。

Persero 还有其他配套单位，包括教育和培训服务、工程服务、建筑管理服务、电气能源服务的研发、认证服务，以及服务和生产业务部门。

（3）绩效与竞争力

PLN 在印度尼西亚电力行业中具有一定的垄断地位。从 PLN 成立到 1992 年印度尼西亚第一次进行电力行业改革的近 30 年，印度尼西亚国营电力公司一直是印度尼西亚唯一的电力供应者，也是电力行业的掌权者。1992 年，第 37 号总统令允许私人部门参与电力供应。自此，大型民营企业开始进入供应公共用电的行业，但目前印度尼西亚所用电力仍然大部分由国营电力公司生产供应。

PLN 的任务是未来五年为印度尼西亚发电 35000MW 并完成输电和配电设施。2015 年，管理层通过实施 2015 年工作和预算计划，实现了部分预定指标，将全国电气化率增加到 88.3%。公司营业收入变化不大，EBIT 利润率从 2012 年开始逐年提升。具体绩效表现见图 18、图 19。

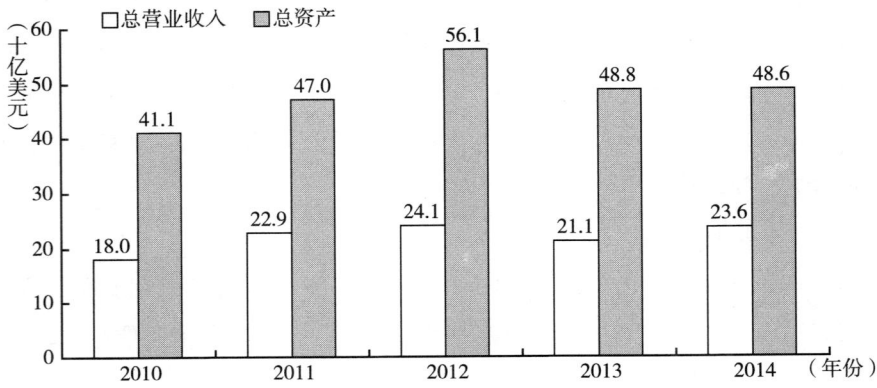

图 18　PLN 公司营业收入和总资产

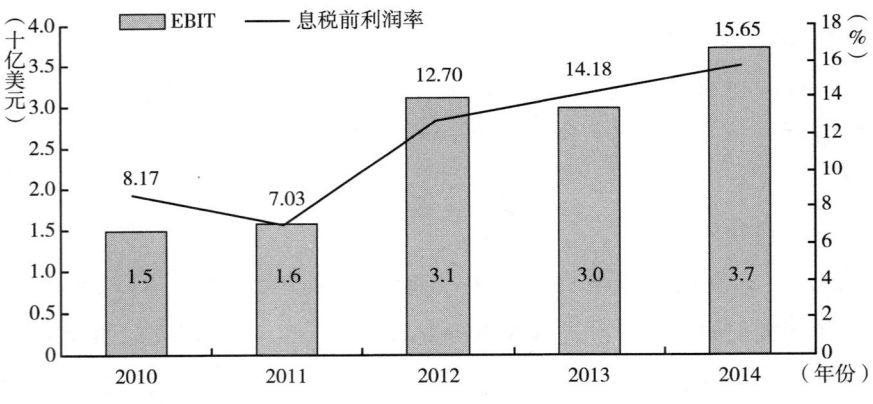

图 19　PLN 公司盈利能力

五　产业机会

（一）自然资源丰富，但能源供应缺口明显，电力投资机会较多

印度尼西亚的煤炭、石油和水力等自然资源十分丰富，但电力生产一直处于相对落后状态，电力供应存在明显缺口。一个典型的例证是印度尼西亚大部分企事业单位都建有自备电源，原因在于电力不能保证稳定供应。2015年约有63.00%的大学、银行和办公中心使用自备电源。它们用柴油发电机作为主要的替代电力服务，最大容量小于500千瓦，约占总用量的92%。

虽然过去十年印度尼西亚发电能力翻了一番，但是与其他收入水平相当的国家相比，印度尼西亚的电气化率依然较低。根据国家电力公司PLN的统计，2014年印度尼西亚近84%的人口用上了电。印度尼西亚计划在2020年实现100%的电气化率。印度尼西亚东部比西部地区落后，一些省如巴布亚岛仅有43%的人口能用上电。发电能力不足的原因有配套基础设施不完备、难以获得土地使用许可等。不仅居民用电需求预期有较大幅度增长，工商企业的用电需求随着经济增长也会明显增加。在2014年12月17日的新一届政府内阁会议中，部长们就认识到要保证经济增长，电力缺口是一项重要挑战，因而印度尼西亚能源矿产资源部以2015号部长令形式发布了所制定了2015~2024年国家电力发展规划，规划中指出依据年均经济增长6.7%计算，每年需要新增7000万千瓦的发电能力，在规划中提出2015~2019年将建设109座发电量为3658.5万千瓦的电站。按区域电站建设电力分布，爪哇至巴厘将建1869.7万千瓦，苏门答腊1009万千瓦，苏拉威西岛347万千瓦，加里曼丹263.5万千瓦，努沙登加拉67万千瓦、马鲁姑27.2万千瓦，巴布亚22万千瓦，其他岛屿和边境地区53.1万千瓦。

表5 印度尼西亚电力建设5年规划实施进度情况

序号	阶段	MW	%
1	计划	5824	16.31
2	采购	10560	29.57
3	购电协议	8478	23.74
4	建造	10141	28.40
5	商业运行日	706	1.98

资料来源：KPPIP。

（二）电力投资具备一定的基础设施条件和政策空间

电网是电力投资的重要基础设施条件，目前印度尼西亚电网密度尚可，国家电力公司PLN拥有大约26000千米的高压线路和530000千米的低压线路，但整体来看，电网系统还相对落后。

从政策方面看，印度尼西亚电力行业的监管机构为能源和矿物资源部（MoEMR）及其下属部门，电力监管的法律框架以2009年《电力法》为基础，该法允许独立电站（IPP）进行电力生产，同时规定PLN在输配电和电力销售方面享有优先权，允许私营企业参与公共用途的电力供应（包括输配电）。由此，根据2009年《电力法》，尽管输配电领域的限制略有放松，但私营企业对印度尼西亚电力行业的参与仍基本限于发电部门。因而目前印度尼西亚电力系统的行业格局，主要是三个部分：以国家电力公司PLN为主的电力生产和配送体系，民营部分则分为独立电站IPP和私人供电PPU。尽管PLN对电力行业的垄断已被打破，但印度尼西亚所用电力的大部分仍由其生产供应。

根据现行监管体制，电力定价实施市场有限参与的政府定价机制，具体是先由PLN提交平均发电成本，再由政府确定终端用户需要支付的金额以及政府财政预算可以负担的补贴规模。为消除电价补贴给印度尼西亚政府带来的沉重的财政负担，近两年，印度尼西亚政府开始提高电价，逐步削减补贴。2016年，印度尼西亚国家电力公司（PLN）对900W电力用户进行数据验证，结果在2270万个电力用户中，仅有394万个有资格获得补贴，因此印度尼西亚政府将取消另1876万个电力用户的补贴。取消电力补贴后，这批用户的电价将从每度565印度尼西亚盾（约合0.04美元）上涨至1400印度尼西亚盾（约合0.1美元），涨幅达147%。电力补贴的取消是否会影响用户的用电需求有待观察。

表6 外资进入印度尼西亚电力部门的股权比例限制

电力投资领域	外资比例上限
发电站<1兆瓦	不允许外资进入
小型电厂（1~10兆瓦）	49%
电厂（>10兆瓦）	95%（PPP合作框架内为100%）
地热发电厂（≤10兆瓦）	67%
电力传输	95%（PPP合作框架内为100%）
电力分配	95%（PPP合作框架内为100%）
电力设施咨询	95%
供电设施电力设施安装与建设	95%
高压/超高压电力设施安装与建设	49%
低压/中压电力设施安装与建设	不允许外资进入
电力设施维护及运营	95%
高压/超高压电力设施利用或供电设备评估与检查	49%
低压/中压电力设施评估与检查	不允许外资进入

（三）中国企业在印度尼西亚已有一定电力投资经验，且具备较强的竞争力

（1）中国企业参与印度尼西亚电力投资概况

根据印度尼西亚统计局的估计，以2014年为例，印度尼西亚电力基础设施建设规模约为81.4亿美元，中国企业业务占比约为25%。中国对外承包工程商会资料显示，近期中方承建印度尼西亚第一批1000万千瓦电站项目陆续竣工并交付运营，印度尼西亚还利用中国资金顺利实施了风港电站等大型项目。目前在印度尼西亚开展电力业务的中国企业包括湖北宏源电力工程股份有限公司、中国葛洲坝集团股份有限公司、中国机械设备工程股份有限公司、中国华电工程（集团）有限公司以及中国电力建设股份有限公司下属的多家企业等。

据新华社的报道，2017年1月16日，由中国企业参与投资建设的印度尼西亚单体装机容量最大火力发电项目爪哇7号项目16日在万丹省西冷地区举行桩基工程开工仪式，标志着项目正式进入施工建设阶段。爪哇7号项

目是印度尼西亚国家电力公司面向全球公开招标的独立发电商项目，总装机容量为 2×105 万千瓦时。该项目由中标人以"建设－拥有－经营－转让"（BOT）的方式进行投资建设。2015 年 12 月，由山东电力工程咨询院有限公司（简称"山东院"）和中国能源建设集团浙江火电建设有限公司（简称"浙江火电"）组成的联合体配合中国神华，在全球 36 个竞争对手中脱颖而出，成功中标该项目。

爪哇 7 号项目拥有 2 台百万千瓦超临界燃煤发电机组，是中国第一个海外百万千瓦级独立发电商火电项目。由神华国华（印度尼西亚）爪哇发电有限公司与印度尼西亚国家电力公司子公司共同投资开发，山东院和浙江火电组成联合体进行工程总承包。电站总投资约 20 亿美元，由中国国家开发银行提供贷款。电站预计将于 2020 年中期正式投入商业运营，运营期 25 年。

（2）中国－印度尼西亚电力企业竞争力比较

从整体上看，以 2014 年为例，印度尼西亚国内生产总值为 8885.38 亿美元，电力行业对 GDP 贡献率约为 1%，中国国内生产总值为 64.39 万亿元人民币（约合 10.38 万亿美元），电力行业对 GDP 贡献率约为 3.4%（按 6.1 的汇率折算）。中国电力行业收入约为印度尼西亚的 39 倍，对 GDP 的贡献率为印度尼西亚的 3.4 倍，中国电力行业整体实力较强。

具体到企业，以中国的大型电力企业长江电力为例，将其与印度尼西亚最大电力企业 PLN 对比，竞争力比较情况如下。

2013~2015 年，PLN 的装机容量、发电量和售电量均高于长江电力。随着印度尼西亚 35000MW 电站计划的推行和 PLN 电力主导地位的维持，PLN 的电力业务将持续发展。相比之下，长江电力于 2015 年注入了两电站，即位于金沙江上的向家坝电站和溪洛渡电站，给长江电力带来公司装机规模、营业收入、归母净利润及每股收益的显著增长，而且后续乌东德和白鹤滩电站建成后，也将注入长江电力，进一步稳固其水电行业地位。从市场供需角度来看，印度尼西亚 2015 年的电气化率只有 83.3%，PLN 的发展潜力巨大，而中国电力供应能力总体富余、部分地区过剩，长江电力更多面临的是改变公司赢利单一依靠水电的局面，为彻底解决这一瓶颈，长江电力已在多元化发展上加速布局，试水核电和售电领域。

截至 2015 年底，中国水电装机容量 31937 万千瓦，发电量 11143 亿千瓦时。长江电力公司是目前中国最大的水电上市公司，所属三峡、葛洲坝电站总装机容量 2527.7 万千瓦，年发电量 1049.79 亿千瓦时，装机容量和发电量占全国水电的比例分别为 7.91% 和 9.42%。目前，三峡和葛洲坝电站落地电价与受电省市燃煤机组脱硫标杆电价相比仍处于较低水平，具有一定的竞争优势。

长江电力未来也面临一系列风险。一是长江来水风险，公司目前拥有的电站主要为水电站，发电生产与长江来水密切相关，长江来水的不确定性及季节性波动和差异对公司电力生产及经营业绩均会产生重要影响。二是安全生产风险，公司运营管理的梯级电站均为长江干流上的大型水电站，担负防洪、发电、航运、补水等多项任务，调度需求多，运行条件复杂；电站机组容量大、台数多，且多为长周期运行，安全稳定运行责任重大。三是市场消纳风险，"十三五"期间，我国经济增速放缓和产业结构调整，用电量低速增长将成为常态，同时装机容量的增长使电力持续供大于求，供需矛盾使电能消纳面临较大压力。四是政策性风险，新一轮电力体制改革环境下，公司现有的电能消纳模式和电价定价模式将受到挑战，将给公司的经营管理带来不确定性。

对于印度尼西亚，当前，政府正在努力改善商业环境，让电力等基础设施更加普及。关于电力，政府制订了全国战略发展计划，将在未来五年内为印度尼西亚发电 35000MW，这一目标在 2015~2019 年全国中期发展计划中也有提到。政府还颁发了技术实施法规以及支持这一计划的若干战略政策。

PLN 除了要完成建设 7000MW 的发电容量的任务外，还肩负着未来五年为印度尼西亚发电 35000MW 并完成输电和配电设施的使命。考虑到 PLN 融资上可能受限，除了整个输电－配电设施和必要的发电站外，它只需要建设能发电 10681MW 的发电厂。剩余的发电厂由独立电力生产商（IPP）方案中的私营部门来建设。PLN 会继续监督 IPP 方案的实施，因为这些部门发的电将通过 PLN 的输电－配电设施来向全国电网供应。印度尼西亚发电 35000MW 的计划，将把全国电气化率从 2015 年底的 88.3% 提升到 97.4%，为此管理层正在积极筹备必要的设施。

2015 年，PLN 管理层通过实施 2015 年工作和预算计划（RKAP）顺利渡过了这一年的难关。有几项预定的指标已经实现，包括：能源结构得到改善，生产成本下降；顺利实施关税调整，PLN 电力销售记录增加，政府补助减少；提升了用户数量，全国电气化率增加到 88.3%；电厂电弧炉帮助 PLN 避免了滚动式删除的风险，增加私人电力的购买；因为印度尼西亚盾汇率的走低，报表上出现外币折算损失，财务费用增加，但尽管如此，还是收获了 15.58 万亿印度尼西亚盾的税后利润；完成了 PLN 的资产评估计划，税后综合收益达到 658.32 万亿印度尼西亚盾，改善了股权结构，从而更有利于融资，为建设发电厂和输电提供资金。

不过，也有一些之前预定的指标没有完成，包括：额外的发电量使 PLN 增加了私人电力的采购成本来保证电力供应；系统平均停电频率和系统平均停电持续时间指标，影响用户对 PLN 提供可靠、高质量电力的能力的信任，长期的结果是工业用户不再使用 PLN 的服务；网络损失导致 PLN 损失了大量的收入。

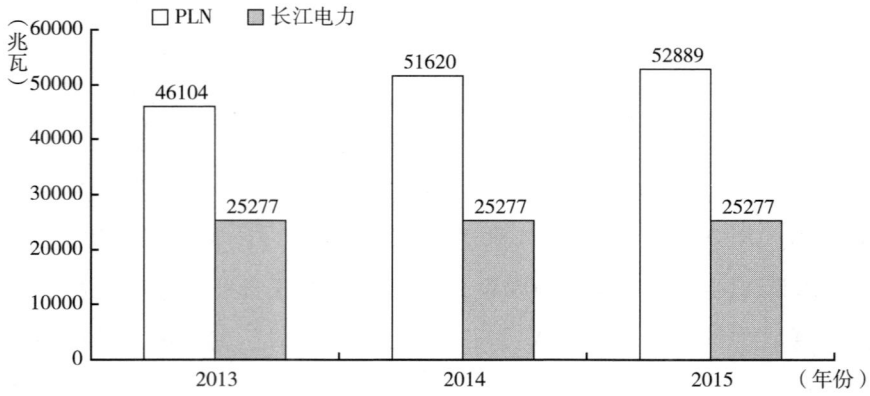

图 20　PLN 和长江电力装机容量

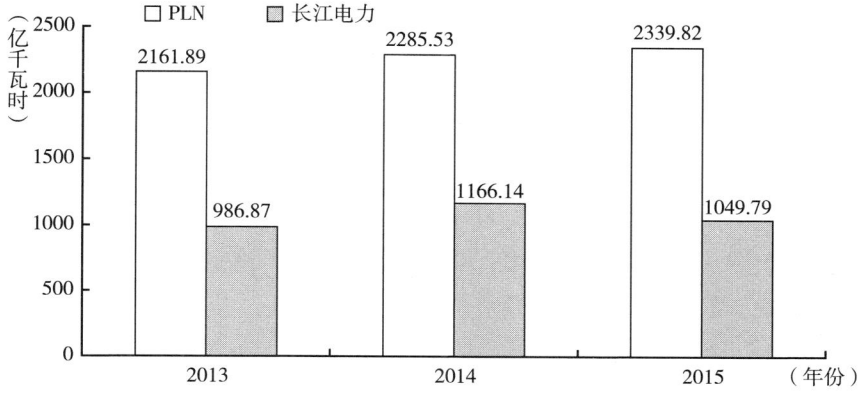

图 21　PLN 和长江电力发电量

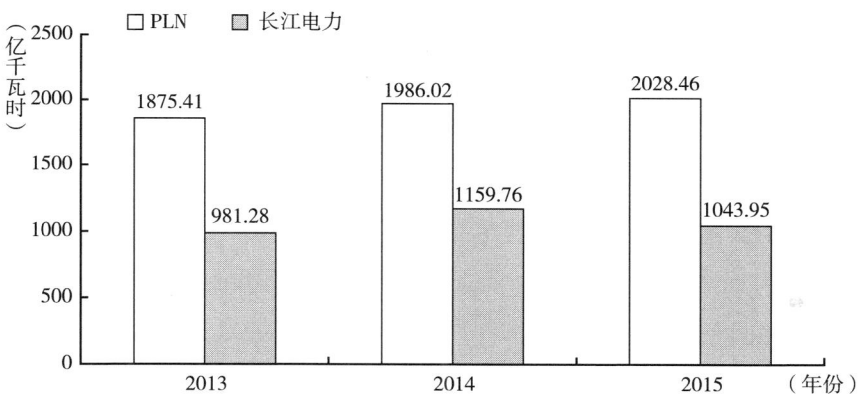

图 22　PLN 和长江电力售电量对比

（四）油气等其他能源领域的机会与制约因素

（1）是亚洲最大天然气生产国，开发潜力大

印度尼西亚是亚洲最大的天然气生产国，也是仅次于卡塔尔和马来西亚的世界第三大液化天然气（LNG）出口国。印度尼西亚政府制定的长期发展规划中设定，2025年天然气在能源消费中所占比例将从2005年的23%增加到33%，使天然气成为最重要的能源之一。由于油气田老化严重，传统

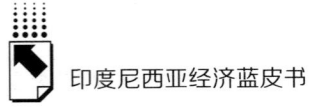

区块的天然气产量很难增加，印度尼西亚近年来开始关注非常规天然气，如页岩气和煤层气（CBM）的开发。

2015年印度尼西亚天然气探明储量为103.4万亿立方英尺，在全球位列第十三，在亚洲太平洋地区排第二，仅次于中国。印度尼西亚是管道天然气和液化石油气的主要出口国。自2005起，印度尼西亚国内天然气消耗翻了一番。政府开始建设新的液化石油气油库和天然气传输管道，以解决国内天然气需求，不过这可能会降低出口量。

2013年，Pertamina通过其子公司Pertamina Gas生产出全国天然气总产量的13%。国际石油公司如托塔尔、日本帝石公司、康菲石油公司和埃克森公司垄断着上游天然气产业。2013年托塔尔和康菲生产了印度尼西亚近50%的天然气。印度尼西亚天然气行业的其他上游投资商包括中国石油公司、小型的国际石油和天然气公司、印度尼西亚地方能源公司。

企业可将注意力转向印度尼西亚开发不足的地区，如南中国海纳杜纳盆地，由于二氧化碳浓度高，该区块开发的技术难度较高，但它的储量很可观，约有46万亿立方英尺，技术水平高的公司可能将从中获益。位于巴布亚岛西部的宾图尼湾和苏拉威西中部地区是新兴的重要天然气资源区。巴布亚岛西部附近地区探明14.4万亿立方英尺储量。印度尼西亚东部的阿拉弗拉海域大部分尚未开发，其中的阿巴迪气田预计储量为10万亿~14万亿立方英尺。印度尼西亚对页岩气开发很感兴趣，拥有46万亿立方英尺可开发的页岩气储量。

印度尼西亚最大的气田位于苏门答腊南部和加里曼丹东部亚齐省区域。马哈甘地区位于加里曼丹东部沿岸，由托塔尔自1967年开始运营。为了给当地企业提供更多的上游发展机会，政府决定在2017年产量分成合同到期后把马哈甘区块的控制权和使用权转移给Pertamina，国际公司只能持股30%。

印度尼西亚页岩气产业增长的最大障碍是开发成本较高，估计是北美开发成本的4倍，因为其页岩气储备较北美深。大规模页岩气开发的难题之一是气田远离需求中心，需要建设基础设施运输页岩气。

（2）石油资源丰富，但近期产能下降，有待进一步勘探开发

印度尼西亚石油、天然气资源丰富，是东南亚主要产油国。2014年底印度尼西亚拥有37亿桶原油储量，比两年前的40亿桶有所下降。由于石油开采投资下降，2013年石油储量替代率下降到47%，特别是在深水区块。石油和其他液态燃料产量从1991年每天近170万桶下降到2014年每天91.1万桶。其中，原油和伴生气凝析油产量是79万桶，低于政府2014年修订的81.8万桶目标。造成印度尼西亚原油产量下降的因素有：油田和基础设施老化、地方政府的执照许可获批及土地获准使用难等。由于石油产量不足，国内需求上升，2004年印度尼西亚成为石油净进口国，2009年退出OPEC。2015年12月，印度尼西亚重回OPEC，希望能加强其与石油生产国的合作，在石油生产国和石油消费国之间发挥桥梁作用。

目前印度尼西亚石油市场中的国际石油公司包括雪佛龙、托塔尔、康菲、埃克森和英国石油。雪佛龙是印度尼西亚最大的石油生产商，2014年占印度尼西亚原油生产的40%。印度尼西亚国有石油公司Pertamina占印度尼西亚原油生产的30%。其他国有石油公司如中海油和韩国国家石油公司也掌握着大量的上游资产。印度尼西亚最大的油田是杜里油田和米纳斯油田，雪佛龙对这两个油田拥有100%的经营权。虽然雪佛龙采用了提高原油采收率的技术，但两个油田的产量仍在下降。雪佛龙、埃尼、尼科资源、挪威国家石油公司、托塔尔和美国赫斯都是印度尼西亚深水油田开采中最为活跃的公司。雪佛龙是其中最大的开发商，管理着8个开发中的深水油田中的5个。

为了进一步探明资源，加强开发，2016年9月，印度尼西亚政府免除了油气开采相关的一些税收，包括油气勘探开采中进口商品的增值税和土地税。此外，印度尼西亚已经为油气公司推出了新的产量分成合约，这些公司可获得石油开采收入的分成为35%，天然气最多达到40%。目的是以更多的分成吸引新公司的加入。另外，印度尼西亚在2015年8月的招标中提供了11个常规和非常规油气区块，2016年提供21个新的区块，以此来吸引上游投资。

外资进入印度尼西亚石油工业也面临一些限制，例如，2014年5月印

度尼西亚出台了旨在限制外国投资本国石油工业的钻井、维修和施工的新规。这是对外国投资的一大限制。2011年,印度尼西亚中央银行规定外国和本国上游公司必须通过地方银行管理收入,对于国际石油企业来说,这是一个影响投资的障碍。

(3) 煤炭资源丰富,但外资参与成本提高

印度尼西亚在全球煤炭市场中占据重要的地位,是亚洲市场的地区供应商。其热能煤(主要用于电厂)出口量连续数年保持首位。2011年印度尼西亚超过澳大利亚,成为煤炭出口量最大的国家。目前其热能煤出口量仍居全球首位,出口量约占产量的80%。然而,2011年以来全球煤价下跌,需求下降,尤其是来自中国的需求减弱,使印度尼西亚2013年以来的煤炭生产和收入受到影响。

主要参与企业,PT Bumi Resources 是印度尼西亚最大的煤炭生产者,2013年产量为8800万短吨,PT Kaltim Prima Coal (KPC) 是 Bumi 公司的子公司,是印度尼西亚大型开采公司,拥有全球最大的煤矿之一。Adaro 能源公司是印度尼西亚第二大煤炭生产商,2013年产量约为6000万短吨。其他主要煤炭生产商包括 PT Kideco Jaya、PT Indotambang Raya Megah 和 PT Berau。2013年印度尼西亚前5大生产商的产量占总量的45%。

印度尼西亚政府通过2009年第4号法案《矿产和煤矿开采法》。该法案引入了更加透明和标准化的开采区投标方式和执照。它将许可过程分散化,允许地方政府批准较小的矿山的许可证。这项规定使印度尼西亚的小型采矿和出口煤炭更加便利。

与诸多其他国家不同,印度尼西亚政府鼓励电力部门使用煤炭,因为国内供给相对充足。煤炭使用也减少了对价格较高的柴油和燃油的需求。

从2015年第一季度开始,印度尼西亚将采矿业务许可证(IUP)的资源税率上调。这一举措的主要影响是提高了印度尼西亚煤炭的价格,也就增加了其出口成本。2012年初,政府宣布所有外国投资者在生产的第十年必须将现有煤矿大部分所有权卖给当地投资者。2012年末,政府对主要外资开采公司的开采提成率提高至少10%,超过当时上限值2倍。未来印度尼

西亚可能会逐步取消低热值动力煤的出口，增加煤的热值，中小煤炭生产者要技术更新成本很高。新的政策要求原矿不能直接出口而需要经过加工，一些工矿远离城镇，企业投资需要修建道路，而且由于印度尼西亚电力缺乏，企业还需要自备发电厂，这样就大大提高了投资成本与门槛。

（4）地热资源等可再生能源开发潜力大

在印度尼西亚能源发展规划中，第二阶段将通过燃料天然气、地热和其他可再生能源等清洁能源提供18GW电力，且计划2019年前将可再生能源发电量提高到19%，在2025年前提高到最少23%。可再生能源公司未来几年可能会得到政府支持。

印度尼西亚拥有29GW地热发电能力，其中仅5%正在使用。其中一大障碍是印度尼西亚将地热开发定义为矿产开采活动，这限制了保护区的新项目发展。印度尼西亚在2014年通过了一项新的地热法，取消了这项地热开发规定，该法律还试图通过使价格更接近开发成本来增加地热项目的投资。潜在投资者可能将获益。

从可再生能源的分类来看，印度尼西亚地热发电装机容量位列全球第三，生物柴油产能排名第四。

表7　2014年各类型可再生能源发展规模全球排名

全球排名	第1位	第2位	第3位	第4位	第5位
可再生能源装机容量	中国	美国	巴西	德国	加拿大
人均可再生能源发电装机容量	丹麦	德国	瑞典	西班牙	葡萄牙
水电装机容量	中国	巴西	美国	加拿大	俄罗斯
地热发电装机容量	美国	菲律宾	印度尼西亚	墨西哥	新西兰
太阳能光伏发电装机容量	德国	中国	日本	意大利	美国
太阳能聚热发电装机容量	西班牙	美国	印度	阿联酋	阿尔及利亚
太阳能热利用规模	中国	土耳其	巴西	印度	德国
风力发电装机容量	中国	美国	德国	西班牙	印度
生物质发电装机容量	美国	德国	中国	巴西	日本
燃料乙醇产能	美国	巴西	中国	加拿大	泰国
生物柴油产能	美国	巴西	德国	印度尼西亚	阿根廷

印度尼西亚是世界地热能源储藏量最大的国家，其地热资源约占全球总量的40%，储藏量约为2900万千瓦。随着印度尼西亚2004年成为原油进口国，且该国电力需求以7%的年增速增长，印度尼西亚政府决定大力推广地热能，计划到2025年，将地热发电装机容量提高至900万千瓦，占比达12%。尽管优势明显，但印度尼西亚的地热发电能力现阶段远远落后于美国和菲律宾。

B.5
印度尼西亚信息通信与广电产业发展形势、竞争力与产业机会

摘　要： 印度尼西亚的特殊地理环境使得信息通信和广电等基础设施建设显得尤为重要。该领域近年来增长明显，信息通信产业规模已突破千亿美元。在细分领域中，互联网接入与在线零售是发展重点，电子商务领域增长最快，网络硬件产业发展平稳。但印度尼西亚的信息通信和广电产业在亚太地区还属于规模相对较小的市场，与中国同类企业相比竞争力还存在明显差距。印度尼西亚新一届政府将信息通信设施建设作为改善基础设施的重要任务，中印产业合作空间较大。

关键词： 信息通信　广电产业　互联网接入　在线零售

一　概述

由于印度尼西亚岛屿众多，信息通信和广电等基础设施的建设显得尤为重要。近年来印度尼西亚信息通信和广电产业有了较为明显的增长，对印度尼西亚经济社会的发展起到一定的促进作用，但现有产业发展也存在一些不足。

印度尼西亚信息通信产业整体规模突破千亿美元，其中电子商务领域增长最快。基础硬件中计算机硬件2015年增长率为12.5%，网络与通信中移动终端与互联网接入的增长率分别为13.7%与24.7%，电子商务中在线零售的增长率达到44.4%。研究显示，互联网接入与在线零售将成为发展重点；网络硬件将保持稳定发展，波动幅度不大；软件、移动终端、信息技术

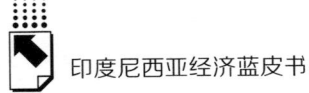

服务将迎来一定程度的快速增长，有可能成为新的行业增长点；电信服务则有可能成为信息通信产业的支柱。

印度尼西亚的基础硬件市场分为计算机硬件市场及网络硬件市场。计算机硬件市场主要是外围设备及装置，销售规模高达13.8亿美元，占计算机硬件全部销售额的83%；网络硬件市场则以客户机及外围设备为主，占全部网络硬件销售的比例超过58%。

网络与通信业是印度尼西亚信息产业中的巨头，占整个信息产业市场达94.1%，其市场细分包括通信服务、移动终端和互联网接入。从营业额看，通信服务市场是主体，占79.51%；其次是互联网接入，占比为14.65%；最后是移动终端，占比为5.84%。通信服务领域中，无线通信服务占据绝对的主导地位，市场份额为789亿美元，占比高达98.1%。在移动电话市场中，智能手机市场份额高达82.6%，剩下的17.4%则为传统电话。随着互联网时代的快速发展，印度尼西亚互联网接入市场中，无线接入占比高达93.1%。

印度尼西亚的电子商务主要是在线零售业务，销售产品一般包含电子类、服装/配件/鞋类、音乐书籍音频类等。其中，电子产品占整个在线零售市场份额最大，约为24%，之后是服装/配件/鞋类，占比为22.9%。

印度尼西亚广播与有线电视业市场规模增速将出现边际递减但用户数仍将持续增加，其中广电产业规模2012~2015年每年的增长率均达到11%以上，电视和视频产业发展前景也较为乐观。广播与有线电视行业中，主体是电视广告，其市值占整个广播有线电视市场的71.7%。印度尼西亚广电产业在2015年总收入为54亿美元，2011~2015年复合年增长率为14.2%。

二 市场规模与增长趋势

（一）信息通信产业各领域增长出现分化

（1）市场整体增速出现下滑

近年来，在互联网浪潮及经济全球化的推动下，印度尼西亚信息通信产业得到持续发展，产业规模突破千亿美元，增长率自 2013 年、2014 年达到峰值 9% 以后，开始下降，2015 年跌至近五年来最低，仅有 4.6%（见图 1）。

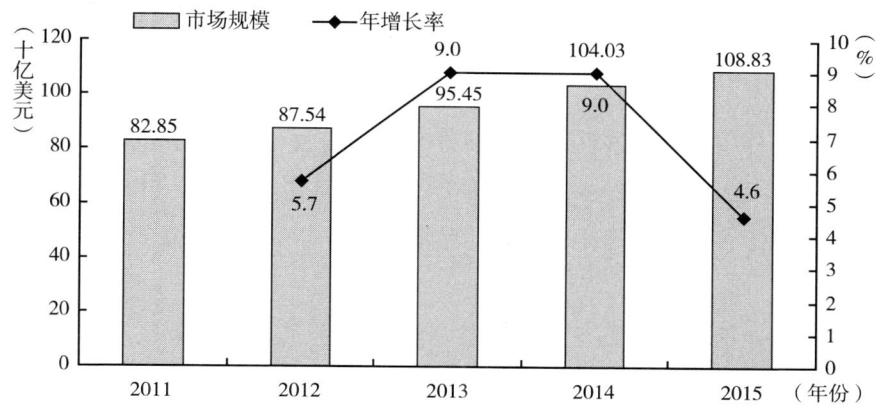

图 1　印度尼西亚信息通信产业规模近 5 年增长情况

资料来源：Marketline。

（2）基础硬件和电子商务领域增长较快，网络与通信市场增长较慢

信息通信产业可细分为基础硬件、软件与服务、网络与通信、电子商务四个二级细分行业。在信息通信产业增速整体下滑的背景下，二级行业的增长情况有着不同的表现。

基础硬件中计算机硬件 2014～2015 年增长率为 12.5%，网络与通信中移动终端与互联网接入的增长率分别为 13.7% 与 24.7%，电子商务中在线零售的增长率达到 44.4%。上述二级行业的细分部门市值均超过 10 亿美元（计算机硬件，16.648 亿美元；移动终端，59.804 亿美元），属于高速增长行业，其中在线零售和互联网接入发挥着"领头羊"作用。

基础硬件中网络硬件以及网络与通信中电信服务的行业市值也都超过 10 亿美元（网络硬件，20.026 亿美元；电信服务，804 亿美元），年增长率均为 5%～10%（网络硬件，5.1%；电信服务，6%），属于中速增长行业。

网络与通信中信息技术服务的行业市值增长率（3.6%）低于 5%，属

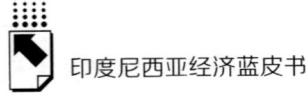

于低速增长行业,这与当前较为滞后的信息通信基础设施建设有关,但这一行业也有可能成为印度尼西亚信息通信产业未来的新增长点。

依据市场调研机构 Marketline 的预测,以 2014~2015 年数据作为基数,软件、互联网接入及在线零售在 2019~2020 年的市值增幅将全部超过 50%(软件,59.8%;互联网接入,95.9%;在线零售,192.9%),属于高成长性行业。

基础硬件中计算机硬件、网络硬件,网络与通信中移动终端(47.9%,88.465 亿美元),在 2019~2020 年的市值增幅将达到 30%~50%(计算机硬件,29.8%;网络硬件,38.3%;移动终端,47.9%),属于中等成长性行业。

网络与通信中电信服务以及软件与服务中信息技术服务在 2019~2020 年的市值增幅将低于 30%,属于低成长性行业。

信息通信产业的二级细分行业的增速也存在不同程度的下降。基础硬件和电子商务产业的增速自 2012 年开始一直放缓;软件与服务、网络与通信的增速分别在 2013 年及 2014 年达到峰值后下行,2015 年增速不及 2012 年水平。通过预测可知,信息通信产业增速下滑的趋势在 2017~2020 年不会发生变化。

可见,互联网接入与在线零售将发展成为重点行业;网络硬件将保持稳定发展,波动幅度不大;软件、移动终端、信息技术服务将迎来一定程度的快速增长,有可能成为新的行业增长点;电信服务则有可能成为信息通信产业的支柱性行业。

由表 1 可见,基础硬件行业中,印度尼西亚计算机硬件市场近年来业绩得到大幅度提升。2014 年,计算机硬件市场以 12.5% 的增速创下了高达近 17 亿美元市场规模的佳绩,2010~2014 年其复合年增长率更高达 36%。与之相比,泰国计算机硬件市场的复合年增长率只有 8.4%,但泰国 2014 年的计算机硬件市值为 20 亿美元,仍高于印度尼西亚。2010~2014 年 5 年中中国的计算机硬件市场也经历了高速增长,2014 年中国市场的市值为 256 亿美元,5 年间复合年增长率为 17.2%。在大多数亚太地区的国家，特别是印度尼西亚这种新兴市场，个人电脑的潜在购买者更倾向于购买价格低廉的平板电脑，原有的个人电脑的购买力正逐渐转移到移动设备如平板电脑上来。这种趋势在计算机硬件市场的增长率上得到充分体现：相对于2010年4.87亿美元的销售规模，2011年增长率高达72.5%，销售规模达到8.4亿美元。此后四年间增长率持续下降，在2014年更是降至12.5%。

2011~2015年，印度尼西亚网络硬件市场同样增长迅速，其中最令人瞩目的是2013年，其增长率为10.5%。2015年，该市场规模达到20亿美元，复合年增长率为6.7%。比较有代表性的国际市场是澳大利亚和中国，同期两国复合年增长率分别为3.7%和6.2%，2015年两国市值分别达到78亿美元和290亿美元。由此可见，印度尼西亚的网络硬件与中、澳两国相比，规模还很小。自2013年以后，印度尼西亚网络硬件行业增长率维持在5%左右，与其当年的GDP增速相近。

软件与服务行业中，印度尼西亚软件市场在近几年的增长也非常强劲。根据2013年商业软件联盟盗版软件研究的最新数据显示，2012年印度尼西亚的盗版率是86%，而2013年的盗版率下降为84%。2015年印度尼西亚软件市场的市值为7亿美元，而近5年的复合年增长率为9.5%。同期中、泰两国的市值分别为175亿和11亿美元，复合年增长率分别为12%和13.5%。近年来，印度尼西亚软件行业同样经历了增速回落的情形。在2013年增长率达到近五年的最高点13%后，市场开始回调，2014年6.6%，2015年7.7%，比同期印度尼西亚GDP增速高1个百分点，属于中速发展。开放源应用程序是软件行业的潜在竞争者。随着谷歌的安卓平台开放源代码不断壮大并开始被广为接受，开放源代码的软件正逐渐成为现有软件产业不可忽略的挑战者。同时，印度尼西亚居高不下的盗版率始终阻碍着软件行业的健康发展。印度尼西亚信息技术服务市场在近几年也发展较好，但在2014年出现了减速，有望在2016年及之后重新加速增长。2015年，印度尼西亚信息技术服务产业的总收入为9亿美元，2011~2015年的复合年增长率为7.7%。与之对比，中、泰两国产业的同期复合年增长率分别为8%和13.3%，产值在2015年分别达到300亿和24亿美元。由此可见，印度尼西亚信息技术服务市场不论在规模上还是在增长率上都不如中、泰两国。

网络与通信行业中，通信无论是在市值上还是销售量上都有非常显著的增长。2010~2014年，印度尼西亚通信行业的复合年增长率为8.3%，2014年该行业的总收入为804亿美元。而泰国通信行业在同期却以复合年增长率-0.2%的速度下降，与之相反，中国通信行业在同期增长迅猛，复合年增长率为14.1%。2014年，中、泰两国通信行业产值分别达到2304亿美元和18亿美元。2011~2015年，印度尼西亚无线通信服务用户数量增长迅猛，但其市值增长却较缓慢。印度尼西亚移动终端市场自2013年以来增速有显著调整，但每年仍以近18%的增速为整个市场积蓄能量。总的来说，2011~2015年，印度尼西亚移动电话市场增速迅猛。印度尼西亚移动电话市场2015年的市值为60亿美元，五年间复合年增长率为18.2%。同期整个亚太地区移动电话市场的发展亦令人瞩目。以中、泰两国为例，中国复合年增长率为17.1%，泰国则为28.2%，在2015年分别创下595亿美元和28亿美元的佳绩，这说明印度尼西亚的移动电话业务在东南亚中处于较为领先的地位。世界银行的统计数据表明，截至2014年12月，每一个印度尼西亚人平均拥有1.26部手机。

印度尼西亚互联网接入市场在2010~2014年增长强劲，2012年以24.5%的市值增长率见证了其最显著的成长。2010年，印度尼西亚不足11%的人使用互联网，而到了2014年，使用互联网的人数达到总人口的17%。互联网使用的低渗透率使印度尼西亚互联网接入市场存在持续增长的可能性。随着互联网基础设施和可接入性的完善，印度尼西亚互联网接入的市场潜力将大幅增加。2014年印度尼西亚互联网接入市场的总收入为127亿美元，在2013年的基础上增长了24.7%，2010~2014年复合年增长率为21.6%。相比之下，中、泰两国市场的同期复合年增长率分别为33.2%和24.2%，市值分别达到2021亿和103亿美元。

印度尼西亚在线零售行业在近5年保持两位数的强劲增长。2014年印度尼西亚在线零售总收入达到14亿美元，2010～2014年复合年增长率为52.5%。与之相比，中、泰两国在线零售也经历了跨越式发展，同期复合年增长率分别为96.3%和20.4%，2014年中、泰两国在线零售规模分别为1553亿美元和47亿美元。随着居民可支配收入逐年上升和互联网的飞跃式发展，许多消费者开始改变仅依赖传统零售渠道进行消费的模式。在线零售带来的便捷性和透明性使消费者改变消费习惯，越来越青睐网购。

表1 印度尼西亚信息通信产业2011～2015年规模及增长率

年份	细分行业		市场规模 十亿印度尼西亚盾	年增长率 （%）
2011	基础硬件	计算机硬件	9954.78	72.5
		网络硬件	20710.61	—
	软件与服务	软件	5529.54	—
		信息技术服务	0.64	n.a.
	网络与通信	通信	722025.50	18.4
		电话终端	41021.19	—
		互联网接入	87681.24	27
	电子商务	在线零售	3697.30	18
2012	基础硬件	计算机硬件	14546.14	46.1
		网络硬件	22098.66	6.7
	软件与服务	软件	6093.77	10.2
		信息技术服务	0.71	10.94
	网络与通信	通信	739913.10	2.5
		电话终端	44651.98	8.9
		互联网接入	109136.84	24.5
	电子商务	在线零售	6848.50	85.2
2013	基础硬件	计算机硬件	17536.66	20.6
		网络硬件	24408.84	10.5
	软件与服务	软件	6883.71	13
		信息技术服务	0.80	12.7
	网络与通信	通信	791372.20	7
		电话终端	59576.93	33.4
		互联网接入	120886.37	10.8
	电子商务	在线零售	11731.40	71.3

续表

年份	细分行业		市场规模 十亿印度尼西亚盾	年增长率 %
2014	基础硬件	计算机硬件	19729.86	12.5
		网络硬件	25521.30	4.6
	软件与服务	软件	7335.10	6.6
		信息技术服务	0.83	3.8
	网络与通信	通信	838563.80	6
		电话终端	70435.16	18.2
		互联网接入	150767.03	24.7
	电子商务	在线零售	16945.40	44.4
2015	基础硬件	计算机硬件	21193.19	7.4
		网络硬件	26826.18	5.1
	软件与服务	软件	7899.34	7.7
		信息技术服务	0.86	3.6
	网络与通信	通信	848642.00	1.2
		电话终端	80111.69	13.7
		互联网接入	177776.91	17.9
	电子商务	在线零售	23202.1	36.9

资料来源：Marketline。

(3) 互联网和手机普及率持续提高，但总体处于中下水平

2011～2015年，印度尼西亚移动电话市场增长迅猛，移动电话普及率从39.19%增长至56.92%，而安装固定电话的家庭比例则逐年递减。据世界银行的统计数据表明，截至2014年12月，每一个印度尼西亚人平均拥有1.26部手机。

印度尼西亚互联网接入市场在2011～2015年增长强劲，可连接因特网的家庭比例从16.85%增长至38.40%。2011年，印度尼西亚仅有12.30%的人使用互联网，而到了2015年，使用互联网的人数达到总人口的21.98%（见图2）。由图3可知，相较于新加坡、马来西亚等国的互联网普及率，印度尼西亚互联网普及程度处于东盟国家的中下水平。

(4) 进口、出口均出现下滑，进口以通信设备为主

印度尼西亚通信类产品（包括电脑及配件、通信设备、消费性电子产

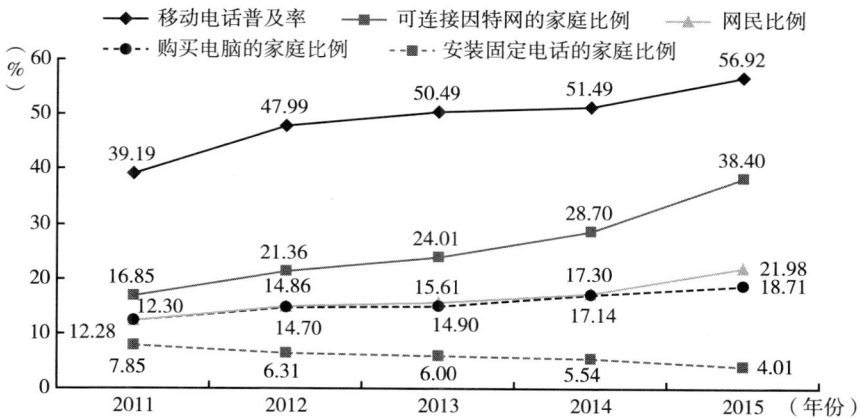

图 2　印度尼西亚信息通信业 2011～2015 年细分指标

资料来源：BPS-Statistics Indonesia，National Socio-Economic Survey。

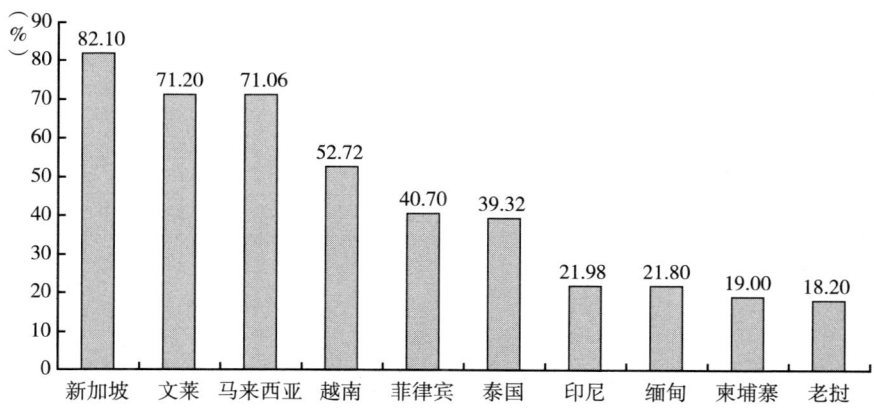

图 3　东盟国家 2015 年互联网普及率

资料来源：International Telecommunication Union，2016。

品等）进口额在 2010～2015 年均出现下滑。由表 2、表 3 可知，通信类产品进口额中占比最大的为通信设备。通信类产品的出口额在 2010～2015 年亦出现萎缩，以消费性电子产品为例，2010 年出口额为 498.6 万美元，2015 年递减至 162.1 万美元。

表2　印度尼西亚通信类产品2010～2015年进口额

单位：百万美元

产品	2010年	2011年	2012年	2013年	2014年	2015年
电脑及配件	3.027	3.285	3.130	3.229	2.950	2.640
通信设备	3.726	4.395	4.844	5.174	4.376	4.936
消费性电子产品	0.595	0.750	0.788	0.899	0.815	0.460
电子部件	2.576	2.847	2.920	2.550	2.496	2.214
其他	1.492	1.646	1.554	1.200	1.276	0.997
合计	11.416	12.923	13.236	13.052	11.913	11.247

资料来源：BPS。

表3　印度尼西亚通信类产品2010～2015年出口额

单位：百万美元

产品	2010年	2011年	2012年	2013年	2014年	2015年
电脑及配件	2.233	2.074	2.347	1.763	1.950	1.802
通信设备	1.424	1.747	1.853	1.585	1.216	1.326
消费性电子产品	4.986	4.534	2.293	2.176	1.814	1.621
电子部件	1.055	1.233	1.110	1.011	0.930	0.740
其他	0.258	0.378	0.478	0.515	0.461	0.372
合计	9.956	9.966	8.081	7.050	6.371	5.861

资料来源：BPS。

（二）广电产业维持了两位数的较快增长

印度尼西亚广播与有线电视业逐渐走向成熟，价值将呈现边际递减但用户数仍将持续增加，虽然增加的速度会有所放缓。由图4可知，印度尼西亚广电产业规模2012～2015年每年的增长率均到达11%以上，产业规模也保持在30亿美元以上。

反观电视产业，2014年电视广告产值达30.78亿美元，印度尼西亚电视和视频产业发展前景较为乐观。

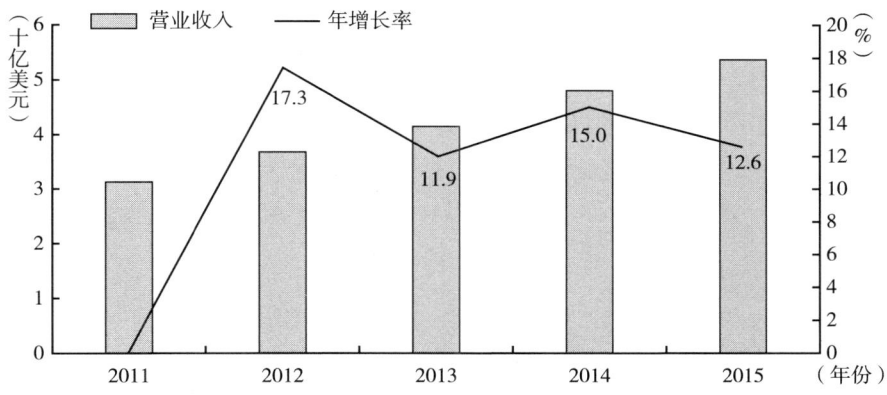

图 4　印度尼西亚广电产业 2011～2015 年营业收入增长情况

资料来源：Marketline。

三　产业细分结构特征

（一）信息通信产业结构特征

印度尼西亚的信息产业主要包含：基础硬件、软件与服务、网络与通信、电子商务四个主要领域。由图 5 可知，2015 年印度尼西亚的信息通信产业产值为 1088.3 亿美元，其中网络与通信产值为 1023.8 亿美元，占比 94.1%，居绝对领导地位；基础硬件产值为 37.9 亿美元，电子商务产值 19.6 亿美元，软件与服务约合 7 亿美元，这三个领域的市场份额均不超过 4%。由于互联网和大数据时代的到来，人们对通信的需求也是越来越大。

（1）基础硬件产业

印度尼西亚的基础硬件市场分为计算机硬件市场及网络硬件市场。计算机硬件市场一般有三大细分业务：一部分是外围设备及装置，销售规模高达 13.8 亿美元，占比约为 83%；另一部分是计算机，销售规模约 2.7 亿美元，占比约为 16%；剩余约 1% 为存储设备。网络硬件市场则以客户机及外围设备

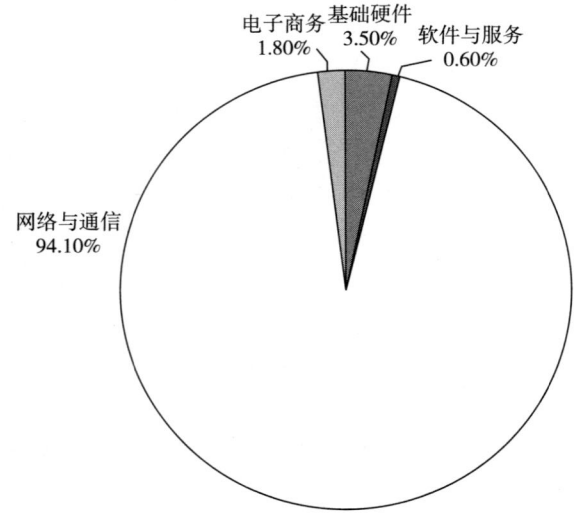

图5　印度尼西亚信息产业市场细分

资料来源：Marketline。

表4　印度尼西亚信息通信产业各细分行业的主导产品及其市场份额

二级分类	三级分类	四级分类	
		主导产品	市场份额（%）
基础硬件	计算机硬件	外围设备及装置	82.7
	网络硬件	客户机及外围设备	58.4
软件与服务	软件	企业应用程序	41.6
	信息技术服务	企业应用程序	42.6
网络与通信	通信	无线通信服务	98.1
	电话终端	智能手机	82.6
	互联网接入	无线接入	93.1
电子商务	在线零售	电子产品	23.6

资料来源：Marketline。

为主，占比超过58%；其次为服务器，占18%；再次为网络基础设施和云存储设施，占比分别约为11%、10%；安全硬件设备等占比则不到3%。总体来看，计算机硬件市场与网络硬件市场有着相似的市场份额结构。

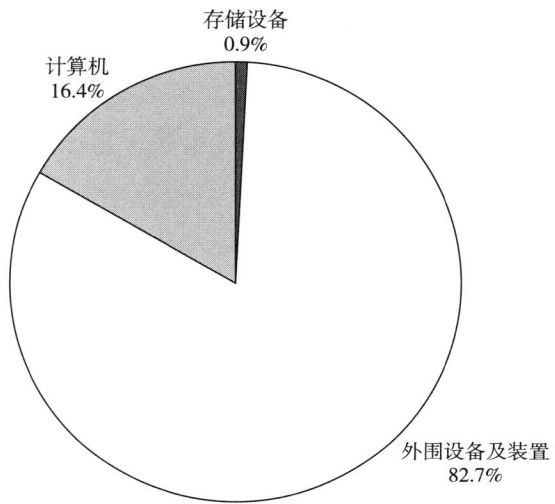

图 6　印度尼西亚 2015 年计算机硬件市场细分

资料来源：Marketline。

表 5　印度尼西亚 2015 年网络硬件市场细分

分类	市场规模		所占产业百分比（%）
	十亿美元	十亿印度尼西亚盾	
客户机及外围设备	1.17	15671.85	58.4
服务器	0.36	4831.40	18.0
网络基础设施	0.23	3012.58	11.2
云存储设施	0.19	2583.36	9.6
安全硬件设备	0.05	678.70	2.5
其他	0.00	48.29	0.2
合　计	2.00	26826.18	100.0

资料来源：Marketline。

（2）软件与服务产业

印度尼西亚的软件市场业务细分主要包含：企业应用程序、软件基础设施、企业移动管理、信息管理、安全防护软件等。其中，企业应用程序和软件基础设施占据主要份额，各占41.6%和40.1%。其余为企业移动管理、信息管理、安全防护软件。

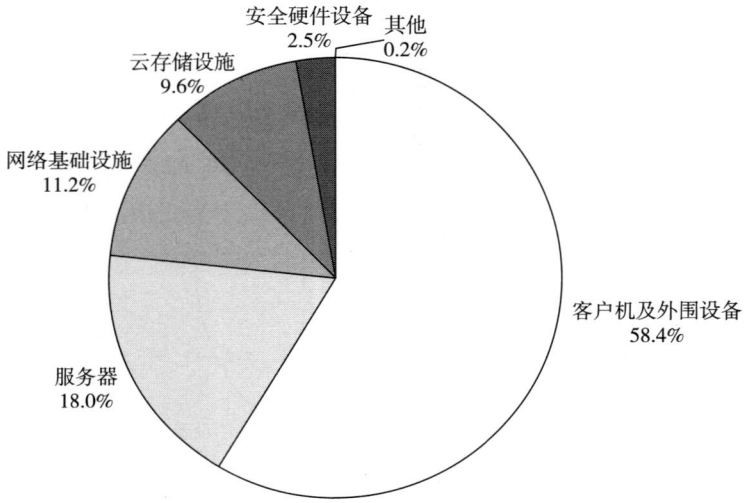

图 7　印度尼西亚网络硬件市场细分

资料来源：Marketline。

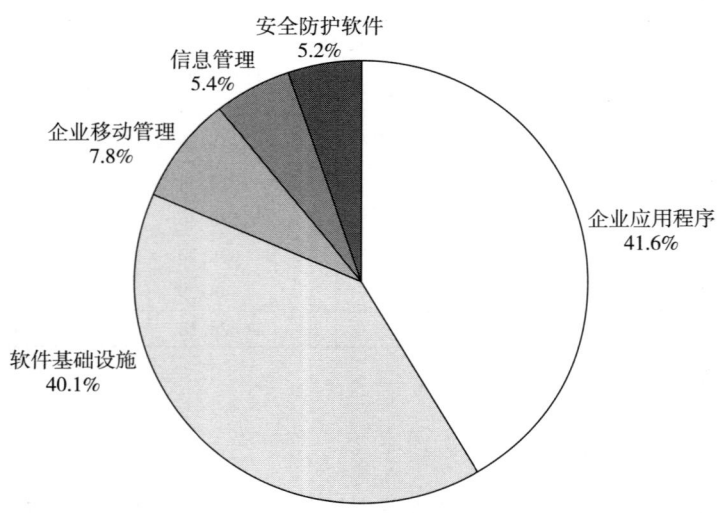

图 8　印度尼西亚软件市场细分

资料来源：Marketline。

信息技术服务这一块主要包含的是应用程序服务、基础设施服务以及BPO服务（业务流程外包服务）。在印度尼西亚市场，三大业务各占一块，相差并不大，其中应用程序服务仍然还是位居第一，占行业市值的42.6%，基础设施服务和BPO服务则各占34.6%和22.8%。

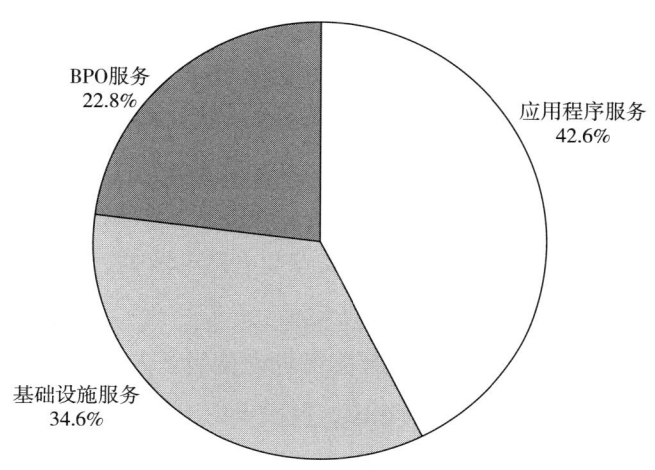

图9　印度尼西亚信息技术服务市场细分

资料来源：Marketline。

（3）网络与通信产业

印度尼西亚的网络与通信是信息产业中的巨头，如图5所示，它占整个印度尼西亚信息产业的市场份额高达94.1%。而它的市场又细分成三个部分：通信、电话终端和互联网接入。从营业额看，通信服务市场是主体，占据整个通信市场的79.51%；位居第二的是互联网接入，为14.65%；最后则是电话终端销售，为5.84%。

通信服务

印度尼西亚的通信设施建设仍较为落后，因此存在巨大的发展空间。2014年，印度尼西亚拥有邮局的乡村为4158个，2013年家庭装有固定电话的比例为5.68%，拥有移动电话的家庭比例为86.09%。2013年印度尼西亚固定电话登记用户为10085624人，移动电话登记用户为311709063人。

印度尼西亚的通信服务领域中，无线通信服务占据绝对的主导地位，市场份额为789亿美元，占比高达98.1%，剩下的为固定线路服务，市场份额为15亿美元，仅占1.9%的市场份额。印度尼西亚当前的移动宽带连接可达58M左右，固定宽带仅为8M。移动宽带毋庸置疑会加速增长，主要得益于智能手机使用率增长以及城市地区的4G网络投资和更广泛区域的3G网络投资。固定宽带连接在短期内也将有所增长，因为不同运营商铺设了主干光缆以满足大城市数百万印度尼西亚家庭的需要，这可能会带来一些新用户。

移动终端

在移动电话领域，智能手机随着"互联网＋"信息时代的到来，也开始逐渐影响人们的生活。在印度尼西亚移动电话市场中，智能手机市场份额高达82.6%，剩下的17.4%则为传统电话。

预测到2018年，印度尼西亚智能手机设备用户人数将超1亿，成为全球智能手机用户人数排名第四的国家，仅次于中国、印度和美国。在未来几年内，印度尼西亚智能手机普及率的强势增长将主要得益于移动互联网及电子商务的发展。

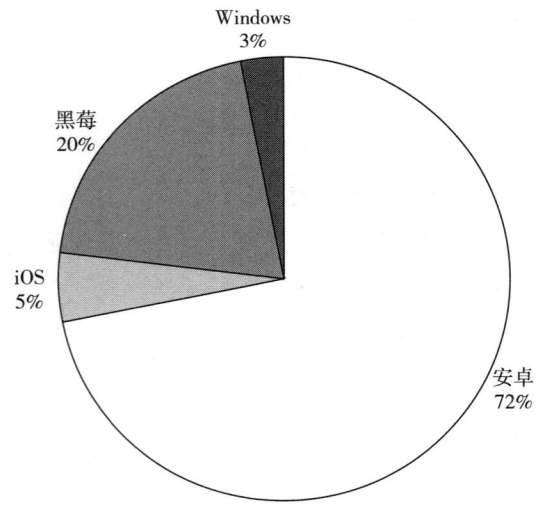

图10　2014年印度尼西亚智能手机操作系统份额

资料来源：Marketline。

由图10可知,安卓在印度尼西亚智能手机操作系统中的市场份额在不断扩大,2014年底约为72%。而过去主导市场的黑莓系统,份额在近几年来大幅度下降,2014年仅占20%。随着苹果手机越来越受到印度尼西亚年轻人的喜爱,iOS系统份额有所上升,从2012年的2.5%左右上升到2014年的5%。Windows系统份额仅为3%。

三星是最受印度尼西亚人欢迎的智能手机品牌,拥有率达到49.7%,黑莓和印度尼西亚当地品牌Smartfren Andromax紧随其后,拥有率分别为16.2%和14.4%。

互联网接入

随着互联网时代的快速发展,毫无疑问,印度尼西亚互联网接入市场中无线接入占据半壁江山,高达93.1%。

在印度尼西亚,互联网普及率仅为22%。3G普及率为20%左右。在男女比例分布上,印度尼西亚移动互联网用户中男性占比达74.7%,女性为25.3%。印度尼西亚用户喜欢的网络活动是使用社交网络,其中移动用户占较大比例。排在第二位的是进行搜索和浏览信息,占68.70%(见图11)。谷歌占据了印度尼西亚搜索市场最大的份额,印度尼西亚用户对浏览器有独

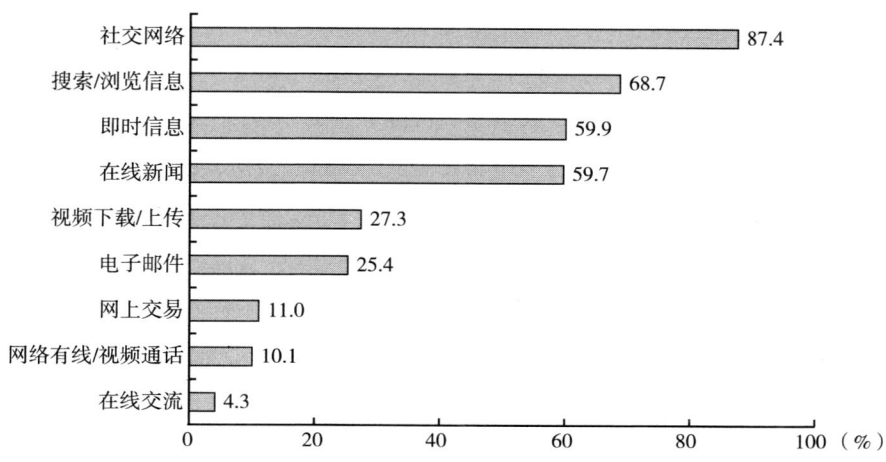

图11 印度尼西亚网络用户在线活动类型

资料来源:Marketline。

特的偏好。这对 App 开发商来说并不是个好消息。

(4) 电子商务

印度尼西亚的电子商务主要是在线零售业务。互联网时代下，人们的生活方式逐渐改变，尤其是在购物上，电商的出现不仅方便了人们的生活，也改变了人们的消费观念，它将促进经济全球化的进一步发展。这对印度尼西亚来说也是契机。

表6　印度尼西亚2014年电子商务市场细分表

分类	市场规模		所占产业百分比（%）
	十亿美元	十亿印度尼西亚盾	
电子类	0.30	3999.11	23.6
服装/配件/鞋类	0.30	3880.50	22.9
书籍/音乐/音频类	0.30	3134.90	18.5
其他	0.50	5930.89	35.0
合计	1.40	16945.40	100.0

资料来源：Marketline。

印度尼西亚在线零售中，销售产品一般包含电子类、服装/配件/鞋类、书籍/音乐/音频类等。其中，电子产品占整个在线零售市场份额最大，约为24%，紧随其后的是服装/配件/鞋类，占22.9%（见表6）。

印度尼西亚国内共有250家电子产品生产企业，近年来国内生产商和外国投资者投资意愿强烈，推动了电子工业持续增长。印度尼西亚政府亦通过系列措施推动电子工业发展，以期在全球电子产品供应链中扮演更为重要的角色。而制鞋业是印度尼西亚工业发展的一个重要战略部门，印度尼西亚现有鞋产量约占全球总产量的30%，位居全球鞋业出口前六强，政府对该产业也非常重视，采取各种措施促进其发展。

（二）广电产业结构特征

印度尼西亚的广电产业就是指广播与有线电视业。由表7可知，印度尼西亚的传媒娱乐产业中，电视、报纸以及上网所拥有的产值比较大。广播与

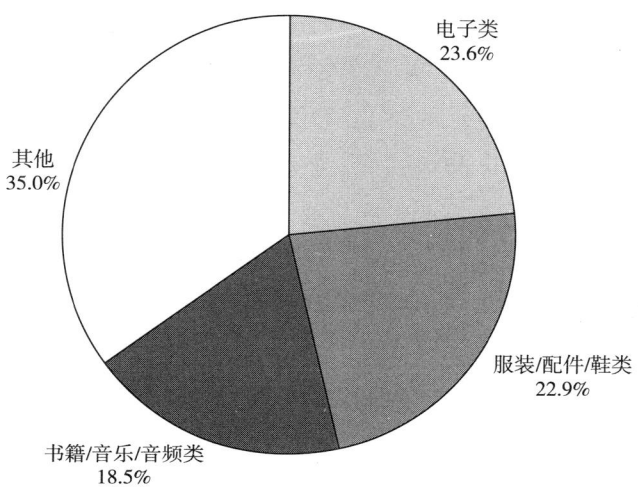

图12 印度尼西亚在线零售市场细分

资料来源：Marketline。

有线电视行业中，占主体的是电视广告，它占据了整个广播有线电视市场的71.0%，这一数据是根据其市值来确定的。在印度尼西亚，传统报纸、电视仍居主导地位，报纸和电视仍是印度尼西亚传媒产业的主要盈利来源，电视广告收益增长迅速。印度尼西亚的各类报刊多达3000多种，在报纸分类中，周期性出版物占81.66%，小报占1.38%，期刊占16.96%。

而通讯社目前只有安塔拉通讯社，属于印度尼西亚官方通讯社。在印度尼西亚27个省设有分社，约300名记者。该社2007年3月恢复了中国北京分社，并派驻常驻记者。

广播电视主要有公立的印度尼西亚国家电台和印度尼西亚国家电视台。印度尼西亚国家电台于1945年9月11日成立，设有53个分台和对外广播的"印度尼西亚之声"台（用10种语言广播），现有员工8500人。印度尼西亚电视台于1962年8月17日正式运营，共有13个分台，395个转播器，覆盖印度尼西亚全境。原为政府经营，2000年后成为公共电视台。现有员工约7200人。私营电视台有鹰记电视台、教育电视台、美都电视台等11家全国性电视台以及众多的地方电视台。印度尼西亚广电产业在2015年总收入为54亿美元,2011~2015年复合年增长率为14.2%。与之相比,中、泰两国同期复合年增长率分别为10.2%和4.2%,2015年中、泰两国广电产业总收入分别为469亿美元和28亿美元。

反观电视产业,2016年电视广告产值达38亿美元,占整个广电产业市场总值的71%,具有较乐观的发展前景。

表7 印度尼西亚传媒各产业产值

单位:十亿美元

年份	2013	2014	2015	2016
电视广告	2.6	3.1	3.5	3.8
收看电视/电视执照	0.4	0.5	0.6	0.7
报纸出版	3.5	3.8	4.0	4.2
上网	1.8	2.2	2.7	3.1
书籍出版	0.2	0.2	0.2	0.2
杂志出版	0.3	0.3	0.3	0.3
电影	0.2	0.2	0.2	0.2
互联网广告	0.0	0.0	0.1	0.1
户外广告	0.3	0.3	0.3	0.3
电台广播	0.1	0.1	0.1	0.1
音乐	0.2	0.2	0.2	0.2
视频游戏	0.4	0.4	0.4	0.5

资料来源:普华永道《Global entertainment and media outlook》。

表8 印度尼西亚2016年广播与有线电视市场细分

业务分类	市场规模		所占产业百分比(%)
	十亿美元	十亿印度尼西亚盾	
电视广告	3.8	50927.5	71.0
电视收视费	0.8	10831.1	15.1
其他收入	0.7	9970.3	13.9
合计	5.3	71728.9	100.0

资料来源:Marketline。

四 竞争力分析

（一）主要信息通信企业及其竞争力核心指标

Telekomunikasi Indonesia（印度尼西亚电信），是印度尼西亚最大的国营电信企业，总部位于印度尼西亚万隆。公司股票同时在印度尼西亚和纽约证券交易所上市交易，主营业务包括电信、信息、媒体、教育娱乐和服务等，拥有全职员工超过二万五千人。

Indosat，是印度尼西亚一家综合性电信网络与服务提供商，是印度尼西亚第二大移动运营商，总部位于雅加达，在荷兰和新加坡有分公司。公司2013年从纽约证券交易所退市，目前股票仅在印度尼西亚证券交易所交易，主营业务包括三大类：移动通信、固定电话通信、MIDI（多媒体、互联网和数据通信服务）。

XL Axiata，是印度尼西亚一家移动电信服务运营商，总部位于雅加达，同时在荷兰和马来西亚开展业务。公司股票在印度尼西亚证券交易所交易，通过与中国华为合作，向个人和商业用户提供数字化移动网络服务。

Tiphone Mobile Indonesia，成立于2008年，并于2012年在印度尼西亚证券交易所上市，总部位于雅加达，主要经营电信业务的分销渠道，如移动手机及部件、预付费SIM卡、话费充值及手机维修业务等。Tiphone销售的主要手机品牌包括Samsung、LG、HTC、Blackberry、Apple和自有品牌Tiphone。

Smartfren Telecom，是印度尼西亚一家提供电信服务、多媒体产品及相关服务的综合性运营商，总部位于雅加达，是印度尼西亚的上市公司，在印度尼西亚和英国两地开展电信业务。

Trikomsel Oke，是印度尼西亚一家销售移动通信产品和提供电信运营服务的综合性企业，公司于1996年成立于雅加达，并于2009年在印度尼西亚证券交易所上市，公司通过遍布印度尼西亚各地的"OkeShop"实体店形成庞大的移动手机及附件的分销网络，同时提供预付费 SIM 卡、各大运营商的充值卡、手机铃声游戏和应用程序下载服务。

Sarana Menara Nusantara，成立于 2008 年并于 2010 年上市，总部位于 Kudus，主要通过子公司 Profesional Telekomunikasi Indonesia 向印度尼西亚各大无线运营商提供电信塔的长期租赁服务。公司在印度尼西亚拥有超过 14500 座电信塔，是印度尼西亚最大的独立移动电话电信塔基础设施供应商。

Pos Indonesia，是一家专门提供电信服务的印度尼西亚国有企业，总部位于西爪哇，由原有的 Post-Telegraaf-en Telefoondienst（PTT：邮政、电报和电话服务）于 1965 年拆分业务而来。

Global Teleshop，成立于 1997 年，总部位于雅加达，主要经营知名手机品牌的销售以及 Telkomsel Oke SIM 卡、手机充值卡的销售业务。

Link Net，成立于 1996 年，并于 2014 年在印度尼西亚证券交易所上市，总部位于雅加达，主要经营的业务包括：固定线路网络服务、与 First Media Television 合作提供有线电视服务、互联网接入和企业管理咨询服务。

Solusi Tunas Pratama，成立于 2006 年并于 2011 年上市，总部位于雅加达，是印度尼西亚第三大独立电信塔运营商，公司的主营业务包括为印度尼西亚的移动电信运营商提供电信塔租赁和运作设备，为中心城区的购物广场和办公大楼提供网络连接服务。公司在印度尼西亚的 34 个省份中的 31 个省份提供电信塔服务，94% 的电信塔集中在人口密集的爪哇和苏门答腊岛。

Industri Telekomunikasi Indonesia（Persero），是一家成立于 1974 年的大型私营电信企业，总部位于万隆，主要提供电信设备和系统安装服务。

Skybee，成立于 1995 年，公司股票 2010 年在印度尼西亚证券交易所上市交易，总部位于雅加达，主要业务包括：代理 Indosat 的手机套餐业务和预付费充值卡，销售智能手机和计算机硬件，提供多媒体的电信增值服务和应用程序等。

Inti Bangun Sejahtera，是一家以提供电信塔的租赁和维护为主营业务的电信基础设施提供商，总部位于雅加达，成立于 2006 年，是印度尼西亚证券交易所主板的上市公司。

Mitra Komunikasi Nusantara，是成立于 2008 年的印度尼西亚上市电信公司，主要经营电信硬件（智能手机和平板电脑）、预付费手机卡和提供网络服务。母公司 Monjess Investama 拥有该公司 51% 的股份，其余股份为公众持有。

Bakrie Telecom，是一家成立于 1995 年的提供全国性的电信网络和服务的运营商，总部位于雅加达，同时在印度尼西亚多个地方开展业务。公司主要通过 Esia 系统为用户提供语音和短信服务，为印度尼西亚最大的两家 CDMA 运营商之一。

Fortune Indonesia，成立于 1970 年，是一家拥有 200 名员工的印度尼西亚蓝筹股上市公司，总部位于雅加达。公司提供平面广告、媒体策划、网站开发与维护、Internet 营销等多种市场活动。

Bali Towerindo Sentra，是一家主要提供电信塔租赁服务的基础电信设施供应商，主要与当地政府合作提供信号发射基站和监控摄像头安装和维护业务。

（二）代表性企业竞争力剖析

（1）国有电信运营商 Telekomunikasi Indonesia

企业概况

Telekomunikasi Indonesia（Telkom，或称 Telkom Indonesia，以下简称"印度尼西亚电信"）是印度尼西亚的国营电信企业，也是电信和网络服务提供商。印度尼西亚电信是印度尼西亚最大的电信企业，拥有超过 1500 万的固话用户和 1.04 亿手机用户。

印度尼西亚电信旗下有五大业务，包括电信、信息、媒体、教育娱乐和服务业务。

表9 印度尼西亚主要信息通信企业竞争力核心指标

单位：百万美元，%

公司名	营业收入	税前利润	总资产	股本	流动比率	毛利率	净资产收益率/ROE %	雇员数	资产收益率/ROA %	数据年份
Telekomunikasi Indonesia	7552	2277	12070	6786	1.35	30.15	33.55	24785	18.86	2015
Indosat	1944	-130	4023	963	0.5	-6.67	-13.46	4320	-3.22	2015
XL Axiata	1809	-46	4274	1024	0.65	-2.53	-4.47	2033	-1.07	2015
Tiphone Mobile Indonesia	1603	36	518	205	5.06	2.27	17.79	1121	7.02	2015
Trikomsel Oke	883	35	729	191	2.59	3.98	18.39	1047	4.82	2014
Sarana Menara Nusantara	443	288	1556	558	1.79	64.92	51.58	948	18.49	2015
Pos Indonesia (Persero)	346	n.a.	475	79	1.19	n.a.	n.a.	250	n.a.	2012
Global Teleshop	328	10	149	46	1.4	3.07	22.04	372	6.75	2014
Smartfren Telecom	222	-146	1504	497	0.53	-65.76	-29.32	2000	-9.7	2015
Link Net	186	62	322	266	0.93	33.4	23.35	634	19.3	2015
Solusi Tunas Pratama	130	18	998	350	2.19	13.52	5.03	316	1.76	2015
Industri Telekomunikasi Indonesia	127	n.a.	111	45	1.74	n.a.	n.a.	4500	n.a.	2012
Skybee	50	-4	29	12	1.63	-8.08	-34.79	51	-13.98	2014
Inti Bangun Sejahtera	50	30	303	217	2.23	60.8	14.03	365	10.01	2015
Mitra Komunikasi Nusantara	44	0.44	10	9	12.2	0.99	4.83	67	4.43	2015
Bakrie Telecom	33	-618	175	-909	0.01	n.s.	n.s.	337	n.s.	2015
Fortune Indonesia	31	0.33	21	10	1.83	1.05	3.39	253	1.6	2015
Bali Towerindo Sentra	22	12	88	36	0.32	55.26	32.8	360	13.63	2015

资料来源：BVD。

电信是印度尼西亚电信的传统业务。作为公司的标志性业务，印度尼西亚电信可提供一般电话、电缆连接、无线固话、数据通信、宽带、卫星、网络互联租用和手机等服务，旗下分公司包括 Telkomsel 电信等公司。印度尼西亚电信的电信服务遍及各个市场群体，从个人用户到中小企业和大公司不一而足。

信息业务是印度尼西亚电信在新经济行业中重点开发的商业模式。这是一项综合性服务，可促进包括增值服务、管理应用、信息通信外包、电子支付和信息通信支持服务在内的所有业务流程和交易活动。

媒体业务是印度尼西亚电信针对新经济行业开发的另一项重点业务，可为现代数字化生活提供免费和付费电视节目。

教育娱乐是印度尼西亚电信针对新经济行业开发的重要服务内容，其主要目标市场是年轻消费者。公司可为这个群体提供包括定制化彩铃、短信、门户网站等在内的多项服务内容。

服务是印度尼西亚电信的顾客导向型商业模式，与公司的顾客客户群密切关联，其中包括个人、消费者/家庭、中小企业、企业、团体和国际用户等不同群体。

作为一家电信公司，印度尼西亚电信继续在除电信以外的领域追求创新，并在所有产品、服务和解决方案之间建立协同效应，实现从传统业务到新兴业务的转型升级。为了提高业务价值，2012 年，印度尼西亚电信将其业务组合改为 TIMES（电信、信息、媒体、教育娱乐和服务）。为了运营其业务组合，印度尼西亚电信组建了四家子公司，分别为 Telekomunikasi Indonesia Selular（Telkomsel）、Telekomunikasi Indonesia International（Telin）、Telkom Metra 和 Daya Mitra Telekomunikasi（Mitratel）。

竞争力剖析

从图 13 可以看出，印度尼西亚电信营业收入高企，营业成本相对较低，从而使其利润率一直维持着 30% 左右的水平，这与其国有背景、近年来的海外扩张不无关系。变化稍大的地方表现在长短期借款上，2015 年长期借款为21.91亿美元,相比2014年12.67亿美元增长72.93%;短期借款为3.23亿美元,相比2014年6.21亿美元减少47.99%。

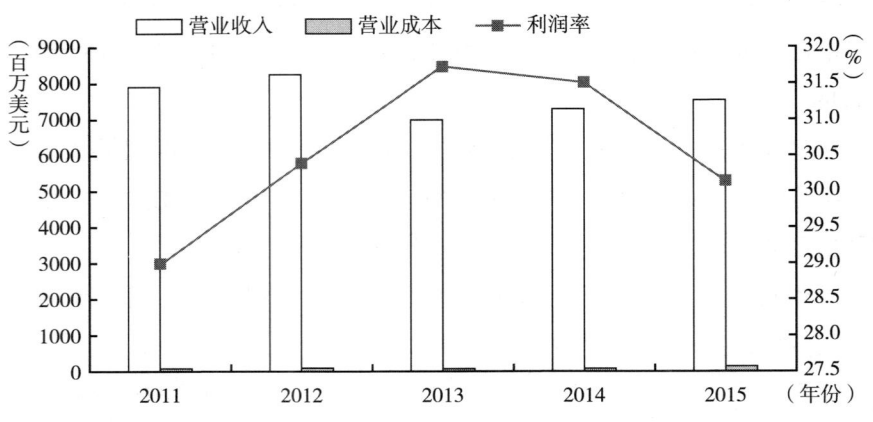

图13 印度尼西亚电信2011~2015年收入与利润

资料来源:BVD数据库。

2015年公司总资产达到120亿美元,近年来各方面发展也相对平稳,变化不大,因此选择杜邦分析法,以公司2014年发展为参照,分析2015年公司的经营状况。因传统ROE存在缺陷,此处运用改进后的杜邦分析法来进行分析,改进后的权益净利率(ROE) = 净利润/权益资本 = 净利润/销售收入×销售收入/总资产×税前利润/息税前利润×总资产/权益资本×息税前利润/税前利润。由图14可知,印度尼西亚电信销售经营利润率、资产周转率、财务费用比率、财务结构比率和税收效应比率,以及改进后的净资产收益率从2014年到2015年的变化都极小。销售经营利润率在32%以上,说明成本控制水平较好;资产周转率高达62.57%,说明资产的利用水平高;财务费用比率高达93.63%,则说明企业利息费用相对较少;财务结构比率表明企业的杠杆使用情况,与财务费用比率相乘后,得到2015年的值为1.67,表示权益乘数对于公司获利的正作用大于财务费用所起的负作用,总体来说目前的负债水平对公司获利能力有促进作用;税收效应比率则反映缴纳所得税对企业获利能力的负作用。从改进后的杜邦分析法来看,企业无论是在销售业务方面还是资产周转或者是负债的利用上都对获利能力起着积极作用，经营状况良好，实力强劲。

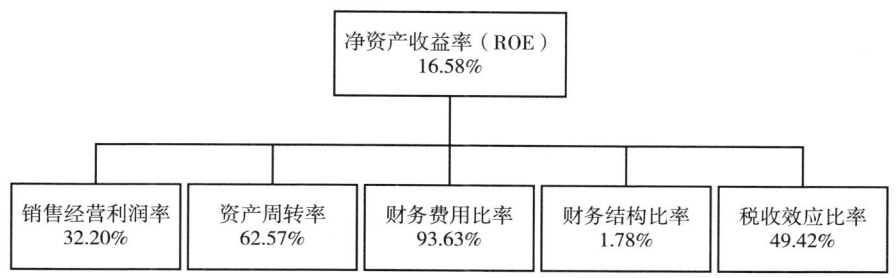

图14 印度尼西亚电信改进后的杜邦分析

资料来源：BVD数据库。

（2）综合性电信服务商Indosat

企业概况

Indosat是印度尼西亚一家综合性电信网络与服务提供商，成立于1967年11月20日，拥有50年历史，现为Ooredoo Group（原卡塔尔电信公司QTEL）的子公司，是印度尼西亚第二大移动运营商，提供GSM和CDMA服务，占印度尼西亚移动市场30%左右的份额。Indosat及其子公司Indosat Mega Media（IM2）和Aplikanusa Lintasarta提供多媒体、互联网以及数据通信服务，如IPVPN（虚拟专用网络）、租用专线、互联网服务和信息通信服务。1994年在印度尼西亚与美国上市，并于1995年在伦敦交易所上市，上市代码为IDX：ISAT。2013年，该公司主动从纽约证券交易所退市。2015年，该公司成为印度尼西亚第一家发行商业4G网络的公司。

Indosat主要向个人与企业提供移动电话、固定远程通信和MIDI（多媒体、互联网和数据通信服务）等服务。

该公司移动通信业务2015年收入为21.9万亿印度尼西亚盾，占总收入的82%，用户量激增650万人。此部分产品包括GSM900、DCS1800、3G、4G、iM3、Mentari。印度尼西亚2015年移动通信市场的市场营业额在亚太地区排名第四位，仅次于中国、日本与印度。随着智能手机的普及和商用

4G 移动网络的推出，印度尼西亚移动通信市场竞争在 2015 年日益激烈。人们对于移动数据服务的需求推动着用户量与收入的稳步增加，但印度尼西亚平均用户收入以及平均数据价格仍然处于世界较低水平。与 2014 年一致，在通话和短信需求减少的同时，移动数据的需求从 2014 年的 85358 兆兆字节增加到 2015 年的 199054 兆兆字节。直销为 2015 年移动通信的主要销售渠道，独家代理仍为其收入主要来源，这也是公司主要推广的渠道。2016 年 1 月与零售商 Erajaya 的合作将为公司带来百余家的直销渠道。

MIDI 业务包括多媒体、互联网和数据通信服务，通过宽带窄带、帧中继网络、现代 IVVPN 和基础 MPLS 服务提供点对点国际与国内专用线路。2015 年的销售收入增加了 7%，达到 3.8 万亿印度尼西亚盾，占总收入的 14%，受激烈竞争影响，相对于 2014 年的 14.6% 有所下滑。客户集中于公司与批发商，公司在对于 MIDI 的投入持续集中于核心信息通信功能业务的同时，将非核心信息通信业务转移至 Lintasarta 子公司。

在固定电话数据传输方面，Indosat 是印度尼西亚的领头企业，是这方面最为成熟的企业之一。2015 年公司收入达到 1.12 万亿印度尼西亚盾，占总收入的 4.2%，相比 2014 年增长了 4.6%，主要为国际线路的贡献。近年来，虽然固定电话网络的份额受网络和移动数据的增长影响而有所下降，但它对于顾客体验来说仍然有重要作用。其主要包括国际电话、固定无线以及专线服务，期望与他国在漫游数据领域进行合作。其中，CDMA 服务于 2015 年 6 月 30 日停止服务，引导客户向 GSM 转移。

数字化服务是公司最新的业务单元，2015 年保持持续增长。虽然只占公司收入的极小部分，但是数字化服务被认为是公司转型为标准化、数字化公司的关键所在。Indosat 是数字化方面的领头羊，它与世界性的互联网品牌都有合作关系，如 Facebook 免费的基础使用权、通过 Google 商店直接进行账单结付以及提供亚太地区电信公司的第一个 Twitter 电子渠道。

此外，公司也曾与中国企业有合作关系。2008 年 10 月，中兴通讯动力产品成功中标印度尼西亚电信运营商 Indosat 电源项目 East Java 区域。此项目的中标意味着中兴通讯动力产品成功进入印度尼西亚通信电源独立销售市场。

竞争力剖析

为更客观地评价企业，此部分将从财务角度出发探究企业实际发展情况。选取其较为重要的会计数据分析近年情况。首先，销售收入最直观地反映企业的销售情况，为企业近年发展趋势奠定基调。2012年公司销售收入达到近年来的顶峰，随后两年逐步下滑，到2015年略有起色，同比2014年增长0.29%。从表10中可以发现，公司利润总额自2013年以来持续为负数，且毛利润为正，说明费用、折旧等部分占比极大，如2015年收入与利润总额相差20.74亿美元，其中35%为成本，且折旧与摊销达到6.27亿美元，其折旧与摊销占比大主要是因为固定资产基数大，固定资产（30.38亿美元）占总资产（40.23亿美元）的76%，与其电信行业基站的建立等一系列特征有关。从EBIT角度出发可以看到，2013~2015年有一个调整上涨的趋势，而其净利润在这几年间都为负数且所得税费用也持续为负，说明其利息费用高。以2015年为例，EBIT与净利润的差额为2.94亿美元，在所得税费用为-0.45亿美元的情况下，利息费用达到3.35亿美元与其债务情况密不可分。长期和短期负债占据所有者权益以及负债的50%。在净利润方面，2013年成为分水岭，自2013年以来为负，从其资产负债表可得出主要原因是2013年以来的毛利润下降，其他费用变化幅度不大，但从趋势来讲净利润有缓慢提高的趋势。

表10 Indosat 主要财务数据

单位：百万美元

年份	2011	2012	2013	2014	2015
销售收入	2279.84	2450.21	1988.06	1938.74	1944.38
利润总额	146.79	47.91	-273.09	-157.93	-129.72
毛利润	1551.76	1637.57	1232.01	1179.47	1215.64
净利润	106.80	38.93	-227.89	-161.66	-95.28
现金流	839.06	897.55	505.94	489.14	531.43
总资产	5869.13	5731.71	4466.12	4287.96	4023.24
EBIT	363.37	326.95	150.07	37.85	198.92
EBITDA	1095.63	1185.58	883.90	688.65	825.64

资料来源：BVD 数据库。

EBITDA是电信业常用来衡量经营业绩的一个指标,与上面提到的电信业基础设施建设投入有关,数值上等于EBIT加上折旧与摊销,由表10可见折旧占比之高,趋势基本与销售收入一致。

在盈利指标方面,从ROE(见图15)来看,受到净利润影响,2013年(-20.18%)出现大幅下滑,截至2015年(-13.46%)处于慢慢回升状态。毛利率、净利率都保持相对正常增长。近年来利润率为负数的情况需引起重视,应积极改善。在运营能力方面,净资产周转率近五年来持续好转,说明企业销售能力增强。存货周转率在波动中不断好转,流动性增强。收款期与贷款期同步增长。在研发支出比率方面,公司2010~2013年无投入,近两年才有所投入,但是占比不高,2015年仅为0.44%,对于移动通信这种科技含量高同时强调创新的行业来说,投入实在过小。在偿债能力方面,由于存货占比少,流动资产与速动资产基本相同。总的来说,Indosat公司规模较大,2013年业绩虽下滑但2014年以后呈现回升趋势。

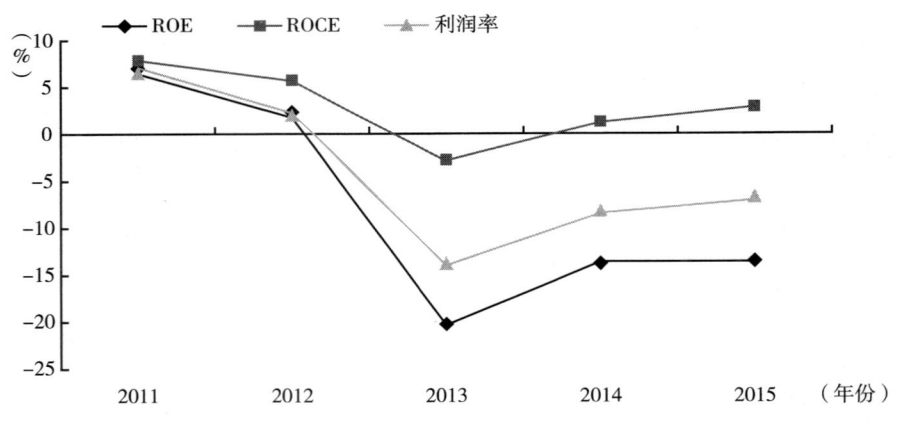

图15 Indosat 2011~2015年主要财务指标

资料来源:BVD数据库。

(3)Smartfren Telecom

企业概况

Smartfren Telecom是印度尼西亚一家提供电信服务、多媒体产品及相关服务的综合性运营商。公司除提供语音、数据、图像、商业移动电话、短信、国际电话漫游等服务之外,还同时提供基于 CDMA 技术的 800 MHZ 无线电信网络的开发和租赁服务。另外,Smartfren Telecom 的经营业务还包括分销电信设备和产品,自有品牌 ANDROMAX 手机和平板电脑、电信设备和产品的售后服务。公司总部设在印度尼西亚首都雅加达,在英国设有分公司。

竞争力剖析

表 11 Smartfren Telecom 收入、利润、资产、负债情况

单位:百万美元

年份	2010	2011	2012	2013	2014
营业收入	31.8	80.5	139.2	205.0	249.3
净利润	-118.3	-118.3	-131.9	-213.8	-116.3
总资产	378.3	1037.6	1210.0	1338.8	1498.5
总负债	388.4	761.8	789.4	1081.5	1164.2

资料来源:Marketline。

表 12 Smartfren Telecom 主要财务指标

单位:%

年份	2010	2011	2012	2013	2014
净利润率	-372.3	-251.5	-94.8	-104.3	-46.7
收入增长率	-25.4	153.5	72.8	47.3	21.6
资产增长率	-5.7	174.3	16.6	10.6	11.9
负债增长率	16.1	96.1	3.6	37.0	7.6
资产负债率	102.7	73.4	65.2	80.8	77.7
资产回报率 ROA	-30.3	-28.6	-11.7	-16.8	-8.2

资料来源:Marketline。

(4) IT 企业代表 Bhinneka Mentari Dinmensi

Bhinneka 是印度尼西亚最大的计算机销售渠道和电子商务销售网络平台,是成立于 1993 年的本土企业。总部位于印度尼西亚首都雅加达,公司拥有全职员工约五百人,在雅加达有全职员工约三百人,年营业额达 600 万

美元。公司的销售业务包括：

①计算机及外围设备、软件

②调制解调器（modem）

③电话机及其他通信设备

④相机及其他摄影器材

⑤个人电子设备

⑥文具及其他办公用品

销售品牌包括苹果、微软、博思、惠普、联想和富士通。该公司的销售方式包括网站和零售店。

（三）广播电视产业中的代表性企业：Media Nusantara Citra

企业概况

Media Nusantara Citra（MNC），成立于1997年6月17日，总部位于雅加达，有7600名员工，并于2007年6月22日上市，其股票代码为MNCN，是印度尼西亚最大的媒体集团 Global Mediacom 旗下的子公司。

公司拥有印度尼西亚11家免费电视台中的四家以及电视内容制造传送过程中的附加核心业务；拥有的四家电视台，分别是鹰记电视台、MNC台、全球台以及新闻资讯台，另外还有22个付费频道。公司拥有电台、平面媒体、人力资源管理公司以及电视制造公司，这些平台的运营帮助着公司核心业务的发展。公司致力于通过卫星以及其他电信装备，服务以及投资参与综合交易、研发、农业、运输业、印刷业以及多媒体行业的多方面综合发展。公司的愿景是成为一个综合性的传媒集团，注重于广播与有线电视以及内容的传送，通过科技的进步来达到顾客的需求。公司的使命是提供最为详尽的家庭娱乐方式并且成为最值得信任的新闻资讯来源。2015年，公司在第四届国家电视网上推出 iNews 频道的同时推出 IBCM（印度尼西亚商业资本市场）频道。

竞争力剖析

从表13可以看出，公司近五年处于相对平缓的发展状态，但2015

年各项数据都出现不同程度的下降，销售收入与净利润同比分别下降了 12.75%、39.24%，2015 年业绩出现下滑。从图 16 可以看出，该公司利润率长期保持在 25% 以上，说明 MNC 企业有良好的盈利能力以及较强的竞争力。从总资产可以看到，2014 年公司进行了大规模扩张，通过长期借款的增加和短期借款的减少来增加对固定资产的投入，同时增加现金及其他等价物（同比增长 117.57%），为扩张进行积极准备。传媒行业的特点决定了其投入回收周期长，从其应收账款回收期可以看出（近五年最小值为 138 天），因此 2014 年的扩张并未为其带来立竿见影的效果。企业雇员近年来急剧增加，从 2011 年 280 人到 2015 年 7980 人，可见公司不断发展壮大，同时公司也重视对人才的战略储备，对自身前景看好。

表 13　MNC 2011~2015 年主要财务数据

单位：百万美元

年份	2011	2012	2013	2014	2015
销售收入	597.44	658.80	534.28	536.58	468.14
毛利润	315.48	368.58	307.92	—	—
净利润	117.99	171.99	138.53	141.73	86.12
现金流	136.69	199.70	151.72	155.89	101.28
总资产	970.04	930.04	787.64	1095.55	1051.39
EBIT	177.50	227.29	209.73	207.41	158.35
员工人数（人）	280	4991	6593	7042	7980
应收账款回收期（天）	153	138	150	162	169
信用期间（天）	32	25	35	22	29

资料来源：BVD 数据库。

在借款结构上，公司在 2014 年进行了调整（见图 17），在加大长期借款的同时减少短期借款，这样一方面能够帮助企业获得更为稳定的资金来源和合理利用杠杆，另一方面说明企业的行业竞争力在增强，具备获得较大数

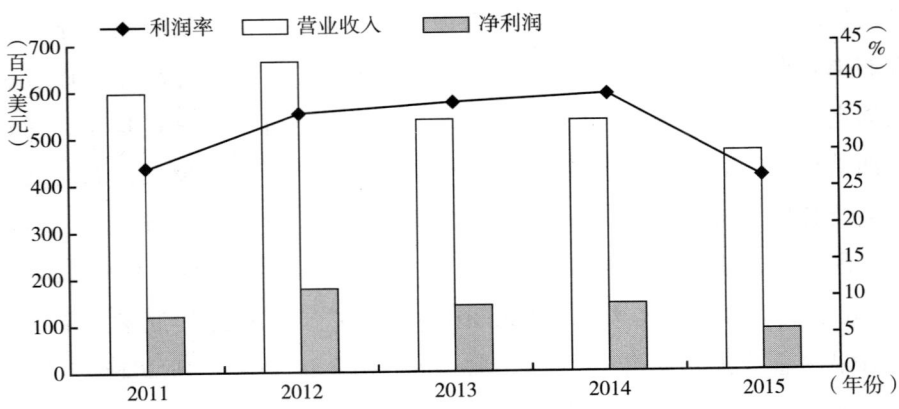

图 16　MNC 公司 2011～2015 年收入、利润情况

资料来源：BVD 数据库。

额长期贷款的实力。同时，借款数额的增长增加了企业的利息支出负担，与 2014 年（974 万美元）相比，2015 年（4079 万美元）增加了 3.18 倍，影响着 2015 年的各项指标数据。

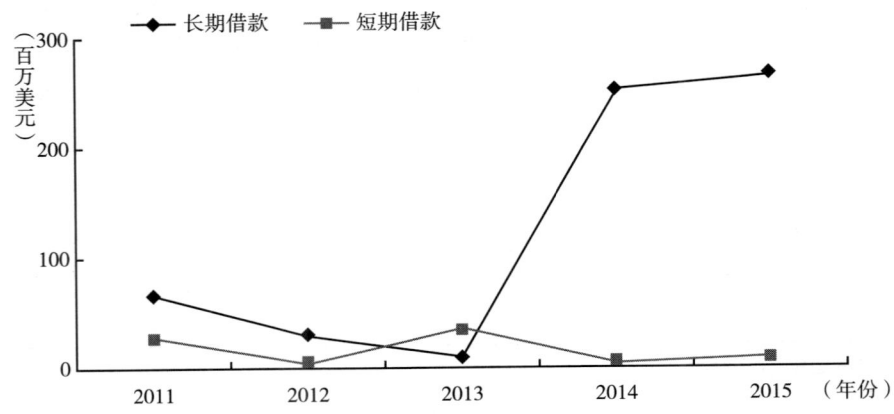

图 17　MNC 公司 2011～2015 年长短期借款情况

资料来源：BVD 数据库。

在重要财务指标上（见图18），ROE、ROCE自2014年出现大幅下降，说明MNC公司在股东持续增加投入同时外部融资增加的情况下，净利润并未有同幅度增长。2015年虽然ROE、ROCE都降到了历史最低水平，但是绝对值也相对较高，说明其业务发展与盈利水平仍然不错。从前文分析可知，2014年以来MNC公司处于扩张转型阶段，对于固定资产投入支出的增加必然导致净利润、EBIT等重要数据的下滑。

总的来说，从财务数据的各项重要指标来看MNC公司处于扩张转型的发展阶段，总体经营状况良好。

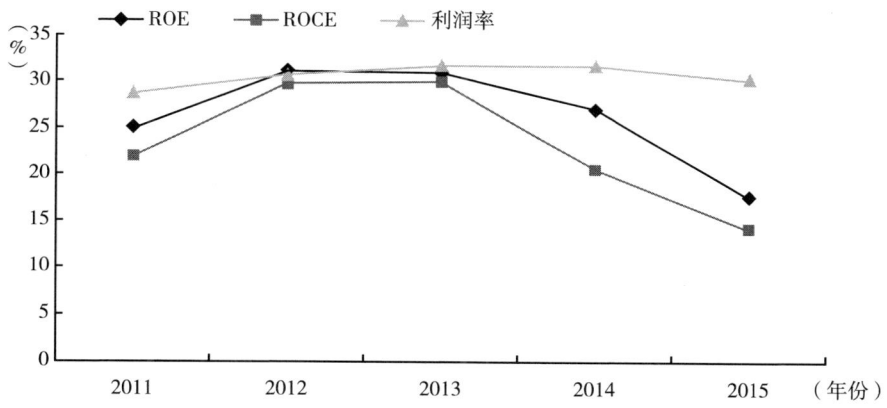

图18 MNC公司2011~2015年主要财务指标

资料来源：BVD数据库。

五 产业机会分析

（一）市场增长潜力巨大

（1）庞大人口基数蕴藏着巨大的市场潜力

印度尼西亚是世界第四人口大国，拥有超过2.58亿的人口，并且年轻人比重高，60%的人口在30岁以下。同时，印度尼西亚城市人口比例较高，2016年城市人口约占54%，随着经济的发展，印度尼西亚城镇化率还会有所提高，预计2035年城镇化率将达到66.6%。年轻人和城市人口对信息通信产品和服务的需求往往较高，年轻化和城市化的人口结构为印度尼西亚信息与通信产业的发展提供了巨大的人口红利与市场机会。

（2）国际机构对印度尼西亚信息与通信市场的增长预测

对市场整体增长趋势的预测

互联网经济未来的发展态势得到市场的高度期望，预计未来三年由其所带动的信息通信产业将保持3%以上的年增长率，产值预计接近1300亿美元。随着印度尼西亚经济建设的加快，尤其是六大经济走廊的不断推进，印度尼西亚经济结构不断优化调整，居民收入预期持续增长。由于收入水平的提高带来的消费结构的调整，印度尼西亚居民未来对休闲娱乐的投入也将随之增加，因此会促进广电产业新一轮的繁荣。预计未来四年，印度尼西亚广电产业规模的年增长率将维持在10%以上，增长强劲，产值预计突破90亿美元，有望达到100亿美元（见表14、表15）。

表14　印度尼西亚信息通信产业未来三年增长预期

年份	市场规模		年增长率（%）
	十亿美元	十亿印度尼西亚盾	
2017	119.32	1446480.38	3.7
2018	123.23	1494181.23	3.3
2019	127.08	1540463.72	3.1

资料来源：Marketline。

据权威机构预测，2017~2020年四年的复合年增长率会降到11.6%的水平，增长速度较之前有了相对明显的回调，预计2020年印度尼西亚的广播与有线电视市值会达到93亿美元。

表15 印度尼西亚广电产业未来四年增长预期

年份	市场规模		年增长率(%)
	十亿美元	十亿印度尼西亚盾	
2017	6.82	91302.40	12.0
2018	7.59	101686.80	11.4
2019	8.41	112670.20	10.8
2020	9.28	81517.00	13.6

资料来源：Marketline。

对各细分行业增长趋势的预测

从表16可以看出，信息通信产业中，计算机硬件和网络硬件行业在未来数年将有不同的发展趋势。计算机硬件在过去5年发展迅猛，这一趋势很可能被打破，据市场预计，印度尼西亚的计算机硬件市场在未来数年的增长速度将放缓，回归到相对平稳的发展水平。人们收入水平的不断提高及行业竞争的白炽化所导致的消费者议价能力的提高，是推动整个市场向前发展的主要动力。高速增长往往很难维持，2010~2014年印度尼西亚计算机硬件市场经历了五年的高速增长，预计未来三年的发展速度将逐步放缓，2017~2019年，复合年增长率将维持在5.4%的水平。以2014年为基数，5年累计增长29.8%，预计到2019年底，市值将达到22亿美元。相应地，未来三年，中、泰两国市场的复合年增长率将分别回调至4.9%和2.4%的水平，2019年的市值分别为325亿美元和23亿美元；虽然网络硬件市场在过去5年的发展远不如计算机硬件行业，但根据市场预测，网络硬件行业未来4年将平稳发展。未来四年，印度尼西亚信息技术硬件市场复合年增长率分别为6.7%，并预计市值在2020年达到28亿美元。与此同时，中、澳未来四年该行业的增长也预计保持与过去5年相近的水平，复合年增长率分别为6.2%和3.9%。预计2020年中国的市值将增长到392亿美元，而澳大利亚为94亿美元。

硬件的畅销需要软件的支持，随着应用软件市场的持续繁荣，其强劲的增长趋势预计会延续到2020年。2017～2020年，软件市场将加速增长，预计未来4年的复合年增长率将微调至9.8%，市场价值预计达到11亿美元。相比之下，未来4年中、泰两国的软件市场的增长率将相向而行。中国软件市场复合年增长率将上升为13.2%，而泰国将下降为7.9%，2020年两国软件市场的市值预计分别为325亿美元和16亿美元。

通信行业中，据市场信息数据库的预测数据显示，未来4年移动电话市场将呈现蓬勃生机。据世界银行2014年相关的统计数据，印度尼西亚公民平均每人拥有1.26部手机，然而拥有智能手机的比例并不高，仅有40%的市场占有率。印度尼西亚移动电话市场目前仍以非智能手机为主，智能手机增长的潜力大且增速快，这也是机构预测者对印度尼西亚移动电话市场充满信心的原因。2017～2020年，印度尼西亚移动电话市场的复合年增长率为8.1%，2020年市值将达到88.5亿美元。相比之下，同期中、泰两国复合年增长率将分别为2.3%和3.8%，并在2020年分别达到668亿美元与34亿美元的市场预期。由于边际效用递减，印度尼西亚电信服务业未来4年的市值将轻微下调，以-0.4%的复合年增长率缓慢调整，2019年该市值将调整至788亿美元。泰国电信服务业预计在未来下降的幅度会稍微加大，复合年增长率预计为-1.4%，2019年的市值将下降至16亿美元。中国电信服务业的增长也将有所放缓，预计维持9.5%的复合年增长率，在2019年，市值将为3627亿美元。

互联网快速增长后将出现缓调，预计未来能维持两位数的增长率水平。互联网的低渗透率是其高速发展的主要原因，目前互联网市场上仍存在数量众多的潜在用户，值得开发的市场空间非常广阔。预计2017～2019年的印度尼西亚互联网接入市场将维持14.4%的复合年增长率，2019年底市场规模将达到249亿美元。而中、泰两国预计分别以8.5%和10.7%的复合年增长率使2019年的市场规模分别达到3039亿美元和172亿美元。信息技术服务业虽然2014年后市场的增长有所放缓，但预计2017年后信息服务市场将迎来另一个春天。2017～2020年，预计该行业将以更稳健的方式发展，复合年增长率降为5.4%，2020年市值将达到11亿印尼盾。相比之下，中、泰两国信息技术服务市场的年复合增长率预计分别为 11.3% 和 11.6%，且 2020 年的市值分别达到 512 亿美元和 42 亿美元。未来三年在线零售将继续快速增长，预计复合年增长率将维持在 23.2% 的水平，2019 年的在线零售规模将达到 41 亿美元。未来三年中、泰两国电子商务的发展也呈现稳步快速增长的态势，复合年增长率分别为 25.3% 和 17.3%，2019 年在线零售规模预计分别为 4801 亿美元和 104 亿美元。印度尼西亚的电子商务方兴未艾，然而与世界上大多数的发达国家和地区相比，技术的先进性和服务的完善性仍有很大的发展空间。在线零售的备受青睐将推动印度尼西亚电子商务技术与服务的不断完善。

印度尼西亚广播与有线电视业逐渐走向成熟，价值将呈现边际递减但用户数仍将持续增加，虽然增加的速度会有所放缓。据权威机构预测，2017~2020 年四年的复合年增长率会降到 11.6% 的水平，增长速度较之前有了相对明显的回调，预计 2020 年印度尼西亚的广播与有线电视市值会达到 93 亿美元。

表 16　印度尼西亚信息通信产业与广电产业未来数年增长预期

年份	行　业			市场规模 十亿印度尼西亚盾	年增长率 (%)
2017	信息通信产业	基础硬件	计算机硬件	23665.91	5.1
			网络硬件	30117.11	6.3
		软件与服务	软件	10172.89	8.8
			信息技术服务	0.94	4.6
		网络与通信	通信	844516.10	-0.6
			电话终端	98947.96	9.4
			互联网接入	233131.11	13.8
	广电产业	电子商务	在线零售	33722.70	22.5
		广播与有线电视业	广播与有线电视	91302.40	12

续表

年份	行业			市场规模 十亿印度尼西亚盾	年增长率（%）
2018	信息通信产业	基础硬件	计算机硬件	24536.73	3.7
			网络硬件	32199.27	6.9
		软件与服务	软件	10196.44	9.9
			信息技术服务	0.99	5.3
		网络与通信	通信	834818.10	-1.1
			电话终端	106334.25	7.5
			互联网接入	263313.80	12.9
		电子商务	在线零售	40554.10	20.3
	广电产业	广播与有线电视业	广播与有线电视	101686.80	11.4
2019	信息通信产业	基础硬件	计算机硬件	25611.77	4.4
			网络硬件	34652.30	7.6
		软件与服务	软件	10168.24	11.1
			信息技术服务	1.05	6.3
		网络与通信	通信	821941.80	-1.5
			电话终端	112734.78	6
			互联网接入	295389.43	12.2
		电子商务	在线零售	48078.00	18.6
	广电产业	广播与有线电视业	广播与有线电视	112670.20	10.8
2020	信息通信产业	基础硬件	网络硬件	37105.33	7.1
		软件与服务	软件	10180.52	11.5
			信息技术服务	1.12	6.9
		网络通信	电话终端	118503.99	5.1
	广电产业	广播与有线电视业	广播与有线电视	81517.00	13.6

资料来源：Marketline。

（二）印度尼西亚相关本土企业的竞争力相对有限

（1）印度尼西亚信息通信和广电产业在亚太地区的份额仍然较小

从亚太地区来看，印度尼西亚信息通信与广电产业所占市场份额分别为

5.9%和4.5%,与中国、日本存在非常大的差距,且稍逊于印度,但又大于同为东盟地区的泰国。因此,印度尼西亚信息通信与广电产业在东盟地区存在较大的优势,可以大有作为,但同时在亚太地区又不得不面临中国、日本、印度乃至全球优势公司的挑战(见图19)。

对印度尼西亚广电产业而言,其规模尚处在初步阶段,2015年,印度尼西亚广播与有线电视服务业的市场规模为54亿美元,但年增长率稳居高位,始终在10%以上的水平,未来仍有成长空间。2011~2015年复合年增长率为14.2%。与之相比,泰国广播与有线电视服务业市场的增长速度就逊色不少,同期复合年增长率仅为4.2%,2015年的创收仅为印度尼西亚的一半,为28亿美元。与中国相比,印度尼西亚广播市场的收入规模仍然相差较远。2015年中国广播与有线电视市场的收入为469亿美元,同期复合年增长率为10.2%。

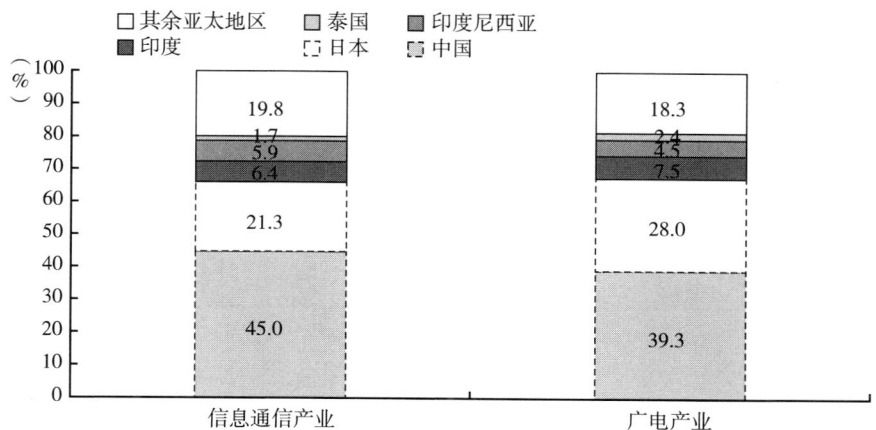

图19 亚太地区信息通信与广电产业市场份额情况

资料来源:Marketline。

从图20可以看出,印度尼西亚信息通信产业中的通信、电话终端、互联网接入的市场份额均大于同为东南亚国家的泰国,电信服务优势明显。广播与有线电视行业的市场份额也超过泰国,对印度尼西亚来说,泰国将是一个有力的竞争对手。随着2015年东盟共同体的成立,作为东南亚第一大国的印度尼西亚应抓住东盟共同体6亿庞大人口的市场机会，扬长避短，重点发展在信息通信行业中具有比较优势的子行业，以期在区域竞争中赢得有利地位。

从图20中也可看出，与中国相比，印度尼西亚多数行业的市场份额都与之存在巨大差距，其中软件、信息技术服务行业的差距相对较小。这种差距的存在，并不意味着印度尼西亚信息通信行业在亚太地区将无所作为。印度尼西亚电信服务、无线通信服务、移动电话等领域中相对优势的行业，可与中国在中国-东盟自贸区框架内形成优势互补、强强联合以实现更快发展。印度尼西亚软件、信息技术服务、在线零售等相对弱势的行业，则可以引进中国产业基金投资和行业先进技术服务承接中国转移的相关产业部门，从而增强其在东南亚的区域竞争力。

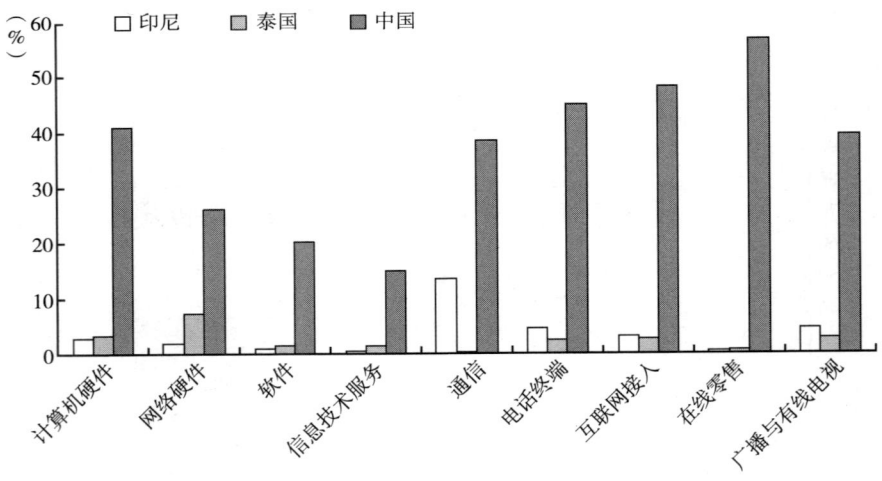

图20 印度尼西亚、泰国、中国各细分行业市场份额对比

资料来源：Marketline。

行业竞争力离不开行业内企业的竞争力。而在当前经济全球化的大背景下，国际竞争实质上主要是优势产业的竞争，更进一步，是企业核心竞争力之间的较量。因此，一个国家与地区经济的发展在很大程度上取决于企业之间的竞争。

(2) 中国、印度尼西亚的三大电信企业竞争力对比分析

Telekomunikasi Indonesia、Indosat、XL Axiata 这三家公司在印度尼西亚电信服务行业中排名靠前,地位类似于中国的中国移动、中国电信、中国联通。本部分选取两国电信服务行业排名前两位的公司进行对比,同时加入印度尼西亚另一家大型电信服务提供商 Smartfren Telecom 和中国的中兴通讯——这家中国企业在全球信息通信行业有一定影响力且较早进入印度尼西亚市场。

从盈利能力来看(见图 21、图 22),Telekomunikasi Indonesia、Indosat、中国移动、中国电信的净资产收益率均出现下降趋势,尽管在数值上印度尼西亚企业要明显大于中国企业,但印度尼西亚企业的降幅更大;Smartfren Telecom 虽有先下降而后上升的趋势,但多数年份均小于 0;中兴通讯总体表现平稳,相比 2009 年的峰值,近几年稍有下滑,在数值上仍不敌中国移动,不过两者差距越来越小。在 EBITDA 利润率上,除 Smartfren Telecom 外,中国和印度尼西亚企业均呈现平缓的下降趋势;中国移动的 EBITDA 利润率一直以来要高于印度尼西亚的 Telekomunikasi Indonesia,但到 2015 年两者趋同。总体来看,中国和印度尼西亚电信服务业均经历过高利润率的高速

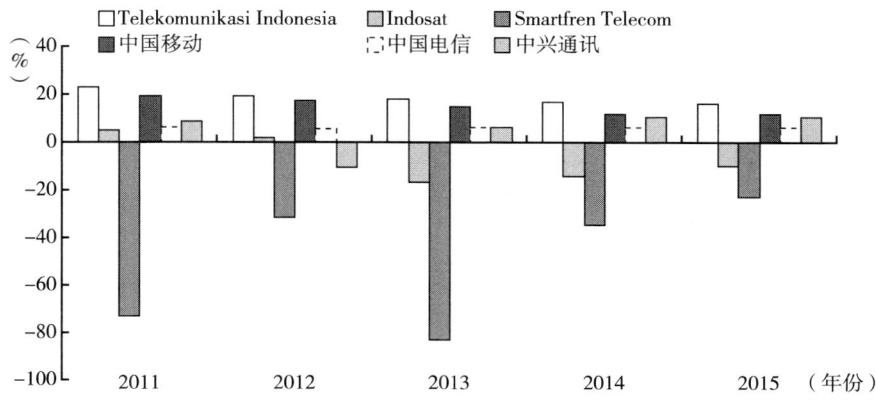

图 21 中国、印度尼西亚电信服务业领先企业盈利能力(净资产收益率)对比

资料来源:BVD 数据库、CSMAR 数据库。

增长期，但到最近几年利润率开始明显下降，而印度尼西亚电信服务业的这一下降趋势则似乎出现得更早。

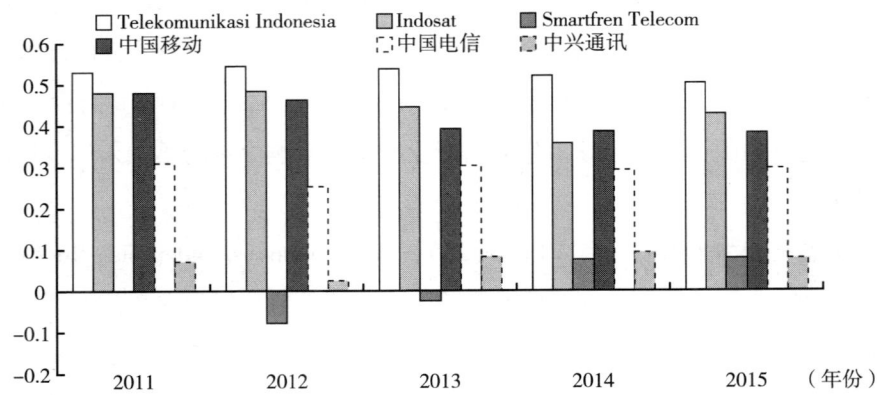

图22 中国、印度尼西亚电信服务业领先企业盈利能力（EBITDA利润率）对比

资料来源：BVD数据库、CSMAR数据库。

从运营能力来看（见图23、图24），Telekomunikasi Indonesia、Indosat、中国移动、中国电信的存货周转率均较高，而印度尼西亚两家企业明显要远远高于中国两家企业；除Indosat突飞猛进之外，其余企业均出现不同程度

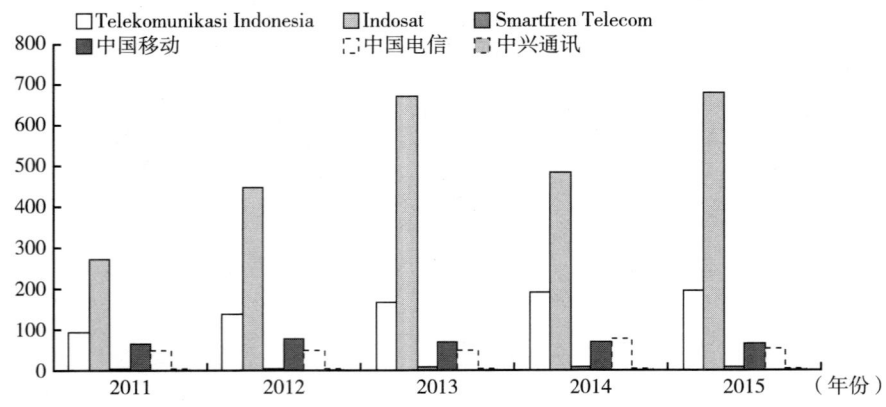

图23 中国、印度尼西亚电信服务业领先企业经营能力（存货周转率）对比

资料来源：BVD数据库、CSMAR数据库。

的下调。印度尼西亚企业的净资产周转率与存货周转率表现相似,但中国企业中国电信和中兴通讯总体上逆势上升,不过与其历史最高点相比,近几年有小幅下降。在数值上,中兴通讯净资产周转率表现抢眼,力压印度尼西亚三家企业及国内的中国移动和中国电信。

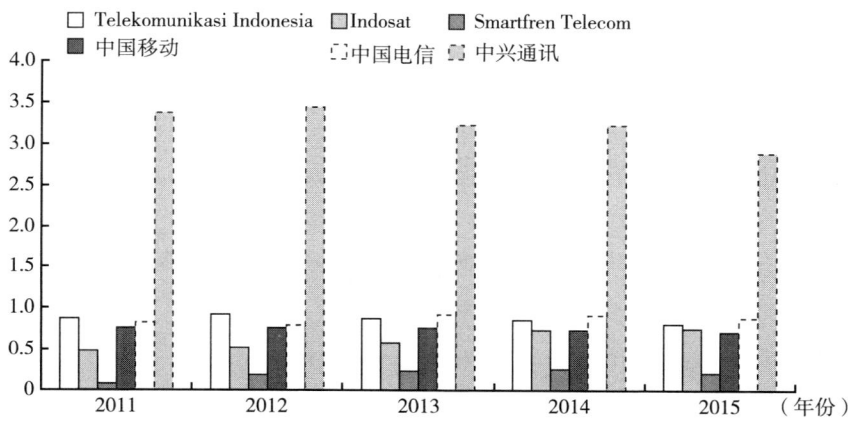

图 24 中国、印度尼西亚电信服务业领先企业经营能力(净资产周转率)对比

资料来源:BVD 数据库、CSMAR 数据库。

从偿债能力来看(见图 25、图 26),中国移动、中兴通讯两家中国企业的流动比率均大于 1(中国移动 2015 年除外),而中国电信则维持在 0.3~0.4,三家中国企业的流动比率波动幅度都比较小;而印度尼西亚三家企业的流动比率则表现不一,作为国有企业的 Telekomunikasi Indonesia,其流动比率一路走高,从 2006 年不到 0.7,到 2015 年约为 1.4,增幅近 1 倍,而 Indosat 和 Smartfren Telecom 近年的流动比率较 2012 年有所下降。对于资产负债率,中国移动保持稳定,在 33% 的水平上小幅波动,Telekomunikasi Indonesia 则有下降趋势,从 50% 以上水平下降至 50% 以下,其余企业资产负债率则有上升趋势,从约 50% 增加至近 70%。总体而言,中国和印度尼西亚电信服务业中,国有企业的偿债能力要好于民营企业等非国有企业。

从整体财务绩效来看,中国、印度尼西亚电信服务业中的国有企业

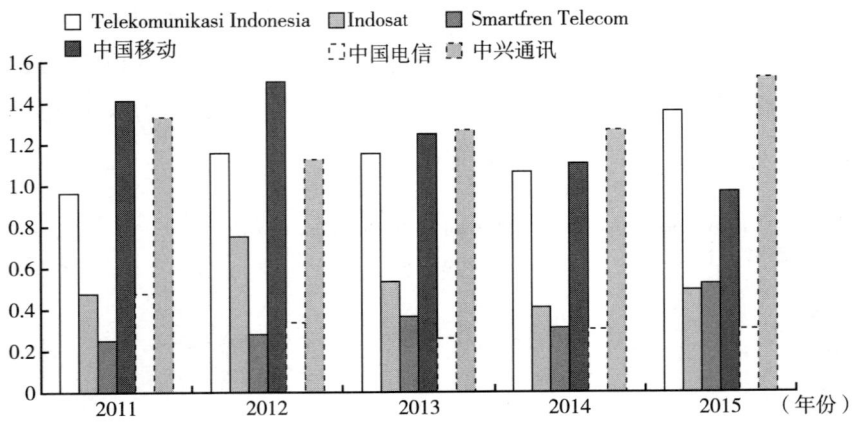

图 25　中国、印度尼西亚电信服务业领先企业偿债能力（流动比率）对比

资料来源：BVD 数据库、CSMAR 数据库。

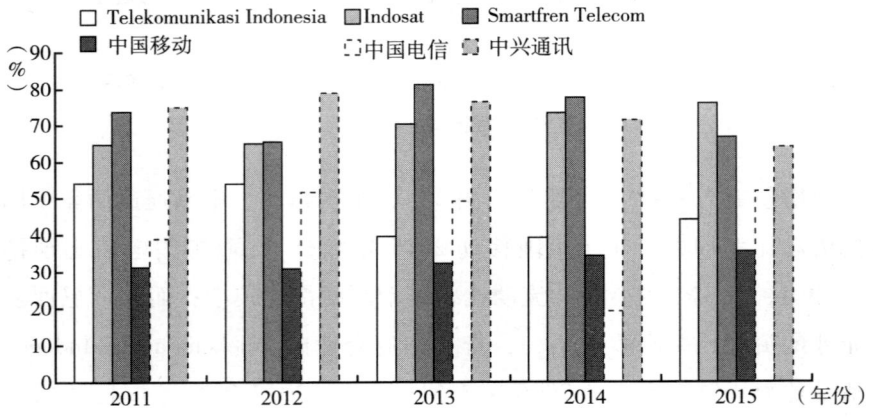

图 26　中国、印度尼西亚电信服务业领先企业偿债能力（资产负债率）对比

资料来源：BVD 数据库、CSMAR 数据库。

仍然占有一定优势，但随着新兴技术的发展及各自国内行业环境出现转机，国有电信企业的传统主业已接近天花板，这一优势开始逐渐消失，而各自国内的民营企业则较早地接触新兴技术、转型迅速，逐渐积累起竞争优势。在此情况下，中国和印度尼西亚企业有广泛的合作前景，一方面中国企业需要开拓拥有庞大消费人口的印度尼西亚这一海外市场以寻求收入增长点；另一方面印度尼西亚企业通过与中国类似中兴通讯、华为这样的顶尖企业合作，可以提高自身技术服务水平，增强其在东南亚乃至亚太地区的竞争力。

（三）新一届政府重视信息通信基础设施建设，合作需求较大

新一届政府将基础设施建设作为头号任务，信息通信发展的基础环境改善，合作需求明显增加。

自2014年10月20日佐科就任印度尼西亚总统以来，新政府不断推出新政，其中就包括庞大的基础设施投资计划。2016年佐科总统的第一个重大举措就是在1月8日发布一系列优先事项和战略项目，基本上都是基础设施和工业项目的愿望清单。政府为推动基础设施建设采取了一系列措施，包括政府增加预算资金安排，督促预算资金支付，向国有基础设施部门注入大量资金，以及直接"分配"一些重要项目给国有企业执行。

在2015~2019年基建发展计划中，2019年的光纤覆盖率将达到100%，信息通信基础设施建设规划投入资本222.24亿美元，占同期全部资本预算的5%。巨大的资本需求只有不到一半能够由政府和国有企业解决，更多的还需要市场（包括外国投资者）的资金投入。

印度尼西亚当前政府对外国资本在信息与通信产业的投入持欢迎态度，佐科总统就任以来，其经济外交不断强化，大力吸引外国投资，政府承诺简化许可制度，为外国投资创建"一站式"服务。2015年印度尼西亚的外国直接投资总额达293亿美元，外资投资最多的领域是运输、仓储及通信，合计投资金额32.89亿美元。在2013年版的投资负面清单中，外资在固定通信、多媒体综合网络电信、多媒体服务供应商的持股比例分别为65%、65%和49%，在最新的2016年版投资负面清单中，外商最高持股比例扩大至67%。

（四）复杂的内外环境使产业合作也面临一定的风险

（1）地理环境复杂，信息与通信基础设施建设并非易事

虽然印度尼西亚人口庞大，蕴藏巨大的市场机会，但印度尼西亚多岛屿、多火山、多地震的复杂地理环境必将影响其基础设施建设的进度。印度尼西亚是全球最大的群岛国家，全境由17508个岛屿组成，有"千岛之国"之称。由于被海洋阻断，各个岛屿之间的交流受到非常大的制约，对信息通信与广电产业的影响，表现为电信基础设施、网络基础设施及交通基础设施等建设与整合比较困难，从而影响信息通信与广电产业的发展速度。以电信基础设施为例，印度尼西亚实际的宽带连接相当有限，而且全国情况各不相同。相比于更多的偏远地区，大城市情况更好，雅加达和日惹宽带渗透率达到70%，而马鲁古群岛和巴布亚岛则只有11%。

（2）软环境支撑欠佳，国际巨头云集竞争加剧

印度尼西亚信息通信与广电技术水平目前仍相对落后，相关技术人才不足，亟须加大云计算等先进技术的研发投入、加大技术人才培养力度，而且相关知识产权保护法律法规并不完善。这些因素都影响到印度尼西亚基础硬件、软件与服务、网络与通信以及电子商务的发展。

地缘政治多变，宗教种类、民族数量较多，将增加华商对印度尼西亚产业投资的复杂性和不确定性；同时，多元化的宗教信仰和民族习惯，也对相关企业生产信息通信与广电产业产品及提供相关服务提出了更高的要求，不得不遵循"Going Global"（全球本地化）的原则。

此外，现有国际巨头，比如微软、苹果、三星、华为、富士康、亚马逊等，已纷纷抢滩登陆，对印度尼西亚国内信息通信与广电产业内领先企业的发展造成了一定程度的威胁。这一激烈的竞争环境对新进入印度尼西亚市场的企业而言，同样也是一个不可小觑的障碍。

B.6 印度尼西亚交通运输业发展动态、竞争力与产业机会

摘　要： 交通运输基础设施建设是印度尼西亚本届政府规划的头号经济任务，本文既从整体角度，也从陆路、海运和航空三个细分领域角度分析了印度尼西亚交通运输业发展现状、主要企业竞争力和外部投资者的产业机会。分析表明：印度尼西亚交通运输业经济增加值增加明显，以现值计算航空部门年均增长率在30%以上，公路部门在交通运输业中占比最大，年均增长率也在20%以上，铁路部门自2014年开始出现爆发性增长，最高增长率达50%，但其基数极小，2016年在交通运输业中也仅占1%。由于本届政府极力希望扩大公路网络和提高通行效率，并鼓励民营资本参与，加上印度尼西亚本土公路企业建设和管理能力相对不足，收费公路领域的合作机会较大；航空部门也存在扩大网络、加大密度的市场空间。

关键词： 公路　海运　航空　结构与趋势　投资空间

一　交通运输业概况

（一）规模与结构特征

印度尼西亚国土由众多岛屿组成，号称"万岛之国"，由此带来了交通建设的重要挑战，物流成本过高一直以来被认为是制约印度尼西亚经济发展

的重要因素。从表1可以看出,交通运输与仓储业价值增加值占GDP比重逐年稳步上升,2016年为647万亿印度尼西亚盾,占比达5.22%。其中,公路运输业规模最大,约一半的增加值来自公路运输业,其次为航空业,仓储邮政业占比排名第三,海运业占比排名第四,排名第五、第六的分别为内陆水运业和铁路运输业。从时间序列来看,近六年,公路运输、海运、内陆水运增加值占比有所减少,而铁路运输业、航空业增加值占比总体呈上升趋势,仓储邮政业增加值占比则变化不大,较稳定。

表1 印度尼西亚交通运输与仓储业的规模与结构

单位:十亿印度尼西亚盾

部门	指标	2011年	2012年	2013年	2014年	2015年	2016年
合计	增加值	276122.4	313156.2	375305.9	466968.9	579059.6	647154.3
	占GDP比重(%)	3.53	3.63	3.93	4.42	5.02	5.22
铁路运输	增加值	2408.3	2782.9	3142.5	4227.9	6357.5	6928.1
	占比(%)	0.87	0.89	0.84	0.91	1.10	1.07
公路运输	增加值	148061.6	159225.7	190200.7	225881.6	283222.3	305024
	占比(%)	53.62	50.85	50.68	48.37	48.91	47.13
海运	增加值	24082.7	26614.7	30061.9	36074.9	39306.8	39907.1
	占比(%)	8.72	8.50	8.01	7.73	6.79	6.17
内陆水运	增加值	9202.3	9780	11164.6	13137.3	14266.8	14185.4
	占比(%)	3.33	3.12	2.97	2.81	2.46	2.19
航空	增加值	47029.1	62201.1	77721.8	108791.9	142536.4	176548.7
	占比(%)	17.03	19.86	20.71	23.30	24.62	27.28
仓储邮政等	增加值	45338.4	52551.8	63014.4	78855.3	93369.8	104561
	占比(%)	16.42	16.78	16.79	16.89	16.12	16.16

注:以现价计算。
资料来源:印度尼西亚统计局。

(二)整体趋势

近五年来,印度尼西亚加大基础设施建设,交通运输与仓储业有了明显增长,平均增长18.69%。其中,增长最为明显的是铁路运输业和航空业。铁路运输业规模小,但自2014年开始出现爆发性增长,并在2015年增速达到最大,增长率为50.37%。航空运输业是印度尼西亚运输业第二大支柱,近年来维持了平均32.1%的高增长,增长较稳定。海运业以及内陆水运业增长则比较迟缓,近年来平均增速分别为10.79%和9.23%。印度尼西亚运输业第一大支柱公路运输业增长率逐年稳定增加,2015年达到25.39%。

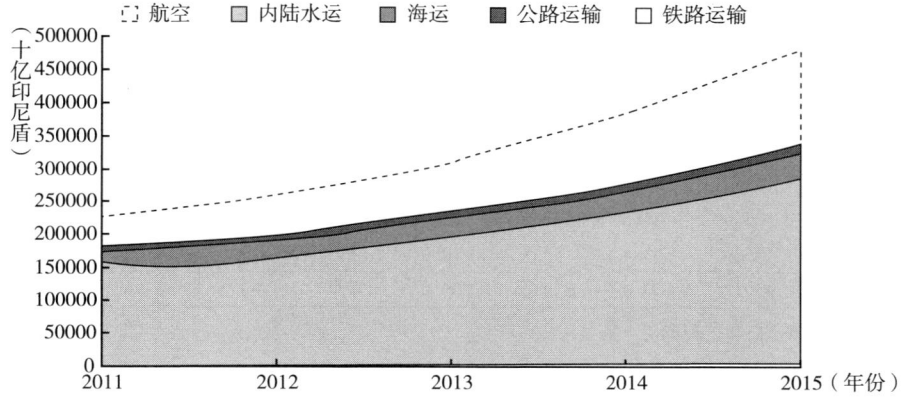

图1 印度尼西亚运输业结构与态势

注:以2010年不变价格计算。
资料来源:印度尼西亚统计局。

二 公路交通

(一)公路交通发展情况分析

(1) 公路整体保有量及质量状况

印度尼西亚国家公路网络分为主干公路网络体系和次级公路网络体系。按行政管理划分为国家级公路、省级公路、市县区域内公路。

对公路状况的统计数据目前最新的仍是截至2015年,依据官方统计:2015年印度尼西亚道路长度达到523974公里,其中,区域道路比重最大,长度为421541公里,占比80.45%,而国道和省道分别为47017公里

（8.97%）和55416公里（10.58%）。从路况来看，大约42.20%的道路处于良好状态，23.31%道路状况一般，19.78%受损，14.71%受到严重损坏，状况非常差（见表2）。公路整体保有量和质量状况与2014年相比变化不大。

表2 印度尼西亚公路质量状况（2015年）

单位：公里，%

路面状况	国道		省道		区域		合计	
	公里数	百分比	公里数	百分比	公里数	百分比	公里数	百分比
良好	27652	58.8	27964	50.5	165521	39.3	221137	42.20
一般	15156	32.2	13563	24.5	93374	22.2	122093	23.31
较差	2600	5.5	8335	15.0	92715	22.0	103650	19.78
非常差	1609	3.4	5554	10.0	69931	16.6	77094	14.71
合计	47017	100.0	55416	100.0	421541	100.0	523974	100.0

资料来源：公共工程部。

表3 印度尼西亚不同路面类型公路长度（2015年）

单位：公里

路面类型	国道	省道	区域道路	合计
沥青	42784	43844	214757	301385
砂砾石	4233	5122	95318	104673
素土路	0	3582	85948	89530
其他	0	2868	25518	28386
合计	47017	55416	421541	523974

资料来源：公共工程部。

（2）拥有的主要收费公路

目前，印度尼西亚全国拥有的收费公路在1000公里左右，主要分布在苏门答腊、爪哇、巴厘和苏拉维西这四个岛屿。中国拥有的高速公路在2015年底就达到了11.7万公里，相比之下，印度尼西亚收费公路建设还显得非常落后（见表4）。

表4 目前保有的主要收费公路简况

单位:公里

省 份	收费公路	长度	经营者
北苏门答腊	Belawan-Tanjung Morawa Toll Road	34.4	Jasa Marga
雅茂德丹勿地区	Jakarta-Serpong Toll Road	12	Jasa Marga
	Jakarta-Tangerang Toll Road	27	Jasa Marga
	Prof. Dr. Sedyatmo Toll Road(Soekarno-Hatta International Airport Toll Road)	14	Jasa Marga
	Jakarta Inner Ring Road	46	Jasa Marga & Citra Marga Nusaphala Persada
	Jakarta Outer Ring Road	65	Jasa Marga, Jalan Tol Lingkar Luar Jakarta, Jalan Lingkar Barat & Bintaro Serpong Damai / Nusantara Infrastructure
	Jakarta Outer Ring Road 2	110.4	Translingkar Kita Jaya
	Jakarta-Cikampek Toll Road	72	Jasa Marga
	Jakarta-Bogor-Ciawi Toll Road	47	Jasa Marga
万丹	Tangerang-Merak Toll Road	73	Marga Mandala Sakti
西爪哇	Cikampek-Purwakarta-Padalarang Toll Road	58.3	Jasa Marga
	Padalarang-Cileunyi Toll Road	36	Jasa Marga
	Palimanan-Kanci Toll Road	26	Jasa Marga
	Kanci-Pejagan Toll Road	35	Semesta Marga Raya
	Bogor Ring Road	11	Marga Sarana Jabar
	Cikampek-Palimanan Toll Road	116.75	Lintas Marga Sedaya
中爪哇	Semarang Toll Road	25	Jasa Marga
	Semarang-Solo Toll Road	72.68	Jasa Marga
东爪哇	Surabaya-Gresik Toll Road	21	Jasa Marga
	Surabaya-Gempol Toll Road	43	Jasa Marga
	Gempol-Pandaan Toll Road	14	Margabumi Adhikaraya
	Surabaya/Waru-Juanda International Airport Toll Road	13	Citra Marga Nusaphala Persada
	Surabaya-Madura Bridge Toll Road	21	Jasa Marga
	Surabaya-Mojokerto Toll Road	36.27	Marga Nujyasumo Agung
巴厘	Bali Mandara Toll Road	10	Jasa Marga
孟加锡	Makassar Airport Toll Road	12	Jalan Tol Seksi Empat / Nusantara Infrastructure
	Reformasi Toll Road (Makassar Seaport-Tallo)	6	Bosowa Marga Nusantara / Nusantara Infrastructure

(3) 公路通行质量

目前，印度尼西亚公路依然是客运和货运的中坚力量，仍然有84%的乘客和90%的货物选择公路运输的方式。而印度尼西亚道路基础设施建设却无法满足高负荷的使用。例如，2015年，苏门答腊岛国道容量已接近饱和，横贯苏门答腊东部的通行时间为每100公里3.1小时，如果不增加新的道路，到2030年，国道容量将达到饱和，通行时间将增加到每100公里8.8小时。

由于城市人口众多且城市化程度高，爪哇岛的交通是世界上最密集的。目前，印度尼西亚总人口的53%居住在爪哇，爪哇岛上的一些交通要道，比如Ciawi-Sukabumi、Karawang、Cianjur Padalarang、Semarang-Kudus、Salatiga-Solo、Gempol-Pasuruan等，道路容量已经接近饱和。高速公路Jakarta-Cikampek、Semarang-Ungaran同样接近饱和，如果不增加道路建设，这种情况在2030年会更加恶化。

在大都市，交通密度同样达到饱和点，并且造成巨大经济损失。大雅加达的交通拥堵导致281亿价值的经济损失和大量旅行时间的浪费。不仅仅是大城市雅加达，其他城市同样面临拥堵问题。泗水和棉兰两个城市不仅仅是印度尼西亚经济增长的中心城市，同样也是印度尼西亚主要工业区，靠近机场和港口，道路拥挤严重影响经济活动和物流系统。交通拥堵使得家庭收入的5%~10%损失在运输途中，包括燃油费、卫生费，同时还造成了大量的空气污染。

表5　印度尼西亚大城市的交通状况

城市	人口数（人）	占地面积（平方公里）	道路比率（%）	高峰期时速（公里/小时）	VCR
雅加达	9588198	661.52	5.42	10~20	0.85
泗水	3282156	374.36	9.47	21	0.83
万隆	2390120	167.67	14.63	14.3	0.85
棉兰	2109339	265.10	11.24	23.4	0.76
望加锡	1168258	175.77	10.04	24.06	0.73

资料来源：Ditjen Bina Marga，2012。

(4) 近年来收费公路建设情况

印度尼西亚政府的 5 年发展规划中，提出了在 5 年内新建成 1000 公里收费公路的目标。为了实现这一目标，印度尼西亚公路规划和建设部门近年来加大力度推动收费公路建设，据印度尼西亚收费公路管理局（Badan Pengatur Jalan Tol，BPJT）发布的消息，目前共有四条收费公路处于竞标阶段，总价值约 41.5 万亿印度尼西亚盾（约 30 亿美元），这四条公路分别是 Cileunyi-Sumedang-Dawuan（Cisumdawu）、Serang-Panimbang、Jakarta-Cikampek 和 Krian-Legundi-Bunder-Manyar（见表6）。如果建成，万丹省与爪哇省将新增总长约 217.8 公里的收费公路。

表 6　印度尼西亚新招标收费公路

收费公路	长度（公里）	预估价值（十亿印度尼西亚盾）	省份
Cileunyi-Sumedang-Dawuan（Cisumdawu）	58.5	10.03	West Java
Serang-Panimbang	83.9	11.38	Banten
Jakarta-Cikampek	36.4	14.13	West Java
Krian-Legundi-Bunder-Manyar	39	5.96	East Java

资料来源：《投资者日报》。

印度尼西亚住建部（Public Works and Housing Ministry）部长 Basuki Hadimuljono 近期向媒体披露，政府计划在 2017 年新开通收费公路 392 公里，2015 年以来政府新开通收费公路的总长度将达到 567.9 公里。今年预计运营的新收费公路将来自全国的 34 个收费公路项目。此外，政府预计，到 2018 年底，新开通的收费公路将达到 1182.7 公里，2019 年则将达到 1851 公里，远超过政府最初制定的五年内新建 1000 公里收费公路的目标。

（二）公路企业竞争力分析

（1）主要公路建设与经营企业及其核心竞争力指标

表 7 所示为印度尼西亚主要公路建设与经营企业，总部均位于雅加达地

区，其中，Jasa Marga、Waskita Karya、Wihaya Karya 以及 Pembangunan Prumahan 为国家控股的上市企业，Hutama Karya 为非上市企业。Jasa Marga 经营着印度尼西亚大约 73% 的收费公路，是印度尼西亚收费公路部门的主要参与者，而其余四家企业则主要从事建筑和投资业务，参与建设的著名工程项目包括巴厘曼达拉收费公路（Waskita Karya）、苏门答腊横贯高速公路（Hutama Karya）、芝勒义—双木丹—达乌安高速公路（Wihaya Karya 以及 Waskita Karya）、东加里曼丹省巴里巴板—萨马琳达高速收费公路（Pembangunan Prumahan 以及 Wihaya Karya）等。此外，五家企业中，Jasa Marga 总资产规模最大，雇员数最多，股本最大，税前利润也最多；Waskita Karya 则营业收入最多，为 10.4 亿美元，Pembangunan Prumahan（10.3 亿美元）紧随其后。

表7 印度尼西亚主要公路建设与经营企业核心竞争力指标

单位：千美元，人，%

公司名	总部所在地	总资产	营业收入	雇员数	税前利润
Jasa Marga	Jakarta	2667584	722414	4561	150235
Waskita Karya	Cawang Jakarta	2201556	1041495	1330	101547
Wihaya Karya	Jakarta	1423856	989320	1930	79761
Pembangunan Prumahan	Jakarta	1389455	1034142	1574	93522
Hutama Karya	Jakarta Timur	482418	460196	140	—

公司名	股本	流动比率	净资产收益率	资产收益率	数据年份
Jasa Marga	898420	0.48	16.72	5.63	2015年12月31日
Waskita Karya	704882	1.32	14.41	4.61	2015年12月31日
Wihaya Karya	395006	1.19	20.19	5.60	2015年12月31日
Pembangunan Prumahan	371833	1.39	25.15	6.73	2015年12月31日
Hutama Karya	79686	1.51	—	—	2014年12月31日

资料来源：BVD。

(2) 公路建设代表性企业 Waskita Karya 的竞争力分析

简介

Waskita Karya 成立于 1961 年 1 月 1 日，是印度尼西亚最大的建筑公司之一,国有控股,主要从事建筑承包服务,包括道路建设、桥梁、铁路、港口和机场建设、灌溉建筑(拦河坝和灌溉渠道)、人力建筑(水电厂、蒸汽发电厂、核电站)以及电信和无线电工程的土木工程等。其参与了几个著名的工程项目,包括巴厘曼达拉收费公路(Mandara Bali Toll Road)、苏加诺哈达国际机场(Soekarno-Hatta International Airport)、朱安达机场(Juanda Airport)、苏腊马都大桥(Suramadu Bridge)、佳蒂格迪大坝(Jatigede Dam)以及迪拜ADFC塔(ADFC Tower Dubai)。公司于2012年底在印度尼西亚证券交易所首次公开发行(IPO)。

企业动态

未来两年,Waskita Karya计划从私营部门收购7条收费公路(总长263.4公里),估计需要35.1万亿印度尼西亚盾(约合27亿美元)的投资。

同时,Waskita Karya将从MNC Infrastruktur收购Kanci-Pejagan(西爪哇)、Pejagan-Pemalang(西爪哇/中爪哇)和Ciawi-Sukabumi(西爪哇)这三条收费公路。此外,它还通过收购Pemalang-Batang公司60%的股权从而获得爪哇的Pemalang-Batang收费公路,收购Wahana Multi Insani和Sembilan Benua Makmur公司的股份从而收购东爪哇的Pasuruan-Probolinggo收费公路(见表8)。

Waskita Toll Road(Waskita Karya的子公司)的总经理Herwidiakto表示,Waskita集团将在未来一段时间内收购近410公里的收费公路特许权,并且计划与私营部门合作。

表8 Waskita Karya正在执行的公路收购计划

收费公路	长度(公里)	预计金额(十亿印度尼西亚盾)
Kanci-Pejagan	35	2.44
Pejagan-Pemalang	57.5	5.52
Pemalang-Batang	39.2	4.08
Pasuruan-Probolinggo	31.3	3.55
Bekasi-Cawang-Kampung Melayu	21	7.2
Cimanggis-Cibitung	25.4	4.52
Ciawi-Sukabumi	54	7.77
Cibitung-Cilincing	34	4.22
Kayu Agung-Palembang-Betung	111.7	14.43

资料来源:《投资者日报》。

盈利能力及财务稳健性分析

公司2015年全年营业收入为141527亿印度尼西亚盾,与2014年相比,大幅增长37.58%。其中,净利润为10476亿印度尼西亚盾,而2014年净利润为5116亿印度尼西亚盾。与2014年相比,2015年总资产大比例增加,增幅为141.66%。近五年,公司盈利能力与偿债能力有所提升,销售净利润率逐年增加,2015年达到7.4%;资产负债率呈下降趋势,2015年为67.98%(见表9、图2、图3)。

表9 Waskita Karya 主要财务指标

单位:%

财务指标	2011年	2012年	2013年	2014年	2015年
销售净利润率	2.36	2.88	3.80	4.97	7.40
营业收入增长率	—	21.09	9.97	6.20	37.58
资产增长率	—	63.53	5.05	42.71	141.66
负债增长率	—	41.45	1.64	51.27	110.75
资产负债率	87.88	76.01	73.55	77.95	67.98
资产收益率	3.36	3.04	4.19	4.08	3.46

资料来源:Waskita Karya,Annual Report 2015。

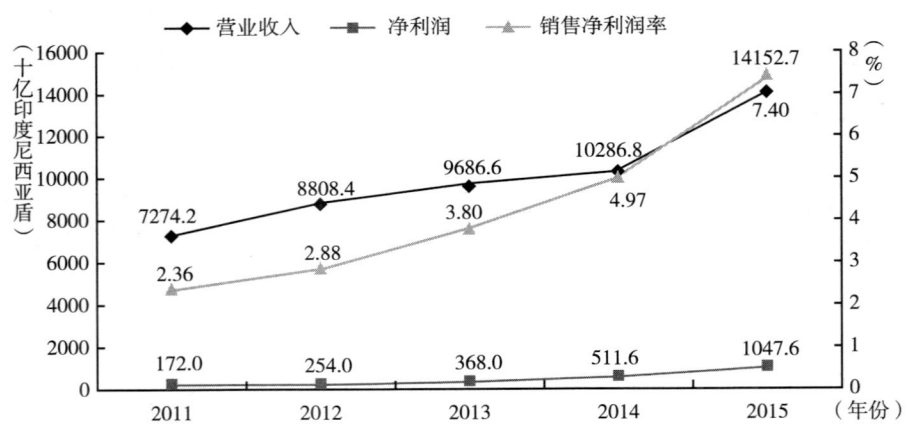

图2 Waskita Karya 盈利能力

资料来源:Waskita Karya,Annual Report 2015。

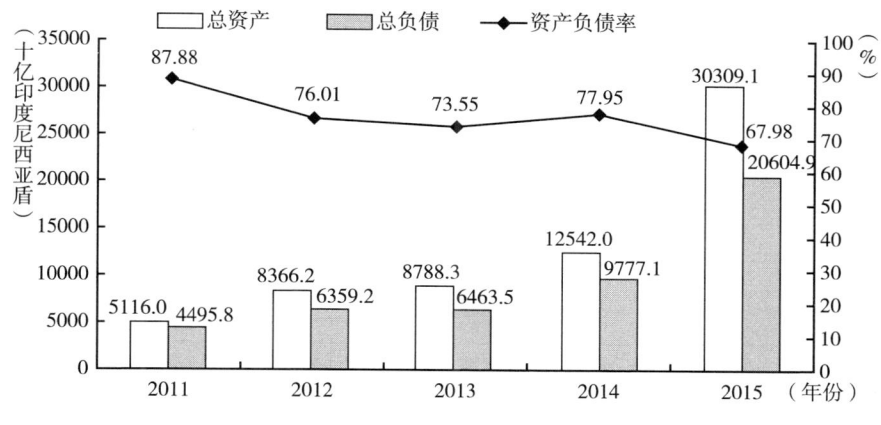

图3 Waskita Karya 偿债能力

资料来源：Waskita Karya，Annual Report 2015。

（3）收费公路经营代表性企业 Jasa Marga 的竞争力分析

简介

Jasa Marga 是印度尼西亚国有控股的收费公路运营商，主要从事收费公路的规划、建设、经营和维护，在印度尼西亚的收费公路部门占据主导地位。公司大部分收费公路位于印度尼西亚人口最密集的大雅加达（the Greater Jakarta）地区及其附近，同时还经营东爪哇（East Java）、中爪哇（Central Java）、北苏门答腊（North Sumatra）和巴厘岛（Bali）的收费公路。

企业动态

Jasa Marga 预计将在未来两年内从私营部门收购四条收费公路项目，总长262.3公里，估计价值18.4万亿印度尼西亚盾（约合14亿美元）。除上述收购之外，Jasa Marga 目前还从事新的收费公路项目，即 Trans-Java 和 Trans-Sumatra 收费公路项目以及其他岛屿的收费公路。2016年上半年，Jasa Marga 的收费公路网络预计将增加到608公里，意味着它将控制印度尼西亚总收费公路的64%。

Jasa Marga 正在收购的四条收费公路特许经营权为 Solo-Ngawi（中爪哇）、Cinere-Serpong（西爪哇）、Ngawi-Kertosono（东爪哇）以及 Batang-

Semarang（西爪哇）。前三条收费公路将从印度尼西亚私营公司 Thiess 手中收购。Batang-Semarang 收费公路通过重新招标获得（见表10）。

表10 Jasa Marga 正在执行的公路收购计划

收费公路	长度（公里）	投资价值(十亿印度尼西亚盾)
Batang-Semarang	75.0	7.23
Solo-Ngawi	90.1	5.14
Ngawi-Kertosono	87.0	3.83
Cinere-Serpong	10.1	2.21

资料来源：《投资者日报》。

盈利能力及财务稳健性分析

公司 2015 年全年营业收入为 7.22 亿美元，与 2014 年相比增长 2.4%。其中，净收入为 1.06 亿美元，而 2014 年净收入为 1.14 亿美元。近五年，公司资产与负债变化波动较大，盈利能力与偿债能力基本保持平稳，2015年，销售净利率为 20.8%，资产负债率为 66.3%（见表11、表12）。

表11 Jasa Marga 主要财务数据

单位：美元

年份	2011	2012	2013	2014	2015
营业收入	546909866	962310496	843255210	740220807	722413640
净收入	147680481	166278171	84181620	114442415	106513226
总资产	2362969524	2569128242	2298439372	2564574981	2667584199
总负债	1444690551	1675392168	1433577354	1677458853	1769164331

表12 Jasa Marga 主要财务比率

单位：%

年份	2011	2012	2013	2014	2015
销售净利率	34.8	22.2	12.7	20.1	20.8
营业收入增长率	11.9	76.0	-12.4	-12.2	-2.4
资产增长率	12.2	8.7	-10.5	11.6	4.0
负债增长率	16.0	16.0	-14.4	17.0	5.5
资产负债率	61.1	65.2	62.4	65.4	66.3
资产收益率	6.6	6.7	3.5	4.7	4.1

（三）产业机会分析

（1）政府的公路大扩张蓝图

印度尼西亚新一届政府在中期发展规划中，提出了扩张铁路、公路道路网，提升道路速度的蓝图，其中包括新建一般公路2650公里，并完成新建6000公里公路（含高速公路）的前期准备工作，将主要经济走廊地带主要路线的交通时间由每100公里耗时2.6小时缩短到2.2小时，缓解大城市交通拥堵情况，将大城市高峰时段的公路通行速度提高到至少20公里/小时。

在本届政府的公路建设蓝图中，最重要的是两个收费公路项目，即跨爪哇高速公路项目（Trans-Java，922公里）和跨苏门答腊高速公路项目（Trans-Sumatra，632公里）。其中，Trans-Java项目预计将成为爪哇的主要交通要道，从而减轻爪哇北海岸的交通负荷。2015年至2025年拟新建高速公路约3733公里，该建设规划约需投入723万亿印度尼西亚盾。高速公路将主要分布在几大岛屿，其中苏门答腊岛建设路段最长。上述高速公路规划完成后，苏门答腊高速公路总长将达2865公里，主要为贯通该岛的2840公里高速公路，包括纵向连接班达亚齐、棉兰、北干巴鲁、巨港和巴果亥尼之间长度分别为417公里、575公里、667公里和335公里的高速公路，及横向连接丁宜—实武牙、北干巴鲁—巴东、巨港—明古鲁，长度分别为200公里、240公里和352公里的高速公路。此外，爪哇岛高速公路将达2815公里，主要包括贯通全岛的1187公里和雅加达及其周边530公里高速公路等。

（2）存在巨大的公路建设能力缺口

相对于印度尼西亚本届政府的公路大扩张蓝图，印度尼西亚当前的公路建设能力存在巨大缺口，这也就增加了对外国投资者参与的需求。

来自公路管理总局（Bina Marga）的数据显示，在过去37年里，收费公路建设的平均速度每年只有25公里，国道建设能力每年只增长1%～2%。为了应对2030年的挑战，高速公路建设需要每年增长到500公里以上，国道建设能力需要每年增长超过5%。

表13 印度尼西亚政府2015～2019年的收费公路（高速公路）建设蓝图

公　路	长度（公里）	公　路	长度（公里）
苏门答腊岛		Gempol-Pandaan	13.6
Medan-Binjai	15.8	Pandaan-Malang	37.6
Medan-Kuala Namu-Tebingtinggi	61.7	Pasirkoja-Soreang	10.6
Palembang-Indralaya	22.0	Porong-Gempol	10.6
Kayuagung-Palembang-Betung	111.7	爪哇岛大雅加达地区	
Bakauheri-Terbanggi Besar	138.0	Akses Tanjung Priok	16.7
爪哇岛（属于Trans-Java项目）		Cengkareng-Batuceper-Kunciran	14.2
Cikampek-Palimanan	116.8	Kunciran-Serpong	11.2
Pejagan-Pemalang	57.5	Serpong-Cinere	10.1
Pemalang-Batang	39.2	Cinere-Jagorawi	14.6
Batang-Semarang	75.0	Cimanggis-Cibitung	25.4
Semarang-Solo	72.6	Cibitung-Clincing	34.0
Solo-Ngawi	90.1	Depok-Antasari	21.5
Ngawi-Kertosono	87.0	Bekasi-Cawang-Kampung Melayu	21.0
Mojokerto-Jombang-Kertosono	40.5	Bogor Ring Road	11.0
Mojokerto-Surabaya	36.3	加里曼丹	
Gempol-Pasruruan	34.2	Balikpapan-Samarinda	99
爪哇岛（不属于Trans-Java项目）		苏拉维西	
Cileunyi-Sumedang-Dawuan	58.5	Manado-Bitung	39
Ciawi-Sukabumi	54.0		

资料来源：《投资者日报》。

从建设所需资金角度讲，印度尼西亚基础设施建设的资金需求非常大，但政府资金有限。例如，2010～2014年印度尼西亚基础设施建设共需1400万亿印度尼西亚盾（约合1489.6亿美元）的资金投入，但印度尼西亚政府只提供约420万亿印度尼西亚盾（约合446.9亿美元）或30%的经费，为此印度尼西亚政府十分希望外资和本国私营企业参与投资基础设施建设。根据印度尼西亚《2011～2025年经济发展总体规划》，至2014年印度尼西亚基础设施建设共需4000万亿印度尼西亚盾（约合4256亿美元）的资金投入，其中印度尼西亚国家预算将提供755万亿印度尼西亚盾（约合803亿美元），印度尼西亚国有企业将提供900万亿印度尼西亚盾（约合958亿美元），其余2300多万亿印度尼西亚盾（约合2447亿美元）将从国外和本国私营企业处获得支持，这就为外资与私营企业提供了投资的空间与机会。

表14 2015~2019年交通预算需求

部门	预算需求（万亿印度尼西亚盾）				
	国家预算	地方预算	国有企业	私营企业	合计
公路	340	200	65	200	805
铁路	150	—	11	122	283
海运	498	—	238.2	163.8	900
空运	85	5	50	25	165
陆运（包括ASDP）	50	—	10	—	60
城市运输	90	15	5	5	115
基础设施合计	2215.60	545.3	1066.20	1692.30	5519.40
交通运输所占比重（%）	54.75	40.34	35.57	30.48	42.18

（3）公路管理能力相对不足

相比之下，印度尼西亚公路管理部门的管理能力仍然存在明显不足。我们将印度尼西亚与南非的国道管理部门进行对比。在印度尼西亚，国道管理部门为公路管理局（Bina Marga），负责管理全国超过3.8万公里的国道，大约为南非国道里程数的两倍；其雇员规模为7372名员工，远高于南非；预算分配资金为35.93亿美元，是南非的三倍；而公路平均时速却仅为46千米/小时，不足南非（98千米/小时）的一半。可见，印度尼西亚公路管理部门的管理能力存在明显不足（见表15）。

表15 印度尼西亚与南非国道管理效率对比

项目	长度（千米）	雇员（人）	每公里雇员数（人）	合同数量（份）	平均时速（千米/时）	预算资金（百万美元）	每公里预算资金（美元）
印度尼西亚	38570	7372	0.19	3266	46	3593	79317
南非	21403	295	0.014	175	98	1011	47246

资料来源：Ray D, Ing L. Y. Addressing Indonesia's Infrastructure Deficit, *Bulletin of Indonesian Economic Studies*, 2016.

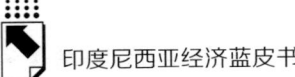

（4）中国交建具有一定的效率优势

中国交通建设和经营企业经过几十年的改革和发展，已经具备相当的规模和运营经验。以中国交通建设股份有限公司（以下简称"中国交建"）与印度尼西亚的 Waskita Karya、Jasa Marga 两家公司为例进行效率对比，从市场角度分析，可以认为中国交建存在相对的竞争优势。

中国交建成立于 2006 年 10 月 8 日，是经国务院批准，由中国交通建设集团有限公司（国务院国资委监管的中央企业）整体重组改制并独家发起设立的股份有限公司，主要从事公路、桥梁、港口、码头、航道、铁路、隧道以及交通基础设施投资和房地产开发业务等。公司于 2006 年在香港联合交易所上市，是中国第一家成功在境外整体上市的特大型国有基建企业，并于 2012 年在上海证券交易所上市。2016 年，中国交建以 677.64 亿美元的营业收入位列世界 500 强排行榜中第 110 位，比上年提升 55 位。

中国交建 2015 年营业收入为 590.76 亿人民币（合约 8.57 亿美元），与 2014 年相比增长 271%，净收入为 30.39 亿人民币（合约 4.4 亿美元），销售净利率为 5.15%，资产负债率为 57.83%（见表 16）。而同时期，Waskita Karya（37.58%）和 Jasa Marga（2.4%）营业收入增长较慢，净收入与中国交建相比相差较远，Waskita Karya 约 1.05 亿美元，Jasa Marga 约 1.06 亿美元，此外，两家印度尼西亚企业资产负债率均高于中国交建。由此可以看出，与中国交建相比，两家印度尼西亚企业收入增长较慢，净收入规模远小于中国交建，负债程度较高，中国交建具有一定的效率优势。

表 16　中国交建主要财务指标

单位：%

财务指标	2011 年	2012 年	2013 年	2014 年	2015 年
销售净利率	49.57	31.86	146.92	59.51	5.15
营业收入增长率	—	-18.56	7.76	111.30	271.01
资产增长率	—	30.50	7.21	17.44	18.65
负债增长率	—	39.63	2.75	11.07	18.67
资产负债率	59.61	63.79	61.13	57.82	57.83
资产收益率	3.98	1.60	7.40	5.39	1.46

资料来源：上海证券交易所。

（5）民众需求上升，政府政策放宽，投资回报前景较好

印度尼西亚收费公路今年价格有所提升，增加的额外费用主要用于对道路的维护，以期提升道路质量。虽然一些民众对此表示抱怨，但是大部分民众表示可以接受，因为相较于忍受劣质的道路，他们更愿意多支付费用来享受更好的道路质量。这表明，公众对道路质量的关注度提高，需求明确，收费公路价格提升空间大，企业投资回报看好。预计不久，Jakarta-Cikampek收费公路的收费将有所提高。而对于Sedyatmo公路，第一类车辆（包括轿车和小型货车）的收费将从每公里6000印度尼西亚盾上升到7000印度尼西亚盾；第二类车辆的费用也将调至8500印度尼西亚盾；第三类车辆从9500印度尼西亚盾上调为10000印度尼西亚盾；第四类车辆上调为12500印度尼西亚盾；第五类车辆上调1000印度尼西亚盾，调至15000印度尼西亚盾（《雅加达邮报》，2016年12月10日）。

另外，印度尼西亚政府为了鼓励私营部门参与投资建设基础设施，特别是公路建设，推出和完善了公私合营（PPP）相关的政策和法律框架。在收费公路建设领域，目前采用较多的是BOT模式，在该模式下，私营部门负责收费公路的设计、自出资金、自行建造、自主运营，在收费公路特许权期限结束后将资产归还政府。这不仅为政府解决了资金问题，同时也为私营部门提供了大量投资机会。此外，印度尼西亚政府正努力为私营企业投资创造各种有利条件并建立合理的法律框架。

三　海运

（一）海运业发展情况

1. 港口情况

对于像印度尼西亚这样的群岛国家，发展海运对于提高国家经济竞争力非常重要。然而，印度尼西亚港口管理效率较低，设备比较简陋，在一定程度上对印度尼西亚的海运发展和竞争力提升造成不利影响。《2015－2016年全球竞争力报告》（GCR）显示，印度尼西亚港口基础设施的质量在被调查的140个国家的港口中排名第82位。

印度尼西亚全国有水运航道21579千米，其中苏门答腊5471千米，爪哇马都拉820千米，加里曼丹10460千米。印度尼西亚共有111个商业港口和614个非商业港口，主要国际港口有雅加达的丹戎不碌国际港、三宝垄港、泗水的丹戎佩拉和棉兰的勿拉湾。

商业港口是由四家国有企业Pelabuhan Indonesia（Pelindo）Ⅰ、Ⅱ、Ⅲ和Ⅳ分别负责管理。四家国有企业既负责主要港口的运营，也负责对主要商业港口和私人港口进行监管。商业港口有适应各种商品装卸的设施，包括集装箱的装卸。非商业港口由交通运输部海运交通局负责，私人港口服务于许多特定行业的公司（包括私人的和国有的公司）的各种特殊需求，包括采矿、石油、天然气、渔业、林业等行业的特殊装卸需求，其中一些设施仅适用于单一或一组商品（例如化学品）的进出，吞吐第三方货物的能力有限。

在众多港口中，有25个港口被定位为战略港口，是指一个配备现代化设施的港口，包括用于运输集装箱、大宗货物、一般商品的设施以及客运设施，客货运的吞吐能力强。25个战略港口分别是司马威港、勿拉湾、德鲁克巴优尔、杜迈、北干巴鲁、巨港、潘姜、丹戎槟榔、巴淡岛、丹戎不碌、丹绒埃马斯、丹戎佩拉、万丹、伯诺阿、古邦、坤甸、马辰、巴厘巴板、三马林达、比通、望加锡、安汶、索龙、查亚普拉和比亚克。在25个港口中，最重要的四个港口，分别是勿拉湾、丹戎不碌、丹戎佩拉和望加锡。

2015年，25个战略港口的国内货物卸载和装载量占全国港口的国内货物卸载和装载量的比例分别达到47.69%和24.18%，相较于2014年，分别下降了22.34%和10.47%；国际货运装卸和装载量分别达到61.70%和44.82%。相较于2014年分别下降了1.70%和18.47%。

2. 货运市场发展情况

（1）国内货运

①整体出现明显回落

2011年以来，国内货物的装载和卸载均出现先增加后减少的趋势，

2015年基本回到了5年前的水平。2012年国内货物的卸载和装载量分别为3.3亿吨和3.1亿吨，比2011年分别增长15.3%和30.8%。2013年卸载和装载的国内货物量分别为3.4亿吨和3亿吨，卸载货物的数量较上年增长2.5%，而装载货物的数量同比减少2.8%。2014年卸载和装载的国内货运量分别为3.8亿吨和3.3亿吨，比上一年都有所增加。2015年，装载和卸载的国内货运量分别为3.0亿吨和2.9亿吨，分别减少了22.3%和10.5%。预测在未来的几年，国内货物的卸载和装载量均会有一定的减少，但减少的速度会越来越慢（见图4）。

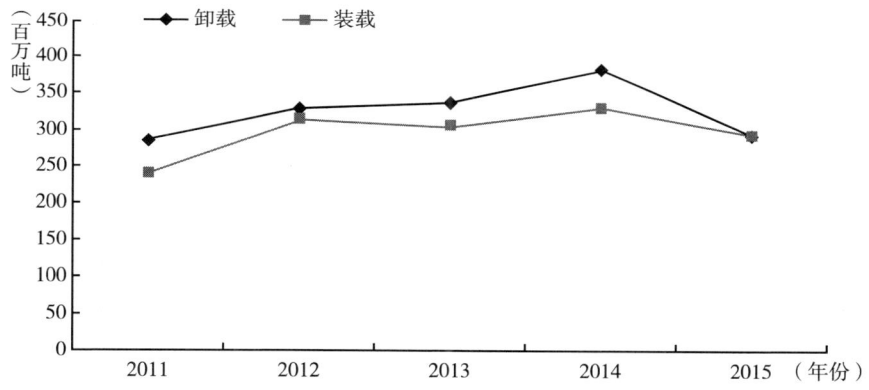

图4 印度尼西亚国内海运业务增长情况

资料来源：Port Authority-SLMOPPEL。

②主要港口国内货运发货情况

由表17可知，2015年25个战略港口国内货物的发货量与2014年相比下降了5.96%。在四个主要港口中，有三个港口的发货量减少，分别是勿拉湾港、丹戎佩拉港和望加锡，分别下降了46.90%、24.05%和24.51%。而丹戎不碌港发货量增加了22.09%。其他港口的发货量也有所减少，如德鲁克巴优尔（8.88%）、杜迈（10.78%）、北干巴鲁（47.71%）、巨港（11.65%）、潘姜（10.63%）、丹戎槟榔（93.23%）、丹绒埃马斯（24.10%）、万丹（53.01%）、伯诺阿（95.56%）、坤甸（50.76%）、马辰（20.28%）、三马林达（28.79%）、比通（26.41%）、索龙（38.46%）、查亚普拉（64.49%）。除了丹戎不碌港的发货量增加外，货运增加的还有司马威港（22.75%）、巴淡岛（842.20%）、古邦港（33.04%）、巴厘巴板港（80.53%）、比亚克港（45.90%）以及安汶港（11.97%）。

表17 25个战略港口国内货运发货情况（2015年）

单位：千吨

省 份	港 口	装货	
		2014年	2015年
亚齐	司马威	211	259
北苏门答腊	勿拉湾	435	231
西苏门答腊	德鲁克巴优尔	4660	4246
廖内	杜迈	10478	9348
	北干巴鲁	1614	844
南苏门答腊	巨港	3372	2979
楠榜	潘姜	6360	5684
廖内群岛	丹戎槟榔	1093	74
	巴淡岛	109	1027
DKI雅加达	丹戎不碌	11920	14553
中爪哇	丹绒埃马斯	361	274
东爪哇	丹戎佩拉	1655	1257
万丹	万丹	13721	6447
巴厘岛	伯诺阿	586	26
东努沙登加拉	古邦	227	302
西加里曼丹	坤甸	463	228
南加里曼丹	马辰	4586	3656
东加里曼丹	巴厘巴板	9435	17033
	三马林达	917	653
北苏拉威西	比通	284	209
南苏拉威西	望加锡	1330	1004
摩鹿加群岛	安汶	117	131
西巴布亚	索龙	39	24
巴布亚	查亚普拉	1636	581
	比亚克	61	89
25个战略港口合计		75670	71159
所有港口合计		328743	294309

资料来源：Port Authority-SLMOPPEL。

③主要港口国内货运到达情况

印度尼西亚的 25 个战略港口，2015 年国内货运的卸载量为 14133.5 万吨，与 2014 年相比下降了 25.83%。在四个主要港口中，勿拉湾港和丹戎不碌港的货物卸载量分别减少了 27.23% 和 13.06%。而丹戎佩拉港和望加锡港的货运量分别增加了 8.62% 和 6.96%。其他货物卸载量减少的港口有：杜迈（15.98%）、北干巴鲁（87.45%）、巨港（11.24%）、潘姜（23.79%）、丹绒埃马斯（30.51%）、伯诺阿（12.62%）、古邦（18.07%）、坤甸（54.87%）、马辰（37.79%）、巴厘巴板（45.33%）、索龙（53.73%）、比亚克（10.43%）以及查亚普拉（68.8%）（见表18）。

总体来说，2015 年 25 个主要港口货物卸载总量对比 2014 年有所减少，其中大部分港口的货物卸载量都有所减少。

表 18　25 个战略港口国内货运到达情况

单位：千吨

省　份	港　口	卸货	
		2014 年	2015 年
亚齐	司马威	722	786
北苏门答腊	勿拉湾	5101	3712
西苏门答腊	德鲁克巴优尔	3362	3410
廖内	杜迈	3711	3118
	北干巴鲁	3601	452
南苏门答腊	巨港	1192	1058
楠榜	潘姜	3569	2720
廖内群岛	丹戎槟榔	625	672
	巴淡岛	4106	4331
DKI 雅加达	丹戎不碌	16895	14688
中爪哇	丹绒埃马斯	4858	3376
东爪哇	丹戎佩拉	3504	3806
万丹	万丹	28421	30971
巴厘岛	伯诺阿	1204	1052
东努沙登加拉	古邦	548	449
西加里曼丹	坤甸	2034	918
南加里曼丹	马辰	82911	51581

续表

省　份	港　口	卸货	
		2014年	2015年
东加里曼丹	巴厘巴板	10763	5884
	三马林达	2642	2753
北苏拉威西	比通	1037	1157
南苏拉威西	望加锡	819	876
摩鹿加群岛	安汶	778	839
西巴布亚	索龙	134	62
巴布亚	查亚普拉	7740	2415
	比亚克	278	249
25个战略港口合计		190555	141335
所有港口合计		381602	296336

资料来源：Port Authority-SLMOPPEL。

（2）国际货运

①整体上发运量明显回落，但到港货物量基本稳定

印度尼西亚港口国际货运量相差较大，其中装载量远大于卸载量，意味着货物出口数量较多而进口数量相对较少。如图5所示，2011年货物卸载量和装载量分别为0.79亿吨和3.8亿吨，2012年的货物卸载量减少11.7%，而装载量增加29.6%。2013年装载和卸载的国际货物都有所增加。2014年，货物的卸载量增加12.4%，装载量却有所减少，减少18.3%。与2014年分别卸载和装载的国际货运量1亿吨和4.2亿吨相比，2015年国际货物卸载和装载数量（0.99亿吨和3.4亿吨）都有所减少，分别减少1.7%和18.5%。

总体来说，过去五年（2011~2015年）国际货物的卸载量和装载量都是先增加后减少，2015年，国际货物的装载量回落到2011年的水平以下。

②主要港口国际货运发货情况

印度尼西亚的25个主要港口，2015年的国际货物装载量为15240.5万吨，占印度尼西亚所有港口国际货物装载总量的44.8%，与2014年相比减少了20.4%。

2015年四个主要港口的国际货物发货量较2014年都有所减少，分别为

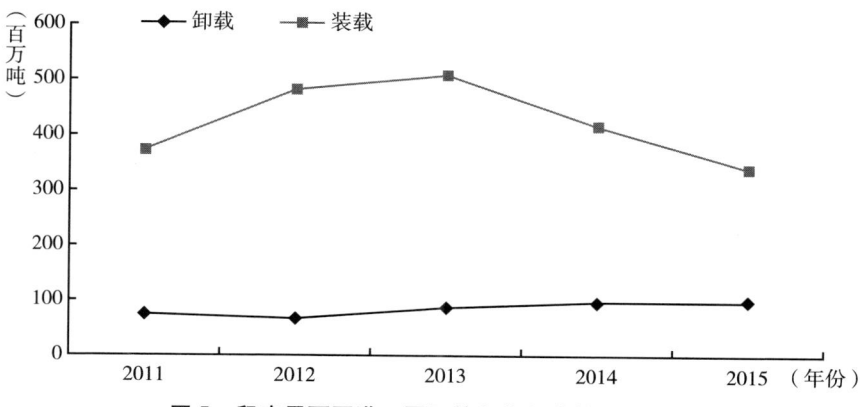

图 5　印度尼西亚港口国际航程货物装载和卸载量

资料来源：Port Authority-SLMOPPEL。

勿拉湾港（7.7%）、丹戎佩拉港（34.9%）、丹戎不碌港（18.1%）以及望加锡港（3.1%）。与 2014 年相比，其他的战略港口中除了巴淡岛和古邦两个港口的发货量增加外，增加量分别为 6.8% 和 2854.3%，其他港口的国际货物发货量都有所减少（见表 19）。

表 19　25 个战略港口国际货运发货情况

单位：千吨

省　　份	港　　口	装货	
		2014 年	2015 年
亚齐	司马威	994	911
北苏门答腊	勿拉湾	3685	3403
西苏门答腊	德鲁克巴优尔	3144	3118
廖内	杜迈	11628	9113
	北干巴鲁	577	177
南苏门答腊	巨港	2340	1646
楠榜	潘姜	8137	6720
廖内群岛	丹戎槟榔	46	37
	巴淡岛	2379	2541
DKI 雅加达	丹戎不碌	4107	3364
中爪哇	丹绒埃马斯	286	145
东爪哇	丹戎佩拉	716	466
万丹	万丹	2579	2022

续表

省　份	港　口	装货 2014年	装货 2015年
巴厘岛	伯诺阿	16	3
东努沙登加拉	古邦	35	1034
西加里曼丹	坤甸	283	90
南加里曼丹	马辰	73379	62129
东加里曼丹	巴厘巴板	16952	16160
东加里曼丹	三马林达	59554	38875
北苏拉威西	比通	317	231
南苏拉威西	望加锡	227	220
摩鹿加群岛	安汶	0	0
西巴布亚	索龙	0	0
巴布亚	查亚普拉	0	0
巴布亚	比亚克	0	0
25个战略港口合计		191381	152405
所有港口合计		417019	340001

资料来源：Port Authority-SLMOPPEL。

③主要港口国际货运到达情况

印度尼西亚的25个战略港口，2015年的国际货物卸载量为6099.5万吨，占印度尼西亚所有港口国际货物卸载量的61.7%，与2014年相比，减少10.6%。

2015年四个主要港口中有两个港口的国际货运卸载量是减少的，分别是勿拉湾港（14.2%）和丹戎不碌港（10.6%），而丹戎佩拉港和望加锡港分别增加了3.1%和16.9%。其他港口2015年的国际货物卸载量也有所下降，如司马威（64%）、杜迈（7.8%）、北干巴鲁（70.4%）、巨港（7.9%）、潘姜（20.9%）、丹戎槟榔（42.9%）、巴淡岛（16.9%）、丹绒埃马斯（2.9%）、万丹（14%）、坤甸（97.6%）、马辰（52.7%）、巴厘巴板（23.8%）（见表20）。

表20　25个战略港口国内货运到达情况

单位：千吨

省　份	港　口	卸货	
		2014年	2015年
亚齐	司马威	50	18
北苏门答腊	勿拉湾	2783	2389
西苏门答腊	德鲁克巴优尔	605	664
廖内	杜迈	449	414
	北干巴鲁	291	86
南苏门答腊	巨港	631	581
楠榜	潘姜	3630	2870
廖内群岛	丹戎槟榔	42	24
	巴淡岛	2180	1811
DKI雅加达	丹戎不碌	18304	16359
中爪哇	丹绒埃马斯	1471	1429
东爪哇	丹戎佩拉	7539	7772
万丹	万丹	23565	20266
巴厘岛	伯诺阿	26	41
东努沙登加拉	古邦	81	1095
西加里曼丹	坤甸	377	9
南加里曼丹	马辰	241	114
东加里曼丹	巴厘巴板	4738	3609
	三马林达	9	33
北苏拉威西	比通	36	58
南苏拉威西	望加锡	1157	1353
摩鹿加群岛	安汶	0	0
西巴布亚	索龙	0	0
巴布亚	查亚普拉	0	0
	比亚克	0	0
25个战略港口合计		68205	60995
所有港口合计		100570	98858

资料来源：Port Authority-SLMOPPEL。

3. 客运市场发展情况

①整体上客运人数明显下滑

2015年，印度尼西亚港口的乘客登岸人数为21831674人，乘客离开人数为22285729人，相较于2014年，登岸和离开的乘客数分别下降了12.41%和0.76%。其中，商业港口国内乘客登岸和离开人数分别为8411291人和8645633人，商业港口国际乘客登岸和离开人数分别为947454人和941507人，非商业港口国内乘客登岸和离开人数分别为9266132人和8861575人，非商业港口国际乘客登岸和离开人数分别为3206797人和3837014人（见表21）。

国内乘客人数多于国际乘客人数，2015年国内乘客人数分别为：国内乘客登岸人数17677423人（占全年登岸乘客人数的81.0%），国内乘客离开人数17507208人（占全年离开乘客人数的78.6%）。国际乘客人数分别为：国际乘客登岸人数4154251人（占全年登岸乘客人数的19.0%），国际乘客离开人数4778521人（占全年离开乘客人数的21.4%）。

表21　2015年印度尼西亚各类港口客运量

单位：人

海港	乘客数	
	登岸	离开
商业港口国内乘客数	8411291	8645633
商业港口国际乘客数	947454	941507
非商业港口国内乘客数	9266132	8861575
非商业港口国际乘客数	3206797	3837014
合计	21831674	22285729

资料来源：Port Authority-SLMOPPEL。

印度尼西亚的非商业港口的访问船舶数多于商业港口的访问船舶数，国内航行船舶数量多于国际航行船舶数量。2015年到访的船舶总数为798528只，总GT为13.6亿，其中国内船舶数为715354只，总GT为8.0亿，分别占全年数量的89.6%和58.7%；国际船舶数为83174只，总GT为5.6亿。与2014年相比，船舶数量减少了8.13%，总GT减少了7.47%。其中，25个主要港口的船舶数量减少了9.03%，总GT减少了16.41%。

②主要港口客运业务情况

印度尼西亚的25个主要港口，2015年登岸和离开的乘客数分别为

824.1万人和823.5万人，占所有印度尼西亚港口登岸和离开乘客数的37.7%和37%，与2014年相比，2015年25个战略港口离开的乘客数减少了0.74%，而登岸的乘客数增加了3.06%。与2014年相似，2015年巴淡港有最多的客运量，其中有440.4万名乘客登岸和435.4万名乘客离开。在25个战略港口中，马辰港则是乘客人数最少的港口，2015年登岸和离开的乘客数分别为4.5万人和2.6万人。

四个主要港口中，乘客人数最多的是望加锡港，2015年登岸和离开的乘客分别为37.3万人和48.2万人。其次是丹戎佩拉港，登岸和离开的乘客分别为33.4万人和32.2万人；丹戎不碌港的登岸和离开的乘客分别为15.8万人和12.9万人；勿拉湾港的登岸和离开的乘客分别为7.4万人和6.7万人。

表22　主要港口到达和离开的乘客数量

单位：人

省　份	港　口	登岸		离开	
		2014年	2015年	2014年	2015年
北苏门答腊	勿拉湾	68832	73604	71284	66998
廖内	杜迈	207876	208328	225820	241500
南苏门答腊	巨港	107522	46985	115136	50090
廖内群岛	丹戎槟榔	927197	751591	989929	756843
	巴淡岛	3966459	4403888	3922700	4353896
DKI雅加达	丹戎不碌	174345	158255	141904	129456
中爪哇	丹绒埃马斯	288684	202578	304232	210199
东爪哇	丹戎佩拉	384116	334417	353322	321571
巴厘岛	伯诺阿	255798	333964	251794	334541
东努沙登加拉	古邦	178252	133548	181485	134244
西加里曼丹	坤甸	158618	98671	242040	84093
南加里曼丹	马辰	53988	44768	43430	26431
东加里曼丹	巴厘巴板	162427	213320	190989	201527
	三马林达	40463	85239	103057	211962
北苏拉威西	比通	45644	50953	41391	46011
南苏拉威西	望加锡	442831	373519	610831	482177

续表

省　份	港　口	登岸		离开	
		2014年	2015年	2014年	2015年
摩鹿加群岛	安汶	204412	371256	215771	220838
西巴布亚	索龙	157744	175070	145989	217941
巴布亚	查亚普拉	134556	132989	101503	95741
	比亚克	36862	48506	43159	49092
25个战略港口合计		7996734	8241449	8296180	8235151
所有港口合计		21998217	21831674	22377120	22285729

资料来源：Port Authority-SLMOPPEL。

（二）代表性海运企业竞争力分析

（1）Berlian LAJU TANKER

PT Berlian LAJU油轮公司（IDX和SGX股市代码：BLTA）是液体散装货物的专业海上运输企业和世界第三大化学品船运公司。

公司的主营业务为液体散货的海上运输，货物包括：原油和石油产品，如润滑油（基础油和添加剂）、液体化学（有机和非有机的）、液化石油气（LPG、丙烯、丙烷、乙烯、液化天然气及其他），以及植物油和动物脂肪。

公司将其化工船队的运行分为四个地理区域，第一区域包括东南亚地区，在印度尼西亚、泰国、马来西亚和新加坡之间。第二区域包括从东南亚到北亚地区，主要目的地港口位于中国、韩国、中国台湾和日本。第三区域包括从东南亚往西到印度，中东国家和欧洲第三区域的主要目的港位于印度、伊朗、沙特、科威特、卡塔尔、埃及、意大利、西班牙、荷兰和英国。第四区域涵盖了北美和南美之间，从美洲到欧洲通过大西洋，从美洲到亚洲通过太平洋的贸易。

截至2015年12月，该公司的营业收入为4.7亿美元，比2014年增长30.3%，2014年的净收益为-4004.2万美元，经营出现亏损，而2015年扭亏为盈，净收益达到1.9亿美元。

表23 Berlian LAJU TANKER 主要竞争力指标

单位：%

指标	2011年	2012年	2013年	2014年	2015年
利润率	—	—	30.6	-11.3	36.6
收入增长率	-9.5	-23.9	43.6	-44.9	30.3
资产增长率	-38.9	-36.0	-27.1	-14.9	14.7
负债增长率	-0.2	6.9	-15.5	-4.1	-96.5
资产负债率	123.9	207.0	239.9	270.0	63.6
资产收益率	-44.6	-51.1	18.6	-5.4	47.5

（2）Samudera Indonesia

萨姆达拉船务有限公司（SSL），是印度尼西亚的国有航运企业，于1993年在新加坡注册成立，并在新加坡交易所主板上市。Samudera在东南亚、印度次大陆和远东地区从事集装箱货物、气体、液体和散装货物的运输。Samudera集团的业务包括两大业务板块，即集装箱运输及散货和油轮运输，Samudera以新加坡"枢纽"港区为中心"辐射"到周边区域，在印度尼西亚、柬埔寨、中国、泰国、越南、马来西亚、缅甸、印度、斯里兰卡、孟加拉国和巴基斯坦等国主要城市设有代表处和代理机构。

截至2015年3月1日，Samudera的舰队，包括由集团拥有以及那些经营租赁船舶，目前维持在46艘，包括28艘集装箱船、2艘油轮、7艘化学品船、2艘液化气船、5艘海洋离岸支援船和2艘干散货船。

截至2015年12月，该公司营业收入为4.5亿美元，比2014年减少11.5%，2015年的净收益为810.6万美元，而上一年的净收益为1609.5万美元。

表24 Samudera Indonesia 主要竞争力指标

单位：%

指标	2011年	2012年	2013年	2014年	2015年
利润率	3.6	2.8	2.5	5.5	3.4
收入增长率	17.1	8.5	-12.1	-5.5	-11.5
资产增长率	13.3	-1.4	-8.3	-3.5	-8.1
负债增长率	18.2	-18.8	-11.9	-10.6	-15.3
资产负债率	72.4	59.7	57.3	53.1	48.9
资产收益率	1.6	1.0	1.1	2.5	1.4

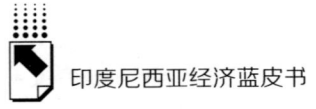

（三）产业合作机会

（1）政府推动海上捷运计划（"海上高速公路"计划）

2015~2019年，印度尼西亚政府将投资699万亿印度尼西亚盾（约合574亿美元）实施"海上高速公路"建设规划。印度尼西亚国家发展和规划部部长助理戴迪介绍，在这项庞大的投资计划中，243.6万亿印度尼西亚盾将用于兴建24个国际性商业港口，198万亿印度尼西亚盾用于新建1481个非商业性港口，101.7万亿印度尼西亚盾用于购买船舶，7.5万亿印度尼西亚盾用于近海运输，40.6万亿印度尼西亚盾用于大宗和散装货物设施建设，50亿印度尼西亚盾用于至港口的多式运输，10.8万亿印度尼西亚盾用于造船厂更新等。目前，印度尼西亚物流成本占GDP的比重为23.5%，印度尼西亚政府希望在2019年将此比重降低至19.2%。这些项目所需资金的一部分由国家预算支出，其余将来自印度尼西亚国有企业和私营部门。

印度尼西亚政府拟实施的"海上高速公路"措施还包括：设立专项资金为船舶采购提供融资，修改造船业及相关领域的进口关税、增值税和收入税，为造船业提供更加灵活的银行担保，把新建船舶的当地制造比例提高至40%等。

（2）存在借助外国企业提升本国船运企业效率的需求

相对而言，印度尼西亚本国航运公司普遍存在船只设备落后、技术人员缺乏、运作效率低下等问题，存在船舶更新的潜在需求；同时，作为海洋大国，印度尼西亚本身对各类海轮的需求量就相当大。市场调研信息显示，印度尼西亚船东大部分对小型船舶需求较强，主要以3500吨到5000吨的油轮和货轮为主，比较重视价格。但由于印度尼西亚船厂设备相对落后，人才相对缺乏，其造船业的竞争力并不高。目前，印度尼西亚200多家船厂中，只有极少数船厂能建造最大为50000载重吨船舶，建造周期平均为18个月，远超国际一般周期。因此，从市场角度分析，印度尼西亚船运企业迫切希望与外国先进船企合作提高技术水平和生产效率。同时，印度尼西亚政府也有意吸引外国企业在印度尼西亚进行造船业投资，印度尼西亚财政也给予上下游造船企业一定的支持，鼓励国内造船业提高造船能力。

（3）船装载率较低是当前市场的主要挑战

海运受制于出口增长乏力及国际海运市场运力饱和的影响，营业收入增长较慢。以现价计算的近6年平均增长率为10.8%，2016年甚至降为1.5%；如果以不变价格计算，近6年平均增长率仅为5.8%，2016年更是低至1.3%。

船多货少的矛盾是当前市场的主要挑战，很大一部分船东的船装载率只有60%左右，运费持续承压，在盈亏线上挣扎。深圳一家主打印度尼西亚市场的船械出口企业每年都参加于5月和10月举行的印度尼西亚海事展，2015年10月的展会可以说是最冷清的，专业观众中有明确造船、买船计划的寥寥无几，均持观望态度。有记者在2015年9月对印度尼西亚船厂最集中的巴淡岛走访中，发现除了新加坡背景的船东在造一些海工船之外，在建的散杂货船基本没有。原本在2015年6月，总统在视察巴淡船厂后发出了要求政府和国营单位的新船必须在印度尼西亚国内船厂建造的命令，业界认为这对于印度尼西亚国内造船厂是一利好消息，但现在看来这一利好何时能兑现还很难说。

虽然印度尼西亚近年的航运市场还很惨淡，但其蕴含的巨大潜力还是吸引国外投资者纷至沓来。日本、澳洲的企业均有意在印度尼西亚投资船坞业。中资企业中，CCS今年已在印度尼西亚正式设立代表处并聘用本地验船师，以充分做好在印度尼西亚的检验服务。国内某国企已在巴淡岛附近区域买地，准备建造一家足够辐射印度尼西亚、新加坡、马来西亚三国的大中型修造船厂。浙江某船用电子设备公司已在印度尼西亚设立分公司，直接将产品发到印度尼西亚仓库并进行销售。深圳市粤航进出口有限公司在设立印度尼西亚代表处的基础上，已正式注册了印度尼西亚的有限公司（PT），并持续增加在印度尼西亚的船用备件库存。相信这些企业在熬过当前的困境后，终将在印度尼西亚迎来持续向好的行情，得到丰厚的回报[①]。

---

① 王德举：《印尼航运市场惨淡的背后隐藏机遇》，中国海事服务网，2015年11月。

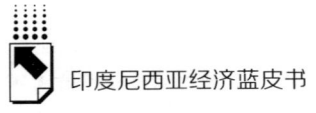

四 航空

(一) 发展动态

(1) 市场整体出现较快增长

印度尼西亚目前拥有 61 家商业航空公司,在飞机订单和营业规模方面,印度尼西亚航空业是世界排名第二增长最快的国家,仅次于中国。自 2000 年印度尼西亚政府放松航空业管制后,印度尼西亚航空在客运量、航空公司、机队、航班和机场等方面均增长显著。客运量从 1990 年的 900 万人次增加到 2016 年的 9000 多万人次,而机队则由 1990 年的 102 架增长超过十倍。

表 25 印度尼西亚航空业营业额增长情况

年份	营业额(百万美元)	增长率(%)
2011	4954.8	
2012	6598.7	33.20
2013	6365.8	-3.50
2014	6620.4	4.00
2015	7964.9	20.30
2011~2015 年复合年增长率		12.60

资料来源:Marketline。

2015 年,印度尼西亚航空业拥有飞机数量为 1157 架,其中 75% 为商用飞机。商用飞机中大型飞机有 562 架,小型飞机 325 架。按注册类别的飞机数量及变动情况详见表 26。

(2) 市场增长主要体现在国内航运领域

印度尼西亚航空市场主要集中在国内,占行业总量的 76.4%,国际市场仅占 23.6%。国内航空客运营业额在过去五年中增长率均为两位数。2015 年,国内客运量增长 13.1%,达到 9740 万人次。

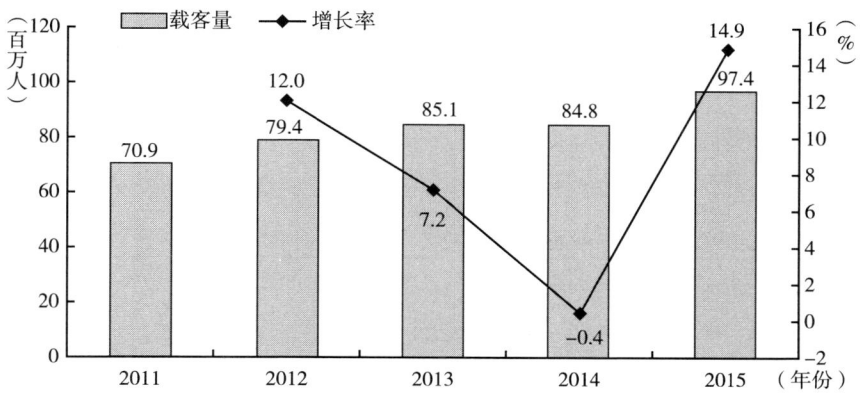

图 6 印度尼西亚航空市场载客量增长情况

资料来源：Marketline。

表 26 印度尼西亚民航飞机数量

单位：架

年份	Registered by AOC 121	Registered by AOC 135	Registered by OC 91, AOC 137, PSC 141, FASI	合计
2011	426	253	186	865
2012	478	276	196	950
2013	514	304	243	1061
2014	527	293	247	1067
2015	562	325	270	1157

资料来源：Directorate General of Civil Aviation, Ministry of Transportation。

2015年，国内航班到达量约为79万架，旅客约700多万人，货物总量约50万吨，行李总量约57万吨，邮件包裹约4000吨。与上年相比，国内航班到达量增长2.86%，旅客人数增加2.31%，同样，货物、行李和邮件包裹卸载量分别增加26.42%、0.50%和10.75%（见表27）。

过去五年（2011～2015年），国内航班到达量平均每年增长4.21%，客运量、货物和行李卸货量分别增长6.38%、2.47%和8.88%。而邮件包裹卸载量则减少17.49%。

表27　印度尼西亚国内航运抵港情况

年份	飞机数量(架)	乘客数量(人)	货物(吨)	行李(吨)	邮寄包裹(吨)
2011	671377	59035279	450218	404607	9871
2012	719030	69494439	462725	532075	8515
2013	800193	77568403	469149	613197	9039
2014	769762	73889533	392566	565883	4131
2015	791783	75593248	496300	568726	4575

资料来源：Report of Airports-Document Ⅲ/1。

2015年，国内航班起飞79.08万架，发送旅客725.6万人，运送货物59.79万吨，行李58.43万吨，邮件包裹2945吨。与上年相比，航班起飞量增加2.88%，从76.87万架增加到79.08万架，发送旅客量增长1.31%，货物和行李运送量分别增长10.13%和5.42%。而邮件包裹运送量减少2.45%（见表28）。

过去五年（2011~2015年），国内航班起飞量平均每年增长4.15%。这一增长与发送旅客量、货物和行李运送量的增长一致。国内航班发送旅客量平均每年增长5.19%，货物和行李运送量平均每年分别增长6.57%和6.54%。而邮件包裹运送量的增长率则为负的25.98%。

表28　印度尼西亚国内航运离港情况

年份	飞机数量(架)	乘客数量(人)	货物(吨)	行李(吨)	邮寄包裹(吨)
2011	671953	59275637	463507	453556	9809
2012	717435	70682216	520561	564815	9524
2013	796788	73594917	525412	610344	7237
2014	768658	71625696	542927	554271	3019
2015	790779	72563813	597939	584304	2945

资料来源：Report of Airports-Document Ⅲ/1。

（3）国际航运增长乏力

2015年，国际客运营业额增长8%，但旅客数量有所下降。2015年，国际航班到达量为9.56万架，旅客1317.58万人，货物总量为18.54万吨，行李总量为16.87万吨，邮件包裹为725吨。与上年相比，航班到达量从10.74万架减少到9.56万架，减少10.93%。旅客人数同比下降0.53%，行李和邮件包裹卸载量分别下降2.64%和62.30%。同时，货物卸载量增长1.58%（见表29）。

过去五年（2011~2015年），国际航班到达量平均每年增长4.78%。客运量、货物和行李卸载量平均每年分别增长5.02%、3.43%和10.51%。邮件包裹卸载量则每年减少11.78%。

表29 印度尼西亚国际航运抵港情况

年份	飞机数量（架）	乘客数量（人）	货物（吨）	行李（吨）	邮寄包裹（吨）
2011	79332	10829905	162040	113106	1197
2012	85179	11808006	196289	160551	2828
2013	89478	13136131	190952	172484	2461
2014	107353	13245568	182545	173287	1923
2015	95623	13175804	185426	168707	725

资料来源：Report of Airports-Document Ⅲ/1。

2015年，国际航班起飞9.56万架，发送旅客1362.51万人，运送货物19.63万吨，行李14.57万吨，邮件包裹1194吨。与上年相比，航班起飞量减少了10.47%（从10.68万架到9.56万架），发送旅客和装货量分别下降0.51%和5.05%。行李和邮件包裹运送量分别增长2.03%和25.03%（见表30）。

过去五年（2011~2015年），国际航班起飞量平均每年增长4.82%。发送旅客量平均每年增长6.12%，货物、行李和邮件包裹运送量平均每年分别增长2.36%、10.63%和24.25%。

表30 印度尼西亚国际航运离港情况

年份	飞机数量（架）	乘客数量（人）	货物（吨）	行李（吨）	邮寄包裹（吨）
2011	79231	10745007	178797	97307	501
2012	84962	11749073	195181	128986	953
2013	89375	13221004	210733	137140	641
2014	106827	13694482	206707	142838	955
2015	95647	13625109	196275	145737	1194

资料来源：Report of Airports-Document Ⅲ/1。

(4) 主要机场业务量

印度尼西亚现有 178 个机场,其中国际机场 28 个,国内机场 150 个。苏加诺—哈达国际机场(Soekarno-Hatta International Airport)的飞机起降频率达到每小时 72 次,即每天 1200~1700 次,远远高于东南亚地区的平均水平,相比之下,吉隆坡国际机场(Kuala Lumpur)、新加坡樟宜机场(Changi)和泰国曼谷机场(Suvarnabhumi)的起降频率每天分别只有 971 次、948 次和 868 次。

为了促进当地经济发展,印度尼西亚政府扩建、新建了一批机场,并且提高了现有机场的现代化水平,努力改善国家的航空基础设施,特别是在偏远地区。2015~2016 年,印度尼西亚政府在全国新建的机场包括位于塔劳群岛(Talaud Islands)的帕尔马斯岛机场(Miangas Airport)。此外,政府还对一些老旧机场进行了扩建,比如苏加诺—哈达国际机场,扩建后预计将能每年多吞吐 2500 万名乘客。

表 31 印度尼西亚主要机场发送航班情况

单位:架次

起飞机场	目的地					
	国 内			国 际		
	2014 年	2015 年	增长(%)	2014 年	2015 年	增长(%)
棉兰瓜拉纳姆	28898	25554	-11.57	8079	7130	-11.75
苏加诺-哈达	151360	148782	-1.70	42188	42400	0.50
朱安达	65041	61499	-5.45	6387	6089	-4.67
哈桑丁	43294	43811	1.19	413	487	17.92
巴厘岛努拉雷	39219	36917	-5.87	25849	25878	0.11
其他	440846	474216	7.57	13663	13663	-42.86
合 计	768658	790779	2.88	95647	95647	-10.47

资料来源:Report of Airports-Document Ⅲ/1。

2015年，国内与国际航班离港数量由苏加诺－哈达机场主导，占比分别为18.81%和44.3%。

国内航班离港数量比上年（2014年）增长2.88%，增加主要发生在哈桑丁机场（Hasanuddin），增长了1.19%。而从棉兰瓜拉纳姆（Kualanamu）、苏加诺－哈达（Soekarno Hatta）、朱安达（Juanda）和巴厘岛努拉雷（Ngurah Rai）机场离港航班数量分别下降了11.57%、1.70%、5.45%和5.87%。

2015年，国际航班起飞9.56万架，比2014年减少10.47%。其中，棉兰瓜拉纳姆减少11.75%，朱安达减少4.67%。而哈桑丁、苏加诺－哈达和巴厘岛努拉雷机场则分别增加17.92%、0.50%和0.11%。

就旅客人数讲，2015年国内和国际航班发送旅客数量仍然由苏加诺－哈达机场主导，占比分别达到26.39%和46.64%。

国内航班旅客人数比上年（2014年）增长1.31%，增加主要发生在哈桑丁和棉兰瓜拉纳姆机场，分别增加4.81%和2.54%。而巴厘岛努拉雷、苏加诺－哈达和朱安达国内航班旅客数量有所下降，分别减少7.16%、4.38%和3.92%。

2015年，棉兰瓜拉纳姆、朱安达和苏加诺－哈达国际航班旅客数量均有所减少，虽然哈桑丁和巴厘岛努拉雷旅客数量增加较多，分别增长12.76%和3.90%，但总体而言，2015年国际航班发送旅客数量比2014年下降了0.51%。

（二）主要航企竞争力分析

印度尼西亚现有102家航空公司，其中，印度尼西亚狮航（Lion Air）是国内最大的客运航空公司，2015年共运送国内航班旅客2648万人次，占全国国内航班客运量的35%。印度尼西亚鹰航（Garuda Indonesia）是印度尼西亚第二大航空公司，2015年共运送国内航班旅客1996万人次，约占国内航班客运量的26%。

（1）Lion Air

印度尼西亚狮航（Lion Air）成立于1999年，并于2000年首飞，是印度尼西亚最大的私营航空公司，总部位于印度尼西亚首都雅加达。同时，它还是东南亚第二大低成本航空公司，仅次于亚洲航空。截至2015年，公司拥有航线183条，目的地79个，其中，国内航线遍布印度尼西亚的各个角落；国际航线遍及新加坡、马来西亚和沙特阿拉伯等地区，此外，公司还拥有飞往中国内地和中国香港的特许航线。目前，印度尼西亚狮航共拥有飞机112架，飞机类型包括波音747-400、波音737-800、波音737-900 ER以及空客A330-300。

公司运营十几年以来，取得了一系列成就。2016年1月，获得IATA授予的国际标准安全评估认证（ISSA），随后又获得ISO 9001关于延迟管理的认证。2016年6月，印度尼西亚狮航从不得开通欧盟航线的黑名单中被移除，至此，公司将有机会进军欧盟市场。

（2）Garuda Indonesia

嘉鲁达印度尼西亚航空公司（Garuda Indonesia），又称印度尼西亚鹰航空公司（以下简称"印度尼西亚鹰航"），成立于1949年，是印度尼西亚第二大航空公司，航线（乘客和货运）覆盖40余个国内及36个国际目的地，被SKytrax评为"世界最佳区域性航空公司""五星级航空公司"。成立的半个多世纪以来，一直由国家全部控股，直到2011年首次公开募股，其28%的股份被公众持有。

2015年，印度尼西亚鹰航占有26%的国内客运市场份额，运送旅客1996万人次。在国际客运方面，运送旅客417万人次，约占国际客运市场的16.54%。印度尼西亚鹰航集团计划到2020年国内和国际市场份额将分别增加到50%和40%。为了支持扩张，公司需要在未来三年内增加购买115架飞机，其机队数量将增加到312架飞机。

该公司2015年全年营业收入为38.15亿美元，与2014年相比下降3.0%。其中，净收入为1.69亿美元，而2014年净亏损为3.73亿美元。公司负债逐年增加，致使资产负债率逐年上升，2015年达到100%，财务杠杆过高，而销售净利率波动较大，2015年为4.4%，盈利能力欠佳。截至2016年第三季度，印度尼西亚鹰航的净亏损达4360万美元。

表32 Garuda Indonesia 主要竞争力指标

单位：%

财务指标	2011年	2012年	2013年	2014年	2015年
销售净利率	3.0	3.2	0.3	-9.5	4.4
营业收入增长率	39.1	51.5	8.3	4.6	-3.0
资产增长率	31.8	65.7	18.9	3.6	6.7
负债增长率	2.7	58.9	33.1	17.0	51.6
资产负债率	58.1	55.7	62.4	70.4	100.0
资产收益率	5.1	5.5	0.4	-12.2	5.3

资料来源：Marketline。

（三）产业机会

（1）市场开发度仍然不高，发展潜力巨大

以2015年为例，印度尼西亚航空业营业总值为79.65亿美元，占亚太航空市场的4.1%，在亚太主要国家中排名靠后，同期相比，中国航空市场价值为734.14亿美元，约占37.4%，几乎是印度尼西亚的十倍。

但随着低成本航空公司的兴起以及富裕中产阶级家庭的增多，加上印度尼西亚大多数主要城市被山脉和海洋分开，陆地或海上交通耗时较长，独特的地理条件使印度尼西亚航空业具有巨大的发展潜力。在航空货运方面，2016年初东盟开始实施开放空中政策（the ASEAN Open Sky policy）。此前，所有进出印度尼西亚的货物都必须在新加坡、泰国或越南的一个机场过境，该项政策实施后，印度尼西亚航空货运公司能够直接将货物运输到目的地国家，为印度尼西亚航空货运发展带来了极大的便利。

2011~2015年印度尼西亚航空业总收入的复合年增长率（CAGR）为12.6%。而中国的复合年增长率为10%，体现了印度尼西亚航空业巨大的增长前景。

(2) 国际机构对印度尼西亚航空市场的增长预测较为乐观

根据国际市场调研机构 Marketline 的预计，到 2020 年底，印度尼西亚航空客运量将以 8.64% 的复合年增长率增至 1.435 亿人次，国内航线的增长尤为强劲。预计到 2020 年底航空业的营业额将以 15.33% 的复合年增长率增长到 152.657 亿美元。

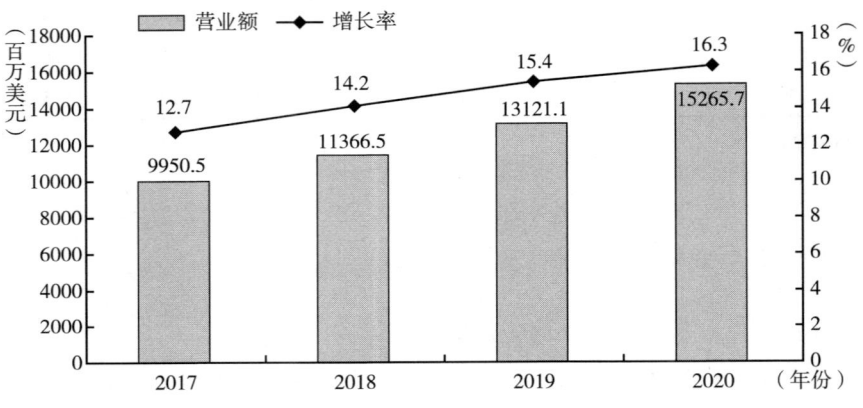

图 7　印度尼西亚航空市场增长预测

资料来源：Marketline。

(3) 不断新增的国内国际航线

目前印度尼西亚仍有较多尚未开发的航线，特别是爪哇（Java）之外的地区，比如加里曼丹（Kalimantan）、苏拉威西（Sulawesi）、马鲁古群岛（Maluku）、巴布亚（Papua）和努沙登加拉（Nusa Tenggara）。卡尔斯顿航空公司（Kalstar Air）每月使用 ATR 型飞机从加里曼丹（Kalimantan）运送 10 万名乘客。其他当地航空公司如斯利维查雅航空（Sriwijaya Air）和连城航空（Citilink）也正在寻找印度尼西亚二级城市的新航线。斯利维查雅航空在 2016 年 4 月开通了一条从雅加达到多巴湖附近的新航线。2016 年，连城航空新开通了连接爪哇之外主要城市的六条新航线，即棉兰—亚齐（Medan-Aceh）、万隆—北干巴鲁（Bandung-Pekanbaru）、雅加达—龙目岛（Jakarta-Lombok）、乌戎潘当—万鸦老（Ujung Pandang-

Manado)、泗水—万鸦老（Surabaya-Manado）以及雅加达—查亚普拉（Jakarta-Jayapura）。

在国际航线方面，国内外航空公司竞相将印度尼西亚连接到世界上其他主要城市。印度尼西亚鹰航已开通至印度孟买的航线，旅客数在2016年达到35万左右。为了进军蓬勃发展的中国旅游市场，鹰航子公司连城航空在2016年12月到2017年3月将提供从中国到丹戎槟榔的包机航线。

外国航空公司同样看到了印度尼西亚航空业巨大的商业机会。卡塔尔航空公司（Qatar Airways）计划开通到棉兰、巴淡岛和马纳多的新航线，以及从雅加达到泗水的定期航班。在伊斯坦布尔—雅加达航线（Istanbul-Jakarta）成功开通后，土耳其航空公司（Turkish Airlines）计划在2017年底开通伊斯坦布尔—巴厘岛航线（Istanbul-Bali）。该航空公司目前经营从印度尼西亚首都到伊斯坦布尔（Istanbul）的每日航班，乘坐率为85%~90%。

（4）政府加大了航空监管改革，以刺激对航空业的投资

为了增加对航空部门的投资，印度尼西亚政府取消和优化了一些监管规定，以消除双重监管和双重收费现象，这些规定涵盖航空业的各个方面，包括商业航空公司、机场、航空邮件、航空货运、飞行学校、地面基础设施、在线空中运输许可证等。此外，政府简化了98个许可证，将许可证处理时间缩短了50%。为了支持国内飞机维护、修理和大修（MRO）行业，自2013年以来，政府已经通过八个阶段一揽子政策豁免了21种飞机部件的进口税。

表33 航空监管放松的部分政策

交通运输部文件	修订条款
（RTM）No. 41/2015	引入一项新规定,规定航空公司的大股东必须是印度尼西亚公民或印度尼西亚企业实体
（RTM）No. 7/2016	将货机的使用寿命从30年延长到40年
（RTM）No. 77/2014	降低要求,将航线能力(flight route capacity)从七降低到三
（RTM）No. 5/2015	下放权力,授予部长审批商业航空运输业许可证的权力

续表

交通运输部文件	修订条款
（RTM）No.68/2015	放宽设立航空公司的前期业务经历要求，例如，原规定要求实际从事航空运输三年且航空业务占企业业务50%以上才能申请成为正式的航空公司，目前该要求降为一年和20%
（RTM）No.56/2016	下放权力，授予部长审批开发新航线许可证的权力
（RTM）No.187/2015	降低机场企业的权益比例要求。按原规定经营机场业务的企业，其实收资本要达到总资产的30%（国内机场至少要3500亿印度尼西亚盾，国际机场至少要1万亿印度尼西亚盾），现改为总资产的25%

B.7 印度尼西亚金融业发展动态、竞争力与产业机会

摘　要： 印度尼西亚金融体系相对欠发达，金融服务的覆盖度还较低。在银行市场，四大国家银行占据约一半的市场份额，近二年规模增长放缓；证券市场和保险市场的外资参与度较高，外国投资者交易额占股票市场交易额的40%左右，而外资保险公司则是保险市场的主体。股票市场自2015年9月以来出现了一般中期上涨行情，但受外部环境影响，近期出现市场中外资负的净投资扩大现象，表明了外国投资者对市场的担心。由于当前规模仍然相对较小，以及政府推动金融发展尤其是银行、保险覆盖面扩大的决心，印度尼西亚金融业产业机会较多，但政府同时强调风险防范和谨慎监管，外资利用这些产业机会存在明显挑战。

关键词： 银行　证券市场　保险　竞争力

　　本文所指金融业包括银行、证券和保险三个二级行业。其中，银行业包括银行和其他信贷机构，指向消费者及企业和政府部门提供储蓄、贷款和相关金融服务的机构；证券业指证券发行和交易活动及相关金融机构，包括证券交易所、证券公司、证券托管与清算机构等；保险业则区分财产保险和人身保险，包括汽车、物业、债务等财产保险和人身意外、健康、养老、年金等人身相关的保险。

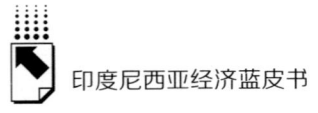

一 整体特征与动态要点

（1）整体金融化水平还较低

总体上讲，印度尼西亚金融体系相对欠发达，金融化率较低。亚洲开发银行2016年的报告显示，印度尼西亚金融资产（银行信贷、股票和债券市值）与国内生产总值的比率为103%，而邻国菲律宾为194%，马来西亚、新加坡和泰国均超过300%；并且印度尼西亚金融化率自2010年以来就基本保持不变，表明金融深化的进度在印度尼西亚并不明显。

金融化率低的现实表现之一就是金融服务的覆盖度较低。在2014年，印度尼西亚收入较低的40%的人口中，只有21.9%在金融机构有存款，超过40%的人口没有借款，只有13.1%从金融机构贷款（亚洲开发银行，2016）。在没有借款的人中，60%表示原因在于他们不被银行等机构所接纳，这表明印度尼西亚金融机构所提供的金融产品和服务并不能很好地覆盖社会大部分阶层；另一部人则是因为没有偿还能力而未借款；还有7%的人表示是因为他们不了解金融服务，不知道使用金融服务能够带来何种好处。

（2）实行混业经营，已建立起统一的综合监管架构

自2011年开始，印度尼西亚进行了金融监管体系的改革，目前主要的金融监管架构是以金管局（Financial Services Authority，OJK）和财政部的金融政策中心（Center on Financial Sector Policy under MOF's Fiscal Policy Agency）为核心，原归属于央行印度尼西亚银行（Bank Indonesia，BI）的监管职能转移到OJK，而BI成为单纯的中央银行，以维持币值稳定为唯一目标。

金管局（OJK）依据2011年第21号法令成立，目的是形成一个对包括银行、证券、保险在内的整体金融服务业的统一金融监管架构，目前央行对银行业的监督职能已转移到金管局，同时金管局还负责对资本市场和非银行金融机构的相关活动履行监管职责，如牌照许可或撤销、制定规章、对违反相关规定的机构予以制裁等。金管局由一个9名成员组成的委员会领导，委

员均由总统任命,具体包括主席、副主席兼伦理委员会主席、银行监管主任、资本市场监管主任、其他金融服务机构(保险、养老基金、财务公司等)监管主任、审计委员会主席、消费者教育和保护专员、来自央行董事会的一名委员,以及来自财政部的一名委员。

财政部则在财政政策局(BKF)下设立了一个新的金融政策中心,它的职能一是制定金融政策;二是协调政府部门和 OJK 的关系。由于金融业的改革和发展涉及众多利益和现有权力格局,协调好 OJK 与政府部门的关系非常重要。例如,在提高金融覆盖率、发展伊斯兰金融、开发资本市场产品、处理金融业的相关税务政策问题等都需要有 OJK 以外的政府部门参与。

政府还设立了金融部门稳定论坛(Financial Sector Stability Forum,FKSSK),它实际是一个相对灵活的部门间协调和信息共享机制,目的是促进增加预防金融危机和加强危机管理的能力。FKSSK 的秘书处设在财政政策局(BKF)。

印度尼西亚央行(BI)在法律上是国家设立的一家独立金融机构,不受政府或任何其他外部力量干涉,这一地位由 1999 年 5 月 17 日颁布的新《中央银行法》(第 23/1999 号法令)所确定,并自 2013 年将银行监管相关职责完全移交 OJK 后,成为单纯货币当局,负责印度尼西亚盾的币值稳定和清算顺畅。币值稳定任务包括两个方面:一个是印度尼西亚盾对商品和服务的价值稳定性,即控制通货膨胀的问题;另一个是印度尼西亚盾对其他货币的稳定性,即维持汇率稳定性的问题。

在 2014 年 BI 与 OJK 达成的协定中,两个机构之间在以下方面开展协调与合作,包括:①金融服务机构和宏观监测的相关信息共享;②执行银行审计;③清算系统;④联合研究;⑤在国际交流中印度尼西亚金融当局立场信息的交流;⑥公众金融教育等。

(3)具体行业的几个主要特征与发展动态

银行业

- 近两年资产增长相对缓慢,但未来前景仍然乐观。

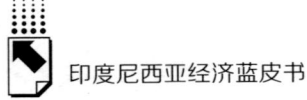

- 四大国家银行占据银行市场近"半壁江山"。
- 外资和合资银行约占市场10%的份额,在外汇业务领域约占四成。
- 作为伊斯兰人口最多的国家,伊斯兰银行在银行体系中发挥不可替代的作用。

证券业

- 2016年底,股票总市值5753.6万亿印度尼西亚盾,相当于GPD的46.3%,挂牌上市公司537家,其中活跃股票512只,证券经纪人106家,股票市场规模偏小。
- 平均市盈率16.5倍,2016年成交金额为1844.6万亿印度尼西亚盾。
- 自2015年9月以来,形成了一波上涨的中期行情。在2016年,雅加达综合指数由年前的4525.92点上升到年末的5296.71点,上涨17.03%。
- 外国投资者的投资占据市场近半的交易额,2016年上半年外资在股票市场表现为净流入,而在下半年表现为净流出,这种净流出可能与国内外政治经济事件有关,如美元升息动作及印度尼西亚国内的政治事件。
- 从市值构成看,金融行业和消费品制造业是市场的主体,两者合计占据市场48%的份额。

保险业

- 现有141家持牌保险公司,其中寿险业务的50家,占比36%;非寿险业务的81家,占比57%;其余为再保险公司和社会保险机构。
- 近几年维持了约17%的复合年增长率,高于周边国家。2015年总保费收入约为186亿美元,其中,寿险总保费收入约为129亿美元。
- 外资在保险市场占据主要地位。

(4)机会与挑战

- 政府致力于推动金融深化,在银行领域实施审慎的监管放松,以推动银行为更多的人口提供服务,如降低电子银行客户账户开户要求,降低银行准备金要求等,因而银行市场增长空间放大。
- 庞大的基础建设计划需要银行信贷支持,现有银行规模总体偏小,难以充分满足基建项目的融资需求。

- 与中国的银行相比，印度尼西亚银行规模总体偏小，前十大银行的资产总计约为 2909 亿美元，而同期中国工商银行的资产规模达到 34213 亿美元，中国的招商银行资产规模也达到了 8343 亿美元。
- 2016 年颁布了新的银行监管条例，增强了资本充足性、法律主体形式等方面的审慎监管要求，外资进入银行业的成本增加。
- 保险渗透率还较低，总体保费支出占 GDP 比重为 2.3% 左右，其中财险和再保险的保费支出率仅为 0.5%~0.6% 的水平，市场开发潜力大。
- 维持了外资可持有保险公司股份比例达 80% 的政策，是金融部门对外资开放度较高的领域。
- 2016 年新颁布的保险监管条例，监管审慎性提高，包括对本地股权认定、保险公司股权变动报批、单一法律实体要求等，增加外资进入成本。

二 银行业特征与发展形势分析

（一）总体发展情况分析

（1）总体规模及增长情况

依据印度尼西亚金融监管当局最新公布的信息，目前印度尼西亚共有 118 家独立商业银行，共 32847 个营业部。其中包括：4 家国家大型商业银行，10 家外资银行，12 家合资银行，26 家区域发展银行，在内资的 66 家商业银行中有 39 家具备外汇经营资格，其中有 12 家属于伊斯兰经营模式的银行（见表 1）。

截至 2016 年 4 月底，印度尼西亚全部商业银行总资产为 6180.703 万亿印度尼西亚盾，另有村镇银行资产 104.611 万亿印度尼西亚盾。2011 年至 2015 年的复合年增长率（CAGR）为 15.5%，但 2015 年和 2016 年初，增长速度明显下降，2015 年仅为 9.21%，而 2016 年 4 月较 2015 年末仅增长了 0.78%（见图 1），表明经济增长没有根本好转，银行业务增长乏力；同时这也与印度尼西亚当局加强风险防范，增强审慎监管有关。

表1　印度尼西亚各类银行数量（2016年）

银行类别	按资产规模分类				合计（家）
	小型银行（<1万亿印度尼西亚盾）	中小型银行（1万亿~10万亿印度尼西亚盾）	中大型银行（10万亿~50万亿印度尼西亚盾）	大型银行（>50万亿印度尼西亚盾）	
国有银行	0	0	0	4	4
有外汇经营资格的商业银行	0	14	12	13	39
无外汇经营资格的商业银行	6	18	2	1	27
地区性发展银行	0	9	14	3	26
合资银行	0	2	8	2	12
外资银行	0	2	4	4	10
合　计	6	45	40	27	118

资料来源：OJK。

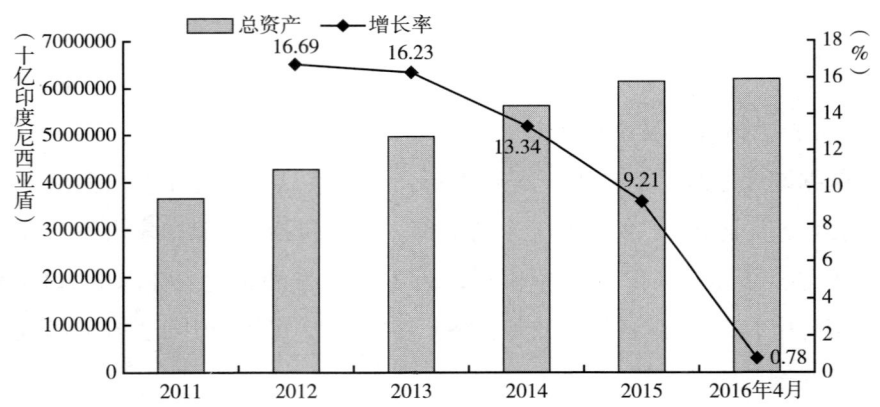

图1　印度尼西亚商业银行总资产增长情况

资料来源：OJK。

虽然从数字上看，印度尼西亚银行业务规模增长有限，但有国际机构预测其未来增长仍然乐观，估计到2020年能实现复合年均增长率12.2%的水平，即预计到2020年底印度尼西亚商业银行资产规模能达到8629亿美元，而在2015年年末该数字仅为4852亿美元（见表2）。相比之下，该机构对泰国和中国银行规模增长的预测分别为5.5%和12.4%。

表2 印度尼西亚银行业未来增长预期

年份	资产规模（十亿美元）	资产规模（十亿印度尼西亚盾）	年增长率(%)
2017	625.36	8377014.60	13.2
2018	703.61	9425342.60	12.5
2019	787.34	10546926.70	11.9
2020	862.87	11558626.50	9.6

资料来源：Marketline。

由于印度尼西亚是世界上信仰伊斯兰教人口最多的国家，在2.4亿人口中超过80%的人信仰伊斯兰教，因此伊斯兰银行的发展对印度尼西亚银行业的意义非常重大。目前印度尼西亚有12家伊斯兰银行，1990个营业部，占全国商业银行营业点数量的6%，吸纳存款占全部商业银行的5.29%（见图2、图3）。伊斯兰银行具有不同于普通商业银行的运作特色，其运营模式上具备储户互助特色和基于文化上的信任特征。

（2）产权结构特征

在全部118家商业银行中，有四家是国家控制的大型商业银行，分别是Bank Negara Indonesia、Bank Rakyat Indonesia、Bank Tabungan Negara 和 Bank Mandiri，虽然它们在数量上只占全部商业银行的3.4%，但其营业网点却占据全国网点数的54%，吸收公众存款占到36.9%，贷款余额占到36.4%，是整个银行体系的支柱。除了国家控制的银行外，印度尼西亚还有26家商业银行为地方政府所控制，占全部银行的22.0%，营业部数量占比为12%（见图2、图3），吸收公众存款占到7.8%，贷款余额占到8%。上述两者合计，政府控制的银行占据整个市场的45%左右。需要指出的是，这些银行中有许多已在印度尼西亚证交所（IDX）上市，实现了一定程度上的产权多元化。

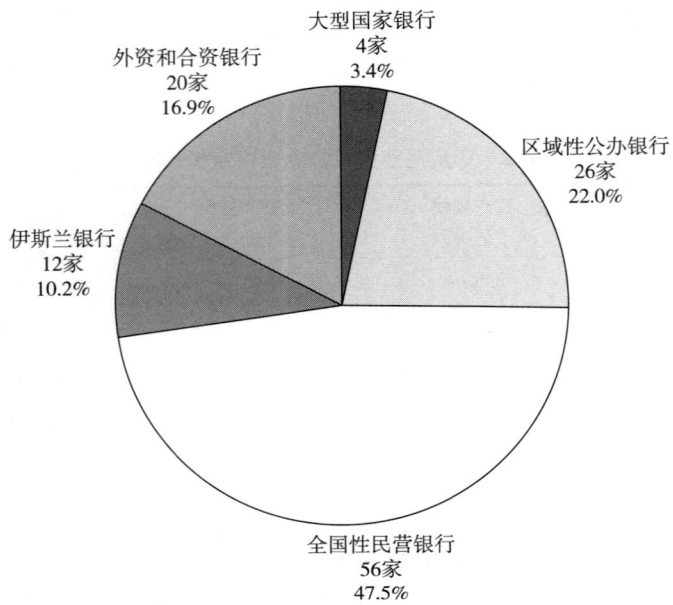

图 2　印度尼西亚不同类型银行数量对比（2015 年）

资料来源：BPS。

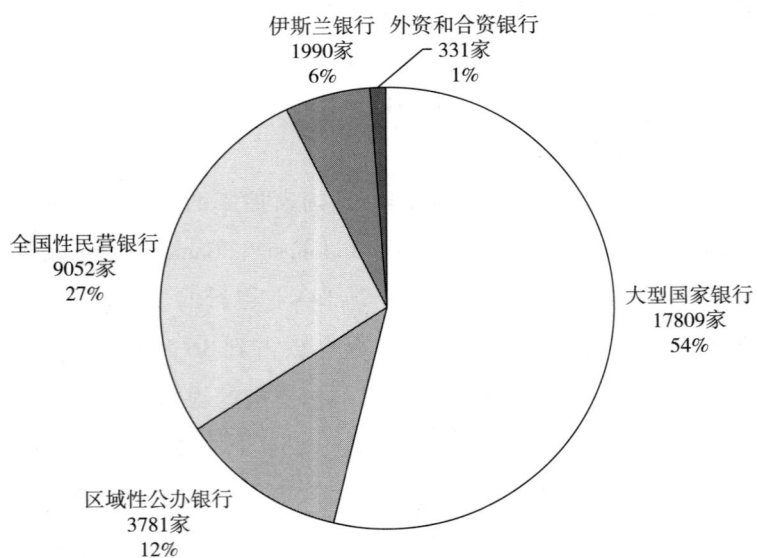

图 3　印度尼西亚不同类型银行营业部数量对比（2015 年）

资料来源：BPS。

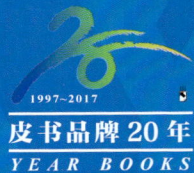

皮书系列

2017年

智库成果出版与传播平台

社会科学文献出版社
SOCIAL SCIENCES ACADEMIC PRESS (CHINA)

社长致辞

2017年正值皮书品牌专业化二十周年之际，世界每天都在发生着让人眼花缭乱的变化，而唯一不变的，是面向未来无数的可能性。作为个体，如何获取专业信息以备不时之需？作为行政主体或企事业主体，如何提高决策的科学性让这个世界变得更好而不是更糟？原创、实证、专业、前沿、及时、持续，这是1997年"皮书系列"品牌创立的初衷。

1997~2017，从最初一个出版社的学术产品名称到媒体和公众使用频率极高的热点词语，从专业术语到大众话语，从官方文件到独特的出版型态，作为重要的智库成果，"皮书"始终致力于成为海量信息时代的信息过滤器，成为经济社会发展的记录仪，成为政策制定、评估、调整的智力源，社会科学研究的资料集成库。"皮书"的概念不断延展，"皮书"的种类更加丰富，"皮书"的功能日渐完善。

1997~2017，皮书及皮书数据库已成为中国新型智库建设不可或缺的抓手与平台，成为政府、企业和各类社会组织决策的利器，成为人文社科研究最基本的资料库，成为世界系统完整及时认知当代中国的窗口和通道！"皮书"所具有的凝聚力正在形成一种无形的力量，吸引着社会各界关注中国的发展，参与中国的发展。

二十年的"皮书"正值青春，愿每一位皮书人付出的年华与智慧不辜负这个时代！

社会科学文献出版社社长
中国社会学会秘书长

2016年11月

社会科学文献出版社简介

社会科学文献出版社成立于1985年，是直属于中国社会科学院的人文社会科学学术出版机构。成立以来，社科文献出版社依托于中国社会科学院和国内外人文社会科学界丰厚的学术出版和专家学者资源，始终坚持"创社科经典，出传世文献"的出版理念、"权威、前沿、原创"的产品定位以及学术成果和智库成果出版的专业化、数字化、国际化、市场化的经营道路。

社科文献出版社是中国新闻出版业转型与文化体制改革的先行者。积极探索文化体制改革的先进方向和现代企业经营决策机制，社科文献出版社先后荣获"全国文化体制改革工作先进单位"、中国出版政府奖·先进出版单位奖，中国社会科学院先进集体、全国科普工作先进集体等荣誉称号。多人次荣获"第十届韬奋出版奖""全国新闻出版行业领军人才""数字出版先进人物""北京市新闻出版广电行业领军人才"等称号。

社科文献出版社是中国人文社会科学学术出版的大社名社，也是以皮书为代表的智库成果出版的专业强社。年出版图书2000余种，其中皮书350余种，出版新书字数5.5亿字，承印与发行中国社科院院属期刊72种，先后创立了皮书系列、列国志、中国史话、社科文献学术译库、社科文献学术文库、甲骨文书系等一大批既有学术影响又有市场价值的品牌，确立了在社会学、近代史、苏东问题研究等专业学科及领域出版的领先地位。图书多次荣获中国出版政府奖、"三个一百"原创图书出版工程、"五个'一'工程奖"、"大众喜爱的50种图书"等奖项，在中央国家机关"强素质·做表率"读书活动中，入选图书品种数位居各大出版社之首。

社科文献出版社是中国学术出版规范与标准的倡议者与制定者，代表全国50多家出版社发起实施学术著作出版规范的倡议，承担学术著作规范国家标准的起草工作，率先编撰完成《皮书手册》对皮书品牌进行规范化管理，并在此基础上推出中国版芝加哥手册——《SSAP学术出版手册》。

社科文献出版社是中国数字出版的引领者，拥有皮书数据库、列国志数据库、"一带一路"数据库、减贫数据库、集刊数据库等4大产品线11个数据库产品，机构用户达1300余家，海外用户百余家，荣获"数字出版转型示范单位""新闻出版标准化先进单位""专业数字内容资源知识服务模式试点企业标准化示范单位"等称号。

社科文献出版社是中国学术出版走出去的践行者。社科文献出版社海外图书出版与学术合作业务遍及全球40余个国家和地区并于2016年成立俄罗斯分社，累计输出图书500余种，涉及近20个语种，累计获得国家社科基金中华学术外译项目资助76种、"丝路书香工程"项目资助60种、中国图书对外推广计划项目资助71种以及经典中国国际出版工程资助28种，被商务部认定为"2015-2016年度国家文化出口重点企业"。

如今，社科文献出版社拥有固定资产3.6亿元，年收入近3亿元，设置了七大出版分社、六大专业部门，成立了皮书研究院和博士后科研工作站，培养了一支近400人的高素质与高效率的编辑、出版、营销和国际推广队伍，为未来成为学术出版的大社、名社、强社，成为文化体制改革与文化企业转型发展的排头兵奠定了坚实的基础。

经济类

经 济 类

经济类皮书涵盖宏观经济、城市经济、大区域经济，
提供权威、前沿的分析与预测

经济蓝皮书
2017年中国经济形势分析与预测

李扬 / 主编　2017年1月出版　定价：89.00元

◆ 本书为总理基金项目，由著名经济学家李扬领衔，联合中国社会科学院等数十家科研机构、国家部委和高等院校的专家共同撰写，系统分析了2016年的中国经济形势并预测2017年中国经济运行情况。

中国省域竞争力蓝皮书
中国省域经济综合竞争力发展报告（2015～2016）

李建平　李闽榕　高燕京 / 主编　2017年5月出版　定价：198.00元

◆ 本书融多学科的理论为一体，深入追踪研究了省域经济发展与中国国家竞争力的内在关系，为提升中国省域经济综合竞争力提供有价值的决策依据。

城市蓝皮书
中国城市发展报告No.10

潘家华　单菁菁 / 主编　2017年9月出版　估价：89.00元

◆ 本书是由中国社会科学院城市发展与环境研究中心编著的，多角度、全方位地立体展示了中国城市的发展状况，并对中国城市的未来发展提出了许多建议。该书有强烈的时代感，对中国城市发展实践有重要的参考价值。

皮书系列重点推荐　经济类

人口与劳动绿皮书
中国人口与劳动问题报告 No.18

蔡昉　张车伟 / 主编　2017 年 10 月出版　估价：89.00 元

◆ 本书为中国社会科学院人口与劳动经济研究所主编的年度报告，对当前中国人口与劳动形势做了比较全面和系统的深入讨论，为研究中国人口与劳动问题提供了一个专业性的视角。

世界经济黄皮书
2017 年世界经济形势分析与预测

张宇燕 / 主编　2017 年 1 月出版　定价：89.00 元

◆ 本书由中国社会科学院世界经济与政治研究所的研究团队撰写，2016 年世界经济增速进一步放缓，就业增长放慢。世界经济面临许多重大挑战同时，地缘政治风险、难民危机、大国政治周期、恐怖主义等问题也仍然在影响世界经济的稳定与发展。预计 2017 年按 PPP 计算的世界 GDP 增长率约为 3.0%。

国际城市蓝皮书
国际城市发展报告（2017）

屠启宇 / 主编　2017 年 2 月出版　定价：79.00 元

◆ 本书作者以上海社会科学院从事国际城市研究的学者团队为核心，汇集同济大学、华东师范大学、复旦大学、上海交通大学、南京大学、浙江大学相关城市研究专业学者。立足动态跟踪介绍国际城市发展时间中，最新出现的重大战略、重大理念、重大项目、重大报告和最佳案例。

金融蓝皮书
中国金融发展报告（2017）

王国刚 / 主编　2017 年 2 月出版　定价：79.00 元

◆ 本书由中国社会科学院金融研究所组织编写，概括和分析了 2016 年中国金融发展和运行中的各方面情况，研讨和评论了 2016 年发生的主要金融事件，有利于读者了解掌握 2016 年中国的金融状况，把握 2017 年中国金融的走势。

经济类 皮书系列重点推荐

农村绿皮书
中国农村经济形势分析与预测（2016～2017）

魏后凯 黄秉信/主编 2017年4月出版 定价：79.00元

◆ 本书描述了2016年中国农业农村经济发展的一些主要指标和变化，并对2017年中国农业农村经济形势的一些展望和预测，提出相应的政策建议。

西部蓝皮书
中国西部发展报告（2017）

徐璋勇/主编 2017年8月出版 定价：89.00元

◆ 本书由西北大学中国西部经济发展研究中心主编，汇集了源自西部本土以及国内研究西部问题的权威专家的第一手资料，对国家实施西部大开发战略进行年度动态跟踪，并对2017年西部经济、社会发展态势进行预测和展望。

经济蓝皮书·夏季号
中国经济增长报告（2016～2017）

李扬/主编 2017年5月出版 定价：98.00元

◆ 中国经济增长报告主要探讨2016~2017年中国经济增长问题，以专业视角解读中国经济增长，力求将其打造成一个研究中国经济增长、服务宏微观各级决策的周期性、权威性读物。

就业蓝皮书
2017年中国本科生就业报告

麦可思研究院/编著 2017年6月出版 定价：98.00元

◆ 本书基于大量的数据和调研，内容翔实，调查独到，分析到位，用数据说话，对中国大学生就业及学校专业设置起到了很好的建言献策作用。

皮书系列 重点推荐　社会政法类

社会政法类

社会政法类皮书聚焦社会发展领域的热点、难点问题，提供权威、原创的资讯与视点

社会蓝皮书
2017年中国社会形势分析与预测

李培林　陈光金　张翼/主编　2016年12月出版　定价：89.00元

◆ 本书由中国社会科学院社会学研究所组织研究机构专家、高校学者和政府研究人员撰写，聚焦当下社会热点，对2016年中国社会发展的各个方面内容进行了权威解读，同时对2017年社会形势发展趋势进行了预测。

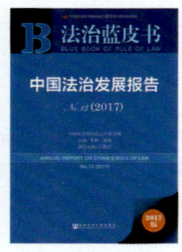

法治蓝皮书
中国法治发展报告 No.15（2017）

李林　田禾/主编　2017年3月出版　定价：118.00元

◆ 本年度法治蓝皮书回顾总结了2016年度中国法治发展取得的成就和存在的不足，对中国政府、司法、检务透明度进行了跟踪调研，并对2017年中国法治发展形势进行了预测和展望。

社会体制蓝皮书
中国社会体制改革报告 No.5（2017）

龚维斌/主编　2017年3月出版　定价：89.00元

◆ 本书由国家行政学院社会治理研究中心和北京师范大学中国社会管理研究院共同组织编写，主要对2016年社会体制改革情况进行回顾和总结，对2017年的改革走向进行分析，提出相关政策建议。

社会政法类 | 皮书系列 重点推荐

社会心态蓝皮书
中国社会心态研究报告（2017）
王俊秀 杨宜音/主编 2017年12月出版 估价：89.00元

◆ 本书是中国社会科学院社会学研究所社会心理研究中心"社会心态蓝皮书课题组"的年度研究成果，运用社会心理学、社会学、经济学、传播学等多种学科的方法进行了调查和研究，对于目前中国社会心态状况有较广泛和深入的揭示。

生态城市绿皮书
中国生态城市建设发展报告（2017）
刘举科 孙伟平 胡文臻/主编 2017年10月出版 估价：118.00元

◆ 报告以绿色发展、循环经济、低碳生活、民生宜居为理念，以更新民众观念、提供决策咨询、指导工程实践、引领绿色发展为宗旨，试图探索一条具有中国特色的城市生态文明建设新路。

城市生活质量蓝皮书
中国城市生活质量报告（2017）
中国经济实验研究院/主编 2018年2月出版 估价：89.00元

◆ 本书对全国35个城市居民的生活质量主观满意度进行了电话调查，同时对35个城市居民的客观生活质量指数进行了计算，为中国城市居民生活质量的提升，提出了针对性的政策建议。

公共服务蓝皮书
中国城市基本公共服务力评价（2017）
钟君 刘志昌 吴正杲/主编 2017年12月出版 估价：89.00元

◆ 中国社会科学院经济与社会建设研究室与华图政信调查组成联合课题组，从2010年开始对基本公共服务力进行研究，研创了基本公共服务力评价指标体系，为政府考核公共服务与社会管理工作提供了理论工具。

皮书系列 重点推荐

行业报告类

行业报告类

行业报告类皮书立足重点行业、新兴行业领域，提供及时、前瞻的数据与信息

企业社会责任蓝皮书
中国企业社会责任研究报告（2017）

黄群慧　钟宏武　张蒽　翟利峰/著　2017年10月出版　估价：89.00元

◆ 本书剖析了中国企业社会责任在2016～2017年度的最新发展特征，详细解读了省域国有企业在社会责任方面的阶段性特征，生动呈现了国内外优秀企业的社会责任实践。对了解中国企业社会责任履行现状、未来发展，以及推动社会责任建设有重要的参考价值。

新能源汽车蓝皮书
中国新能源汽车产业发展报告（2017）

中国汽车技术研究中心　日产（中国）投资有限公司　东风汽车有限公司/编著　2017年8月出版　定价：98.00元

◆ 本书对中国2016年新能源汽车产业发展进行了全面系统的分析，并介绍了国外的发展经验。有助于相关机构、行业和社会公众等了解中国新能源汽车产业发展的最新动态，为政府部门出台新能源汽车产业相关政策法规、企业制定相关战略规划，提供必要的借鉴和参考。

杜仲产业绿皮书
中国杜仲橡胶资源与产业发展报告（2016～2017）

杜红岩　胡文臻　俞锐/主编　2017年11月出版　估价：85.00元

◆ 本书对2016年杜仲产业的发展情况、研究团队在杜仲研究方面取得的重要成果、部分地区杜仲产业发展的具体情况、杜仲新标准的制定情况等进行了较为详细的分析与介绍，使广大关心杜仲产业发展的读者能够及时跟踪产业最新进展。

企业蓝皮书
中国企业绿色发展报告 No.2（2017）

李红玉 朱光辉 / 主编　　2017年11月出版　　估价：89.00元

◆ 本书深入分析中国企业能源消费、资源利用、绿色金融、绿色产品、绿色管理、信息化、绿色发展政策及绿色文化方面的现状，并对目前存在的问题进行研究，剖析因果，谋划对策，为企业绿色发展提供借鉴，为中国生态文明建设提供支撑。

中国上市公司蓝皮书
中国上市公司发展报告（2017）

张平　王宏淼 / 主编　　2017年9月出版　　定价：98.00元

◆ 本书由中国社会科学院上市公司研究中心组织编写的，着力于全面、真实、客观反映当前中国上市公司财务状况和价值评估的综合性年度报告。本书详尽分析了2016年中国上市公司情况，特别是现实中暴露出的制度性、基础性问题，并对资本市场改革进行了探讨。

资产管理蓝皮书
中国资产管理行业发展报告（2017）

智信资产管理研究院 / 编著　　2017年7月出版　　定价：98.00元

◆ 中国资产管理行业刚刚兴起，未来将成为中国金融市场最有看点的行业。本书主要分析了2016年度资产管理行业的发展情况，同时对资产管理行业的未来发展做出科学的预测。

体育蓝皮书
中国体育产业发展报告（2017）

阮伟　钟秉枢 / 主编　　2017年12月出版　　估价：89.00元

◆ 本书运用多种研究方法，在体育竞赛业、体育用品业、体育场馆业、体育传媒业等传统产业研究的基础上，并对2016年体育领域内的各种热点事件进行研究和梳理，进一步拓宽了研究的广度、提升了研究的高度、挖掘了研究的深度。

皮书系列重点推荐　国别与地区类

国际问题类

国际问题类皮书关注全球重点国家与地区，
提供全面、独特的解读与研究

美国蓝皮书
美国研究报告（2017）

郑秉文　黄平 / 主编　2017年5月出版　定价：89.00元

◆ 本书是由中国社会科学院美国研究所主持完成的研究成果，它回顾了美国2016年的经济、政治形势与外交战略，对2017年以来美国内政外交发生的重大事件及重要政策进行了较为全面的回顾和梳理。

日本蓝皮书
日本研究报告（2017）

杨伯江 / 主编　2017年6月出版　定价：89.00元

◆ 本书对2016年日本的政治、经济、社会、外交等方面的发展情况做了系统介绍，对日本的热点及焦点问题进行了总结和分析，并在此基础上对该国2017年的发展前景做出预测。

亚太蓝皮书
亚太地区发展报告（2017）

李向阳 / 主编　2017年5月出版　定价：79.00元

◆ 本书是中国社会科学院亚太与全球战略研究院的集体研究成果。2017年的"亚太蓝皮书"继续关注中国周边环境的变化。该书盘点了2016年亚太地区的焦点和热点问题，为深入了解2016年及未来中国与周边环境的复杂形势提供了重要参考。

皮书系列重点推荐

国别与地区类

德国蓝皮书
德国发展报告（2017）

郑春荣 / 主编　2017 年 6 月出版　定价：79.00 元

◆　本报告由同济大学德国研究所组织编撰，由该领域的专家学者对德国的政治、经济、社会文化、外交等方面的形势发展情况，进行全面的阐述与分析。

日本经济蓝皮书
日本经济与中日经贸关系研究报告（2017）

张季风 / 编著　2017 年 6 月出版　　定价：89.00 元

◆　本书系统、详细地介绍了 2016 年日本经济以及中日经贸关系发展情况，在进行了大量数据分析的基础上，对 2017 年日本经济以及中日经贸关系的大致发展趋势进行了分析与预测。

俄罗斯黄皮书
俄罗斯发展报告（2017）

李永全 / 编著　2017 年 6 月出版　定价：89.00 元

◆　本书系统介绍了 2016 年俄罗斯经济政治情况，并对 2016 年该地区发生的焦点、热点问题进行了分析与回顾；在此基础上，对该地区 2017 年的发展前景进行了预测。

非洲黄皮书
非洲发展报告 No.19（2016 ~ 2017）

张宏明 / 主编　2017 年 7 月出版　定价：89.00 元

◆　本书是由中国社会科学院西亚非洲研究所组织编撰的非洲形势年度报告，比较全面、系统地分析了 2016 年非洲政治形势和热点问题，探讨了非洲经济形势和市场走向，剖析了大国对非洲关系的新动向；此外，还介绍了国内非洲研究的新成果。

皮书系列重点推荐 地方发展类

地方发展类

地方发展类皮书关注中国各省份、经济区域，提供科学、多元的预判与资政信息

北京蓝皮书
北京公共服务发展报告（2016~2017）

施昌奎 / 主编　2017 年 3 月出版　定价：79.00 元

◆ 本书是由北京市政府职能部门的领导、首都著名高校的教授、知名研究机构的专家共同完成的关于北京市公共服务发展与创新的研究成果。

河南蓝皮书
河南经济发展报告（2017）

张占仓　完世伟 / 主编　2017 年 4 月出版　定价：79.00 元

◆ 本书以国内外经济发展环境和走向为背景，主要分析当前河南经济形势，预测未来发展趋势，全面反映河南经济发展的最新动态、热点和问题，为地方经济发展和领导决策提供参考。

广州蓝皮书
2017 年中国广州经济形势分析与预测

魏明海　谢博能　李华 / 主编　2017 年 6 月出版　定价：85.00 元

◆ 本书由广州大学与广州市委政策研究室、广州市统计局联合主编，汇集了广州科研团体、高等院校和政府部门诸多经济问题研究专家、学者和实际部门工作者的最新研究成果，是关于广州经济运行情况和相关专题分析、预测的重要参考资料。

 文化传媒类　　皮书系列 重点推荐

文化传媒类

文化传媒类皮书透视文化领域、文化产业，
探索文化大繁荣、大发展的路径

新媒体蓝皮书
中国新媒体发展报告 No.8（2017）

唐绪军 / 主编　　2017 年 6 月出版　　定价：79.00 元

◆ 本书是由中国社会科学院新闻与传播研究所组织编写的关于新媒体发展的最新年度报告，旨在全面分析中国新媒体的发展现状，解读新媒体的发展趋势，探析新媒体的深刻影响。

移动互联网蓝皮书
中国移动互联网发展报告（2017）

余清楚 / 主编　　2017 年 6 月出版　　定价：98.00 元

◆ 本书着眼于对 2016 年度中国移动互联网的发展情况做深入解析，对未来发展趋势进行预测，力求从不同视角、不同层面全面剖析中国移动互联网发展的现状、年度突破及热点趋势等。

传媒蓝皮书
中国传媒产业发展报告（2017）

崔保国 / 主编　　2017 年 5 月出版　　定价：98.00 元

◆ "传媒蓝皮书"连续十多年跟踪观察和系统研究中国传媒产业发展。本报告在对传媒产业总体以及各细分行业发展状况与趋势进行深入分析基础上，对年度发展热点进行跟踪，剖析新技术引领下的商业模式，对传媒各领域发展趋势、内体经营、传媒投资进行解析，为中国传媒产业正在发生的变革提供前瞻行参考。

经济类

"三农"互联网金融蓝皮书
中国"三农"互联网金融发展报告（2017）
著(编)者：李勇坚 王弢　　2017年8月出版 / 估价：98.00元
PSN B-2016-561-1/1

"一带一路"投资安全蓝皮书
中国"一带一路"投资与安全研究报告（2017）
著(编)者：邹统钎 梁昊光　　2017年4月出版 / 定价：89.00元
PSN B-2017-612-1/1

G20国家创新竞争力黄皮书
二十国集团（G20）国家创新竞争力发展报告（2016~2017）
著(编)者：李建平 李闽榕 赵新力　周天勇
2017年8月出版 / 估价：158.00元
PSN Y-2011-229-1/1

产业蓝皮书
中国产业竞争力报告（2017）No.7
著(编)者：张其仔　　2017年12月出版 / 估价：98.00元
PSN B-2010-175-1/1

城市创新蓝皮书
中国城市创新报告（2017）
著(编)者：周天勇 旷建伟　　2017年11月出版 / 估价：89.00元
PSN B-2013-340-1/1

城市蓝皮书
中国城市发展报告 No.10
著(编)者：潘家华 单菁菁　　2017年9月出版 / 估价：89.00元
PSN B-2007-091-1/1

城乡一体化蓝皮书
中国城乡一体化发展报告（2016~2017）
著(编)者：汝信 付崇兰　　2017年7月出版 / 估价：85.00元
PSN B-2011-226-1/2

城镇化蓝皮书
中国新型城镇化健康发展报告（2017）
著(编)者：张占斌　　2017年11月出版 / 估价：89.00元
PSN B-2014-396-1/1

创新蓝皮书
创新型国家建设报告（2016~2017）
著(编)者：詹正茂　　2017年12月出版 / 估价：89.00元
PSN B-2009-140-1/1

创业蓝皮书
中国创业发展报告（2016~2017）
著(编)者：黄群慧 赵卫星 钟宏武 等
2017年11月出版 / 估价：89.00元
PSN B-2016-578-1/1

低碳发展蓝皮书
中国低碳发展报告（2017）
著(编)者：张希良 齐晔　　2017年6月出版 / 定价：79.00元
PSN B-2011-223-1/1

低碳经济蓝皮书
中国低碳经济发展报告（2017）
著(编)者：薛进军 赵忠秀　　2017年7月出版 / 估价：85.00元
PSN B-2011-194-1/1

东北蓝皮书
中国东北地区发展报告（2017）
著(编)者：姜晓秋　　2017年2月出版 / 定价：79.00元
PSN B-2006-067-1/1

发展与改革蓝皮书
中国经济发展和体制改革报告No.8
著(编)者：邹东涛 王再文　　2017年7月出版 / 估价：98.00元
PSN B-2008-122-1/1

工业化蓝皮书
中国工业化进程报告（1999~2015）
著(编)者：黄群慧 李芳芳 等
2017年5月出版 / 定价：158.00元
PSN B-2007-095-1/1

管理蓝皮书
中国管理发展报告（2017）
著(编)者：张晓东　　2017年10月出版 / 估价：98.00元
PSN B-2014-416-1/1

国际城市蓝皮书
国际城市发展报告（2017）
著(编)者：屠启宇　　2017年2月出版 / 定价：79.00元
PSN B-2012-260-1/1

国家创新蓝皮书
中国创新发展报告（2017）
著(编)者：陈劲　　2018年3月出版 / 估价：89.00元
PSN B-2014-370-1/1

金融蓝皮书
中国金融发展报告（2017）
著(编)者：王国刚　　2017年2月出版 / 定价：79.00元
PSN B-2004-031-1/6

京津冀金融蓝皮书
京津冀金融发展报告（2017）
著(编)者：王爱俭 李向前
2017年7月出版 / 估价：89.00元
PSN B-2016-528-1/1

京津冀蓝皮书
京津冀发展报告（2017）
著(编)者：祝合良 叶堂林 张贵祥 等
2017年4月出版 / 估价：89.00元
PSN B-2012-262-1/1

经济蓝皮书
2017年中国经济形势分析与预测
著(编)者：李扬　　2017年1月出版 / 定价：89.00元
PSN B-1996-001-1/1

经济蓝皮书·春季号
2017年中国经济前景分析
著(编)者：李扬　　2017年5月出版 / 定价：79.00元
PSN B-1999-008-1/1

经济蓝皮书·夏季号
中国经济增长报告（2016~2017）
著(编)者：李扬　　2017年9月出版 / 估价：98.00元
PSN B-2010-176-1/1

经济信息绿皮书
中国与世界经济发展报告（2017）
著(编)者：杜平　　2017年12月出版 / 估价：89.00元
PSN G-2003-023-1/1

就业蓝皮书
2017年中国本科生就业报告
著(编)者：麦可思研究院　　2017年6月出版 / 定价：98.00元
PSN B-2009-146-1/2

经济类 皮书系列 2017全品种

就业蓝皮书
2017年中国高职高专生就业报告
著(编)者：麦可思研究院　　2017年6月出版 / 定价：98.00元
PSN B-2015-472-2/2

科普能力蓝皮书
中国科普能力评价报告（2017）
著(编)者：李富 强李群　　2017年8月出版 / 估价：89.00元
PSN B-2016-556-1/1

临空经济蓝皮书
中国临空经济发展报告（2017）
著(编)者：连玉明　　2017年9月出版 / 估价：89.00元
PSN B-2014-421-1/1

农村绿皮书
中国农村经济形势分析与预测（2016~2017）
著(编)者：魏后凯 黄秉信
2017年4月出版 / 定价：79.00元
PSN G-1998-003-1/1

农业应对气候变化蓝皮书
气候变化对中国农业影响评估报告 No.3
著(编)者：矫梅燕　　2017年8月出版 / 估价：98.00元
PSN B-2014-413-1/1

气候变化绿皮书
应对气候变化报告（2017）
著(编)者：王伟光 郑国光　　2017年11月出版 / 估价：89.00元
PSN G-2009-144-1/1

区域蓝皮书
中国区域经济发展报告（2016~2017）
著(编)者：赵弘　　2017年5月出版 / 定价：79.00元
PSN B-2004-034-1/1

全球环境竞争力绿皮书
全球环境竞争力报告（2017）
著(编)者：李建平 李闽榕 王金南
2017年12月出版 / 估价：198.00元
PSN G-2013-363-1/1

人口与劳动绿皮书
中国人口与劳动问题报告 No.18
著(编)者：蔡昉 张车伟　　2017年11月出版 / 估价：89.00元
PSN G-2000-012-1/1

商务中心区蓝皮书
中国商务中心区发展报告 No.3（2016）
著(编)者：李国红 单菁菁　　2017年9月出版 / 估价：98.00元
PSN B-2015-444-1/1

世界经济黄皮书
2017年世界经济形势分析与预测
著(编)者：张宇燕　　2017年1月出版 / 定价：89.00元
PSN Y-1999-006-1/1

世界旅游城市绿皮书
世界旅游城市发展报告（2017）
著(编)者：宋宇　　2017年7月出版 / 估价：128.00元
PSN G-2014-400-1/1

土地市场蓝皮书
中国农村土地市场发展报告（2016~2017）
著(编)者：李光荣　　2017年7月出版 / 估价：89.00元
PSN B-2016-527-1/1

西北蓝皮书
中国西北发展报告（2017）
著(编)者：任宗哲 白宽犁 王建康
2017年4月出版 / 定价：88.00元
PSN B-2012-261-1/1

西部蓝皮书
中国西部发展报告（2017）
著(编)者：徐璋勇　　2017年8月出版 / 定价：89.00元
PSN B-2005-039-1/1

新型城镇化蓝皮书
新型城镇化发展报告（2017）
著(编)者：李伟 宋敏 沈体雁　　2018年7月出版 / 估价：98.00元
PSN B-2014-431-1/1

新兴经济体蓝皮书
金砖国家发展报告（2017）
著(编)者：林跃勤 周文　　2017年12月出版 / 估价：89.00元
PSN B-2011-195-1/1

长三角蓝皮书
2017年创新融合发展的长三角
著(编)者：王庆五　　2018年3月出版 / 估价：88.00元
PSN B-2005-038-1/1

中部竞争力蓝皮书
中国中部经济社会竞争力报告（2017）
著(编)者：教育部人文社会科学重点研究基地
　　　　　南昌大学中国中部经济社会发展研究中心
2017年12月出版 / 估价：89.00元
PSN B-2012-276-1/1

中部蓝皮书
中国中部地区发展报告（2017）
著(编)者：宋亚平　　2017年12月出版 / 定价：88.00元
PSN B-2007-089-1/1

中国省域竞争力蓝皮书
中国省域经济综合竞争力发展报告（2017）
著(编)者：李建平 李闽榕 高燕京
2017年2月出版 / 定价：198.00元
PSN B-2007-088-1/1

中三角蓝皮书
长江中游城市群发展报告（2017）
著(编)者：秦尊文　　2017年9月出版 / 估价：89.00元
PSN B-2014-417-1/1

中小城市绿皮书
中国中小城市发展报告（2017）
著(编)者：中国城市经济学会中小城市经济发展委员会
　　　　　中国城镇化促进会中小城市发展委员会
　　　　　《中国中小城市发展报告》编纂委员会
　　　　　中小城市发展战略研究院
2017年11月出版 / 估价：128.00元
PSN G-2010-161-1/1

中原蓝皮书
中原经济区发展报告（2017）
著(编)者：李英杰　　2017年7月出版 / 估价：88.00元
PSN B-2011-192-1/1

自贸区蓝皮书
中国自贸区发展报告（2017）
著(编)者：王力 黄育华　　2017年6月出版 / 定价：89.00元
PSN B-2016-559-1/1

社会政法类

北京蓝皮书
中国社区发展报告（2017）
著(编)者：于燕燕　　2018年4月出版 / 估价：89.00元
PSN B-2007-083-5/8

殡葬绿皮书
中国殡葬事业发展报告（2017）
著(编)者：李伯森　　2017年11月出版 / 估价：158.00元
PSN G-2010-180-1/1

城市管理蓝皮书
中国城市管理报告（2016~2017）
著(编)者：刘林　刘承水　2017年7月出版 / 估价：158.00元
PSN B-2013-336-1/1

城市生活质量蓝皮书
中国城市生活质量报告（2017）
著(编)者：中国经济实验研究院
2018年2月出版 / 估价：89.00元
PSN B-2013-326-1/1

城市政府能力蓝皮书
中国城市政府公共服务能力评估报告（2017）
著(编)者：何艳玲　　2017年7月出版 / 估价：89.00元
PSN B-2013-338-1/1

慈善蓝皮书
中国慈善发展报告（2017）
著(编)者：杨团　　2017年6月出版 / 定价：98.00元
PSN B-2009-142-1/1

党建蓝皮书
党的建设研究报告 No.2（2017）
著(编)者：崔建民　陈东平　2017年7月出版 / 估价：89.00元
PSN B-2016-524-1/1

地方法治蓝皮书
中国地方法治发展报告 No.3（2017）
著(编)者：李林　田禾　2017年7月出版 / 估价：108.00元
PSN B-2015-442-1/1

法治蓝皮书
中国法治发展报告 No.15（2017）
著(编)者：李林　田禾　2017年3月出版 / 定价：118.00元
PSN B-2004-027-1/1

法治政府蓝皮书
中国法治政府发展报告（2017）
著(编)者：中国政法大学法治政府研究院
2018年4月出版 / 估价：98.00元
PSN B-2015-502-1/2

法治政府蓝皮书
中国法治政府评估报告（2017）
著(编)者：中国政法大学法治政府研究院
2017年11月出版 / 估价：98.00元
PSN B-2016-577-2/2

法治蓝皮书
中国法院信息化发展报告 No.1（2017）
著(编)者：李林　田禾　2017年2月出版 / 估价：108.00元
PSN B-2017-604-3/3

反腐倡廉蓝皮书
中国反腐倡廉建设报告 No.7
著(编)者：张英伟　　2017年12月出版 / 估价：89.00元
PSN B-2012-259-1/1

非传统安全蓝皮书
中国非传统安全研究报告（2016~2017）
著(编)者：余潇枫　魏志江　2017年7月出版 / 估价：89.00元
PSN B-2012-273-1/1

妇女发展蓝皮书
中国妇女发展报告 No.7
著(编)者：王金玲　　2017年9月出版 / 估价：148.00元
PSN B-2006-069-1/1

妇女教育蓝皮书
中国妇女教育发展报告 No.4
著(编)者：张李玺　　2017年10月出版 / 估价：78.00元
PSN B-2008-121-1/1

妇女绿皮书
中国性别平等与妇女发展报告（2017）
著(编)者：谭琳　　2017年12月出版 / 估价：99.00元
PSN G-2006-073-1/1

公共服务蓝皮书
中国城市基本公共服务力评价（2017）
著(编)者：钟君　刘志昌　吴正杲　2017年12月出版 / 估价：89.00元
PSN B-2011-214-1/1

公民科学素质蓝皮书
中国公民科学素质报告（2016~2017）
著(编)者：李群　陈雄　马宗文
2017年7月出版 / 估价：89.00元
PSN B-2014-379-1/1

公共关系蓝皮书
中国公共关系发展报告（2017）
著(编)者：柳斌杰　　2017年11月出版 / 估价：89.00元
PSN B-2016-580-1/1

公益蓝皮书
中国公益慈善发展报告（2017）
著(编)者：朱健刚　　2018年4月出版 / 估价：118.00元
PSN B-2012-283-1/1

国际人才蓝皮书
中国国际移民报告（2017）
著(编)者：王辉耀　　2017年7月出版 / 估价：89.00元
PSN B-2012-304-3/4

国际人才蓝皮书
中国留学发展报告（2017）No.5
著(编)者：王辉耀　苗绿　2017年10月出版 / 估价：89.00元
PSN B-2012-244-2/4

海关发展蓝皮书
中国海关发展前沿报告
著(编)者：于春晖　　2017年6月出版 / 定价：89.00元
PSN B-2017-616-1/1

社会政法类　皮书系列 2017全品种

海洋社会蓝皮书
中国海洋社会发展报告（2017）
著(编)者：崔凤 宋宁而　2018年3月出版 / 估价：89.00元
PSN B-2015-478-1/1

行政改革蓝皮书
中国行政体制改革报告（2017）No.6
著(编)者：魏礼群　2017年7月出版 / 估价：98.00元
PSN B-2011-231-1/1

华侨华人蓝皮书
华侨华人研究报告（2017）
著(编)者：贾益民　2017年12月出版 / 估价：128.00元
PSN B-2011-204-1/1

环境竞争力绿皮书
中国省域环境竞争力发展报告（2017）
著(编)者：李建平 李闽榕 王金南
2017年11月出版 / 估价：198.00元
PSN G-2010-165-1/1

环境绿皮书
中国环境发展报告（2016~2017）
著(编)者：李波　2017年4月出版 / 定价：89.00元
PSN G-2006-048-1/1

基金会蓝皮书
中国基金会发展报告（2016~2017）
著(编)者：中国基金会发展报告课题组
2017年7月出版 / 估价：85.00元
PSN B-2013-368-1/1

基金会绿皮书
中国基金会发展独立研究报告（2017）
著(编)者：基金会中心网 中央民族大学基金会研究中心
2017年7月出版 / 估价：88.00元
PSN G-2011-213-1/1

基金会透明度蓝皮书
中国基金会透明度发展研究报告（2017）
著(编)者：基金会中心网 清华大学廉政与治理研究中心
2017年12月出版 / 估价：89.00元
PSN B-2015-509-1/1

家庭蓝皮书
中国"创建幸福家庭活动"评估报告（2017）
国务院发展研究中心"创建幸福家庭活动评估"课题组著
2017年8月出版 / 估价：89.00元
PSN B-2015-508-1/1

健康城市蓝皮书
中国健康城市建设研究报告（2017）
著(编)者：王鸿春 解树江 盛继洪
2017年9月出版 / 估价：89.00元
PSN B-2016-565-2/2

健康中国蓝皮书
社区首诊与健康中国分析报告（2017）
著(编)者：高和荣 杨叔禹 姜杰
2017年4月出版 / 估价：99.00元
PSN B-2017-611-1/1

教师蓝皮书
中国中小学教师发展报告（2017）
著(编)者：曾晓东 鱼霞　2017年7月出版 / 估价：89.00元
PSN B-2012-289-1/1

教育蓝皮书
中国教育发展报告（2017）
著(编)者：杨东平　2017年4月出版 / 定价：89.00元
PSN B-2006-047-1/1

京津冀教育蓝皮书
京津冀教育发展研究报告（2016~2017）
著(编)者：方中雄　2017年4月出版 / 估价：98.00元
PSN B-2017-608-1/1

科普蓝皮书
国家科普能力发展报告（2016~2017）
著(编)者：王康友　2017年5月出版 / 定价：128.00元
PSN B-2017-631-1/1

科普蓝皮书
中国基层科普发展报告（2016~2017）
著(编)者：赵立 新陈玲　2017年9月出版 / 估价：89.00元
PSN B-2016-569-3/3

科普蓝皮书
中国科普基础设施发展报告（2017）
著(编)者：任福君　2017年7月出版 / 估价：89.00元
PSN B-2010-174-1/3

科普蓝皮书
中国科普人才发展报告（2017）
著(编)者：郑念 任嵘嵘　2017年7月出版 / 估价：98.00元
PSN B-2015-512-2/3

科学教育蓝皮书
中国科学教育发展报告（2017）
著(编)者：罗晖 王康友　2017年10月出版 / 估价：89.00元
PSN B-2015-487-1/1

劳动保障蓝皮书
中国劳动保障发展报告（2017）
著(编)者：刘燕斌　2017年9月出版 / 估价：188.00元
PSN B-2014-415-1/1

老龄蓝皮书
中国老年宜居环境发展报告（2017）
著(编)者：党俊武 周燕珉　2017年11月出版 / 估价：89.00元
PSN B-2013-320-1/1

连片特困区蓝皮书
中国连片特困区发展报告（2016~2017）
著(编)者：游俊 冷志明 丁建军
2017年4月出版 / 估价：98.00元
PSN B-2013-321-1/1

流动儿童蓝皮书
中国流动儿童教育发展报告（2016）
著(编)者：杨东平　2017年1月出版 / 定价：79.00元
PSN B-2017-600-1/1

17

皮书系列 2017全品种 — 社会政法类

民调蓝皮书
中国民生调查报告（2017）
著（编）者：谢耘耕　2017年12月出版／估价：98.00元
PSN B-2014-398-1/1

民族发展蓝皮书
中国民族发展报告（2017）
著（编）者：郝时远　王延中　王希恩
2017年4月出版／估价：98.00元
PSN B-2006-070-1/1

女性生活蓝皮书
中国女性生活状况报告No.11（2017）
著（编）者：韩湘景　2017年10月出版／估价：98.00元
PSN B-2006-071-1/1

汽车社会蓝皮书
中国汽车社会发展报告（2017）
著（编）者：王俊秀　2017年12月出版／估价：89.00元
PSN B-2011-224-1/1

青年蓝皮书
中国青年发展报告（2017）No.3
著（编）者：廉思 等　2017年12月出版／估价：89.00元
PSN B-2013-333-1/1

青少年蓝皮书
中国未成年人互联网运用报告（2017）
著（编）者：李文革　沈洁　季为民
2017年11月出版／估价：89.00元
PSN B-2010-165-1/1

青少年体育蓝皮书
中国青少年体育发展报告（2017）
著（编）者：郭建军　戴健　2017年9月出版／估价：89.00元
PSN B-2015-482-1/1

群众体育蓝皮书
中国群众体育发展报告（2017）
著（编）者：刘国永　杨桦　2017年12月出版／估价：89.00元
PSN B-2016-519-2/3

人权蓝皮书
中国人权事业发展报告No.7（2017）
著（编）者：李君如　2017年9月出版／估价：98.00元
PSN B-2011-215-1/1

社会保障绿皮书
中国社会保障发展报告（2017）No.8
著（编）者：王延中　2017年7月出版／估价：98.00元
PSN G-2001-014-1/1

社会风险评估蓝皮书
风险评估与危机预警评估报告（2017）
著（编）者：唐钧　2017年11月出版／估价：85.00元
PSN B-2016-521-1/1

社会管理蓝皮书
中国社会管理创新报告No.5
著（编）者：连玉明　2017年11月出版／估价：89.00元
PSN B-2012-300-1/1

社会蓝皮书
2017年中国社会形势分析与预测
著（编）者：李培林　陈光金　张翼
2016年12月出版／定价：89.00元
PSN B-1998-002-1/1

社会体制蓝皮书
中国社会体制改革报告No.5（2017）
著（编）者：龚维斌　2017年3月出版／定价：89.00元
PSN B-2013-330-1/1

社会心态蓝皮书
中国社会心态研究报告（2017）
著（编）者：王俊秀　杨宜音　2017年12月出版／定价：89.00元
PSN B-2011-199-1/1

社会组织蓝皮书
中国社会组织发展报告（2016~2017）
著（编）者：黄晓勇　2017年1月出版／定价：89.00元
PSN B-2008-118-1/2

社会组织蓝皮书
中国社会组织评估发展报告（2017）
著（编）者：徐家良　廖鸿　2017年12月出版／定价：89.00元
PSN B-2013-366-1/1

生态城市绿皮书
中国生态城市建设发展报告（2017）
著（编）者：刘举科　孙伟平　胡文臻
2017年9月出版／估价：118.00元
PSN G-2012-269-1/1

生态文明绿皮书
中国省域生态文明建设评价报告（ECI 2017）
著（编）者：严耕　2017年12月出版／估价：98.00元
PSN G-2010-170-1/1

土地整治蓝皮书
中国土地整治发展研究报告No.4
著（编）者：国土资源部土地整治中心
2017年7月出版／定价：89.00元
PSN B-2014-401-1/1

土地政策蓝皮书
中国土地政策研究报告（2017）
著（编）者：高延利　李宪文
2017年12月出版／定价：89.00元
PSN B-2015-506-1/1

退休生活蓝皮书
中国城市居民退休生活质量指数报告（2016）
著（编）者：杨一凡　2017年5月出版／定价：79.00元
PSN B-2017-618-1/1

遥感监测绿皮书
中国可持续发展遥感监测报告（2016）
著（编）者：顾行发　李闽榕　徐东华
2017年6月出版／定价：298.00元
PSN B-2017-629-1/1

行业报告类

皮书系列 2017全品种

医改蓝皮书
中国医药卫生体制改革报告（2017）
著（编）者：文学国 房志武　2017年11月出版 / 估价：98.00元
PSN B-2014-432-1/1

医疗卫生绿皮书
中国医疗卫生发展报告 No.7（2017）
著（编）者：申宝忠 韩玉珍　2017年11月出版 / 估价：85.00元
PSN G-2004-033-1/1

应急管理蓝皮书
中国应急管理报告（2017）
著（编）者：宋英华　2017年9月出版 / 估价：98.00元
PSN B-2016-563-1/1

政治参与蓝皮书
中国政治参与报告（2017）
著（编）者：房宁　2017年8月出版 / 定价：118.00元
PSN B-2011-200-1/1

宗教蓝皮书
中国宗教报告（2016）
著（编）者：邱永辉　2017年8月出版 / 定价：79.00元
PSN B-2008-117-1/1

行业报告类

SUV蓝皮书
中国SUV市场发展报告（2016~2017）
著（编）者：靳军　2017年9月出版 / 估价：89.00元
PSN B-2016-572-1/1

保健蓝皮书
中国保健服务产业发展报告 No.2
著（编）者：中国保健协会 中共中央党校
2017年7月出版 / 估价：198.00元
PSN B-2012-272-3/3

保健蓝皮书
中国保健食品产业发展报告 No.2
著（编）者：中国保健协会
　　　　　中国社会科学院食品药品产业发展与监管研究中心
2017年7月出版 / 估价：198.00元
PSN B-2012-271-2/3

保健蓝皮书
中国保健用品产业发展报告 No.2
著（编）者：中国保健协会
　　　　　国务院国有资产监督管理委员会研究中心
2017年7月出版 / 估价：198.00元
PSN B-2012-270-1/3

保险蓝皮书
中国保险业竞争力报告（2017）
著（编）者：保监会　2017年12月出版 / 估价：99.00元
PSN B-2013-311-1/1

冰雪蓝皮书
中国滑雪产业发展报告（2017）
著（编）者：孙承华 伍斌 魏庆华 张鸿俊
2017年9月出版 / 定价：79.00元
PSN B-2016-560-1/1

彩票蓝皮书
中国彩票发展报告（2017）
著（编）者：益彩基金　2017年7月出版 / 估价：98.00元
PSN B-2015-462-1/1

餐饮产业蓝皮书
中国餐饮产业发展报告（2017）
著（编）者：邢颖　2017年6月出版 / 定价：98.00元
PSN B-2009-151-1/1

测绘地理信息蓝皮书
新常态下的测绘地理信息研究报告（2017）
著（编）者：库热西·买合苏提
2017年12月出版 / 估价：118.00元
PSN B-2009-145-1/1

茶业蓝皮书
中国茶产业发展报告（2017）
著（编）者：杨江帆 李闽榕　2017年10月出版 / 估价：88.00元
PSN B-2010-164-1/1

产权市场蓝皮书
中国产权市场发展报告（2016~2017）
著（编）者：曹和平　2017年5月出版 / 估价：89.00元
PSN B-2009-147-1/1

产业安全蓝皮书
中国出版传媒产业安全报告（2016~2017）
著（编）者：北京印刷学院文化产业安全研究院
2017年7月出版 / 估价：89.00元
PSN B-2014-384-13/14

产业安全蓝皮书
中国文化产业安全报告（2017）
著（编）者：北京印刷学院文化产业安全研究院
2017年12月出版 / 估价：89.00元
PSN B-2014-378-12/14

皮书系列 2017全品种

行业报告类

产业安全蓝皮书
中国新媒体产业安全报告（2017）
著(编)者：肖丽
2018年6月出版 / 估价：89.00元
PSN B-2015-500-14/14

城投蓝皮书
中国城投行业发展报告（2017）
著(编)者：王晨艳 丁伯康 2017年9月出版 / 定价：300.00元
PSN B-2016-514-1/1

电子政务蓝皮书
中国电子政务发展报告（2016~2017）
著(编)者：李季 杜平 2017年7月出版 / 估价：89.00元
PSN B-2003-022-1/1

大数据蓝皮书
中国大数据发展报告No.1
著(编)者：连玉明 2017年5月出版 / 定价：79.00元
PSN B-2017-620-1/1

杜仲产业绿皮书
中国杜仲橡胶资源与产业发展报告（2016~2017）
著(编)者：杜红岩 胡文臻 俞锐
2017年11月出版 / 估价：85.00元
PSN G-2013-350-1/1

对外投资与风险蓝皮书
中国对外直接投资与国家风险报告（2017）
著(编)者：中债资信评估有限公司
中国社科院世界经济与政治研究所
2017年4月出版 / 定价：189.00元
PSN B-2017-606-1/1

房地产蓝皮书
中国房地产发展报告 No.14（2017）
著(编)者：李春华 王业强 2017年5月出版 / 定价：89.00元
PSN B-2004-028-1/1

服务外包蓝皮书
中国服务外包产业发展报告（2017）
著(编)者：王晓红 刘德军
2017年7月出版 / 估价：89.00元
PSN B-2013-331-2/2

服务外包蓝皮书
中国服务外包竞争力报告（2017）
著(编)者：王力 刘春生 黄育华
2017年11月出版 / 估价：85.00元
PSN B-2011-216-1/2

工业和信息化蓝皮书
世界网络安全发展报告（2016~2017）
著(编)者：尹丽波 2017年6月出版 / 定价：89.00元
PSN B-2015-452-5/6

工业和信息化蓝皮书
世界信息化发展报告（2016~2017）
著(编)者：尹丽波 2017年6月出版 / 定价：89.00元
PSN B-2015-451-4/6

工业和信息化蓝皮书
世界信息技术产业发展报告（2016~2017）
著(编)者：尹丽波 2017年6月出版 / 定价：89.00元
PSN B-2015-449-2/6

工业和信息化蓝皮书
移动互联网产业发展报告（2016~2017）
著(编)者：尹丽波 2017年6月出版 / 定价：89.00元
PSN B-2015-448-1/6

工业和信息化蓝皮书
战略性新兴产业发展报告（2016~2017）
著(编)者：尹丽波 2017年6月出版 / 定价：89.00元
PSN B-2015-450-3/6

工业和信息化蓝皮书
世界智慧城市发展报告（2016~2017）
著(编)者：尹丽波 2017年6月出版 / 定价：89.00元
PSN B-2017-624-6/6

工业和信息化蓝皮书
人工智能发展报告（2016~2017）
著(编)者：尹丽波 2017年6月出版 / 定价：89.00元
PSN B-2015-448-1/6

工业设计蓝皮书
中国工业设计发展报告（2017）
著(编)者：王晓红 于炜 张立群
2017年9月出版 / 估价：138.00元
PSN B-2014-420-1/1

黄金市场蓝皮书
中国商业银行黄金业务发展报告（2016~2017）
著(编)者：平安银行 2017年7月出版 / 估价：98.00元
PSN B-2016-525-1/1

互联网金融蓝皮书
中国互联网金融发展报告（2017）
著(编)者：李东荣 2017年9月出版 / 定价：128.00元
PSN B-2014-374-1/1

互联网医疗蓝皮书
中国互联网健康医疗发展报告（2017）
著(编)者：芮晓武 2017年6月出版 / 定价：89.00元
PSN B-2016-568-1/1

会展蓝皮书
中外会展业动态评估年度报告（2017）
著(编)者：张敏 2017年7月出版 / 估价：88.00元
PSN B-2013-327-1/1

金融监管蓝皮书
中国金融监管报告（2017）
著(编)者：胡滨 2017年5月出版 / 定价：89.00元
PSN B-2012-281-1/1

金融信息服务蓝皮书
中国金融信息服务发展报告（2017）
著(编)者：李平 2017年5月出版 / 定价：79.00元
PSN B-2017-621-1/1

金融蓝皮书
中国金融中心发展报告（2017）
著(编)者：王力 黄育华 2017年11月出版 / 估价：85.00元
PSN B-2011-186-6/7

建筑装饰蓝皮书
中国建筑装饰行业发展报告（2017）
著(编)者：刘晓一 葛道顺 2017年11月出版 / 估价：198.00元
PSN B-2016-554-1/1

行业报告类

皮书系列 2017全品种

客车蓝皮书
中国客车产业发展报告（2016~2017）
著（编）者：姚蔚　2017年10月出版／估价：85.00元
PSN B-2013-361-1/1

旅游安全蓝皮书
中国旅游安全报告（2017）
著（编）者：郑向敏　谢朝武　2017年5月出版／定价：128.00元
PSN B-2012-280-1/1

旅游绿皮书
2016~2017年中国旅游发展分析与预测
著（编）者：宋瑞　2017年2月出版／定价：89.00元
PSN G-2002-018-1/1

煤炭蓝皮书
中国煤炭工业发展报告（2017）
著（编）者：岳福斌　2017年12月出版／估价：85.00元
PSN B-2008-123-1/1

民营企业社会责任蓝皮书
中国民营企业社会责任报告（2017）
著（编）者：中华全国工商业联合会
2017年12月出版／估价：89.00元
PSN B-2015-510-1/1

民营医院蓝皮书
中国民营医院发展报告（2017）
著（编）者：庄一强　2017年10月出版／估价：85.00元
PSN B-2012-299-1/1

闽商蓝皮书
闽商发展报告（2017）
著（编）者：李闽榕　王日根　林琛
2017年12月出版／估价：89.00元
PSN B-2012-298-1/1

能源蓝皮书
中国能源发展报告（2017）
著（编）者：崔民选　王军生　陈义和
2017年10月出版／估价：98.00元
PSN B-2006-049-1/1

农产品流通蓝皮书
中国农产品流通产业发展报告（2017）
著（编）者：贾敬敦　张东科　张玉玺　张鹏毅　周伟
2017年7月出版／估价：89.00元
PSN B-2012-288-1/1

企业公益蓝皮书
中国企业公益研究报告（2017）
著（编）者：钟宏武　汪杰　顾一　黄晓娟　等
2017年12月出版／估价：89.00元
PSN B-2015-501-1/1

企业国际化蓝皮书
中国企业国际化报告（2017）
著（编）者：王辉耀　2017年11月出版／估价：98.00元
PSN B-2014-427-1/1

企业蓝皮书
中国企业绿色发展报告No.2（2017）
著（编）者：李红玉　朱光辉　2017年11月出版／估价：89.00元
PSN B-2015-481-2/2

企业社会责任蓝皮书
中国企业社会责任研究报告（2017）
著（编）者：黄群慧　钟宏武　张蒽　翟利峰
2017年11月出版／估价：89.00元
PSN B-2009-149-1/1

企业社会责任蓝皮书
中资企业海外社会责任研究报告（2016~2017）
著（编）者：钟宏武　叶柳红　张蒽
2017年1月出版／定价：79.00元
PSN B-2017-603-2/2

汽车安全蓝皮书
中国汽车安全发展报告（2017）
著（编）者：中国汽车技术研究中心
2017年7月出版／估价：89.00元
PSN B-2014-385-1/1

汽车电子商务蓝皮书
中国汽车电子商务发展报告（2017）
著（编）者：中华全国工商业联合会汽车经销商商会
　　　　北京易观智库网络科技有限公司
2017年10月出版／估价：128.00元
PSN B-2015-485-1/1

汽车工业蓝皮书
中国汽车工业发展年度报告（2017）
著（编）者：中国汽车工业协会　中国汽车技术研究中心
　　　　丰田汽车（中国）投资有限公司
2017年5月出版／定价：128.00元
PSN B-2015-463-1/2

汽车工业蓝皮书
中国汽车零部件产业发展报告（2017）
著（编）者：中国汽车工业协会　中国汽车工程研究院
2017年月出版／估价：98.00元
PSN B-2016-515-2/2

汽车蓝皮书
中国汽车产业发展报告（2017）
著（编）者：国务院发展研究中心产业经济研究部
　　　　中国汽车工程学会　大众汽车集团（中国）
2017年8月出版／估价：98.00元
PSN B-2008-124-1/1

人力资源蓝皮书
中国人力资源发展报告（2017）
著（编）者：余兴安　2017年11月出版／估价：89.00元
PSN B-2012-287-1/1

融资租赁蓝皮书
中国融资租赁业发展报告（2016~2017）
著（编）者：李光荣　王力　2017年11月出版／估价：89.00元
PSN B-2015-443-1/1

商会蓝皮书
中国商会发展报告No.5（2017）
著（编）者：王钦敏　2017年7月出版／估价：89.00元
PSN B-2008-125-1/1

输血服务蓝皮书
中国输血行业发展报告（2017）
著（编）者：朱永明　耿鸿武　2016年12月出版／估价：89.00元
PSN B-2016-583-1/1

21

皮书系列 2017全品种

行业报告类

社会责任管理蓝皮书
中国上市公司社会责任能力成熟度报告（2017）No.2
著(编)者：肖红军 王晓光 李伟阳
2017年12月出版 / 估价：98.00元
PSN B-2015-507-2/2

社会责任管理蓝皮书
中国企业公众透明度报告(2017)No.3
著(编)者：黄建建 熊梦 王晓光 肖红军
2017年4月出版 / 估价：98.00元
PSN B-2015-440-1/2

食品药品蓝皮书
食品药品安全与监管政策研究报告（2016~2017）
著(编)者：唐民皓 2017年7月出版 / 估价：89.00元
PSN B-2009-129-1/1

世界茶业蓝皮书
世界茶业发展报告（2017）
著(编)者：李闽榕 冯廷栓 2017年5月出版 / 定价：118.00元
PSN B-2017-619-1/1

世界能源蓝皮书
世界能源发展报告（2017）
著(编)者：黄晓勇 2017年6月出版 / 定价：99.00元
PSN B-2013-349-1/1

水利风景区蓝皮书
中国水利风景区发展报告（2017）
著(编)者：谢崇才 兰思仁 2017年7月出版 / 估价：89.00元
PSN B-2015-480-1/1

碳市场蓝皮书
中国碳市场报告（2017）
著(编)者：定金彪 2017年11月出版 / 估价：89.00元
PSN B-2014-430-1/1

体育蓝皮书
中国体育产业发展报告（2017）
著(编)者：阮伟 钟秉枢 2017年12月出版 / 估价：89.00元
PSN B-2010-179-1/5

体育蓝皮书
中国体育产业基地发展报告（2015~2016）
著(编)者：李颖川 2017年4月出版 / 定价：89.00元
PSN B-2017-609-5/5

网络空间安全蓝皮书
中国网络空间安全发展报告（2017）
著(编)者：惠志斌 唐涛 2017年7月出版 / 估价：89.00元
PSN B-2015-466-1/1

西部金融蓝皮书
中国西部金融发展报告（2017）
著(编)者：李忠民 2017年8月出版 / 估价：85.00元
PSN B-2010-160-1/1

协会商会蓝皮书
中国行业协会商会发展报告（2017）
著(编)者：景朝阳 李勇 2017年7月出版 / 估价：99.00元
PSN B-2015-461-1/1

新能源汽车蓝皮书
中国新能源汽车产业发展报告（2017）
著(编)者：中国汽车技术研究中心 日产（中国）投资有限公司 东风汽车有限公司
2017年7月出版 / 估价：98.00元
PSN B-2013-347-1/1

新三板蓝皮书
中国新三板市场发展报告（2017）
著(编)者：王力 2017年7月出版 / 估价：89.00元
PSN B-2016-534-1/1

信托市场蓝皮书
中国信托业市场报告（2016~2017）
著(编)者：用益信托研究院
2017年1月出版 / 定价：198.00元
PSN B-2014-371-1/1

信息化蓝皮书
中国信息化形势分析与预测（2016~2017）
著(编)者：周宏仁 2017年8月出版 / 估价：98.00元
PSN B-2010-168-1/1

信用蓝皮书
中国信用发展报告（2017）
著(编)者：章政 田侃 2017年7月出版 / 估价：99.00元
PSN B-2013-328-1/1

休闲绿皮书
2017年中国休闲发展报告
著(编)者：宋瑞 2017年10月出版 / 估价：89.00元
PSN G-2010-158-1/1

休闲体育蓝皮书
中国休闲体育发展报告（2016~2017）
著(编)者：李相如 钟炳枢 2017年10月出版 / 估价：89.00元
PSN G-2016-516-1/1

养老金融蓝皮书
中国养老金融发展报告（2017）
著(编)者：董克用 姚余栋
2017年9月出版 / 定价：89.00元
PSN B-2016-584-1/1

药品流通蓝皮书
中国药品流通行业发展报告（2017）
著(编)者：佘鲁林 温再兴 2017年8月出版 / 估价：158.00元
PSN B-2014-429-1/1

医院蓝皮书
中国医院竞争力报告（2017）
著(编)者：庄一强 曾益新 2017年3月出版 / 定价：108.00元
PSN B-2016-529-1/1

瑜伽蓝皮书
中国瑜伽业发展报告（2016~2017）
著(编)者：张永建 徐华锋 朱泰余
2017年3月出版 / 定价：108.00元
PSN B-2017-675-1/1

皮书系列 2017全品种

文化传媒类

邮轮绿皮书
中国邮轮产业发展报告（2017）
著(编)者：汪泓　2017年10月出版 / 估价：89.00元
PSN G-2014-419-1/1

智能养老蓝皮书
中国智能养老产业发展报告（2017）
著(编)者：朱勇　2017年10月出版 / 估价：89.00元
PSN B-2015-488-1/1

债券市场蓝皮书
中国债券市场发展报告（2016~2017）
著(编)者：杨农　2017年10月出版 / 估价：89.00元
PSN B-2016-573-1/1

中国节能汽车蓝皮书
中国节能汽车发展报告（2016~2017）
著(编)者：中国汽车工程研究院股份有限公司
2017年9月出版 / 估价：98.00元
PSN B-2016-566-1/1

中国上市公司蓝皮书
中国上市公司发展报告（2017）
著(编)者：张平　王宏淼
2017年9月出版 / 定价：98.00元
PSN B-2014-414-1/1

中国陶瓷产业蓝皮书
中国陶瓷产业发展报告（2017）
著(编)者：左和平　黄速建　2017年10月出版 / 估价：98.00元
PSN B-2016-574-1/1

中医药蓝皮书
中国中医药知识产权发展报告No.1
著(编)者：汪红　屠志涛　2017年4月出版 / 定价：158.00元
PSN B-2016-574-1/1

中国总部经济蓝皮书
中国总部经济发展报告（2016~2017）
著(编)者：赵弘　2017年9月出版 / 估价：89.00元
PSN B-2005-036-1/1

中医文化蓝皮书
中国中医药文化传播发展报告（2017）
著(编)者：毛嘉陵　2017年7月出版 / 估价：89.00元
PSN B-2015-468-1/1

装备制造业蓝皮书
中国装备制造业发展报告（2017）
著(编)者：徐东华　2017年12月出版 / 估价：148.00元
PSN B-2015-505-1/1

资本市场蓝皮书
中国场外交易市场发展报告（2016~2017）
著(编)者：高峦　2017年7月出版 / 估价：89.00元
PSN B-2009-153-1/1

资产管理蓝皮书
中国资产管理行业发展报告（2017）
著(编)者：智信资产管理研究院
2017年7月出版 / 定价：98.00元
PSN B-2014-407-2/2

文化传媒类

传媒竞争力蓝皮书
中国传媒国际竞争力研究报告（2017）
著(编)者：李本乾　刘强
2017年11月出版 / 估价：148.00元
PSN B-2013-356-1/1

传媒蓝皮书
中国传媒产业发展报告（2017）
著(编)者：崔保国　2017年5月出版 / 定价：98.00元
PSN B-2005-035-1/1

传媒投资蓝皮书
中国传媒投资发展报告（2017）
著(编)者：张向东　谭云明
2017年7月出版 / 估价：128.00元
PSN B-2015-474-1/1

动漫蓝皮书
中国动漫产业发展报告（2017）
著(编)者：卢斌　郑玉明　牛兴侦
2017年9月出版 / 估价：89.00元
PSN B-2011-198-1/1

非物质文化遗产蓝皮书
中国非物质文化遗产发展报告（2017）
著(编)者：陈平　2017年7月出版 / 估价：98.00元
PSN B-2015-469-1/1

广电蓝皮书
中国广播电影电视发展报告（2017）
著(编)者：国家新闻出版广电总局发展研究中心
2017年7月出版 / 估价：98.00元
PSN B-2006-072-1/1

广告主蓝皮书
中国广告主营销传播趋势报告No.9
著(编)者：黄升民　杜国清　邵华冬　等
2017年10月出版 / 估价：148.00元
PSN B-2005-041-1/1

国际传播蓝皮书
中国国际传播发展报告（2017）
著(编)者：胡正荣　李继东　姬德强
2017年11月出版 / 估价：89.00元
PSN B-2014-408-1/1

皮书系列 2017全品种

文化传媒类·地方发展类

国家形象蓝皮书
中国国家形象传播报告（2016）
著(编)者：张昆　2017年3月出版／定价：98.00元
PSN B-2017-605-1/1

纪录片蓝皮书
中国纪录片发展报告（2017）
著(编)者：何苏六　2017年9月出版／估价：89.00元
PSN B-2011-222-1/1

科学传播蓝皮书
中国科学传播报告（2017）
著(编)者：詹正茂　2017年7月出版／估价：89.00元
PSN B-2008-120-1/1

两岸创意经济蓝皮书
两岸创意经济研究报告（2017）
著(编)者：罗昌智　林咏能
2017年10月出版／估价：98.00元
PSN B-2014-437-1/1

媒介与女性蓝皮书
中国媒介与女性发展报告（2016~2017）
著(编)者：刘利群　2018年5月出版／估价：118.00元
PSN B-2013-345-1/1

媒体融合蓝皮书
中国媒体融合发展报告（2017）
著(编)者：梅行华　宋建武　2017年7月出版／估价：89.00元
PSN B-2015-479-1/1

全球传媒蓝皮书
全球传媒发展报告（2016~2017）
著(编)者：胡正荣　李继东
2017年6月出版／定价：89.00元
PSN B-2012-237-1/1

少数民族非遗蓝皮书
中国少数民族非物质文化遗产发展报告（2017）
著(编)者：肖远平（彝）　柴立（满）
2017年8月出版／估价：98.00元
PSN B-2015-467-1/1

视听新媒体蓝皮书
中国视听新媒体发展报告（2017）
著(编)者：国家新闻出版广电总局发展研究中心
2017年11月出版／估价：98.00元
PSN B-2011-184-1/1

文化创新蓝皮书
中国文化创新报告（2016）No.7
著(编)者：于平　傅才武　2017年4月出版／估价：89.00元
PSN B-2009-143-1/1

文化建设蓝皮书
中国文化发展报告（2017）
著(编)者：江畅　孙伟平　戴茂堂
2017年5月出版／定价：98.00元
PSN B-2014-392-1/1

文化金融蓝皮书
中国文化金融发展报告（2017）
著(编)者：杨涛　余巍　2017年5月出版／估价：98.00元
PSN B-2017-610-1/1

文化科技蓝皮书
文化科技创新发展报告（2017）
著(编)者：于平　李凤亮　2017年11月出版／估价：89.00元
PSN B-2013-342-1/1

文化蓝皮书
中国公共文化服务发展报告（2017）
著(编)者：刘新成　张永新　张旭
2017年12月出版／估价：98.00元
PSN B-2007-093-2/10

文化蓝皮书
中国文化投入增长测评报告（2017）
著(编)者：王亚南　2017年2月出版／定价：79.00元
PSN B-2014-435-10/10

文化蓝皮书
中国少数民族文化发展报告（2016~2017）
著(编)者：武翠英　张晓明　任乌晶
2017年9月出版／估价：89.00元
PSN B-2013-369-9/10

文化蓝皮书
中国文化产业发展报告（2016~2017）
著(编)者：张晓明　王家新　章建刚
2017年7月出版／估价：89.00元
PSN B-2002-019-1/10

文化蓝皮书
中国文化产业供需协调检测报告（2017）
著(编)者：王亚南　2017年2月出版／定价：79.00元
PSN B-2013-323-8/10

文化蓝皮书
中国文化消费需求景气评价报告（2017）
著(编)者：王亚南　2017年2月出版／定价：79.00元
PSN B-2011-236-4/10

文化品牌蓝皮书
中国文化品牌发展报告（2017）
著(编)者：欧阳友权　2017年7月出版／估价：98.00元
PSN B-2012-277-1/1

文化遗产蓝皮书
中国文化遗产事业发展报告（2017）
著(编)者：苏杨　张颖岚　王宇飞
2017年8月出版／估价：98.00元
PSN B-2008-119-1/1

文学蓝皮书
中国文情报告（2016~2017）
著(编)者：白烨　2017年5月出版／定价：69.00元
PSN B-2011-221-1/1

新媒体蓝皮书
中国新媒体发展报告No.8（2017）
著(编)者：唐绪军　2017年7月出版／定价：79.00元
PSN B-2010-169-1/1

新媒体社会责任蓝皮书
中国新媒体社会责任研究报告（2017）
著(编)者：钟瑛　2017年11月出版／估价：89.00元
PSN B-2014-423-1/1

移动互联网蓝皮书
中国移动互联网发展报告（2017）
著（编）者：余清楚　　2017年6月出版 / 定价：98.00元
PSN B-2012-282-1/1

舆情蓝皮书
中国社会舆情与危机管理报告（2017）
著（编）者：谢耘耕　　2017年9月出版 / 估价：128.00元
PSN B-2011-235-1/1

影视蓝皮书
中国影视产业发展报告（2017）
著（编）者：司若　　2017年4月出版 / 定价：98.00元
PSN B-2016-530-1/1

地方发展类

安徽经济蓝皮书
合芜蚌国家自主创新综合示范区研究报告（2016~2017）
著（编）者：黄家海　王开玉　蔡宪
2017年7月出版 / 估价：89.00元
PSN B-2014-383-1/1

安徽蓝皮书
安徽社会发展报告（2017）
著（编）者：程桦　　2017年5月出版 / 定价：89.00元
PSN B-2013-325-1/1

澳门蓝皮书
澳门经济社会发展报告（2016~2017）
著（编）者：吴志良　郝雨凡　2017年7月出版 / 定价：98.00元
PSN B-2009-138-1/1

澳门绿皮书
澳门旅游休闲发展报告（2016~2017）
著（编）者：郝雨凡　林广志　2017年5月出版 / 定价：88.00元
PSN G-2017-617-1/1

北京蓝皮书
北京公共服务发展报告（2016~2017）
著（编）者：施昌奎　　2017年3月出版 / 定价：79.00元
PSN B-2008-103-7/8

北京蓝皮书
北京经济发展报告（2016~2017）
著（编）者：杨松　　2017年6月出版 / 定价：89.00元
PSN B-2006-054-2/8

北京蓝皮书
北京社会发展报告（2016~2017）
著（编）者：李伟东　　2017年7月出版 / 定价：79.00元
PSN B-2006-055-3/8

北京蓝皮书
北京社会治理发展报告（2016~2017）
著（编）者：殷星辰　　2017年7月出版 / 定价：79.00元
PSN B-2014-391-8/8

北京蓝皮书
北京文化发展报告（2016~2017）
著（编）者：李建盛　　2017年5月出版 / 定价：79.00元
PSN B-2007-082-4/8

北京律师绿皮书
北京律师发展报告No.3（2017）
著（编）者：王隽　　2017年7月出版 / 定价：88.00元
PSN G-2012-301-1/1

北京旅游绿皮书
北京旅游发展报告（2017）
著（编）者：北京旅游学会　2017年7月出版 / 定价：88.00元
PSN B-2011-217-1/1

北京人才蓝皮书
北京人才发展报告（2017）
著（编）者：于淼　　2017年12月出版 / 定价：128.00元
PSN B-2011-201-1/1

北京社会心态蓝皮书
北京社会心态分析报告（2016~2017）
著（编）者：北京社会心理研究所
2017年11月出版 / 估价：89.00元
PSN B-2014-422-1/1

北京社会组织管理蓝皮书
北京社会组织发展与管理（2016~2017）
著（编）者：黄江松　　2017年7月出版 / 定价：88.00元
PSN B-2015-446-1/1

北京体育蓝皮书
北京体育产业发展报告（2016~2017）
著（编）者：钟秉枢　陈杰　杨铁黎
2017年9月出版 / 定价：89.00元
PSN B-2015-475-1/1

北京养老产业蓝皮书
北京养老产业发展报告（2017）
著（编）者：周明明　冯喜良　2017年11月出版 / 定价：89.00元
PSN B-2015-465-1/1

非公有制企业社会责任蓝皮书
北京非公有制企业社会责任报告（2017）
著（编）者：宗贵伦　冯培　　2017年6月出版 / 定价：89.00元
PSN B-2017-613-1/1

滨海金融蓝皮书
滨海新区金融发展报告（2017）
著（编）者：王爱俭　张锐钢　2018年4月出版 / 估价：89.00元
PSN B-2014-424-1/1

皮书系列 2017全品种
地方发展类

城乡一体化蓝皮书
北京城乡一体化发展报告（2016~2017）
著（编）者：吴宝新 张宝秀 黄序
2017年5月出版 / 定价：85.00元
PSN B-2012-258-2/2

创意城市蓝皮书
北京文化创意产业发展报告（2017）
著（编）者：张京成 王国华 2017年10月出版 / 估价：89.00元
PSN B-2012-263-1/7

创意城市蓝皮书
天津文化创意产业发展报告（2016~2017）
著（编）者：谢思全 2017年11月出版 / 估价：89.00元
PSN B-2016-537-7/7

创意城市蓝皮书
武汉文化创意产业发展报告（2017）
著（编）者：黄永林 陈汉桥 2017年11月出版 / 估价：99.00元
PSN B-2013-354-4/7

创意上海蓝皮书
上海文化创意产业发展报告（2016~2017）
著（编）者：王慧敏 王兴全 2017年11月出版 / 估价：89.00元
PSN B-2016-562-1/1

福建妇女发展蓝皮书
福建省妇女发展报告（2017）
著（编）者：刘群英 2017年11月出版 / 估价：88.00元
PSN B-2011-220-1/1

福建自贸区蓝皮书
中国（福建）自由贸易实验区发展报告（2016~2017）
著（编）者：黄茂兴 2017年4月出版 / 定价：108.00元
PSN B-2017-532-1/1

甘肃蓝皮书
甘肃经济发展分析与预测（2017）
著（编）者：安文华 罗哲 2017年1月出版 / 定价：79.00元
PSN B-2013-312-1/6

甘肃蓝皮书
甘肃社会发展分析与预测（2017）
著（编）者：安文华 包晓霞 谢增虎
2017年1月出版 / 定价：79.00元
PSN B-2013-313-2/6

甘肃蓝皮书
甘肃文化发展分析与预测（2017）
著（编）者：王俊莲 周小华 2017年1月出版 / 定价：79.00元
PSN B-2013-314-3/6

甘肃蓝皮书
甘肃县域和农村发展报告（2017）
著（编）者：朱智文 包东红 王建兵
2017年1月出版 / 定价：79.00元
PSN B-2013-316-5/6

甘肃蓝皮书
甘肃舆情分析与预测（2017）
著（编）者：陈双梅 张谦元 2017年1月出版 / 定价：79.00元
PSN B-2013-315-4/6

甘肃蓝皮书
甘肃商贸流通发展报告（2017）
著（编）者：张应华 王福生 王晓芳
2017年1月出版 / 定价：79.00元
PSN B-2016-523-6/6

广东蓝皮书
广东全面深化改革发展报告（2017）
著（编）者：周林生 涂成林 2017年12月出版 / 估价：89.00元
PSN B-2015-504-3/3

广东蓝皮书
广东社会工作发展报告（2017）
著（编）者：罗观翠 2017年7月出版 / 估价：89.00元
PSN B-2014-402-2/3

广东外经贸蓝皮书
广东对外经济贸易发展研究报告（2016~2017）
著（编）者：陈万灵 2017年6月出版 / 估价：89.00元
PSN B-2012-286-1/1

广西北部湾经济区蓝皮书
广西北部湾经济区开放开发报告（2017）
著（编）者：广西北部湾经济区规划建设管理委员会办公室 广西社会科学院广西北部湾发展研究院
2017年7月出版 / 估价：89.00元
PSN B-2010-181-1/1

巩义蓝皮书
巩义经济社会发展报告（2017）
著（编）者：丁同民 朱军 2017年7月出版 / 估价：58.00元
PSN B-2016-533-1/1

广州蓝皮书
2017年中国广州经济形势分析与预测
著（编）者：魏明海 谢博能 李华
2017年6月出版 / 定价：85.00元
PSN B-2011-185-9/14

广州蓝皮书
2017年中国广州社会形势分析与预测
著（编）者：张强 何镜清
2017年6月出版 / 定价：88.00元
PSN B-2008-110-5/14

广州蓝皮书
广州城市国际化发展报告（2017）
著（编）者：朱名宏 2017年8月出版 / 估价：79.00元
PSN B-2012-246-11/14

广州蓝皮书
广州创新型城市发展报告（2017）
著（编）者：尹涛 2017年6月出版 / 定价：79.00元
PSN B-2012-247-12/14

广州蓝皮书
广州经济发展报告（2017）
著（编）者：朱名宏 2017年7月出版 / 估价：79.00元
PSN B-2005-040-1/14

广州蓝皮书
广州农村发展报告（2017）
著（编）者：朱名宏 2017年8月出版 / 估价：79.00元
PSN B-2010-167-8/14

皮书系列
2017全品种

地方发展类

广州蓝皮书
广州汽车产业发展报告（2017）
著(编)者：杨再高 冯兴亚　2017年7月出版 / 估价：79.00元
PSN B-2006-066-3/14

广州蓝皮书
广州青年发展报告（2016~2017）
著(编)者：徐柳 张强　2017年9月出版 / 估价：79.00元
PSN B-2013-352-13/14

广州蓝皮书
广州商贸业发展报告（2017）
著(编)者：李江涛 肖振宇 荀振英
2017年7月出版 / 定价：79.00元
PSN B-2012-245-10/14

广州蓝皮书
广州社会保障发展报告（2017）
著(编)者：蔡国萱　2017年8月出版 / 定价：79.00元
PSN B-2014-425-14/14

广州蓝皮书
广州文化创意产业发展报告（2017）
著(编)者：徐咏虹　2017年7月出版 / 定价：79.00元
PSN B-2008-111-6/14

广州蓝皮书
中国广州城市建设与管理发展报告（2017）
著(编)者：董皞 陈小钢 李江涛
2017年11月出版 / 定价：85.00元
PSN B-2007-087-4/14

广州蓝皮书
中国广州科技创新发展报告（2017）
著(编)者：邹采荣 马正勇 陈爽
2017年8月出版 / 定价：85.00元
PSN B-2006-065-2/14

广州蓝皮书
中国广州文化发展报告（2017）
著(编)者：屈哨兵 陆志强
2017年6月出版 / 定价：79.00元
PSN B-2009-134-7/14

贵阳蓝皮书
贵阳城市创新发展报告No.2（白云篇）
著(编)者：连玉明　2017年5月出版 / 定价：98.00元
PSN B-2015-491-3/10

贵阳蓝皮书
贵阳城市创新发展报告No.2（观山湖篇）
著(编)者：连玉明　2017年5月出版 / 定价：98.00元
PSN B-2011-235-1/1

贵阳蓝皮书
贵阳城市创新发展报告No.2（花溪篇）
著(编)者：连玉明　2017年5月出版 / 定价：98.00元
PSN B-2015-490-2/10

贵阳蓝皮书
贵阳城市创新发展报告No.2（开阳篇）
著(编)者：连玉明　2017年5月出版 / 定价：98.00元
PSN B-2015-492-4/10

贵阳蓝皮书
贵阳城市创新发展报告No.2（南明篇）
著(编)者：连玉明　2017年5月出版 / 定价：98.00元
PSN B-2015-496-8/10

贵阳蓝皮书
贵阳城市创新发展报告No.2（清镇篇）
著(编)者：连玉明　2017年5月出版 / 定价：98.00元
PSN B-2015-489-1/10

贵阳蓝皮书
贵阳城市创新发展报告No.2（乌当篇）
著(编)者：连玉明　2017年5月出版 / 定价：98.00元
PSN B-2015-495-7/10

贵阳蓝皮书
贵阳城市创新发展报告No.2（息烽篇）
著(编)者：连玉明　2017年5月出版 / 定价：98.00元
PSN B-2015-493-5/10

贵阳蓝皮书
贵阳城市创新发展报告No.2（修文篇）
著(编)者：连玉明　2017年5月出版 / 定价：98.00元
PSN B-2015-494-6/10

贵阳蓝皮书
贵阳城市创新发展报告No.2（云岩篇）
著(编)者：连玉明　2017年5月出版 / 定价：98.00元
PSN B-2015-498-10/10

贵州房地产蓝皮书
贵州房地产发展报告No.4（2017）
著(编)者：武廷方　2017年7月出版 / 定价：89.00元
PSN B-2014-426-1/1

贵州蓝皮书
贵州册亨经济社会发展报告(2017)
著(编)者：黄德林　2017年11月出版 / 估价：89.00元
PSN B-2016-526-8/9

贵州蓝皮书
贵安新区发展报告（2016~2017）
著(编)者：马长青 吴大华　2017年11月出版 / 估价：89.00元
PSN B-2015-459-4/9

贵州蓝皮书
贵州法治发展报告（2017）
著(编)者：吴大华　2017年5月出版 / 定价：89.00元
PSN B-2012-254-2/9

贵州蓝皮书
贵州国有企业社会责任发展报告（2016~2017）
著(编)者：郭丽 周航 万ною
2017年12月出版 / 估价：89.00元
PSN B-2015-511-6/9

贵州蓝皮书
贵州民航业发展报告（2017）
著(编)者：申振东 吴大华　2017年10月出版 / 估价：89.00元
PSN B-2015-471-5/9

贵州蓝皮书
贵州民营经济发展报告（2017）
著(编)者：杨静 吴大华　2017年11月出版 / 估价：89.00元
PSN B-2016-531-9/9

皮书系列重点推荐 — 地方发展类

贵州蓝皮书
贵州人才发展报告（2017）
著（编）者：于杰 吴大华 2017年11月出版 估价：89.00元
PSN B-2014-382-3/9

贵州蓝皮书
贵州社会发展报告（2017）
著（编）者：王兴骥 2017年3月出版 定价：98.00元
PSN B-2010-166-1/9

贵州蓝皮书
贵州国家级开放创新平台发展报告（2017）
著（编）者：申晓庆 吴大华 李泓
2017年7月出版 估价：89.00元
PSN B-2016-518-1/9

海淀蓝皮书
海淀区文化和科技融合发展报告（2017）
著（编）者：陈名杰 孟景伟 2017年11月出版 估价：85.00元
PSN B-2013-329-1/1

杭州都市圈蓝皮书
杭州都市圈发展报告（2017）
著（编）者：沈翔 戚建国 2017年11月出版 估价：128.00元
PSN B-2012-302-1/1

杭州蓝皮书
杭州妇女发展报告（2017）
著（编）者：魏颖 2017年11月出版 估价：89.00元
PSN B-2014-403-1/1

河北经济蓝皮书
河北省经济发展报告（2017）
著（编）者：马树强 金浩 张贵
2017年7月出版 估价：89.00元
PSN B-2014-380-1/1

河北蓝皮书
河北经济社会发展报告（2017）
著（编）者：郭金平 2017年1月出版 定价：79.00元
PSN B-2014-372-1/3

河北蓝皮书
河北法治发展报告（2017）
著（编）者：郭金平 李永君 2017年1月出版 定价：79.00元
PSN B-2017-622-3/3

河北蓝皮书
京津冀协同发展报告（2017）
著（编）者：陈路 2017年1月出版 定价：79.00元
PSN B-2017-601-2/3

河北食品药品安全蓝皮书
河北食品药品安全研究报告（2017）
著（编）者：丁锦霞 2017年11月出版 估价：89.00元
PSN B-2015-473-1/1

河南经济蓝皮书
2017年河南经济形势分析与预测
著（编）者：王世炎 2017年3月出版 定价：79.00元
PSN B-2007-086-1/1

河南蓝皮书
2017年河南社会形势分析与预测
著（编）者：牛苏林 2017年5月出版 定价：79.00元
PSN B-2005-043-1/9

河南蓝皮书
河南城市发展报告（2017）
著（编）者：张占仓 王建国 2017年5月出版 定价：79.00元
PSN B-2009-131-3/9

河南蓝皮书
河南法治发展报告（2017）
著（编）者：丁同民 张林海 2017年7月出版 估价：89.00元
PSN B-2014-376-6/9

河南蓝皮书
河南工业发展报告（2017）
著（编）者：张占仓 2017年5月出版 定价：89.00元
PSN B-2013-317-5/9

河南蓝皮书
河南金融发展报告（2017）
著（编）者：河南省社会科学院
2017年7月出版 估价：89.00元
PSN B-2014-390-7/9

河南蓝皮书
河南经济发展报告（2017）
著（编）者：张占仓 完世伟 2017年4月出版 定价：79.00元
PSN B-2010-157-4/9

河南蓝皮书
河南能源发展报告（2017）
著（编）者：魏胜民 袁凯声 2017年3月出版 定价：79.00元
PSN B-2017-607-9/9

河南蓝皮书
河南农业农村发展报告（2017）
著（编）者：吴海峰 2017年11月出版 估价：89.00元
PSN B-2015-446-8/9

河南蓝皮书
河南文化发展报告（2017）
著（编）者：卫绍生 2017年7月出版 定价：78.00元
PSN B-2008-106-2/9

河南商务蓝皮书
河南商务发展报告（2017）
著（编）者：焦锦淼 穆荣国 2017年5月出版 定价：88.00元
PSN B-2014-399-1/1

黑龙江蓝皮书
黑龙江经济发展报告（2017）
著（编）者：朱宇 2017年1月出版 定价：79.00元
PSN B-2011-190-2/2

黑龙江蓝皮书
黑龙江社会发展报告（2017）
著（编）者：谢宝禄 2017年1月出版 定价：79.00元
PSN B-2011-189-1/2

湖北文化蓝皮书
湖北文化发展报告（2017）
著（编）者：吴成国 2017年10月出版 估价：95.00元
PSN B-2016-567-1/1

皮书系列 重点推荐 — 地方发展类

湖南城市蓝皮书
区域城市群整合
著(编)者：童中贤 韩未名
2017年12月出版 / 估价：89.00元
PSN B-2006-064-1/1

湖南蓝皮书
2017年湖南产业发展报告
著(编)者：梁志峰　　2017年7月出版 / 估价：128.00元
PSN B-2011-207-2/8

湖南蓝皮书
2017年湖南电子政务发展报告
著(编)者：梁志峰　　2017年7月出版 / 估价：128.00元
PSN B-2014-394-6/8

湖南蓝皮书
2017年湖南经济发展报告
著(编)者：卞鹰　　2017年5月出版 / 定价：128.00元
PSN B-2011-206-1/8

湖南蓝皮书
2017年湖南两型社会与生态文明发展报告
著(编)者：卞鹰　　2017年5月出版 / 定价：128.00元
PSN B-2011-208-3/8

湖南蓝皮书
2017年湖南社会发展报告
著(编)者：卞鹰　　2017年5月出版 / 定价：128.00元
PSN B-2014-393-5/8

湖南蓝皮书
2017年湖南县域经济社会发展报告
著(编)者：梁志峰　　2017年7月出版 / 估价：128.00元
PSN B-2014-395-7/8

湖南蓝皮书
湖南城乡一体化发展报告（2017）
著(编)者：陈文胜 王文强 陆福兴 邝奕轩
2017年8月出版 / 定价：89.00元
PSN B-2015-477-8/8

湖南县域绿皮书
湖南县域发展报告 No.3
著(编)者：袁准 周小毛 黎仁寅
2017年3月出版 / 定价：79.00元
PSN G-2012-274-1/1

沪港蓝皮书
沪港发展报告（2017）
著(编)者：尤安山　2017年9月出版 / 估价：89.00元
PSN B-2013-362-1/1

吉林蓝皮书
2017年吉林经济社会形势分析与预测
著(编)者：邵汉明　　2016年12月出版 / 定价：79.00元
PSN B-2013-319-1/1

吉林省城市竞争力蓝皮书
吉林省城市竞争力报告（2016~2017）
著(编)者：崔岳春 张磊　2016年12月出版 / 定价：79.00元
PSN B-2015-513-1/1

济源蓝皮书
济源经济社会发展报告（2017）
著(编)者：喻新安　2017年7月出版 / 估价：89.00元
PSN B-2014-387-1/1

健康城市蓝皮书
北京健康城市建设研究报告（2017）
著(编)者：王鸿春　　2017年8月出版 / 估价：89.00元
PSN B-2015-460-1/2

江苏法治蓝皮书
江苏法治发展报告 No.6（2017）
著(编)者：蔡道通 龚廷泰　2017年8月出版 / 估价：98.00元
PSN B-2012-290-1/1

江西蓝皮书
江西经济社会发展报告（2017）
著(编)者：张勇 姜玮 梁勇　2017年6月出版 / 估价：128.00元
PSN B-2015-484-1/2

江西蓝皮书
江西设区市发展报告（2017）
著(编)者：姜玮 梁勇　　2017年10月出版 / 估价：79.00元
PSN B-2016-517-2/2

江西文化蓝皮书
江西文化产业发展报告（2017）
著(编)者：张圣才 汪春翔
2017年10月出版 / 估价：128.00元
PSN B-2015-499-1/1

经济特区蓝皮书
中国经济特区发展报告（2017）
著(编)者：陶一桃　　2017年12月出版 / 估价：98.00元
PSN B-2009-139-1/1

辽宁蓝皮书
2017年辽宁经济社会形势分析与预测
著(编)者：梁启东
2017年6月出版 / 定价：89.00元
PSN B-2006-053-1/1

洛阳蓝皮书
洛阳文化发展报告（2017）
著(编)者：刘福兴 陈启明　2017年10月出版 / 估价：89.00元
PSN B-2015-476-1/1

南京蓝皮书
南京文化发展报告（2017）
著(编)者：徐宁　　2017年10月出版 / 估价：89.00元
PSN B-2014-439-1/1

南宁蓝皮书
南宁法治发展报告（2017）
著(编)者：杨维超　2017年12月出版 / 估价：79.00元
PSN B-2015-509-1/3

南宁蓝皮书
南宁经济发展报告（2017）
著(编)者：胡建华　2017年9月出版 / 估价：79.00元
PSN B-2016-570-2/3

皮书系列 重点推荐　地方发展类

南宁蓝皮书
南宁社会发展报告（2017）
著(编)者：胡建华　　2017年9月出版 / 估价：79.00元
PSN B-2016-571-3/3

内蒙古蓝皮书
内蒙古反腐倡廉建设报告 No.2
著(编)者：张志华　无极　2017年12月出版 / 估价：79.00元
PSN B-2013-365-1/1

浦东新区蓝皮书
上海浦东经济发展报告（2017）
著(编)者：沈开艳　周奇　2017年2月出版 / 定价：79.00元
PSN B-2011-225-1/1

青海蓝皮书
2017年青海经济社会形势分析与预测
著(编)者：陈玮　　2016年12月出版 / 定价：79.00元
PSN B-2012-275-1/1

人口与健康蓝皮书
深圳人口与健康发展报告（2017）
著(编)者：陆杰华　罗乐宣　苏杨
2017年11月出版 / 定价：89.00元
PSN B-2011-228-1/1

山东蓝皮书
山东经济形势分析与预测（2017）
著(编)者：李广杰　　2017年7月出版 / 估价：89.00元
PSN B-2014-404-1/4

山东蓝皮书
山东社会形势分析与预测（2017）
著(编)者：张华　唐洲雁　2017年7月出版 / 估价：89.00元
PSN B-2014-405-2/4

山东蓝皮书
山东文化发展报告（2017）
著(编)者：涂可国　　2017年5月出版 / 定价：98.00元
PSN B-2014-406-3/4

山西蓝皮书
山西资源型经济转型发展报告（2017）
著(编)者：李志强　　2017年7月出版 / 估价：89.00元
PSN B-2011-197-1/1

陕西蓝皮书
陕西经济发展报告（2017）
著(编)者：任宗哲　白宽犁　裴成荣
2017年1月出版 / 定价：69.00元
PSN B-2009-135-1/6

陕西蓝皮书
陕西社会发展报告（2017）
著(编)者：任宗哲　白宽犁　牛昉
2017年1月出版 / 定价：69.00元
PSN B-2009-136-2/6

陕西蓝皮书
陕西文化发展报告（2017）
著(编)者：任宗哲　白宽犁　王长寿
2017年1月出版 / 定价：69.00元
PSN B-2009-137-3/6

陕西蓝皮书
陕西精准脱贫研究报告（2017）
著(编)者：任宗哲　白宽犁　王建康
2017年6月出版 / 定价：69.00元
PSN B-2017-623-6/6

上海蓝皮书
上海传媒发展报告（2017）
著(编)者：强荧　焦雨虹　2017年2月出版 / 定价：79.00元
PSN B-2012-295-5/7

上海蓝皮书
上海法治发展报告（2017）
著(编)者：叶青　　2017年7月出版 / 定价：89.00元
PSN B-2012-296-6/7

上海蓝皮书
上海经济发展报告（2017）
著(编)者：沈开艳　　2017年2月出版 / 定价：79.00元
PSN B-2006-057-1/7

上海蓝皮书
上海社会发展报告（2017）
著(编)者：杨雄　周海旺　2017年2月出版 / 定价：79.00元
PSN B-2006-058-2/7

上海蓝皮书
上海文化发展报告（2017）
著(编)者：荣跃明　　2017年2月出版 / 定价：79.00元
PSN B-2006-059-3/7

上海蓝皮书
上海文学发展报告（2017）
著(编)者：陈圣来　　2017年7月出版 / 定价：89.00元
PSN B-2012-297-7/7

上海蓝皮书
上海资源环境发展报告（2017）
著(编)者：周冯琦　汤庆合
2017年2月出版 / 定价：79.00元
PSN B-2006-060-4/7

社会建设蓝皮书
2017年北京社会建设分析报告
著(编)者：宋贵伦　冯虹　2017年10月出版 / 估价：89.00元
PSN B-2010-173-1/1

深圳蓝皮书
深圳法治发展报告（2017）
著(编)者：张骁儒　　2017年6月出版 / 定价：79.00元
PSN B-2015-470-6/7

深圳蓝皮书
深圳经济发展报告（2017）
著(编)者：张骁儒　　2017年6月出版 / 定价：79.00元
PSN B-2008-112-3/7

深圳蓝皮书
深圳劳动关系发展报告（2017）
著(编)者：汤庭芬　　2017年7月出版 / 估价：89.00元
PSN B-2007-097-2/7

皮书系列 重点推荐 · 地方发展类・国际问题类

深圳蓝皮书
深圳社会治理与发展报告（2017）
著(编)者：张骁儒 邹从兵　2017年6月出版 / 定价：79.00元
PSN B-2008-113-4/7

深圳蓝皮书
深圳文化发展报告(2017)
著(编)者：张骁儒　2017年5月出版 / 定价：79.00元
PSN B-2016-555-7/7

丝绸之路蓝皮书
丝绸之路经济带发展报告（2017）
著(编)者：任宗哲 白宽犁 谷孟宾
2017年1月出版 / 定价：75.00元
PSN B-2014-410-1/1

法治蓝皮书
四川依法治省年度报告 No.3（2017）
著(编)者：李林 杨天宗 田禾
2017年3月出版 / 定价：118.00元
PSN B-2015-447-1/1

四川蓝皮书
2017年四川经济形势分析与预测
著(编)者：杨钢　2017年1月出版 / 定价：98.00元
PSN B-2007-098-2/7

四川蓝皮书
四川城镇化发展报告（2017）
著(编)者：侯水平 陈炜　2017年4月出版 / 定价：75.00元
PSN B-2015-456-7/7

四川蓝皮书
四川法治发展报告（2017）
著(编)者：郑泰安　2017年7月出版 / 定价：89.00元
PSN B-2015-441-5/7

四川蓝皮书
四川企业社会责任研究报告（2016~2017）
著(编)者：侯水平 盛毅
2017年5月出版 / 定价：79.00元
PSN B-2014-386-4/7

四川蓝皮书
四川社会发展报告（2017）
著(编)者：李羚　2017年6月出版 / 定价：79.00元
PSN B-2008-127-3/7

四川蓝皮书
四川生态建设报告（2017）
著(编)者：李晟之　2017年5月出版 / 定价：75.00元
PSN B-2015-455-6/7

四川蓝皮书
四川文化产业发展报告（2017）
著(编)者：向宝云 张立伟
2017年4月出版 / 定价：79.00元
PSN B-2006-074-1/7

体育蓝皮书
上海体育产业发展报告（2016~2017）
著(编)者：张林 黄海燕
2017年10月出版 / 定价：89.00元
PSN B-2015-454-4/4

体育蓝皮书
长三角地区体育产业发展报告（2016~2017）
著(编)者：张林　2017年7月出版 / 估价：89.00元
PSN B-2015-453-3/4

天津金融蓝皮书
天津金融发展报告（2017）
著(编)者：王爱俭 孔德昌
2018年3月出版 / 估价：98.00元
PSN B-2014-418-1/1

图们江区域合作蓝皮书
图们江区域合作发展报告（2017）
著(编)者：李铁　2017年11月出版 / 估价：98.00元
PSN B-2015-464-1/1

温州蓝皮书
2017年温州经济社会形势分析与预测
著(编)者：蒋儒林 王春光 金浩
2017年4月出版 / 定价：79.00元
PSN B-2008-105-1/1

西咸新区蓝皮书
西咸新区发展报告（2016~2017）
著(编)者：李扬 王军　2017年11月出版 / 估价：89.00元
PSN B-2016-535-1/1

扬州蓝皮书
扬州经济社会发展报告（2017）
著(编)者：丁纯　2017年12月出版 / 估价：98.00元
PSN B-2011-191-1/1

云南社会治理蓝皮书
云南社会治理年度报告（2016）
著(编)者：晏雄 韩全芳
2017年5月出版 / 定价：99.00元
PSN B-2011-191-1/1

长株潭城市群蓝皮书
长株潭城市群发展报告（2017）
著(编)者：张萍　2017年12月出版 / 估价：89.00元
PSN B-2008-109-1/1

中医文化蓝皮书
北京中医文化传播发展报告（2017）
著(编)者：毛嘉陵　2017年7月出版 / 定价：79.00元
PSN B-2015-468-1/2

珠三角流通蓝皮书
珠三角商圈发展研究报告（2017）
著(编)者：王先庆 林至颖
2017年7月出版 / 定价：98.00元
PSN B-2012-292-1/1

遵义蓝皮书
遵义发展报告（2017）
著(编)者：曾征 龚永育 雍思强
2017年12月出版 / 估价：89.00元
PSN B-2014-433-1/1

皮书系列 重点推荐　国际问题类

国际问题类

"一带一路"跨境通道蓝皮书
"一带一路"跨境通道建设研究报告（2017）
著（编）者：郭业洲　2017年8月出版／估价：89.00元
PSN B-2016-558-1/1

"一带一路"蓝皮书
"一带一路"建设发展报告（2017）
著（编）者：李永全　2017年6月出版／定价：89.00元
PSN B-2016-553-1/1

阿拉伯黄皮书
阿拉伯发展报告（2016~2017）
著（编）者：罗林　2018年3月出版／估价：89.00元
PSN Y-2014-381-1/1

巴西黄皮书
巴西发展报告（2017）
著（编）者：刘国枝　2017年5月出版／定价：85.00元
PSN Y-2017-614-1/1

北部湾蓝皮书
泛北部湾合作发展报告（2017）
著（编）者：吕余生　2017年12月出版／估价：85.00元
PSN B-2008-114-1/1

大湄公河次区域蓝皮书
大湄公河次区域合作发展报告（2017）
著（编）者：刘稚　2017年11月出版／估价：89.00元
PSN B-2011-196-1/1

大洋洲蓝皮书
大洋洲发展报告（2017）
著（编）者：喻常森　2017年10月出版／估价：89.00元
PSN B-2013-341-1/1

德国蓝皮书
德国发展报告（2017）
著（编）者：郑春荣　2017年6月出版／定价：89.00元
PSN B-2012-278-1/1

东北亚区域合作蓝皮书
2016年"一带一路"倡议与东北亚区域合作
著（编）者：刘亚政　金美花
2017年5月出版／定价：89.00元
PSN B-2017-631-1/1

东盟黄皮书
东盟发展报告（2017）
著（编）者：杨晓强　庄国土
2017年7月出版／估价：89.00元
PSN Y-2012-303-1/1

东南亚蓝皮书
东南亚地区发展报告（2016~2017）
著（编）者：厦门大学东南亚研究中心　王勤
2017年12月出版／估价：89.00元
PSN B-2012-240-1/1

俄罗斯黄皮书
俄罗斯发展报告（2017）
著（编）者：李永全　2017年6月出版／定价：89.00元
PSN Y-2006-061-1/1

非洲黄皮书
非洲发展报告No.19（2016~2017）
著（编）者：张宏明　2017年7月出版／定价：89.00元
PSN Y-2012-239-1/1

公共外交蓝皮书
中国公共外交发展报告（2017）
著（编）者：赵启正　雷蔚真　2017年11月出版／估价：89.00元
PSN B-2015-457-1/1

国际安全蓝皮书
中国国际安全研究报告(2017)
著（编）者：刘慧　2017年11月出版／估价：98.00元
PSN B-2016-522-1/1

国际形势黄皮书
全球政治与安全报告（2017）
著（编）者：张宇燕　2017年1月出版／估价：89.00元
PSN Y-2001-016-1/1

韩国蓝皮书
韩国发展报告（2017）
著（编）者：牛林杰　刘宝全　2017年11月出版／估价：89.00元
PSN B-2010-155-1/1

加拿大蓝皮书
加拿大发展报告（2017）
著（编）者：仲伟合　2017年11月出版／估价：89.00元
PSN B-2014-389-1/1

拉美黄皮书
拉丁美洲和加勒比发展报告（2016~2017）
著（编）者：吴白乙　袁东振　2017年6月出版／定价：89.00元
PSN Y-1999-007-1/1

美国蓝皮书
美国研究报告（2017）
著（编）者：郑秉文　黄平　2017年5月出版／定价：89.00元
PSN B-2011-210-1/1

缅甸蓝皮书
缅甸国情报告（2017）
著（编）者：李晨阳　2017年12月出版／估价：86.00元
PSN B-2013-343-1/1

欧洲蓝皮书
欧洲发展报告（2016~2017）
著（编）者：黄平　周弘　程卫东　2017年6月出版／定价：89.00元
PSN B-1999-009-1/1

国际问题类

皮书系列重点推荐

◆ 内容起源 ◆

葡语国家蓝皮书
葡语国家发展报告（2017）
著(编)者：王成安 张敏 刘金兰
2017年12月出版 / 估价：89.00元
PSN B-2015-503-1/2

葡语国家蓝皮书
中国与葡语国家关系发展报告·巴西（2017）
著(编)者：张曙光 2017年8月出版 / 估价：89.00元
PSN B-2016-564-2/2

日本经济蓝皮书
日本经济与中日经贸关系研究报告（2017）
著(编)者：张季风 2017年6月出版 / 定价：89.00元
PSN B-2008-102-1/1

日本蓝皮书
日本研究报告（2017）
著(编)者：杨伯江 2017年6月出版 / 定价：89.00元
PSN B-2002-020-1/1

上海合作组织黄皮书
上海合作组织发展报告（2017）
著(编)者：李进峰
2017年6月出版 / 定价：98.00元
PSN Y-2009-130-1/1

世界创新竞争力黄皮书
世界创新竞争力发展报告（2017）
著(编)者：李闽榕 李建平 赵新力
2017年11月出版 / 估价：148.00元
PSN Y-2013-318-1/1

泰国蓝皮书
泰国研究报告（2017）
著(编)者：庄国土 张禹东
2017年11月出版 / 估价：118.00元
PSN B-2016-557-1/1

土耳其蓝皮书
土耳其发展报告（2017）
著(编)者：郭长刚 刘义
2017年11月出版 / 估价：89.00元
PSN B-2014-412-1/1

亚太蓝皮书
亚太地区发展报告（2017）
著(编)者：李向阳 2017年5月出版 / 估价：79.00元
PSN B-2001-015-1/1

印度蓝皮书
印度国情报告（2017）
著(编)者：吕昭义 2018年4月出版 / 估价：89.00元

印度洋地区蓝皮书
印度洋地区发展报告（2017）
著(编)者：汪戎 2017年6月出版 / 定价：98.00元
PSN B-2013-334-1/1

英国蓝皮书
英国发展报告（2016~2017）
著(编)者：王展鹏 2017年11月出版 / 估价：89.00元
PSN B-2015-486-1/1

越南蓝皮书
越南国情报告（2017）
著(编)者：谢林城
2017年12月出版 / 估价：89.00元
PSN B-2006-056-1/1

以色列蓝皮书
以色列发展报告（2017）
著(编)者：张倩红 2017年8月出版 / 估价：89.00元
PSN B-2015-483-1/1

伊朗蓝皮书
伊朗发展报告（2017）
著(编)者：冀开远 2017年10月出版 / 估价：89.00元
PSN B-2016-575-1/1

渝新欧蓝皮书
渝新欧沿线国家发展报告（2017）
著(编)者：杨柏 黄森 2017年6月出版 / 定价：88.00元
PSN B-2016-575-1/1

中东黄皮书
中东发展报告No.19（2016~2017）
著(编)者：杨光 2017年10月出版 / 估价：89.00元
PSN Y-1998-004-1/1

中亚黄皮书
中亚国家发展报告（2017）
著(编)者：孙力 2017年6月出版 / 定价：98.00元
PSN Y-2012-238-1/1

社会科学文献出版社　　　　　　　　　　　　　　**皮书系列**

✤ 皮书起源 ✤

"皮书"起源于十七、十八世纪的英国，主要指官方或社会组织正式发表的重要文件或报告，多以"白皮书"命名。在中国，"皮书"这一概念被社会广泛接受，并被成功运作、发展成为一种全新的出版形态，则源于中国社会科学院社会科学文献出版社。

✤ 皮书定义 ✤

皮书是对中国与世界发展状况和热点问题进行年度监测，以专业的角度、专家的视野和实证研究方法，针对某一领域或区域现状与发展态势展开分析和预测，具备原创性、实证性、专业性、连续性、前沿性、时效性等特点的公开出版物，由一系列权威研究报告组成。

✤ 皮书作者 ✤

皮书系列的作者以中国社会科学院、著名高校、地方社会科学院的研究人员为主，多为国内一流研究机构的权威专家学者，他们的看法和观点代表了学界对中国与世界的现实和未来最高水平的解读与分析。

✤ 皮书荣誉 ✤

皮书系列已成为社会科学文献出版社的著名图书品牌和中国社会科学院的知名学术品牌。2016年，皮书系列正式列入"十三五"国家重点出版规划项目；2012~2016年，重点皮书列入中国社会科学院承担的国家哲学社会科学创新工程项目；2017年，55种院外皮书使用"中国社会科学院创新工程学术出版项目"标识。

中国皮书网
www.pishu.cn

发布皮书研创资讯，传播皮书精彩内容
引领皮书出版潮流，打造皮书服务平台

栏目设置

关于皮书：何谓皮书、皮书分类、皮书大事记、皮书荣誉、
　　　　　皮书出版第一人、皮书编辑部
最新资讯：通知公告、新闻动态、媒体聚焦、网站专题、视频直播、下载专区
皮书研创：皮书规范、皮书选题、皮书出版、皮书研究、研创团队
皮书评奖评价：指标体系、皮书评价、皮书评奖
互动专区：皮书说、皮书智库、皮书微博、数据库微博

所获荣誉

2008年、2011年，中国皮书网均在全国新闻出版业网站荣誉评选中获得"最具商业价值网站"称号；

2012年，获得"出版业网站百强"称号。

网库合一

2014年，中国皮书网与皮书数据库端口合一，实现资源共享。更多详情请登录www.pishu.cn。

权威报告·热点资讯·特色资源

皮书数据库
ANNUAL REPORT(YEARBOOK) DATABASE

当代中国与世界发展高端智库平台

所获荣誉

- 2016年，入选"国家'十三五'电子出版物出版规划骨干工程"
- 2015年，荣获"搜索中国正能量 点赞2015""创新中国科技创新奖"
- 2013年，荣获"中国出版政府奖·网络出版物奖"提名奖
- 连续多年荣获中国数字出版博览会"数字出版·优秀品牌"奖

成为会员

通过网址www.pishu.com.cn或使用手机扫描二维码进入皮书数据库网站，进行手机号码验证或邮箱验证即可成为皮书数据库会员（建议通过手机号码快速验证注册）。

会员福利

- 使用手机号码首次注册会员可直接获得100元体验金，不需充值即可购买和查看数据库内容（仅限使用手机号码快速注册）。
- 已注册用户购书后可免费获赠100元皮书数据库充值卡。刮开充值卡涂层获取充值密码，登录并进入"会员中心"—"在线充值"—"充值卡充值"，充值成功后即可购买和查看数据库内容。

数据库服务热线：400-008-6695　　　图书销售热线：010-59367070/7028
数据库服务QQ：2475522410　　　　图书服务QQ：1265056568
数据库服务邮箱：database@ssap.cn　　图书服务邮箱：duzhe@ssap.cn

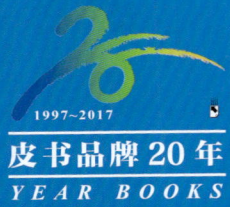

更多信息请登录

皮书数据库
http://www.pishu.com.cn

中国皮书网
http://www.pishu.cn

皮书微博
http://weibo.com/pishu

皮书博客
http://blog.sina.com.cn/pishu

皮书微信"皮书说"

请到当当、亚马逊、京东或各地书店购买，也可办理邮购

咨询/邮购电话：010-59367028　59367070
邮　　箱：duzhe@ssap.cn
邮购地址：北京市西城区北三环中路甲29号院3号楼
　　　　　华龙大厦13层读者服务中心
邮　编：100029
银行户名：社会科学文献出版社
开户银行：中国工商银行北京北太平庄支行
账　号：0200010019200365434

(3) 存款来源结构特征

吸引公众存款是商业银行的基本业务，也是银行发挥信用中介和货币创造的前提。从整体上看，商业银行的存款数量在增长，2015年末达到4335万亿印度尼西亚盾，较2011年末增长了58.4%，规模增长较为明显（见图4）。但从各年增长速度看，增速逐年下降，2012年增速为15.6%，2014年降为12.2%，2015年更降为8%。2016年该趋势也未得到明显改善，前4个月的存款增长率为1.5%，照此速度推算全年增速难以超过2015年。

在存款的类别构成中，定期存款占据最大比重，2015年达到45.8%，其次是包括伊斯兰存款、各类协议存款等在内的其他存款，占比32.6%，而结算账户存款（活期，不付息）占比为21.6%。定期存款比重较高，为印度尼西亚商业银行的货币创造提供了有利期限条件。纵向比较，印度尼西亚商业银行的存款结构基本维持稳定，2011年上述三者的比重分别为44.8%、33.1%和22.1%。在2015年的全部存款中，外汇存款占比为16.2%，说明印度尼西亚商业外汇经营业务已具备一定的规模。

伊斯兰银行在同期的存款增长率超过一般商业银行，2015年达到231万亿印度尼西亚盾，较2011年末翻了一倍，但在2015年当年增长出现明显下降，仅增长6.1%。

定期存款是商业开展信用创造的主要外部资金来源，分析商业银行的定期存款来源结构可以在一定程度上考察银行发展所依赖的资金渠道。我们的分析发现其他私营部门（以居民为主体）是其最主要的存款来源，以2015年为例，该来源占到全部存款的62.5%；而来自普通工商企业（民营及公立的非金融企业）的存款占20.9%，相对较少；之后是来自非银行金融机构的存款，占比14.2%（见图5）。从资金来源的国有与非国有性质考察，政府存款、公立非金融企业存款、公立非银行金融机构存款三者合计为11.2%，说明公有经济部门对商业银行吸纳资金有十分重要的影响。

考察不同类别商业银行在存款市场的竞争力，可以发现印度尼西亚的大型银行即四大国家银行和全国性民营银行是市场的主要力量，以2015年为例，两者分别吸纳了存款市场私人存款的36.8%和39.2%，而其他类型银

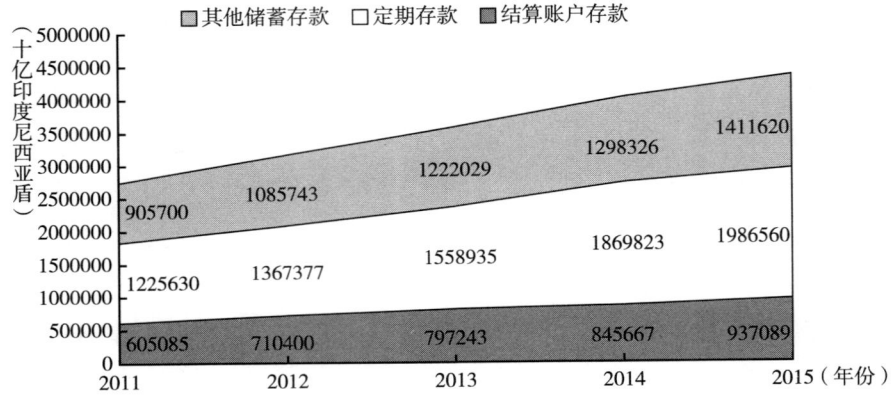

图 4　印度尼西亚银行业存款类别结构

资料来源：BI。

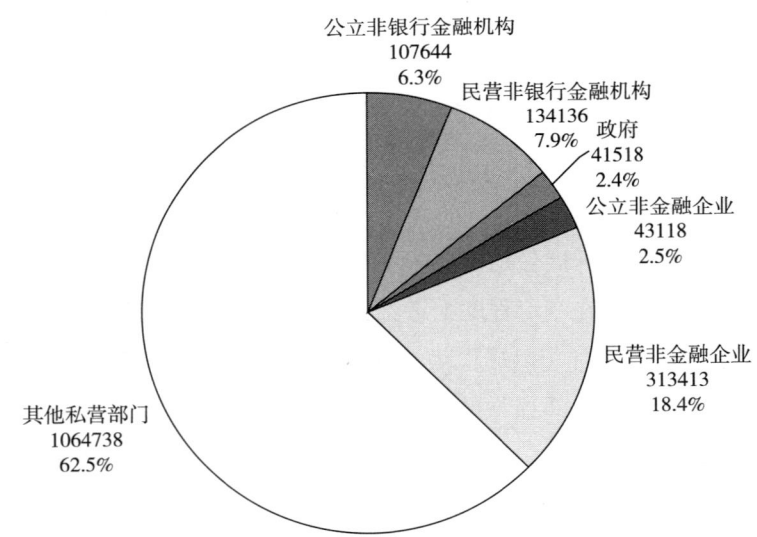

图 5　印度尼西亚银行业定期存款来源结构（2015 年）

资料来源：BI。

行合计不到三成，外资和合资银行仅占 10.8%。但外资和合资银行吸纳外汇存款接近四成，为 38.5%。

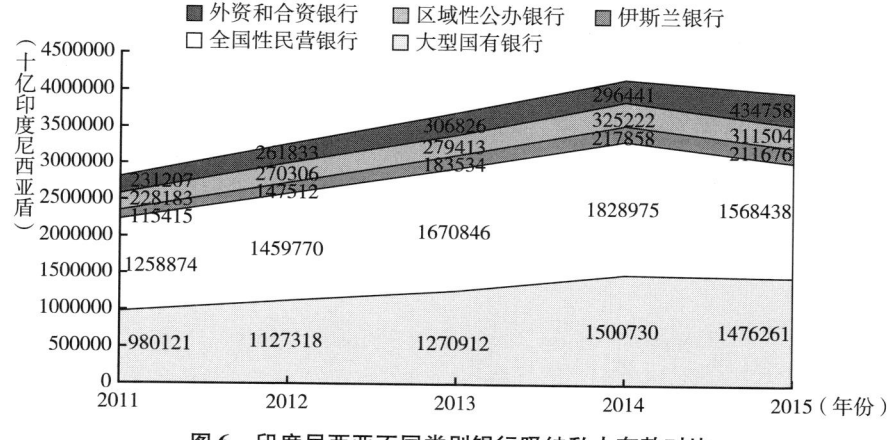

图 6　印度尼西亚不同类别银行吸纳私人存款对比

资料来源：BPS。

（4）资产业务结构特征

信贷业务是商业银行的基本资产业务，也是商业银行的主要利润来源。考察商业银行资产业务结构特征，既可以分析其经营活动的重点和盈利的主要来源，也可以分析其对经济的支撑作用主要体现在哪些领域。

依据印度尼西亚金管局最新公布的数据，我们可以观察到印度尼西亚商业银行的业务较为多元化，除了传统商业银行业务外，同时也在一定程度上开展了投资银行业务，从事股权、证券和衍生品投资，具有一定的混业经营特征。以2016年4月末数据为例，贷款类信用资产占比为66.92%，约为其全部资产的2/3，而存放同业和央行的款项占比为12.65%，证券、企业股权和衍生品投资这类投资银行业务占比为14.78%。

从结构的动态变化来看（见表3），过去五年银行的放贷业务有了较明显的增长，2011年的贷款余额为2216.5万亿印度尼西亚盾，在全部资产中占比61.6%，到2015年末增长到4092.1万亿印度尼西亚盾，占比达到68.6%，增长了7个百分点，2016年上半年略有下滑。另一个近年来增长较明显的领域是证券投资，由过去几年占比11%左右的水平提高到14.1%，这与2016年印度尼西亚股市上升趋势有一定关系。近五年下降明显的资产项目是存放央行款项，由 2011 年占比 15.8%，逐年降低到 2015 年末的 11.5%，到 2016 年 4 月末进一步降为 9.1%，这与印度尼西亚政府鼓励银行放贷，降低准备金要求有一定关联。

表3 印度尼西亚商业银行资产结构

单位：十亿印度尼西亚盾

年份 项目	2011	2012	2013	2014	2015	2016年4月 资产余额	占全部资产的比重（%）
贷款	2216538	2725674	3319842	3706501	4092104	4035929	66.92
存放同业款项	152905	166623	171915	182432	211901	217427	3.60
存放央行款项	567783	580697	506453	569018	685575	546025	9.05
证券投资	427040	429946	520642	636688	660828	848066	14.06
股权投资	18912	15065	15725	20984	25605	25801	0.43
风险准备	70150	69931	79492	90454	116540	130036	2.16
现货及衍生品权益	7458	8229	26092	17483	20611	17416	0.29
其他权益	136239	176507	183143	245350	155488	210724	3.49

资料来源：印度尼西亚金管局。

印度尼西亚不同类别商业银行在贷款市场的竞争格局与存款市场类似，四大国家银行和全国性民营银行占据绝对主体地位（见图7），以2015年为例，两者贷款余额分别为1487.5万亿印度尼西亚盾和1754.4万亿印度尼西亚盾，占比分别为36.4%和43%，相较于存款竞争，全国性民营银行在贷款市场的份额要略为高一些。外资和合资银行的贷款份额为10.6%，与其存款市场份额相当。农村银行贷款在2015年占比2%。统计数据中未披露伊斯兰银行贷款数据。2015年全部贷款中，外币贷款占14.3%，其中38.5%由外资和合资银行发放（见图7）。

从贷款的投向看，贷款最多的行业类别是制造业，在2015年其占比达到21.6%；随后是商业及住宿餐饮业、农林牧渔业，占比分别为18.1%、15.6%，三者合计占全部贷款的一半以上（见图8）。

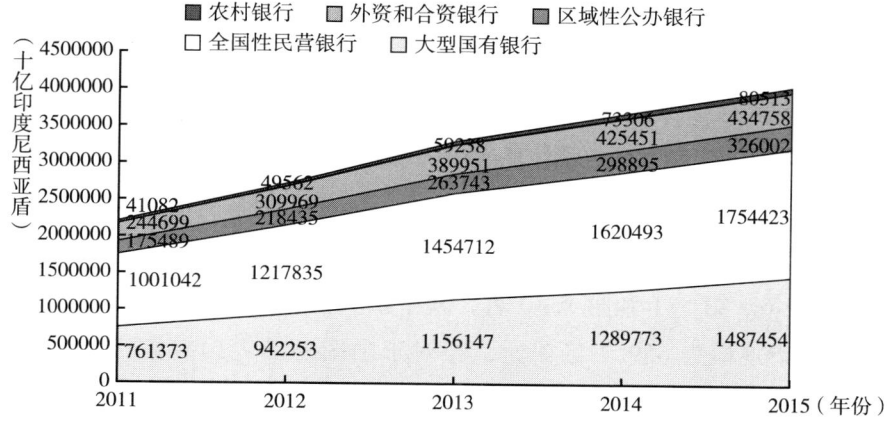

图7 印度尼西亚不同类别银行发放贷款对比

资料来源：BPS。

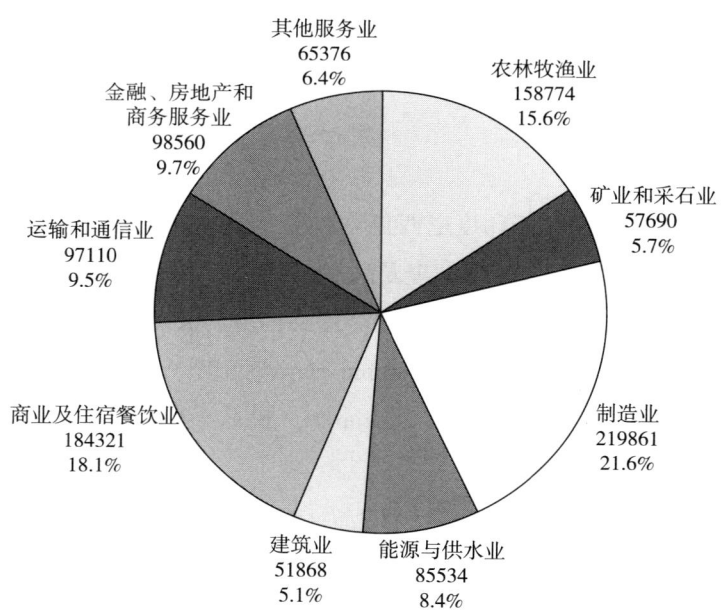

图8 2015年印度尼西亚银行业投资信贷的产业分布（单位：十亿印度尼西亚盾）

资料来源：BPS。

（二）主要银行竞争力分析

（1）前十大银行及其核心指标

如表4所示，在印度尼西亚前十大银行中，按资产排名四大国家银行Bank Mandiri、Bank Rakyat Indonesia、Bank Negara Indonesia 和 Bank Tabungan Negara 分别位居第1、第2、第4和第9位，世界排名分别为第336、第346、第571和第1340名，其中最大的商业银行 Mandiri 在2015年末的资产规模为659.7亿美元，相对于中国的四大国有银行，其资产显得偏小。前十大银行的资产合计为2909亿美元，而同期中国工商银行的资产规模达到34213亿美元，中国招商银行的资产规模也达到了8343亿美元。印度尼西亚前十大银行的资本金充足率均超过15%，核心资本充足率超过11%，远高于《巴塞尔协议》中要求的8%和4%的国际水平。另外，前十大银行均已在位于雅加达的印度尼西亚证交所（IDX）挂牌上市。

（2）Bank Mandiri

简介

Mandiri银行总部位于印度尼西亚首都雅加达，无论是从资产、贷款还是存款角度讲，它都是印度尼西亚最大的商业银行。它的成立是在1998年东南亚金融危机后，1999年政府将四个面临困境的大型国有商业银行整合，这四家被整合的银行分别是 Bank Bumi Daya（BBD）、Bank Dagang Negara（BDN）、Bank Expor Impor（Exim）、Bank Pembangunan Indonesia（Bapindo）。

目前，Mandiri 银行的实际控制人为印度尼西亚中央政府，政府直接持有股权比例为60%。该银行已在印度尼西亚证交所（IDX）上市，股权实现了多元化，印度尼西亚政府之外的主要股东还包括来自法国、英国、加拿大、美国、挪威等国际投资者，如 BPCE SA、BPJS KETENAGAKERJAAN JHT、BLACKROCK INC 等，但持有股权比例均较低，不超过5%。

表 4 印度尼西亚前十大商业银行核心竞争力指标（2015 年）

名称	国内排名	世界排名	总资产（百万美元）	资本充足率（%）	核心资本充足率（%）	拨备率（%）	权益比率（%）	边际利率（%）	资产收益率（%）	净资产收益率（%）	费用率（%）	资产放贷率（%）	存款放贷率（%）	存款流动资产比率（%）
Mandiri	1	336	65971	17.99	—	3.79	13.13	5.63	2.40	18.86	39.80	62.89	88.46	14.64
Rakyat Indonesia	2	346	63677	20.39	16.68	3.01	12.88	8.26	3.02	24.11	44.24	64.16	80.16	12.68
Central Asia	3	486	43086	19.03	18.14	2.36	15.08	7.85	3.14	21.82	45.32	64.98	80.32	17.59
Negara Indonesia	4	571	36868	19.49	—	3.69	15.42	6.50	1.98	13.11	45.91	61.75	85.54	16.30
CIMB Niaga	5	1045	17314	16.28	14.20	4.18	12.01	5.50	0.18	1.50	56.01	71.22	88.92	9.43
Danamon Indonesia	6	1248	13632	19.67	—	3.46	18.19	8.69	1.29	7.39	49.80	66.41	94.66	19.53
Pan Indonesia	7	1273	13274	20.13	17.52	2.18	16.82	4.24	0.88	5.82	53.91	68.76	89.85	10.16
Permata	8	1280	13243	15.21	—	2.80	10.30	3.63	0.13	1.38	51.79	68.90	84.75	9.41
Tabungan Negara	9	1340	12454	16.97	—	1.48	8.07	4.56	1.17	14.18	56.71	79.69	97.88	6.61
Maybank Indonesia	10	1422	11426	15.17	11.47	1.81	9.99	4.81	0.76	7.56	58.76	70.10	88.09	15.05

数据来源：BVD。

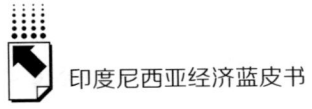

业务架构

Mandiri 银行是一个以商业银行业务为主体的混业经营金融集团，商业银行业务是其主体，在国内拥有2312家分支，产品线包括个人银行业务、公司银行业务、电子银行业务等几个大的领域，其产品和服务涉及存贷款、支付结算和汇兑、外汇、进出口结算和信用证、现金管理和理财、担保和租赁等。

集团中从事普通商业银行业务以外的下属子公司包括：

- Mandiri 伊斯兰银行
- Mandiri 证券公司
- Mandiri AXA 金融服务公司
- 巴厘岛 Sinar Harapan 银行（BSHB）
- Mandiri Tunas 财务公司
- Mandiri AXA 综合保险公司
- Jiwa InHealth 人寿保险公司

另外，作为印度尼西亚最大的商业银行，其国际化方面也取得了一定的成效，目前设有如下国外分支机构：

- Mandiri 银行新加坡分行，持有的是新加坡金融管理局授予的离岸银行经营许可执照
- Bank Mandiri 香港分行
- Bank Mandiri 开曼群岛分行
- Bank Mandiri 帝力分行，位于东帝汶
- Bank Mandiri 上海分行
- Bank Mandiri 欧洲有限公司，位于英国伦敦

主要竞争力指标

Mandiri 银行作为印度尼西亚国内最大的商业银行，其资产规模在印度尼西亚国内排名第1，在全球范围内排名300多位。从其效率指标看，净资产收益率在25%左右波动，而资产收益率则在3%左右，相比其他一些民营商业银行要显著低一些。其业务毛利率在48%左右，流动比率

在12%左右，净资产比率在16%左右，均与其他民营银行大体相当（见图9）。

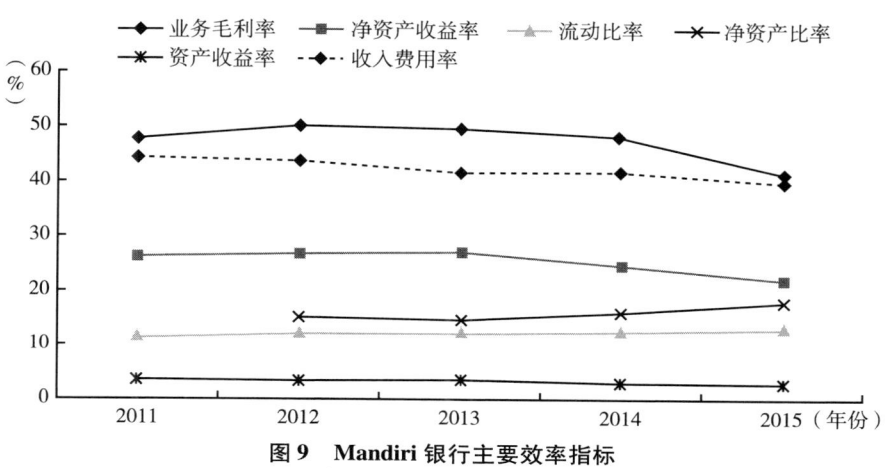

图9 Mandiri 银行主要效率指标

资料来源：BVD。

（3）Bank Central Asia

简介

Bank Central Asia，简称BCA，是一个以商业银行业务为主的多业经营金融集团，属于全国性的民营商业银行。BCA正式成立于1957年2月21日，最初名称为Bank Central Asia NV。1997年东南亚金融危机中，BCA出现了严重的资金周转困难，储户挤兑，银行被迫寻求印度尼西亚政府的帮助，政府的银行重组机构IBRA于1998年接管了BCA，在同一年成功恢复正常运营。在2000年，借助BCA在印度尼西亚证交所IPO上市的机会，IBRA减持了BCA股份的22.55%，但仍控制了BCA总股份的70.3%，在2001年6月和7月IBRA又减持了另外10%的股份。2002年，IBRA通过引入外部战略投资者，将51%的股份转让给了总部设在毛里求斯的Farindo Investment集团。截至2016年11月11日，Farindo Investment集团持有BCA 47.15%的股份，是第一大控股股东，另有50.84%的股份由公众投资者持有。

业务构架

BCA总部位于雅加达，商业银行业务包括存货款、现金管理和理财服务、电子银行业务、外汇业务、进出口结算及担保业务等，除此之外，集团还设立了11家子公司从事其他金融业务，包括汽车金融、保险、投资等。具体如下：BCA Finance，专注于汽车金融的子公司；BCA Finance Ltd（BCA FL），是集团位于中国香港的子公司，于1975年成立，主要业务是储蓄和汇兑，目前在香港有五家分支；PT Bank BCA Syariah从2010年4月5日正式运作，一直以伊斯兰教义为基础开展业务，它旨在成为印度尼西亚伊斯兰银行的典范，在个人客户、微型、中小型企业的支付结算及存贷款方面表现优异；PT Central Santosa Finance成立于2010年，目前提供消费信贷、融资租赁业务，BCA拥有该公司75%的股权；PT BCA Sekuritas（原名PT Dinamika Usaha Jaya）成立于1990年，业务范围包括证券经纪和投资银行；PT Asuransi Umum BCA（原名PT Central Sejahtera保险）成立于1988年，是一家商业保险公司；PT Asuransi Jiwa BCA（BCA Life）是BCA控股的人寿保险公司。BCA Sekuritas拥有99%的股权，剩余的股权由银行保险公司拥有。BCA Life将专注于在三个领域创新，包括保障类保险、储蓄型保险和投资连接保险。

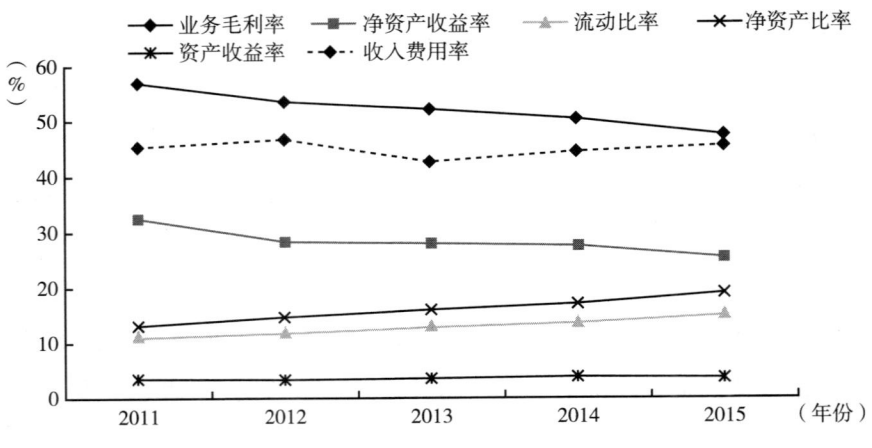

图10　BCA银行的主要效率指标

资料来源：BVD。

主要竞争力指标

BCA 银行是印度尼西亚最大的民营商业银行,从效率指标看,其净资产收益率平均为 28.2%,资产收益率平均为 3.6%,毛利率为 51.9%,高于第一大银行 Mandiri。流动比率平均为 12.9%,净资产比率平均为 16.1%,与 Mandiri 银行相当。

三 证券业特征与发展形势分析

(一)机构数量

印度尼西亚的场内证券交易集中于印度尼西亚证券交易所(Indonesia Stock Exchange,IDX),它是一家总部位于雅加达的综合证券交易所,提供股票、债券和期货等多类证券交易服务,它是在 2007 年由原雅加达证券交易所与泗水证券交易所合并而来。2015 年间,有 124 家证券公司被列为 IDX 股东。到 2015 年底,共计有 115 个交易所会员(EM),其中 109 个处于活跃状态,6 个暂停了活动。此外,IDX 还有 114 个参与者,包括 58 个证券公司、37 个银行和 19 个托管银行。

(二)证券市值与行情

(1)总体市值与行情

印度尼西亚股票市场(IDX)自 2015 年 9 月末以来出现了一波中期上涨行情,雅加达指数至 2016 年底上涨了 25%,总市值达 5753.6 万亿印度尼西亚盾(见图 11),与 2015 年末的 4872.7 万亿印度尼西亚盾相比上升了 18%,市场已经收复了 2015 年的下跌并较前年末(即 2014 年底)的 5228 万亿印度尼西亚盾上涨了 10%。公司债券中包括以印度尼西亚盾计价的债券、伊斯兰债券和资产抵押债券和以美元计价的债券。2016 年底,政府债券余额市值 1173.2 万亿印度尼西亚盾,公司债券余额市值 311.7 万亿印度尼西亚盾。政府债券和公司债券市值规模均较上年增长 24% 以上。在 2015

年底，公司债券市值253.12万亿印度尼西亚盾，其中包括420只以印度尼西亚盾计价的普通公司债券、伊斯兰债券和资产抵押债券，以及3个以美元计价的公司债券。

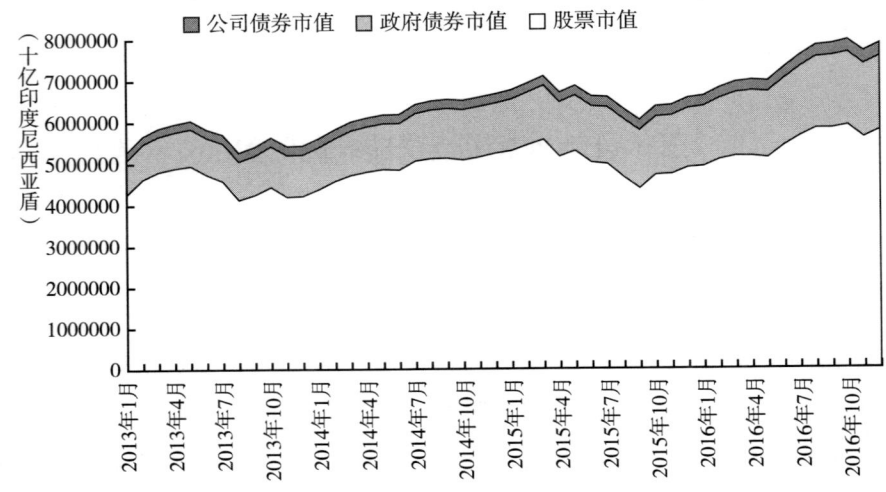

图11　印度尼西亚证券市场市值及趋势

资料来源：IDX。

（2）外资参与情况

从下面图表中可以看出，外资是印度尼西亚股票市场的重要参与者，平均来看，每月交易额中约40%来自外资交易，金额为55万亿印度尼西亚盾左右（见图12）。但从趋势上看，在近期的这波中期上涨行情中，外资在行情前段（即2016年9月前）进行了跟进，买入额明显增加，占市场交易额的比重也有所提高，自2016年9月始，虽然市场行情仍然继续向上，但外资交投意愿下降，出现净投资为负的情况，并在2016年11月呈扩大趋势（见图13）。这与美国加息预期逐渐明朗有很大关系，也与印度尼西亚国内出现的一些政治矛盾发酵和扩大有关，导致外国投资者对股市前景的不确定性有更多的担心。

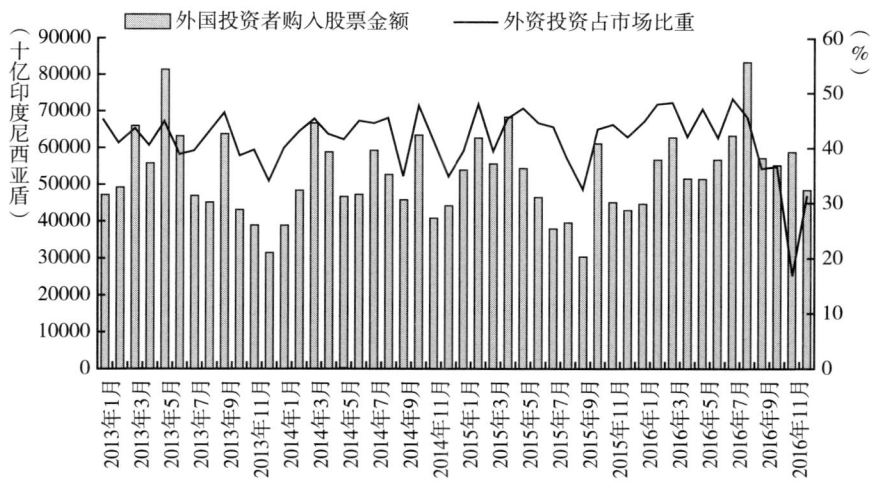

图 12　印度尼西亚股票市场外资参与度

注：月度数据。
资料来源：IDX。

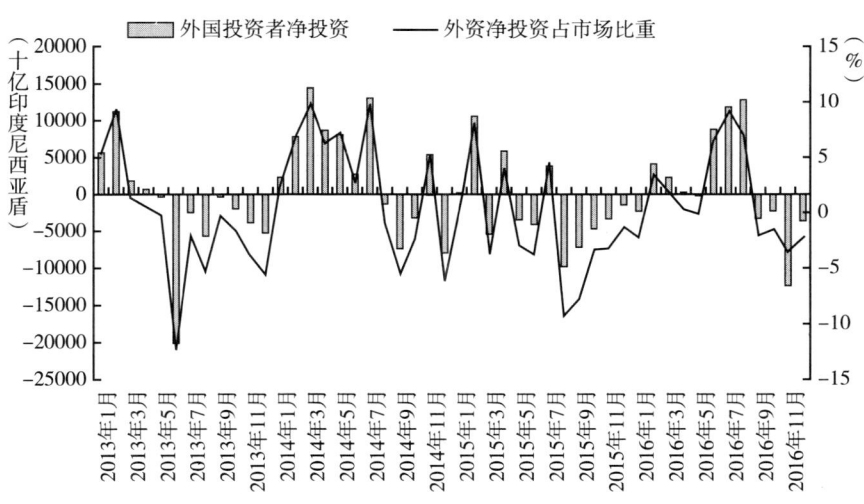

图 13　印度尼西亚股票市场外资净投资

注：月度数据。
资料来源：IDX。

（三）发行与募资

近年印度尼西亚股票市场新股上市并不活跃，2016年上半年仅有8家企业发行新股，募资约3.6万亿印度尼西亚盾；在2015年全年，也只有18家公司发行新股，募资11.3万亿印度尼西亚盾，包括16家IPO公司和2家上市公司增发新股。在2015年还有21家上市公司发行了优先认股权或可转换认股权证，募资45.6万亿印度尼西亚盾，而在2016年上半年，该数字为13家和39.5万亿印度尼西亚盾（见表5）。

表5 印度尼西亚证券市场发行募资情况

单位：十亿印度尼西亚盾，百万股

项 目		2010年	2011年	2012年	2013年	2014年	2015年	2016年上半年
新股发行	发行企业个数	23	25	23	31	24	18	8
	发行股份数	47053	32114	27117	30398	20054	17244	10775
	募集金额	29678	19593	10234	16747	9122	11308	3587
权证发行	发行企业数	31	26	21	30	22	21	13
	筹集到的资金	48161	42142	18188	38801	44503	45562	39451
基金发行	ETFs只数	5	2	8	9	8	15	2
	REITs只数	—	—	—	14	141	124	3
政府债券	债券只数	81	89	92	95	90	91	92
	债券面额	641215	723606	820266	995252	1209961	1425994	1607396
企业债券	发行企业数	83	96	99	104	102	103	102
	债券只数	242	299	347	381	385	415	425
	债券面额	114817	146969	187461	218220	223464	249880	269871
资产抵押债券	发行企业数	3	4	5	5	5	6	7
	债券面额	1024	1495	1982	2362	2362	2416	1945

资料来源：IDX。

企业债方面，对2016年上半年的统计数字显示，市场上存量债券涉及102家发行方，涵盖普通债券、伊斯兰债券或资产抵押债券（ABS）共计425只，而在2015年末，市场上保有的债券为415只，涉及发行企业 103 家。其中，新发行的债券 62.75 万亿印度尼西亚盾，涉及 38 家发行方，包含 36 家上市公司发行的 48 只总值 59.4 万亿印度尼西亚盾的普通企业债券；5 家上市公司发行的 6 只总值 3.17 万亿印度尼西亚盾的伊斯兰债券；以及一只价值 1816 亿印度尼西亚盾的资产抵押债券。与 2014 年相比，2015 年的债券发行数量和总值分别增长了 6.67% 和 31.20%。

政府债券方面，在 2016 年上半年末，市场上保有 92 只政府债券，而在 2015 年末时，市场保有 91 只政府债券。2015 年全年发行了 183 只长期、短期政府债券，募集资金 351.17 万亿印度尼西亚盾，以及 5 亿美元外币，其中包含 15 只总计金额达 34.95 万亿印度尼西亚盾的伊斯兰政府债券（SBSN）。

（四）上市公司行业结构

从市值构成看，首先金融行业和消费品制造业上市企业是主体，两者合计占据股票市场 48% 的份额；其次是基础设施、公共设施和交通运输业的上市企业，占据市场份额的 12.51%；之后是贸易、服务和投资企业，占 10.91%（见图 14）。

四 保险业特征与发展形势分析

（一）总体发展情况分析

（1）机构与产品

印度尼西亚保险市场现有 141 家持牌保险公司，其中从事人寿保险的保险公司 50 家，占比 36%；非人寿保险的公司（财险公司）81 家，占比 57%；再保险公司 5 家；经营社会保险的公司 2 家；以及专门服务于公务员和部队人员的保险公司 3 家（见图 15）。

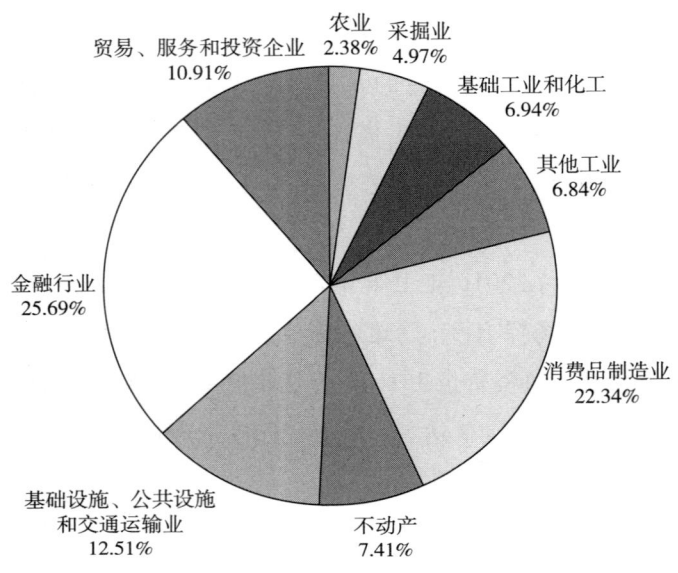

图14 印度尼西亚股票市场的行业结构

注：依据2016年末市值计算。
资料来源：WIND。

虽然在机构数量上，财险公司最多，但从保费收入看，则是寿险公司最多，占到了市场的69.4%（2015年）。寿险产品中，投资或储蓄联结保险（ILPs）是最主要的品种，它贡献了保费收入的大部分，例如，印度尼西亚最大的保险公司Prudential Indonesia在2014财年中，保费收入的99%来自ILPs产品的销售。这类产品主要由保险代理人或借助银行网点销售。外资保险公司在这一市场占据主体地位。而在财险领域，汽车和物业相关产品是主体，通过保险代理、经纪人、银行网点和汽车经销商或汽车租赁公司多种渠道销售，市场集中度相对较低。

除了保险公司外，印度尼西亚保险市场还活跃着272家保险相关服务机构，具体包括157家保险经纪人公司、31家再保险经纪公司、29家保险代理公司、26家定损评估机构和29家精算顾问公司（见图16）。

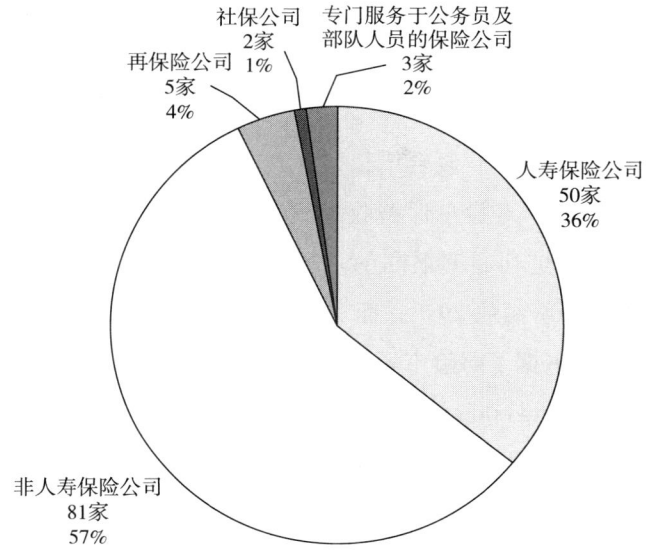

图15 印度尼西亚保险市场险企数量结构

资料来源：OJK。

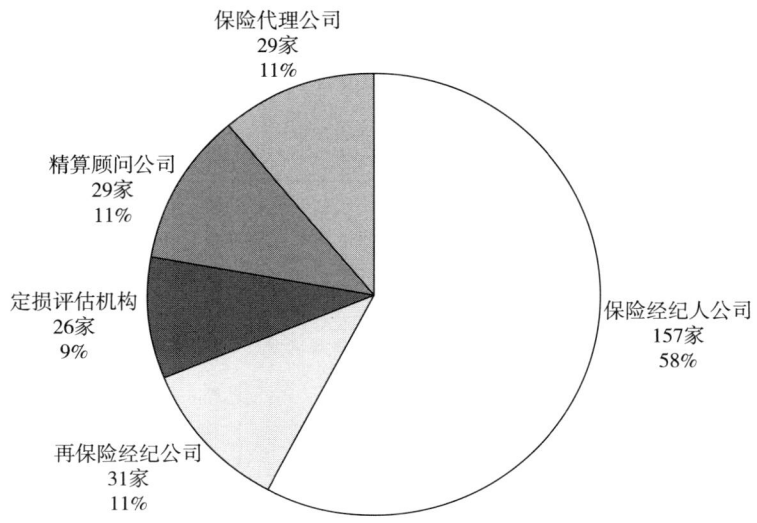

图16 印度尼西亚保险市场辅助机构数量结构

资料来源：OJK。

(2) 市场规模及增长预期

在 2015 年，印度尼西亚保险市场的总保费收入约为 186 亿美元，2011～2015 年的复合年增长率（CAGR）为 17.6%，分别高于泰国和中国市场 14.9% 和 13.5% 的年复合增长率。其中，寿险总保费收入为 129 亿美元，占比 69.6%；非寿险总保费收入 57 亿美元，占比 30.4%。非寿险领域，汽车相关保险是利润率最高的险种，2015 年总保费收入为 16.4 亿美元，占据财险市场份额的 29%；而房产物业相关险种在 2015 年贡献总保费为 16.6 亿美元，占据了财险市场份额的 1/3。

据国际机构 Marketline 的估计，印度尼西亚保险市场在未来几年的增长速度会有所放缓，未来五年期预计复合年增长率为 10.9%，到 2020 年底市场规模将达到 312 亿美元。但分别相对于泰国和中国市场 7.1% 和 6.9% 的预计增长率，仍然明显要高。在保险的两大领域中，寿险市场增长潜力较大，预计到 2020 年底市场价值将达到 230 亿美元，未来几年的预计复合年均增长率为 12.2%；而非寿险（财险）市场预期复合年增长率为 7.6%，预计到 2020 年底市场价值为 82 亿美元（见图 17）。

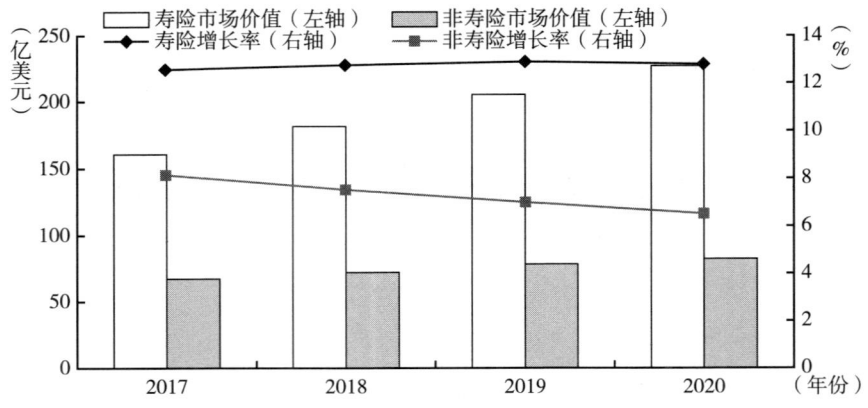

图 17　印度尼西亚保险市场增长预测

资料来源：Marketline。

（二）主要险企竞争力分析

外资保险公司一直是印度尼西亚保险市场的主力。根据目前可得的资料，按营业收入排名，印度尼西亚前十五大险企的基本指标如表6所示，其中 Prudential Life Assurance，中文简称为保诚人寿，是英国保诚（Prudential PLC）旗下成员企业，保诚是总部设在英国伦敦的跨国金融集团，提供人寿保险、资产管理和其他金融服务，于1848年5月在伦敦成立。保诚集团最大的分支是保诚亚洲，保诚亚洲在12个亚洲市场拥有超过1300万客户，在中国香港、印度、印度尼西亚、马来西亚、新加坡、菲律宾和越南均是位于前三的人寿保险企业。

表6列示了排名前15位的保险公司主要竞争力指标。

(1) 国有保险公司代表性企业 Asuransi Kredit Indonesia

PT Asuransi Kredit Indonesia 简称 Askrindo，是印度尼西亚大型国有保险公司之一，由印度尼西亚财政部和央行于1971年设立，最初主要经营商业信用保险业务，因为政府设立 Askrindo 的初衷就是促进对中小企业的信用贷款。目前公司主要有四条业务线，即银行信用保险、商业信用保险、合约担保（surety bond）和进口海关保险（customs bond），还提供意外、人寿、医疗等多种保险服务。从2007年起，Askrindo 还开始执行政府的6/2007号文件，开展承销信用服务（underwriting credit）。

集团有如下子公司：①PT Reasuransi Nasional Indonesia，简称 National Re，专门从事再保险业务，由 Askrindo 于1994年8月22日在 Tangggal 成立；②PT Jaminan Pembiayaan Askrindo Syairah，成立于2012年12月28日，从事基于伊斯兰商业原则的抵押融资保险服务；③PT Usayasa UTAMA，1997年10月7日成立，是一家保险代理公司。

(2) 外资保险公司代表性企业 Asuransi Jiwa Manulife Indonesia

Asuransi Jiwa Manulife Indonesia 是加拿大金融集团 Manulife Financial 在印度尼西亚的成员企业，Manulife 的中文简称是宏利。宏利集团总部设在

表6 印度尼西亚保险市场主要险企竞争力指标

公司名	总资产(千美元)	营业收入(千美元)	雇员数(人)	税前利润(千美元)	股本(千美元)	流动比率(倍)	净资产收益率(%)	资产收益率(%)	数据年份
Prudential Life Assurance	4545271	2107146	—	504477	565050	—	89.28	11.10	2014
Taspen	12986259	1630193	4157	—	1136463	0.52	—	—	2014
Bpjs Kesehatan	1544717	1088265	1400	—	910890	1.18	—	—	2012
Bpjs Ketenagakerjaan	14274255	676692	2522	—	680005	—	—	—	2012
Axa Mandiri Financial Services	1882413	668446	—	133440	173940	—	76.72	7.09	2014
Asuransi Jiwa Manulife Indonesia	2669491	628241	507	—	544612	2.15	—	—	2015
Asuransi Jiwasraya	1670588	627156	600	—	191721	34.32	—	—	2014
Asuransi Allianz Life Indonesia	2007326	624202	400	—	316405	2.19	—	—	2015
Indolife Pensiontama	1157125	622897	—	4254	295905	—	1.44	0.37	2014
Asuransi Jiwa Sinarmas Msig	1604308	575844	—	17521	735768	—	2.38	1.09	2014
Aia Financial	2866742	535880	—	93991	506216	—	18.57	3.28	2014
Asuransi Jiwasraya	1670587	512288	—	54828	191686	—	28.60	3.28	2014
Asuransi Jiwa Bersama	2048139	490028	53	—	-196895	19.09	—	—	2015
Axa Mandiri Financial Services	1629709	455079	60	—	158461	1.24	—	—	2015
Asuransi Kredit Indonesia	948420	443189	—	85064	569964	—	14.92	8.97	2015

数据来源：BVD。

表7 Askrindo的主要竞争力指标

指 标	2015年	2014年	2013年
总资产(千美元)	948420	860618	647113
营业收入(千美元)	443189	337521	233762
税前利润(千美元)	85063	61888	34369
销售利润率(%)	19.19	18.34	14.7
净资产收益率(%)	14.92	11.88	8.02
资产收益率(%)	8.97	7.19	5.31

资料来源：BVD。

加拿大安大略省的多伦多，是加拿大最大的保险公司，也是世界上第28大基金管理公司，它在加拿大、美国、柬埔寨、中国内地、印度尼西亚、日本、中国香港和澳门、马来西亚、菲律宾、新加坡、中国台湾、泰国和越南的市场中都设立了分支机构，它在加拿大和亚洲的业务均以"Manulife"为品牌进行运营，而在美国的业务主要通过"John Hancock Financial"品牌运营。截至2015年12月，该公司全球范围内雇用约3.4万名员工和6.3万名保险代理人员，管理资产约合9350亿加元，全球客户超过2000万户。

Asuransi Jiwa Manulife Indonesia总部位于雅加达南部，于1985年由加拿大宏利全资设立，提供人寿、意外和健康保险服务，也为个人和集团客户提供投资、养老金计划等金融服务。截至2015年底，稳定雇员人数为507人，在印度尼西亚25个城市建立了服务和代理网络，年营业收入约合6.3亿美元，资产总值约合26.7亿美元，为印度尼西亚的220多万客户提供服务（见表8）。旗下设立两个子公司，分别是PT Manulife Aset Manajemen Indonesia和Dana Pensiun Lembaga Keuangan Manulife Indonesia，分别从事资产管理和养老基金管理业务。

表8 Asuransi Jiwa Manulife Indonesia 的主要竞争力指标

年份 指标	2015年	2014年	2013年	2012年
总资产（千美元）	2669490	2940096	3136536	2593907
营业收入（千美元）	628241	952187	1300457	910076
营业利润（千美元）	163986	109773	160237	58359
销售利润率（%）	26.103	11.53	12.322	6.41
净资产周转率（次）	0.25	0.34	0.43	0.36
每员工营收贡献（美元）	1239.13	1878.08	2565.00	1516.79
流动比率（倍）	2.15	1.84	1.61	2.06

资料来源：BVD。

五 产业机会分析

（一）银行市场的机会与挑战

（1）银行服务覆盖率低，政府迫切希望扩大银行服务范围，存在较大市场增长空间

目前印度尼西亚银行服务的覆盖率仍然较低，较高比例人口尤其是边远地区人口甚至没有银行账户。同时，印度尼西亚经济增长仍然面临动力不足的挑战，2016年GDP增速虽然略有回升，但出口增长乏力，消费仍然不振，经济增长主要得益于国内投资增长。为了提升经济活力，印度尼西亚政府迫切希望在更大程度上发挥金融体系的作用，尤其是借助银行体系的信用创造功能搞活流通、支持投资。

印度尼西亚政府为促进银行信用扩大采取了一系列措施，例如，自2015年7月以来，印度尼西亚政府降低了People's Business Credit's 计划（KUR）的贷款利率，从22%降至12%。KUR是一项政府、商业银行、担保机构共同参与的信贷促进计划，主要通过政府和担保机构的风险分担和损失补偿来促进商业银行对中小微企业的放贷。在2015年，印度尼西亚政府设定的用于支持KUR贷款资金上限为30万亿印度尼西亚盾，受益借款人达

到 34.7 万家；而在 2016 年，政府将支持资金增长 4 倍，达到 120 万亿印度尼西亚盾。

政府支持力度的加大，以及经济增长带来的信用扩张，都为印度尼西亚信贷市场的增长提供了更多的空间，也为外资银行参与该市场带来了更大的机会。目前印度尼西亚银行业中，外资银行份额仅略超过 10%，虽然存在一定的监管约束，但巨大的增长潜力仍然是吸引外资银行进入的关键因素。

（2）印度尼西亚商业银行规模相对较小，难以满足庞大基础设施项目的融资需求，为外国银行提供了较大的合作空间

印度尼西亚政府的 2015～2019 年中期规划以及长期规划中都制订了宏大的基础设施建设计划，把改善基础设施落后局面作为扭转经济增速下滑的优先策略。其中，2015～2019 年中期规划的基建项目需要资金约为 4796 万亿印度尼西亚盾（约相当于 3140 亿美元）。受基础设施项目增长的影响，2015 年以来，基建项目贷款也成为印度尼西亚大型银行优先发展和增长明显的一个领域，因为一方面政府要确保基建项目承担单位能够及时推进项目建设，在招投标环节就对承建单位的资金实力提出要求，而另一方面政府只能为全部基建项目安排约 30% 的预算资金，承建单位无法从政府处获得足额建设拨款，资金缺口均需市场解决，这就对银行信贷提出了巨大的需求。

然而，即使是印度尼西亚的大型银行，其规模也相对较小。最大的商业银行 Mandiri 在 2015 年末的资产规模为 659.7 亿美元，相对于中国的四大国有银行，其资产偏小。前十大银行的资产合计为 2909 亿美元，而同期中国工商银行的资产规模达到 34213 亿美元，中国招商银行的资产规模也达到了 8343 亿美元。信贷需求与承贷能力的巨大差距为外国银行参与合作提供了良好的机会。尚未在印度尼西亚设立分支机构的外国银行，可以通过与印度尼西亚本土大型银行的合作，间接参与基建领域信贷。例如，中国的国家开发银行为印度尼西亚的三个大型国有银行 BRI、Mandiri 和 BNI 提供了 30 亿美元的贷款，而印度尼西亚的这三大国有银行是为基建项目提供信贷服务的主力，中国国家开发银行的 30 亿美元贷款经由三家印度尼西亚银行进入了

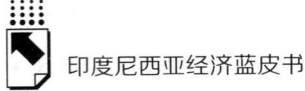

一大批国有单位承建或公私合作承建的基建项目中。

（3）监管部门鼓励手机银行业务推广，为外资银行提供了一种可利用的竞争渠道

印度尼西亚国土岛屿众多，多数地区交通基础设施相对落后，在这些交通不便的地区拓展银行服务面临困难，因而普及电子银行业务不失为一种有效的解决途径。印度尼西亚央行在 2009 年首次引入银行代理或无网点银行概念，允许银行通过代理经纪人发展手机银行客户并为客户提供相关的服务，如为客户提供电子账户充值服务、账单收单服务、提取现金服务等。在理论上这是一种解决交通不便地区居民享受银行服务与银行控制营业成本之间冲突的有效模式。然而，该业务模式的实际运行效果远低于当局预期，该业务开放以来的七年间，全国已签约和设立超过 10 万家个人银行代理服务商，但总共只吸引了 120 万新客户，而政府的预期目标是 5000 万新客户。比较而言，肯尼亚 M-Pesa 计划则很成功，该计划在 4 年时间内就将约占本国 4400 万人口的 40% 吸引进了手机银行服务体系。

为了解决新电子银行业务推广缓慢的问题，印度尼西亚央行于 2015 年末降低了对手机银行客户开户的一些要求，以便于银行代理服务商更好地开发客户。在此之前，新客户开户有着烦冗的资料填写工作，代理商还须对客户做一定的背景调查；而根据新条例，新客户只需要出示他们的身份证，并提供其母亲婚前姓名就可以开设一个新的账户。同时，新条例还降低了对开展银行代理业务模式的银行的资本金要求，规定只要核心资本在 5 万亿印度尼西亚盾以上的信贷机构和区域性银行都有资格签约个人银行代理商，由此开展银行代理业务的信贷机构可以增加 41 个以上，从而扩大了开办新电子银行业务的银行数量。

上述监管要求的降低为手机银行等新电子银行业务的推广提供了有利条件，从另一角度讲，也为外资银行提供了一种可利用的竞争手段。外资银行拓展市场过程中，增设物理营业场所的成本、风险和监管要求都较高，通过电子银行渠道拓展市场既可以发挥外资银行的技术优势，成本和风险也相对较低。

（4）当局的谨慎态度将对外资进入印度尼西亚银行业的实际运作形成一定挑战

在2016年初经济事务协调委员会（Coordinating Ministry for Economic Affairs）联合财政部、央行等部委召开的有关外商投资负面清单修订的政策协调会议上，财政部和央行负责人均表达了对外商投资银行业持欢迎态度，因而总体上讲，外资进入印度尼西亚银行业不存在绝对限制。但为了维持金融稳定，防范再次出现金融危机，印度尼西亚政府近年来提高了银行资本安全方面的监管要求，也相应调整了对外资银行、离岸银行业务的监管政策，实际上当局对外资进入印度尼西亚银行业持谨慎态度。所以，外资投资印度尼西亚银行业面临的政策遵从成本较高，协调工作较大。

目前在参股商业银行方面，最基本的限制是单一金融机构（无论是内资还是外资）持股商业银行的股份不能超过40%，单一非金融机构的持股比例上限为30%，个人持股上限则为20%，超过以上限额须经监管当局批准。另外，近期的监管政策变化还包括：①2016年金管局（OJK）新发布的11/POJK.03/2016监管条例（简称New KPMM Regulation）对满足资本充足率要求方面进行了技术性调整，例如要求核心资本中实缴资本须多于其他资本形式，雇员年金基金计提的跌价准备须从风险准备金中剔除等；②对于拟收购银行股权的投资者有更高的信息披露要求，在收购前须披露收购者自身的业务范围、预计将投入的资金、收购后的持股比例等。③外国银行必须以独立法人即有限责任公司的形式在印度尼西亚开展业务，而之前有许多外国银行如Citibank，Deutsche Bank，HSBC，JPMorgan Chase和Standard Chartered均采用分行方式在印度尼西亚开展业务，当局要求最迟在2019年底前转换为有限责任公司的形式。

（二）保险市场的机会与挑战

（1）保险渗透率低，增长潜力大

印度尼西亚保险市场还是一个有待开发的市场，其保险渗透率非常低。以保费支出占GPD的比重衡量，目前寿险相关险种的费用支出率仅略高于

1%，而财险和再保险的保费支出率更低，仅为0.5%～0.6%的水平，总体保费支出占GDP的比重为2.3%左右（OJK，2016）。相比之下，世界平均的保险渗透率为6.3%（2013年），印度的保险渗透率为3.9%（2013年），中国为2.4%（2015年）。这意味着在印度尼西亚大部分人口还没有享受保险服务，不仅在养老保险等寿险领域，在健康领域，印度尼西亚也未制订覆盖多数人口的公共医疗保险计划。

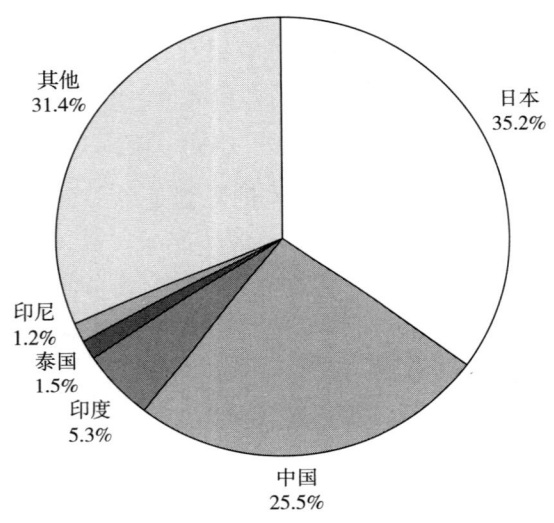

图18　亚洲国家保险市场规模对比（2015年）

但随着印度尼西亚经济增长和本届政府改善民生的政策努力，居民和企业潜在保险需求能够更多地转变为现实购买力，保险市场增长前景明朗。具体讲，这种增长前景来自以下几个方面：一是印度尼西亚是世界第四大人口大国，对养老等保险有着不断增长的需求。二是印度尼西亚经济在2016年出现增速回升势头，经济增长为居民和政府增加保险支出提供可能，尤其是表现在人寿和健康险方面。三是佐科政府将改善民生作为施政基本方针之一，在经济改善背景下将增加政府在改善社会保险方面的投入。四是印度尼西亚中产阶层人口在持续增长，提供了更强的保险购买力。

基于这一前景，国际咨询公司Marketline的估计是，印度尼西亚保险市场在未来仍然能维持较高增长，其中寿险市场增长潜力更大，预计到2020年底市场价值将达到230亿美元，未来几年的预计复合年均增长率为12.2%；而财险市场预期复合年增长率为7.6%，预计到2020年底市场价值为82亿美元。同时，分析也指出，印度尼西亚再保险市场仍处于起步阶段，将有更大的增长潜力；在保险产品方面，目前最为缺乏的是适应多数人口且保费较低的健康险产品。

（2）政府对外资投资保险市场总体持欢迎态度

2014年10月17日颁布的2014年第40号法令《保险法》是印度尼西亚保险市场监管的主要法律文件。2016年12月底，印度尼西亚金管局进一步颁布了一系列细则，对2014年《保险法》的各个关键方面予以落实。

按照《保险法》的规定，外资可持有印度尼西亚保险公司的股权比例最高可达80%，这一比例相对于其他金融机构的外资持股限制要求，实际是非常宽松的，体现了印度尼西亚政府对外资进入保险市场的欢迎态度。虽然在2016年初有声音提到可能将外资控股比例下调，但2016年5月政府发布新的"负面投资清单"中仍然维持了80%的股权比例限制要求。2016年新的监管条例也明确要求，对于之前外资持股超过80%的公司，应该在2019年10月之前将持股比例降低到80%或以下。

67/2016监管条例也提高了保险公司的注册资本要求，这一方面提高了保险公司的抗风险能力，另一方面实际也有利于外国大型保险公司的进入，因为门槛的提高减少了小型保险公司的竞争。

表9 保险公司最低注册资本要求变动

单位：十亿印度尼西亚盾

保险公司类别	67/2016监管条例规定的最低注册资本要求	修订前的注册资本要求
保险公司	150	100
再保险公司	300	200
伊斯兰保险公司	100	50
伊斯兰再保险公司	175	100

（3）监管政策的动态调整，增强了审慎监管要求，外资进入成本可能增加

2016年12月底，印度尼西亚金管局颁布的OJK Regulation 67/2016是对2014年《保险法》主要方面的落实，涉及一般保险公司、伊斯兰保险公司、再保险公司和伊斯兰再保险公司等的业务许可和相关制度规定（见表9）。其中一些政策落实或调整可能会增加外资进入印度尼西亚保险市场的成本。具体包括以下方面。

一是本地股权的界定更为严格。2014年《保险法》第88（1）条提出所谓本地居民或法人单位持有的保险公司股份必须是真正由印度尼西亚国民直接或间接全资拥有。尚未合规的相关股权必须转让给印度尼西亚国民或遵守当地股权要求，在2019年10月17日前达到合规要求。在OJK的67/2016监管条例中进一步规定，如果在2017年6月28日前仍没有达到《保险法》所规定的本地股权要求的，须向OJK提交一份经股东大会批准的合规行动计划，计划中至少应包括为达到本地股权规定而将采取的措施、方法和时间安排。

二是股权变动的信息披露要求提高，增加了险企并购难度。OJK第67/2016号条例的第74（1）款规定，保险公司的任何股权变动必须事先获得OJK的批准。所谓"股权变动"包括直接或间接改变股东构成、收购、增加新股东等。这表明，即使保险公司股权的微小变化，也必须事先获得OJK的批准。但上市保险公司的股权变动例外，按照2014年《保险法》所规定，只要股权变动不会导致上市保险公司的控制权发生变更，上市保险公司的股权变更将免于事先获得OJK批准。

三是离岸经营模式的限制。《保险法》规定只有在印度尼西亚的企业法人才能申请保险业务经营许可，因而不在印度尼西亚本土成立企业，而以分支形式进入印度尼西亚市场开展保险业务是被禁止的。

四是对来自外国的"过桥"资金的限制。OJK对金融领域的很多部门包括证券和保险都有对外国"过桥"资金的限制规定。所谓外国"过桥"资金是指本地股东向国外企业或个人融资以实施对本土金融机构并购或投资

的一种融资行为。OJK 第 67/2016 条例的第 10（2）款规定，向 OJK 申请保险营业执照时需要向 OJK 提交每位股东关于资金来源的陈述信，说明用于购买保险公司股份而不是借款。虽然该条规定从字面上看是针对新办保险公司的牌照申请，但实际执行中也可能会被应用于现在保险公司新股东的进入情形。

五是对外国雇员的限制。根据 OJK 第 67/2016 条例第 50（2）和（3）款的规定，印度尼西亚保险公司仅可在以下职位聘请外国雇员：职位仅次于董事会的专家、精算师、顾问。这些雇员只能从事以下工作：承保、精算、营销或信息系统建设和管理。第 50（4）款进一步明确，满足以下条件外国人才能受聘于印度尼西亚保险公司：雇用期限不超过 5 年、必须配备印度尼西亚本地员工作为助理。

六是单一实体要求。2014 年《保险法》引入了"单一实体要求政策"，即每一法人实体只能在以下类别保险公司中每类享有一家公司的控制权，这些类别包括：人寿保险公司、综合保险公司、再保险公司、伊斯兰人寿保险公司、伊斯兰综合保险公司、伊斯兰再保险公司。如现有投资主体在一个类别中控制两个或两个以上公司的，须通过合并、转让等方式达到合规要求，最迟于 2017 年 10 月 17 日达到合规要求。OJK 第 67/2016 号条例明确了控制权的数量标准，即直接持有保险公司已发行股份的 25% 或以上有表决权的股份，或虽未直接持股 25%，但通过一致行动人实际控制该公司。

另外可能存在的挑战包括：印度尼西亚是一个穆斯林人口大国，传统保险条款可能不适用于穆斯林民众，需要为其设计符合伊斯兰教的专门保险产品。另外，营销网络建立和市场开发方面的难度较成熟市场国家要大，因为印度尼西亚目前的保险代理人规模还偏小，市场中的优质客户如城市富裕阶层多被现有保险公司开发，新进入者开拓新客户需付出更多的努力。

B.8
印度尼西亚食品饮料烟草行业发展形势、竞争力与产业机会

摘　要： 印度尼西亚食品饮料加工业对其GDP的贡献颇大，在过去五年间，印度尼西亚的食品饮料行业一直保持增长势头，近年增速有所减缓，但由于人口基数大、政府政策支持等因素，仍然有较大的发展空间。本文分析了印度尼西亚食品、烟酒、饮料行业发展态势和竞争力表现，其中食品行业又细分为四个子市场。最后从市场潜力、中国与印度尼西亚在该行业的比较优势、政府的鼓励政策几个方面分析了产业机会，为中国企业的海外投资提供参考。

关键词： 食品饮料　烟酒　行业行势　企业竞争力

一　概述

印度尼西亚是农业大国，与农业相关的加工行业是印度尼西亚政府优先发展的行业，本文分析与印度尼西亚农业密切相关的食品加工、饮料生产加工和烟酒生产加工行业发展动态、主要企业竞争力，以及可能的投资合作空间。

印度尼西亚是世界第四人口大国，接近80%的人口年龄在15～44岁，低收入人群仍占多数，近57%的家庭收入用于食品支出（Marketline，2016）。多数印度尼西亚人青睐现制食品，但由于印度尼西亚人口众多，食品加工市场总量仍有较大的发展空间。随着现代零售网

点，尤其是超市甚至是巨型超市的不断发展，消费者可以就近买到价格合适、质量好、多样化的包装食品，因此食品加工在印度尼西亚的发展前景是比较乐观的。2011~2015年印度尼西亚食品饮料行业一直保持着增长势头，但增速在减慢，作为支柱产业，2015年食品饮料行业对印度尼西亚GDP贡献率为30.84%，很好地发挥了食品饮料行业在印度尼西亚经济中的重要作用。

2016年第一季度印度尼西亚食品饮料行业的销售收入达到400万亿印度尼西亚盾（约3030万美元），比2015年同期增长7.55%。2016年销售收入目标达到1300万亿印度尼西亚盾（约9900万美元），预计比2015年增长8%。

行业内投资增加，2016年总投资额超过50万亿印度尼西亚盾（约390万美元），比2015年的43万亿印度尼西亚盾投资额增长16%。食品饮料行业协会主席阿德希·鲁克曼说2015年外商在食品饮料行业直接投资下降50%，降到1.5亿美元，2016年有望回升。

表1 印度尼西亚食品饮料行业总体增长率

单位：%

行业	2011年	2012年	2013年	2014年	2015年
食品饮料行业	10.98	10.33	4.07	9.54	7.54
烟草制品业	-0.23	8.82	-0.27	8.85	6.43

资料来源：BPS。

表2 印度尼西亚食品饮料行业对GDP的贡献率

单位：%

行业	2011年	2012年	2013年	2014年	2015年
食品饮料行业	28.9	29.54	29.02	29.76	30.84
烟草制品业	5.05	5.12	4.87	5.07	5.19

注：现价计算。
资料来源：BPS。

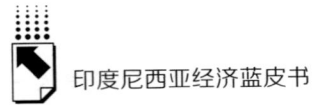
印度尼西亚经济蓝皮书

二 食品加工行业

（一）整体态势

目前，印度尼西亚食品加工行业有超过6000家公司，其中约90%为大中型企业，主要面向对价格较为敏感的低收入客户群。印度尼西亚有一定规模的食品生产加工领域，主要包括：烘焙食品和谷类食品、零食、甜食、冰淇淋。其中烘焙食品和谷类食品市场由面包和面包卷、早餐谷物、烘焙混合料、饼干（甜饼）、早餐品、蛋糕、甜点、甜派、甜饼干、烘焙佐料、压缩干粮及能量棒的零售组成；零食市场包括加工零食（玉米片、挤压膨化食品、油炸玉米片）、薯片、坚果和瓜子、爆米花和其他零食的零售；甜食包括巧克力、口香糖和糖果产品的零售；冰淇淋市场包括家庭装冰淇淋、便利装冰淇淋和手工冰淇淋的加工及零售。

1. 烘焙食品和谷类食品加工

（1）市场规模与增长动态

印度尼西亚烘焙食品和谷类食品市场近几年经历了快速增长，预计未来增长会进一步加速。印度尼西亚消费者生活方式在不断地变化，特别是大城市，城市居民越发热衷于便利的服务和餐饮方式，烘焙食品因此成功受到更多居民的青睐。

印度尼西亚烘焙食品和谷类食品市场在2015年实现40.311亿美元总收入，从2011年至2015年年均增长率为8.1%（见图1）。

印度尼西亚烘焙食品和谷类食品市场消费量2011年至2015年以8.7%的年均增长率增长，2015年达到17.469亿公斤，预计于2020年末将增至27.613亿公斤，即从2015年至2020年将以9.6%的速度增长，实现收入62.767亿美元（见表3）。

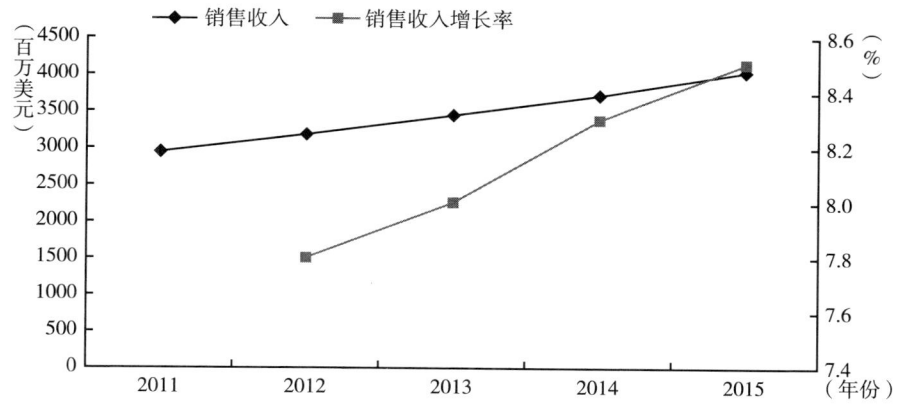

图1　印度尼西亚烘焙食品和谷类食品市场变动趋势

资料来源：Marketline。

表3　印度尼西亚烘焙食品和谷类食品市场消费量

年份	消费量（百万公斤）	增长率（%）	年份	消费量（百万公斤）	增长率（%）
2011	1252.5	—	2014	1601.7	8.8
2012	1356.3	8.3	2015	1746.9	9.1
2013	1472.1	8.5	复合年均增长率		8.7

资料来源：Marketline。

（2）结构特征

2015年面包和面包卷占印度尼西亚烘焙食品和谷类食品市场收入的比重最高，总共实现销售收入13.4亿美元，相当于33.2%的市场总值。饼干（甜饼）销售收入在2015年达到6.481亿美元，相当于16.1%的市场总值（见图2）。

印度尼西亚的烘焙食品和谷类食品主要集中在饮食品专营店、便利店和大型超市销售，大约占销售总额的94.6%（见图3）。

2. 零食市场

（1）规模增长

印度尼西亚的零食市场包括加工零食、薯片、坚果和瓜子、爆米花和其

217

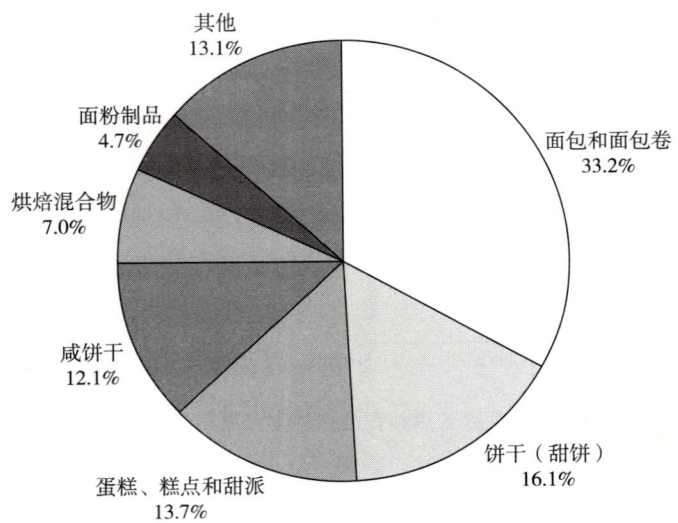

图 2　2015 年印度尼西亚烘焙食品和谷类食品市场产品品种

资料来源：Marketline，worldbank。

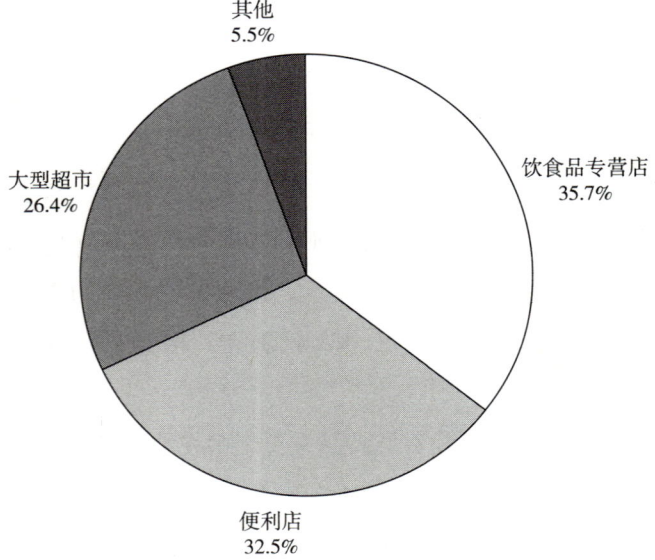

图 3　2015 年印度尼西亚烘焙食品和谷类食品市场零售渠道结构

资料来源：Marketline。

他零食的零售。零食市场一直以温和的速度增长，预计在未来几年增速将提高。考虑到印度尼西亚2.55亿的人口基数，到2020年预计消费量持续的增长将给零食制造商创造更多的机会。

印度尼西亚日益增长的肥胖率和久坐的生活方式带来了越来越多的健康问题，人们开始更青睐于那些对身体有益处的产品，为了满足消费者这方面的需求，食品加工企业正在不断创新，生产符合消费者需求的健康的零食。

2015年印度尼西亚零食市场的总收入为6.552亿美元，2011年至2015年的年均增长率（CAGR）为4.7%（见图4）。相比之下，泰国和中国市场的年均增长率则分别为3.8%和8.1%，2015年总收入分别达到7.603亿美元和101.893亿美元。

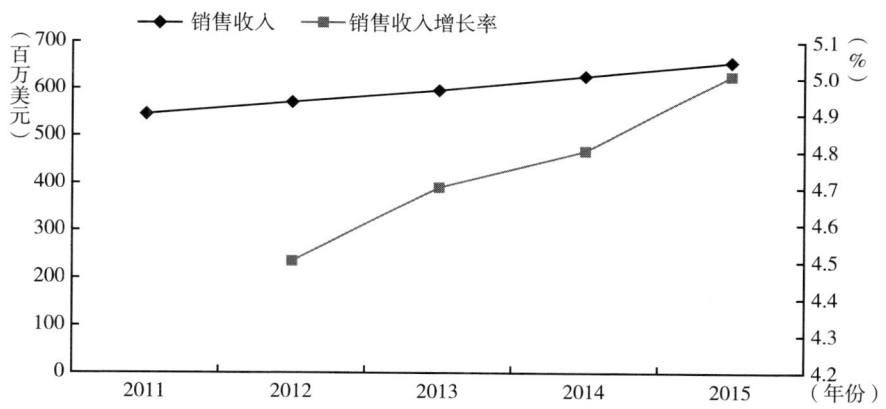

图4　印度尼西亚零食市场变动趋势

资料来源：Marketline。

（2）结构特征

2015年坚果和瓜子是市场上最赚钱的零食品种，总收入为2.572亿美元，相当于零食市场总价值的39.3%。2015年加工零食贡献了1.931亿美元的收入，相当于市场总价值的29.5%（见表4）。

表4 2015年印度尼西亚零食市场产品品种

种类	销售收入（百万美元）	销售收入增长率（%）	种类	销售收入（百万美元）	销售收入增长率（%）
坚果和瓜子	257.2	39.3	特产/传统小吃	39.3	6.0
加工零食	193.1	29.5	肉质零食	5.5	0.8
薯片	105.2	16.1	其他	5.0	0.8
爆米花	50.0	7.6	总计	610.3	100

资料来源：Marketline。

3. 甜食市场

（1）规模增长

印度尼西亚是一个不断增长的市场，印度尼西亚是全球第三大可可生产和出口国，对于巧克力和糖的消费在国内也是逐年增加。印度尼西亚人比较容易接受甜食，并且甜食越来越受欢迎，一些大型甜食生产商驻足于此，这意味着市场前景良好。

虽然甜食价格在2015年下半年飙升，但2015年之前一直徘徊在较低水平，这使制造商有信心在可预见的未来，实现理想的利润率和产量。作为一种经济实惠的消费品，甜食被认为是经济衰退的证明，在大多数情况下可以依赖于此产生一些新的经济增长。

印度尼西亚甜食市场2015年的总收入为14.451亿美元，2011年至2015年的年均增长率为5.8%（见图5）。相比之下，泰国和中国市场的年均增长率分别为6.1%和7.0%，在2015年收入分别达到5.244亿美元和154.373亿美元。

2011~2015年，印度尼西亚甜食市场消费量以年均3.7%的速度增长，到2015年达到1.883亿公斤（见表5）。

（2）结构特征

2015年糖果是甜食市场上最赚钱的产品，总收入为7.2亿美元，相当于市场总价值的49.8%；巧克力的营业额为6.134亿美元，相当于市场总价值的42.4%（见表6）。

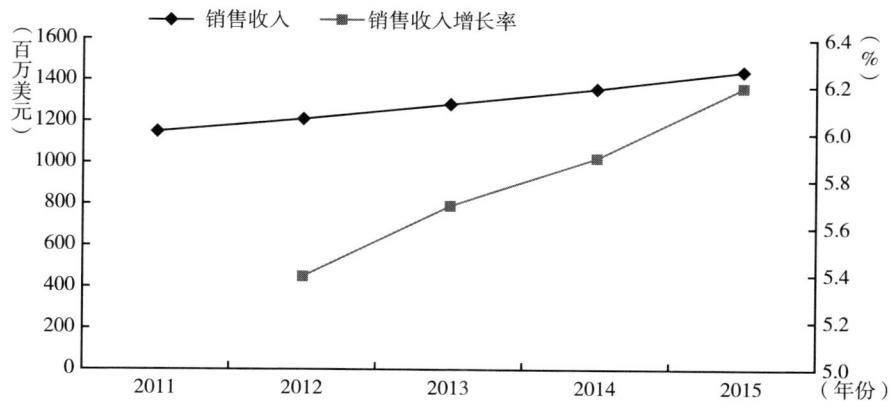

图 5　印度尼西亚甜食市场规模变动趋势

资料来源：Marketline。

从零售渠道的结构特征看，便利店是甜食产品的主要销售渠道，以2015年为例，通过便利店销售的甜食产品占到全部甜食销售的76.4%；排名第二的是大型超市，占比为10.2%，这表明印尼居民就近购买是甜食产品市场的主要消费特征（见表7）。

表 5　印度尼西亚甜食市场消费量

年份	消费量（百万公斤）	消费量增长率（%）	年份	消费量（百万公斤）	消费量增长率（%）
2011	162.8	—	2014	181.1	3.8
2012	168.4	3.4	2015	188.3	4
2013	174.5	3.6	复合年均增长率		3.7

资料来源：Marketline。

表 6　2015 年印度尼西亚甜食市场的产品品种

种类	收入（百万美元）	增长率（%）	种类	收入（百万美元）	增长率（%）
糖果	720	49.8	口香糖	111.7	7.7
巧克力	613.4	42.4	总计	1445.1	99.9

资料来源：Marketline。

表7　2015年印度尼西亚甜食市场零售渠道分布

渠道	占比(%)	渠道	占比(%)
便利店	76.40	百货公司	2.60
大型超市	10.20	其他	5.30
饮食品专营店	5.50	总计	100

资料来源：Marketline。

4. 冰淇淋市场

（1）规模增长动态

印度尼西亚冰淇淋市场近年来表现出强劲增长，其冰淇淋制造商比起其他一些国家来说更加集中，排名前四的冰淇淋制造商占总市场80%以上的份额。最重要的参与者包括大型、知名的国际公司，如联合利华；以及较小的本地公司，如Campina冰淇淋和钻石冷库（Diamond Cold Storage）。

印度尼西亚冰淇淋市场2014年总收入为2.840亿美元，2010~2014年的年均增长率为7.6%（见图6）。相比之下，中国市场的年均增长率为8.3%，在2014年销售收入达到93.867亿美元。

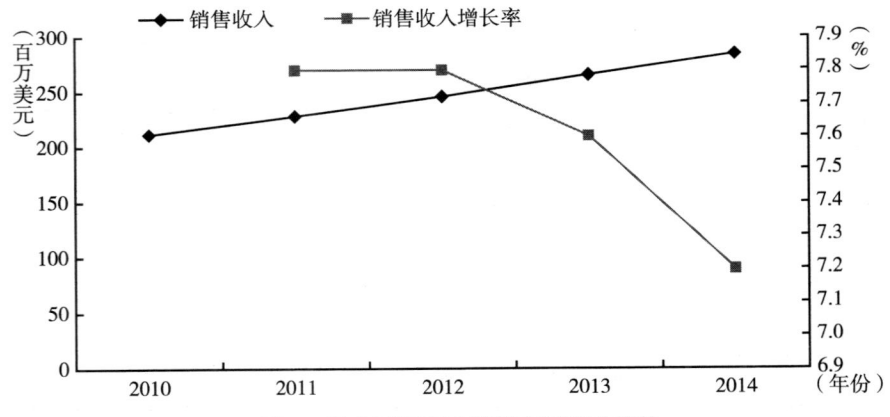

图6　印度尼西亚冰淇淋市场变动趋势

资料来源：Marketline。

市场消费量在2010~2014年以5.1%的年均增长率增长，到2014年达到1.128亿升（见表8）。

表8　印度尼西亚冰淇淋市场消费量

年份	消费量(百万升)	增长率(%)	年份	消费量(百万升)	增长率(%)
2010	92.3	—	2013	107.3	5.2
2011	97.0	5.0	2014	112.8	5.1
2012	102.0	5.2	复合年均增长率		5.1

资料来源：Marketline。

（2）结构特征

2014年家庭装冰淇淋是市场上最赚钱的，总收入为1.716亿美元，相当于市场总价值的60.4%；便利装冰淇淋的收入为1.590亿美元，相当于市场总价值的37.3%（见表9）。从销售渠道结构特征看，独立零售商（即专卖冰淇淋产品的个体商店）是主销售渠道，2014年的销售占比达到47%；其次为便利店，占比为17.7%。

表9　2014年印度尼西亚冰淇淋市场产品品种

种类	收入(亿美元)	占比(%)	种类	收入(亿美元)	占比(%)
家庭装冰淇淋	1.716	60.4	手工冰淇淋	0.066	2.3
便利装冰淇淋	1.590	37.3	总计	3.372	100

资料来源：Marketline。

表10　2014年印度尼西亚冰淇淋市场销售渠道分布

渠道	占比(%)	渠道	占比(%)
独立零售商	47.0	大型超市	15.7
便利店	17.7	其他	2.2
专营店	17.4	总计	100

资料来源：Marketline。

（二）领先企业竞争力分析

1. 烘焙食品和谷类食品市场中的领先企业

（1）领先企业市场份额

印度尼西亚烘焙食品和谷类食品的市场集中度相对较高，在2015年，该领域的第一大企业 Artisanal Producers 的销售额占据了市场的 26.1%；而排在第二位的 Khong Guan Fatory Ltd 仅占 6.1%（见表11）。

表11 印度尼西亚烘焙食品和谷类市场中的领先企业

公司	份额(%)	公司	份额(%)
Artisanal Producers	26.1	Nippon Indosari Corpindo	5.7
Khong Guan Factory Ltd	6.1	Nissin Food Holdings Co.,LTD	4.4

资料来源：Marketline。

（2）代表性企业：Nippon Indosari Corpindo

1995年，Nippon Indosari Corpindo（以下简称 Nippon）股份有限公司在雅加达工业区成立。2005年公司扩大到东爪哇，在巴苏鲁建立了第二家工厂。为了满足消费者对面包的需求，2008年 Nippon 在雅加达的工业区 Cikarang 建立了第三家工厂，随后2011年扩展到三宝垄、棉兰和 Cikarang Barat，在三地建立了三家工厂，2012年在 Palembang 和 Makassar 建立了两家工厂。Nippon 于2010年在印度尼西亚证券交易所上市。

2006年，因 Nippon 对所有萨里·罗蒂（Sari Roti）产品的3H原则（清真、卫生、健康）承诺而获得 HACCP（危害分析关键控制点）奖。此外，所有 Sari Roti 产品均获得印度尼西亚 BPOM 认证，并获得了印度尼西亚 Majelis Ulama 的清真认证。

作为印度尼西亚领先的面包生产商，萨里·罗蒂赢得了无数的奖项，分别是2009年至今的"2010年营销奖""2010年度品牌奖""2012年投资者奖""福布斯"亚洲奖。

Nippon 是一家主要经营工业化生产面包、蛋糕以及其他类型面包的公司，具体包括9种不同的白面包、18种甜面包和3种口味的纸杯蛋糕。其中白面包包括巧克力三明治、花生三明治、汉堡包、白面包卷、无皮吐司、小麦面包、巧克力屑吐司、特种吐司等。公司还销售各种甜面包，包括奶酪夹心的发酵面包、巧克力奶油夹心圆面包、巧克力加凤梨夹心吐司等。Nippon 公司的三种纸杯蛋糕的口味有草莓味、巧克力味和香兰味。

Nippon 在印度尼西亚烘焙食品和谷类食品市场的份额为 5.7%，仅次于康元制饼厂，其核心竞争力指标如表 12、图 7、表 13 所示。

表 12　Nippon 公司主要的财务数据

单位：百万美元

年份	2011	2012	2013	2014	2015
收入	68.8	100.5	127.0	158.7	183.5
净利润	9.8	12.6	13.3	15.9	22.8
总资产	64.1	101.7	153.8	180.8	228.4
总负债	17.9	45.4	87.4	99.8	128.1

资料来源：Marketline。

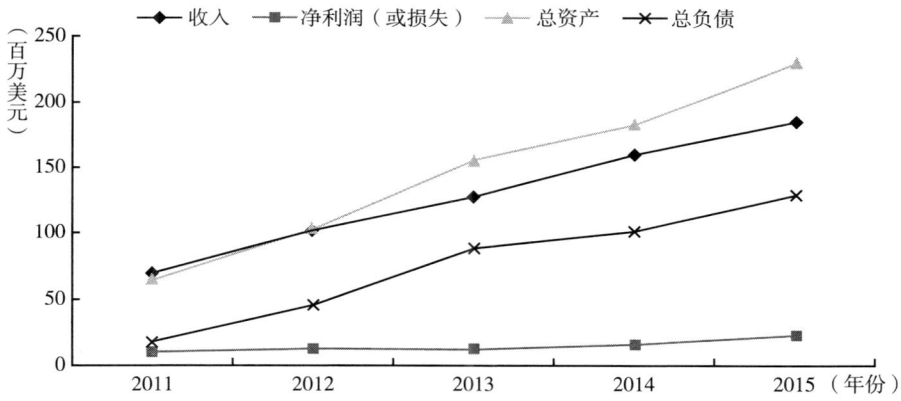

图 7　Nippon 公司主要的财务数据

资料来源：Marketline。

表 13　Nippon 公司主要的财务指标

单位：%

年份	2010	2011	2012	2013	2014
利润率	14.3	12.5	10.5	10.0	12.4
收入增长率	33.4	46.4	26.4	14.9	15.6
资产增长率	35.6	58.7	51.3	17.6	26.3
负债增长率	91.4	153.1	923.0	14.2	28.3
资产负债率	28.0	44.7	56.8	55.2	56.1
资产回报率	17.6	15.2	10.4	9.5	11.2

资料来源：Marketline。

（3）代表性企业：Mayora Indah

1948年公司首次开始在家庭厨房烘烤饼干，业务增长后于1977年正式组建Mayora公司，1990年7月4日在雅加达证券交易所（现为印度尼西亚证券交易所）上市，目前最大股东为Unita Branindo，持股比例为32.93%。Mayora自成立时起就不断努力，逐渐成长为全球快消品行业知名的公司。主要生产8类不同的产品：饼干、糖果、晶片、巧克力、咖啡、速溶食品、饮料和麦片。公司运营主要集中在印度尼西亚、中国、印度、菲律宾、泰国、新加坡、尼日利亚、马来西亚和越南，总部在印度尼西亚的雅加达。

Mayora的采购团队从全球约14975家的供应商采购原材料，同时在全球拥有6784家分销商，然而公司仍在不断努力，寻求与新伙伴的合作机会，并且Mayora在从原材料到成品的整个制造过程都严格按照印度尼西亚和国际质量标准实施监控。

目前，Mayora产品已经分销到九十多个国家，并始终致力于为消费者提供高品质的健康产品。公司目前旗下有如下品牌：Marie Roma、Slai O'lai、Better、Sari Gandum、Kopiko candy、Danisa、Astor、Energen and Torabika等。其核心竞争力指标如表14、表15、图8、图9所示。

表14 Mayora Indah 主要财务数据

单位：百万美元

年份	2010	2011	2012	2013	2014
收入	609.6	797.7	886.9	1014.1	1195.6
净利润	40.8	39.7	61.6	87.9	34.1
总资产	371.2	556.9	700.6	819.3	868.4
总负债	199.1	352.3	441.7	487.0	522.4

资料来源：Marketline。

表15 Mayora Indah 主要财务指标

单位：%

年份	2010	2011	2012	2013	2014
利润率	6.7	5.0	6.9	8.7	2.8
收入增长率	51.2	30.9	11.2	14.3	17.9

续表

年份	2010	2011	2012	2013	2014
资产增长率	35.5	50.0	25.8	17.0	6.0
负债增长率	45.3	77.0	25.4	10.2	7.3
资产负债率	53.6	63.3	63.0	59.4	60.2
资产回报率	12.7	8.6	9.8	11.6	4.0

资料来源：Marketline。

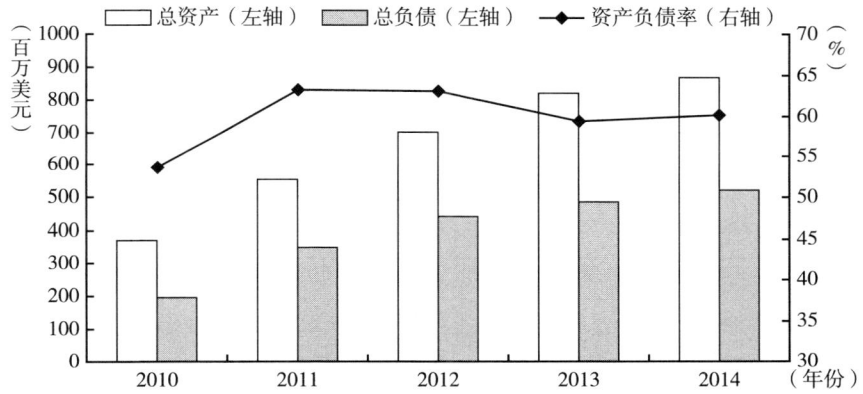

图8 Mayora Indah 主要财务指标

资料来源：Marketline。

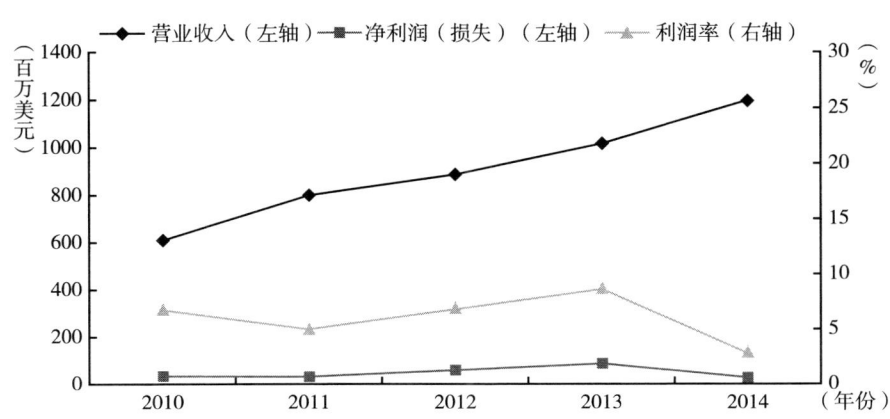

图9 Mayora Indah 主要财务指标

资料来源：Marketline。

2. 零食市场中的领先企业

（1）领先企业市场份额

印度尼西亚零食市场高度分散，最大的生产厂商 Garuda Food 2015 年的市场销售份额也仅为 9.5%；高达 75.9% 的市场份额由众多中小厂商分享。

（2）代表性企业：Indofood Sukses Makmur

Indofood 公司成立于 1990 年 8 月 14 日，方便面业务于 1968 年建立，一直生产到 1972 年。Indofood 公司从成立到 1993 年公司用名为 Panganjaya Intikusuma，1994 年更名为现用名，于 1994 年 5 月 17 日在印度尼西亚证交所上市，是 Sudono Salim 家族 Salim 集团旗下的一家公司。

表 16　2015 年印度尼西亚零食市场领先企业列表

单位：%

公司	份额	公司	份额
Garuda Food	9.5	Indofood Indonesia	2.0
Pepsico, Inc.	6.8	其他	75.9
Dua Kelinci	5.8	总计	100

资料来源：Marketline。

Indofood 的业务范围包括研磨面粉以及管理服务和对经营品牌产品、石油、种植棕榈树、棕榈原油加工和运输的子公司的投资，Indofood 还生产季节性食品，拥有印度尼西亚最大的物流网络。

Indofood 公司持续保持着低成本竞争优势，这主要得益于公司的经营规模、广阔的物流网络和强大的市场能力。

Indofood 公司还致力于不断开拓海外市场，2015 年 1 月在非洲建立了方便面生产厂，并在 2015 年第三季度开业，这是公司在非洲继尼日利亚、埃及、苏丹、肯尼亚和埃塞俄比亚之后的第六家工厂，也是最大的海外 Indomie 工厂。

公司共有五个业务部门：消费类产品（CBP）集团、Bogasari 商业集团（Bogasari）、农业企业集团、分销业务组（分销）和栽培加工蔬菜业务集团。

Indofood 通过子公司 CBP 经营其消费类产品业务，该公司在印度尼西亚从事包装食品的生产，CBP 公司经营以下业务：面条、乳制品、食品调味料、零食、营养和特殊食品、包装和国际业务。

面条部门经营的品牌有：Indomie、Supermi、Sarimi、Sakura、Pop Mie、Pop Bihun。乳制品业务由 Indolakto 子公司经营，主要的品牌有：Indomilk、Cap Enaak、Tiga Sapi、Kremer、Crima、Orchid Butter 和 Indoeskrim。食品调味品部生产几种烹饪产品，烹饪产品的营销由 Nestle Indofood Citarasa Indonesia（NICI）负责（NICI 是一家与雀巢公司合资的公司），该部门还生产和销售 Indofood Freiss 品牌的糖浆，该部门的其他品牌包括 Indofood Bumbu Racik、Indofood Freiss、Sambal Indofood、Kecap Indofood、Maggi、Kecap Piring Lombok 和 Bumbu Instan Indofood。

Indofood 的核心竞争力指标如表 17、表 18 所示。

表 17　Indofood 主要财务数据

单位：百万美元

年份	2011	2012	2013	2014	2015
收入	3862.0	4236.1	4693.6	5366.2	5405.7
净利润	259.7	275.2	211.3	327.9	250.4
总资产	4521.7	5005.9	6563.0	7264.8	7748.9
总负债	1854.3	2124.9	3450.7	3772.8	4110.2

资料来源：Marketline。

表 18　Indofood 主要财务指标

单位：%

年份	2011	2012	2013	2014	2015
利润率	6.7	6.5	4.5	6.1	4.6
收入增长率	19.2	9.7	10.8	14.3	0.7
资产增长率	13.3	10.7	31.1	10.7	6.7
负债增长率	-2.0	14.6	62.4	9.3	8.9
资产负债率	41.0	42.4	52.6	51.9	53.0
资产回报率	6.1	5.8	3.7	4.7	3.3

资料来源：Marketline。

3.甜食市场中的领先企业

(1) 领先企业份额

甜食市场中,处于领先地位的企业主要是四家,其中 Petra Goods Ltd. 占据约 22% 的市场份额,第二位的 Perfetti Van Melle SpA 占据 10.8% 的市场份额,第三位的 Kapal Api Global 和第四位的 Mars Incorporated 分别占据 7% 和 5.9% 的市场份额(见表19)。

表19　2015年印度尼西亚甜食市场中领先企业

单位:%

公司	份额	公司	份额
Petra Goods Ltd.	22	Mars Incorporated	5.9
Perfetti Van Melle SpA	10.8	其他	54.3
Kapal Api Global	7	总计	100

资料来源:Marketline。

(2) 代表性企业:Mars Incorporated

Mars 是美国糖果、宠物食品和其他食品制造商以及动物保健服务的全球供应商,2015 年销售额达 330 亿美元,是美国第六大私营公司。Mars 在世界各地生产和分销食品,主要销售巧克力、甜食、口香糖、大米、酱汁和饮料等。此外,它还销售狗粮和猫粮。公司遍布北美、欧洲、俄罗斯和独立国家联合体(CIS)国家、亚太地区、拉丁美洲和非洲、印度和中东(AIME)。

Mars 是一家以其创建的糖果产品而闻名的公司,如 Mars bars、Milky Way bars、M&M's、Skittles、士力架和 Twix。他们还生产非糖果零食,如 Combos 以及其他食物,包括 Uncle Ben's Rice、意大利酱品牌 Dolmio、宠物食品(如 Pedigree 和 Whiskas)。

该公司有六个业务部门:宠物护理、巧克力、食品、箭牌、饮料和系统生物工程。

宠物护理部门提供种类繁多的宠物食品,旗下的一些品牌包括 Pedigree、Royal Canin、Whiskas、Banfield、Cesar、Nutro、Sheba、Dreamies、

Kitekat、Chappi、Catsan、Frolic、Perfect Fit 和 Greenies 等。

巧克力部门提供以下品牌的各种巧克力：M&M's、士力架、德芙、Galaxy、Mars、Milky Way、Twix、3 Musketeers Balisto、Bounty、Maltesers and Revels 等。

食品部门的产品包括大米、调味汁、肉类和海鲜等，这些产品品牌有 Uncle Ben's、Dolmio、Masterfoods、Miracoli、Suzi Wan、Kan Tong、Changes Seeds、Royco、Ebly、Abu Siouf、Raris 和 Pamesello 等。

箭牌部门提供口香糖、薄荷糖和耐嚼甜食，这些产品有 Wrigley's Spearmint、Juicy Fruit、Altoids、Life Savers、Doublemint、Skittles、Big Red、Winterfresh、Extra、Starburst、Hubba Bubba、Orbit、Eclipse 和 5 gum 品牌。

饮料部门提供咖啡、茶和热巧克力饮料，它提供五个品牌的饮料，分别为 Klix、Flavia、Alterra、The Bright Tea Co. 和 Dove/Galaxy，还提供 Flavia 和 Klix 品牌的热饮机。

系统生物工程是 Mars 的健康和生命科学业务部门，这个部门经营的品牌包括 CocoaVia（一种可可提取物）、Wisdom Panel（用于犬科动物的专利 DNA 测试试剂盒）以及 Cocoapro（由 Mars 科学家开发并获得专利的有助于保护可可豆生长的可可黄烷醇）。

4. 冰淇淋市场领先企业

在印度尼西亚的冰淇淋市场，处于领头地位的是 Unilever 公司，其产品销售占据整个市场的 44.6%，可见该市场高度集中。其余厂商的市场份额情况见表 20。

表 20　印度尼西亚冰淇淋市场领先企业

单位：%

公司	份额	公司	份额
Unilever	44.6	Dunkin' Brands, Inc.	4.9
Campina Ice Cream	22.3	其他	19.2
Diamond Cold Storage	9.0	总计	100

资料来源：Marketline。

三 饮料行业

（一）软饮料行业

1. 整体态势

（1）市场增长情况

2010年至今印度尼西亚软饮料市场销量增长强劲而稳定，预计增长趋势将持续至2019年，增长速度比亚太地区平均水平高。

2014年印度尼西亚软饮料市场总收入为11.32亿美元，2010年至2014年年均增长率为8.3%，2014年中国增长速度为12.2%，收入达到799.01亿美元（见表21）。

表21 印度尼西亚软饮料行业市场规模

年份	销售收入（百万美元）	增长率（%）	年份	销售收入（百万美元）	增长率（%）
2010	823.5		2013	1051.7	8.8
2011	886.5	7.6	2014	1132.0	7.6
2012	966.3	9.0	复合年均增长率		8.3

资料来源：Marketline。

2010年至2014年市场消费总量的年均增长率为8.8%，在2014年达到49.149亿升。预期将在2019年末上升至74.157亿升，即2014年至2019年年均增长率为8.6%。

2014年瓶装水在市场中利润最高，总收入5.039亿美元，相当于市场总价值的44.5%，碳酸饮料贡献收入3.142亿美元，相当于市场总价值的27.8%（见表22）。

印度尼西亚瓶装水市场激增源自两个因素：第一，人均收入的增加意味着消费者可以购买这些产品；第二，印度尼西亚的自来水供应系统尚未在所有地区普及，特别是农村地区，所以很多消费者没有选择，只能买瓶装水。

印度尼西亚软饮料市场的主要分销渠道是独立零售商，占市场总量的34%。

软饮料市场的龙头企业,如可口可乐公司和百事可乐公司,它们收入的一部分来自成品,如消费者可以饮用的软饮,另外的就是浓缩液和糖浆剂。可口可乐公司2014年年报提及,虽然成品销售收入占更高份额(占全球销量的62%),但是浓缩液业务的边际利润更高。

饮料零售市场的集中度因不同国家而不同。欧洲市场大部分较为集中,有大型连锁超市如乐购、家乐福,买方力量较强。相反,发展中经济体,如中国,饮食市场分散。印度尼西亚食品零售模块是分散的,它仍被传统市场支配,但现代的零售模式正在变得日益重要。

印度尼西亚软饮料市场受大型跨国公司支配,如可口可乐公司和达能公司。市场排名前四位厂商的产品销量占市场总销量的76%,享有规模经济、强大品牌和产品种类繁多所带来的利益。

政府法规也会影响软饮料生产,例如,大多数国家要求食物和饮料要在一定卫生条件下制造。具体材料也可能受下列条款规定:天然低热量甜叶菊甜味剂从1971年开始在日本使用,在2011年才被欧盟允许使用,在印度尼西亚2012年才被允许使用。

(2)品种结构

瓶装水占软饮料市场最大份额,占印度尼西亚市场总值的44.5%,碳酸饮料占27.8%(见表22)。

表22　2014年印度尼西亚软饮料市场产品分类

品种	销售收入(百万美元)	所占份额(%)	品种	销售收入(百万美元)	所占份额(%)
瓶装水	503.9	44.5	咖啡	30.7	2.7
碳酸饮料	314.2	27.8	果汁	23.5	2.1
浓缩液	176.7	15.6	其他	7.3	0.6
功能饮料	75.7	6.7	总计	1132.0	100

资料来源:Marketline。

2. 领先企业

(1)领先企业市场份额

在印度尼西亚软饮料市场中,排名第一位的厂商是可口可乐公司

（Coco-Cola），2014年其销售收入占据市场整体的31%；达能（Danone）处于第二位，市场份额为28.2%；第三位的为本土创业公司PT. Tang Mas，市场份额为9.8%（见图10）。

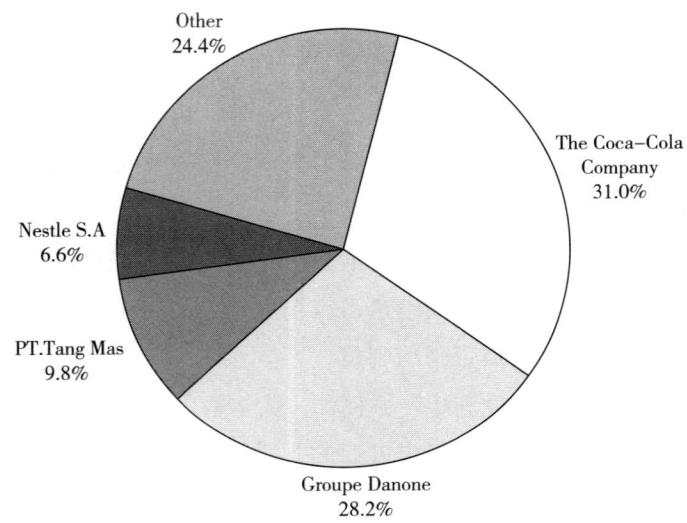

图10 印度尼西亚软饮料市场领先企业份额

资料来源：Marketline。

（2）代表性企业：可口可乐公司

可口可乐生产3500多种饮料产品，包括多种汽水和无气饮料。公司生产饮料浓缩液和糖浆，销售给它们授权的装瓶和装罐运营商，也生产饮料成品。可口可乐公司拥有或授权多达500多个品牌，包括汽水饮料、水、果汁饮料、茶、咖啡和运动饮料。

可口可乐公司的多数产品都由装瓶合作伙伴制造生产，公司将用于装瓶和装罐的浓缩液和糖浆剂销售给经授权的装瓶装罐运营机构，除了销售用于制作汽水和加味非汽水饮料的浓缩液和糖浆剂外，也销售用于纯净水的浓缩液给授权装瓶商。

印度尼西亚国内生产总值持续增长，市场消费潜力巨大，可口可乐计划增加投资6亿~10亿美元来拓展印度尼西亚市场。

自1992年可口可乐公司首次投资以来，可口可乐22年间已在印度尼西亚投资13亿美元以上，目前在印度尼西亚棉兰、泗水、三宝垄等地设有9家工厂，生产包括碳酸饮料、运动饮料、瓶装水、瓶装茶、果汁和酸奶6种类型的产品。

可口可乐公司在印度尼西亚市场销售的商标包括：可口可乐、健怡可乐和零糖可口可乐，公司销售的其他商标的饮品包括芬达橙汁、芬达零糖橙汁、芬达苹果、雪碧、健怡雪碧、雪碧零糖、雪碧轻糖、鲜橙果汁、鲜苹果汁和鲜葡萄汁。

印度尼西亚软饮料工业协会秘书长纳达古苏玛表示，印度尼西亚人均收入逐年提高且年轻人多，国内软饮料工业年均增长率为6%～7%，因此对国内外投资者具有较大的吸引力，可口可乐追加投资在情理之中。

公司截至2014年12月的年度收入为459.98亿美元，比2013年降低1.8%。2014年净利润为70.98亿美元，上一年是85.84亿美元，可口可乐公司的主要财务数据和指标见表23和表24。

表23 可口可乐公司的主要财务数据

单位：百万美元

年份	2010	2011	2012	2013	2014
收入	35119	46542	48017	46854	45998
净利润	11809	8572	9019	8584	7098
总资产	72921	79974	86174	90055	92023
总负债	41604	48053	53006	56615	61462

资料来源：Marketline。

表24 可口可乐的主要财务指标

单位：%，美元

指标	2010	2011	2012	2013	2014
利润率	33.6	18.4	18.8	18.3	15.4
收入增长率	13.3	32.5	3.2	-2.4	-1.8
资产增长率	49.8	9.7	7.8	4.5	2.2
负债增长率	203.2	15.5	10.3	6.8	8.6

续表

指标	2010	2011	2012	2013	2014
资产负债率	57.1	60.1	61.5	62.9	66.8
资产回报率	19.4	11.2	10.9	9.7	7.8
人均收入	251569	318345	318204	358760	356022
人均利润	84592	58632	59768	65727	54938

资料来源：Marketline。

(3) 达能集团（Danone SA）

达能集团是一家全球性消费品企业，在鲜乳制品、婴儿食品和瓶装水市场有很好的表现，集团也提供医学营养产品。达能在全世界140多个国家拥有销售中心，包括欧洲、亚洲、北美、拉丁美、非洲和中东。

达能公司的运营主要有四大模块：鲜乳产品、婴幼儿营养品、水和医学营养品。

鲜乳系列有不同种类的优格、发酵鲜乳产品和其他特殊鲜乳产品，品牌主要有达能碧悠和益生菌酸奶，Danonino、Daminals、Serenito、Tema 和 Milkuat 等（为儿童和青春期前小孩提供的鲜乳产品）。此外，鲜乳系列在 Danacol 和 Densia 品牌下提供功能产品，以及在 Oikos 和 Danio 品牌下提供大众喜爱的优格产品，以及 Vitalinea、Taillefine 和 Ser 品牌提供低脂产品。

婴幼儿营养产品系列专注于提供婴幼儿的特殊食品，婴儿配方模块主要经营一岁至三岁幼儿的第二、第三阶段的增补牛奶，也提供婴儿固体食物，主要是在法国、意大利和波兰等欧洲国家销售。

达能的水模块生产和销售天然水产品、加味水和维他命水，这个模块经营几个国际品牌的瓶装水，包括法国、德国、英国和日本的 Evian 和 Volvic，墨西哥和巴西的 Bonafont，中国、印度尼西亚和印度的脉动（Mizone）。另外，这个模块在世界各国当地品牌名下提供瓶装水，如西班牙的 Fontvella 和 Lanjaron、阿根廷的 Villavicencio 和 Villa del Sur、印度尼西亚的 Aqua（Aqua，印度尼西亚市场第一，世界第一大瓶装水品牌），以及波兰的 Zywiec Zdroj。

截至2014年12月公司的年度收入为280.61亿美元，比2013年下降

0.7%。2014年净利润为14.85亿美元,而上一年为20.57亿美元。达能集团的主要财务数据见表25和表26。

表25 达能集团主要财务数据

单位:百万美元,人

年份	2010	2011	2012	2013	2014
收入	22574.7	25637.7	27696.1	28265.4	28061.0
净利润	2488.4	2217.7	2219.0	2057.1	1485.1
总资产	37186.5	37725.3	39199.7	41045.8	42132.7
总负债	21547.4	21536.8	22937.0	26806.9	26545.5
员工人数	100995.0	101885.0	102401.0	104642.0	99927.0

资料来源:Marketline。

表26 达能集团主要财务指标

单位:%,美元

年份	2010	2011	2012	2013	2014
利润率	11.0	8.6	8.0	7.3	5.3
收入增长率	13.5	13.6	8.0	2.1	-0.7
资产增长率	4.3	1.4	3.9	4.7	2.6
负债增长率	19.7	0.0	6.5	16.9	-1.0
资产负债率	57.9	57.1	58.5	65.3	63.0
资产回报率	6.8	5.9	5.8	5.1	3.6
人均收入	223522	251634	270467	270116	280815
人均利润	24639	21766	21669	19658	14862

资料来源:Marketline。

(二)酒类饮料行业

1. 整体态势

(1)市场增长情况

酒类饮料市场由啤酒、苹果酒和加味酒饮料、烈酒还有葡萄酒的零售组成。印度尼西亚酒类饮料市场的价值在过去5年以较为稳定的速度增长,预期未来5年仍会保持这一势头。印度尼西亚酒类饮料市场2014年总收入为8.886亿美元,2010~2014年的年均增长率为4.2%。对比之下,中国市场以9.7%的增长率在增长，同期，在2014年达到1817.019亿美元的销售收入（见表27）。

表27　印度尼西亚酒业销售额情况

年份	销售收入（百万美元）	增长率(%)
2010	754.2	
2011	804.0	6.6
2012	832.7	3.6
2013	859.0	3.2
2014	888.6	3.5
复合年均增长率		4.2

资料来源：Marketline。

印度尼西亚的人均酒类饮料消费量很低，其中一个原因是87%的印度尼西亚人是穆斯林，严格遵守教义的人不喝酒。印度尼西亚酒类饮料市场在2014年增长3.5%达到8.886亿美元价值。2010年至2014年年均增长率为4.2%。市场消费量在2010年至2014年间以2.8%的速度增长，在2014年达到总量2.993亿公升。

印度尼西亚酒类饮料市场一直以中速增长，趋向于吸引新进入者进入市场，在一定程度上降低了竞争的激烈程度。印度尼西亚烈酒市场集中于排名前三家的领先企业，其销量占比为88.1%。

烈酒市场最近有个新趋势：逐渐向高价细分市场靠近以及对进口品牌的兴趣日益增加。如迪阿吉奥和保乐力加这类大型跨国公司品牌，拥有被市场认可的各类酒类饮料，并在各类市场细分中均有运营，其市场容量比较容易释放。有些公司进一步多样化经营，进入啤酒、葡萄酒的领域，同时获得地理位置差异性的利益。

但是从2015年4月16日开始，印度尼西亚禁止在便利店及其他小型超市销售酒精度低于5%的饮料（主要是啤酒），该项措施旨在减少未成年人饮酒以及因酗酒而引发的社会治安事件，这项政策可能会影响印度尼西亚一半的啤酒销量。

烈酒种类的产品分化较为困难，为了弱化零售商的议价能力，生产商往往投资于品牌建设,从而使得零售商不得不储存消费者喜好的品牌产品。烈酒市场中产品小型化成为新产品的发展趋势。对于制造商,这样的发展趋势意味着销售量在下降的同时(特别是在财务困难时期)售价可以提高。但是,名牌烈酒生产商不得不持续地在价格和质量上与私有品牌不断扩大竞争,这将影响领先企业的收入。

虽然预测的市场增长向好,但是较高的行业退出成本与多样化的缺乏,再加上易于扩张,形成了激烈的竞争态势。

(2)品种结构

啤酒、苹果酒和加味酒饮料2014年总收入达到6.383亿美元,占印度尼西亚酒类饮料市场份额的71.8%,利润也是最高的。烈酒2014年总收入达到2.119亿美元,占23.9%的市场份额(见图11)。

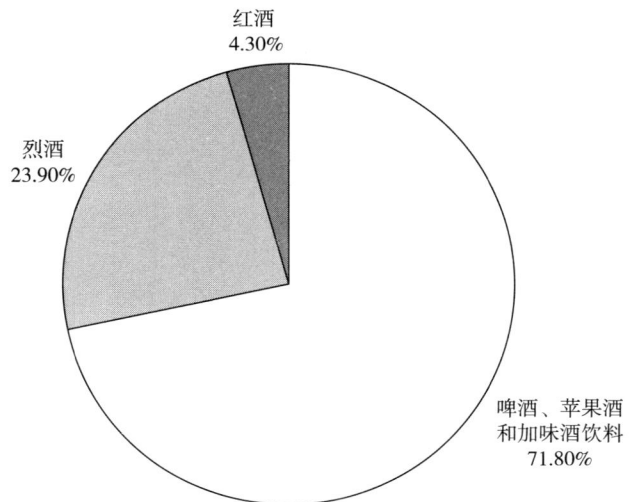

图11 印度尼西亚酒业2014年产品分类

资料来源:Marketline。

2. 领先企业

(1)领先企业市场份额见图12

(2)代表性企业:Heineken N. V.

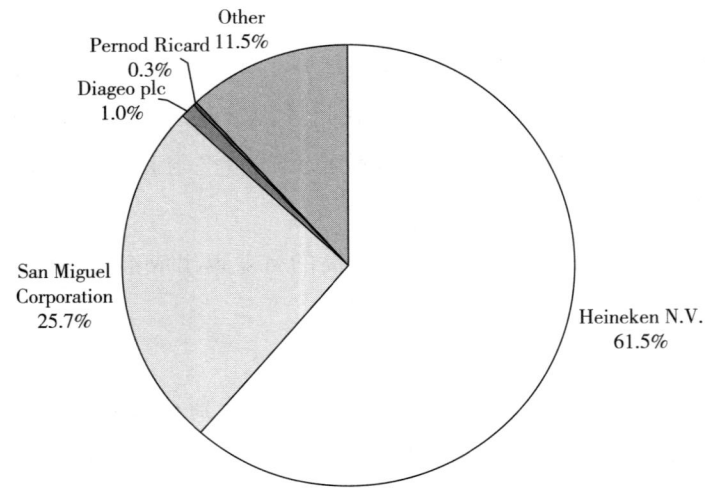

图12　2014年印度尼西亚酒业领先企业市场份额

资料来源：Marketline。

Heineken N. V. 是一家啤酒酿造企业，通过全球的分销商和酿酒商进行国际大范围的销售活动。公司拥有和营销多达250种啤酒品牌，包括国际高质量的、地区的、本地的和特产的啤酒。

公司的品牌产品在178个国家有售，同时它在七十多个国家运营，横跨西欧、中东欧、非洲和中东、美洲和亚太区。各酿酒厂有自营也有合资的，分布于不同国家。主要的品牌有 Heineken、Amstel、Anchor、Birra Moretti、Cruzcampo、Desperados、Dos Equis、Foster's、Newcastle Brown Ale、Ochota、Primus、Sagres、Sol、Star、Tecate、Tiger 和 Zywiec。另外，公司通过合资公司营销的几个品牌包括 Cristal 和 Kingfisher，除了全球啤酒的产销外，Heineken N. V. 还是全球苹果酒生产商，拥有 Strongbow 和 Bulmers 等品牌。

Heineken N. V. 在亚太区通过 Heineken 亚太公司运营，总部在新加坡。这公司拥有在印度运营的联合啤酒有限公司36.1%的股权。Heineken 亚太公司在亚太地区19个国家有25个啤酒厂，其中联合啤酒有限公司在印度拥有18个啤酒厂。

截至2013年12月公司年度的收入为254.85亿美元，比2012年增长

4.5%。2013年净利润为18.1亿美元,上一年数据为39.14亿美元(见表28和表29)。

表28 Heineken N. V. 主要财务数据

单位:百万美元

年份	2009	2010	2011	2012	2013
收入	19510.3	21410.7	22724.6	24396.8	25485.1
净利润	1351.0	1920.4	1897.8	3913.7	1810.2
总资产	26781.7	35384.2	36001.3	47749.2	44242.9
总负债	19680.2	21820.8	22607.8	30812.2	27844.7

资料来源:Marketline。

表29 Heineken N. V. 主要财务指标

单位:%,美元

年份	2009	2010	2011	2012	2013
利润率	6.9	9.0	8.4	16.0	7.1
收入增长率	2.7	9.7	6.1	7.4	4.5
资产增长率	-1.9	32.1	1.7	32.6	-7.3
负债增长率	-7.8	10.9	3.6	36.3	-9.6
资产负债率	73.5	61.7	62.8	64.5	62.9
资产回报率	5.0	6.2	5.3	9.3	3.9
人均收入	352802	325738	353680	320206	314891
人均利润	24430	29216	29537	51367	22367

资料来源:Marketline。

四 烟草行业

(一)行业整体态势

印度尼西亚烟草市场在近几年价值增长迅猛,尽管数量增长较低。

丁香烟（由烟草、丁香和其他香精混合而成的香烟）占市场份额的90%以上，让国内生产商在市场上站稳脚跟，政府对白烟征收消费税这一举措会促进丁香烟的销售。

印度尼西亚烟草市场2015年的总收入为231.564亿美元，2011~2015年的复合年均增长率为11.6%（见表30）。相比之下，泰国和中国市场的年均增长率分别为4.4%和2.8%。同期，2015年实现的销售收入分别为29.644亿美元和2128.568亿美元。

表30 印度尼西亚烟草行业市场规模

年份	规模（百万美元）	增长率(%)
2011	14934.6	—
2012	17446.2	16.8
2013	19206.6	10.1
2014	21198.1	10.4
2015	23156.4	9.2
复合年均增长率		11.6

资料来源：Marketline。

2011年至2015年，烟草行业市场消费量以3.1%的速度增长，达到3.164亿件，预计到2020年底，市场规模将达到3.447亿件，2015年至2020年的增长率预计为1.9%。

（二）领先企业

（1）领先企业的市场份额

印度尼西亚烟草市场比较集中，前四家烟草商占据了近85%的市场份额（见图13），与许多西方国家市场不同，这些烟草商都不是主要的跨国公司，这意味着印度尼西亚不像由跨国公司控制的其他市场那样，竞争者的规模不是加速竞争的一个重要因素。

（2）代表性企业：跨国公司Philip Morris International Inc.

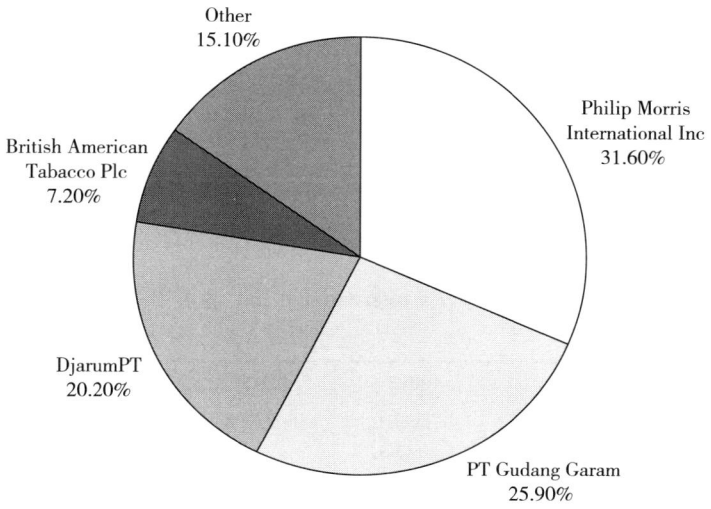

图13　2015年印度尼西亚烟草行业市场份额

资料来源：Marketline。

Philip Morris International Inc.（PMI）是一家国际烟草公司，在美国以外的市场从事香烟、其他烟草制品和其他含尼古丁产品的制造和销售。

公司有五个按地理区域组织和管理的部门：欧盟（EU）、东欧、中东和非洲（EEMA）、亚洲、拉丁美洲和加拿大。

PMI的主要品牌包括Marlboro、Merit、Parliament、Virginia Slims、L&M、Chesterfield、Bond Street、Lark、Muratti、Next、Philip Morris、Red & White、Sampoerna、Dji Sam Soe、U Mild、Fortune、Champion、Hope、Diana、Optima、Apollo-Soyuz、Morven Gold、Boston、Belmont、Canadian Classics、Number 7、Best、Classic、f6、Delicados、Assos和Petra。

截至2015年12月31日，公司经营和拥有48条生产线，与21个市场的22家第三方制造商签订了制造合同，PMI还与印度尼西亚制造手卷烟的38家第三方运营商合作。

PMI公司有四种类型的分销方式：直接销售和分销，由此直接分销给零售商；通过单一独立分销商分销（负责单一市场）；独家分区分销，其中分销商在一个国家内拥有专属领域；通过国家或地区批发商分销。除此之外，公司还直接为许多国家的主要客户服务，包括加油站、零售连锁店和超市。

截至2015年12月该公司的年度收入是739.08亿美元，与2014年相比收入下降了7.7%，2015年的净利润为68.73亿美元，而上一年的净利润为74.93亿美元（见表31、表32）。

表31 Philip Morris International Inc. 主要财务数据

单位：百万美元

年份	2011	2012	2013	2014	2015
收入	76346.0	77393.0	80029.0	80106.0	73908.0
净利润	8879.0	9154.0	8850.0	7493.0	6873.0
总资产	35488.0	37670.0	38168.0	35187.0	33956.0
总负债	33725.0	39523.0	44442.0	46390.0	45432.0

资料来源：Marketline。

表32 Philip Morris International Inc. 主要财务指标

单位：%，美元

年份	2011	2012	2013	2014	2015
利润率	11.6	11.8	11.1	9.4	9.3
收入增长率	12.7	1.4	3.4	0.1	-7.7
资产增长率	1.2	6.1	1.3	-7.8	-3.5
负债增长率	12.7	17.2	12.4	4.4	-2.1
资产负债率	95.0	104.9	116.4	131.8	133.8
资产回报率	25.2	25.0	23.3	20.4	19.9
人均收入	977542	888553	878474	970982	921546
人均利润	113688	105098	97146	90824	85698

资料来源：Marketline。

Philip Morris International Inc. 计划为印度尼西亚第三大香烟制造商圣波纳烟草公司（Hanjaya Mandala Sampoerna）付清52亿美元，PMI宣布它将支付给圣波纳烟草公司的创办者家族20亿美元，以取得这个家族在这个公司40%的股份，并且向股东公开收购其余的股权。雅加达金英证券公司的分析家说："这是把印度尼西亚作为一个日益增长的消费市场的充满信心的投票。"

这次并购将使PMI得到印度尼西亚这个世界上第四大香烟市场几乎1/4的份额。PMI进入印度尼西亚市场已经有半个世纪，但只获得4.4%的市场份额，因为它不出售印尼市场畅销的丁香烟。

（3）代表性本地企业：Gudang Garam

Gudang Garam是印度尼西亚本土的香烟制造商，该公司的产品有多种变化，从Sigaret Kretek Klobot或玉米壳包裹的丁香烟（SKL）、Sigaret Kretek Linting Tangan或手工丁香烟（SKT），到Sigaret Kretek Linting Mesin或机械丁香烟（SKM）。

该公司经营三项业务：香烟、纸板和其他。Gudang Garam制造的产品品牌有：Gudang Garam、GG Mild、Sriwedari、Klobot、Gudang Garam Deluxe。该公司的Gudang Garam品牌销售Gudang Garam国际、Gudang Garam Merah、Gudang Garam Djaja香烟，其中Gudang Garam Merah和Gudang Garam Djaja是手工香烟。

Sriwedari是一个手工制作的丁香烟品牌，Sigaret Kretek Klobot Manis是一种玉米壳香烟，有两种口味，甜味和原味。Gudang Garam Deluxe是一种丁香烟，由烟草叶和丁香制成，GG Mild是一种机器轧制的丁香烟。

该公司品牌Surya销售Surya专业和Surya Pro温和香烟。

Gudang Garam的直营子公司包括Surya Pamenang、Surya Madistrindo、Graha Surya Media和Surya Air。Surya Pamenang是一家纸制造公司，位于印度尼西亚东爪哇的谏义里，年产能15万吨。Surya Madistrindo是该公司香烟的分销商。Graha Surya Media提供娱乐和媒体权利开发服务。Surya Air是一家位于谏义里的飞机包机公司，它利用公司拥有的直升机提供航空运输服务。

该公司的间接控股子公司包括Surya Madistrindo、Surya Ayammas Perkasa、Surya Andalas Perkasa、Surya Babel Perkasa、Surya Celebes Perkasa

和 Surya Indo Khatulistiwa。

截至 2014 年 12 月该公司年度收入为 55 亿美元，与 2013 年相比增长了 17.6%。2014 年的净利润为 4.53 亿美元，而上一年的净利润为 3.65 亿美元（见表 33、表 34）。

表 33 Gudang Garam 主要的财务数据

单位：百万美元

年份	2010	2011	2012	2013	2014
收入	3180.5	3534.3	4137.1	4677.9	5500.5
净利润	349.9	413.0	338.7	365.3	453.0
总资产	2594.0	3298.4	3502.6	4284.1	4912.8
总负债	795.0	1226.7	1257.6	1801.9	2108.9

资料来源：Marketline。

表 34 Gudang Garam 主要的财务指标

单位：%

年份	2010	2011	2012	2013	2014
利润率	11	11.7	8.2	7.8	8.2
收入增长率	14.3	11.1	17.1	13.1	17.6
资产增长率	12.9	27.2	6.2	22.3	14.7
负债增长率	6.5	54.3	2.5	43.3	17.0
资产负债率	30.6	37.2	35.9	42.1	42.9
资产回报率	14.3	14.0	10.0	9.4	9.9

资料来源：Marketline。

五 产业机会分析

（一）印度尼西亚食品饮料行业具有较大增长潜力

1. 人口规模大，经济环境向好，产业增长潜力较大

印度尼西亚全国人口超过 2.55 亿，对于食品饮料制造商而言是一个有利可图的市场。由于人口基数大，印度尼西亚市场潜力较大，并且每年逐渐增长的 GDP 以及中产阶级阶层使人们的消费水平也在逐渐提高（对产品越来越挑剔，越来越追求产品的品质）。尽管印度尼西亚国内经济发展处于减缓期，购买力在过去几年一直在减弱，但是从长远来看还是比较乐观的。总体来说，印度尼西亚食品饮料行业的投资主要集中在爪哇——印度尼西亚人口最多的岛（相较于印度尼西亚其他岛，爪哇有较好的基础设施）。

经济增长、人们购买力增强将直接影响印度尼西亚食品饮料行业的发展，食品饮料价格 2016 年并没有显著地上涨，这意味着 2016 年经济增长将促进购买力的提高。2015 年，食品、饮料加工制造商提价 7.5%，主要是因为中央政府取消了燃油补贴以及印度尼西亚盾自 2013 以来的持续贬值（在食糖、小麦、牛奶、新鲜果汁和大豆等原材料进口时）产生的汇兑损失，运营成本提高了。

一个积极的发展趋势是 2013 年中至 2015 年底印度尼西亚盾对美元的急剧贬值趋势减缓，汇率逐渐趋于稳定，2016 年印度尼西亚盾相对美元升值了 4%。印度尼西亚的食品加工业对进口原料的依赖度较大，2015 年原料进口规模为 37.26 亿美元，进口原料主要有小麦、糖、奶制品、大豆等，这些进口原料 2015 年总的进口规模达到 42 亿美元。因此，随着 2016 年汇率趋稳，进口原材料的汇兑损失降低，食品饮料加工行业的运营成本减少，从而使得该行业的利润空间提升。

2. 国际市场调研机构的预测相对乐观

（1）食品饮料行业

依据国际市场调研机构 Marketline 的预测，印度尼西亚食品饮料各领域的未来预计增长情况如表 35、表 36 所示。

2017～2020 年印度尼西亚的烘焙食品和谷类食品市场年均增长率预计达到 9.3%，至 2020 年市场价值预计达到 62.767 亿美元。相对地，中国市场的年均增长率为 10.3%，将在 2020 年达到 548.697 亿美元的总收入。

未来印度尼西亚零食市场将加速发展，预计 2017～2020 年零食市场的年均增长率为 5.9%，到 2020 年底总收入将达到 8.732 亿美元。泰国、中国市场的年均增长率将分别达到5.4%和10.2%，到2020年将分别达到9.88亿美元和165.964亿美元。

预计甜食市场的增长将会放缓，2017～2020年预期年均增长率为5.6%，预计到2020年底市场价值将达到18.974亿美元。泰国、中国市场同期将分别以6.9%和6.8%的年均增长率增长，到2020年将分别达到7.328亿美元和214.983亿美元的价值。

预计冰淇淋市场2017～2019年的增长率为7.6%，预计到2019年年底将推动市场价值达到4.10亿美元。相比之下，中国市场的年均增长率为8.3%，在2019年将达到139.875亿美元。

软饮料市场表现预期将持续增长，预计2017～2019年的年均增长率为8.3%，2019年末市场总值预计达16.858亿美元。中国市场预计年均增长率为10.5%，在2019年将达到1318.817亿美元。

印度尼西亚酒类饮料市场一直以中速增长，预期市场表现会加速，预计2017年至2019年将以年均增长率4%的速度增长，预期市场价值在2019年末达到10.804亿美元。消费量预期将在2019年末达到3.319亿公升，即2014～2019年将以2.1%的增长率增长。相对地，中国市场以10.5%的速度增长，同期，在2019年达到2988.51亿美元的总收入。

表35　印度尼西亚食品和饮料行业市场销售收入预测

单位：百万美元

项目\年份	2017	2018	2019
烘焙食品和谷类食品市场	4970.1	5236.2	5730.0
零食市场	736.0	781.5	826.7
甜食市场	1611.3	1701.4	1796.6
冰淇淋市场	354.0	381.3	410.5
软饮料	1438.3	1557.4	1685.8
酒类饮料	996.2	1040.7	1080.4

资料来源：Marketline。

表36　印度尼西亚食品和饮料行业市场增长率预测

单位：%

年份 项目	2017	2018	2019
烘焙食品和谷类食品市场	9.2	9.3	9.4
零食市场	6.6	6.2	5.8
甜食市场	5.6	5.6	5.6
冰淇淋市场	7.7	7.7	7.7
软饮料	8.3	8.3	8.2
酒类饮料	3.9	4.5	3.8

资料来源：Marketline。

（2）烟草行业

依据国际市场调研机构Marketline的预测，印度尼西亚烟草行业未来的预计增长情况如下。

到2020年，印度尼西亚烟草市场的价值预计可达到388.7亿美元，预计年增长率为10.9%（见图14）。相比之下，泰国和中国市场同期的年增长率分别为4.3%和2.5%，到2020年将分别达到36.592亿美元、2406.228亿美元。

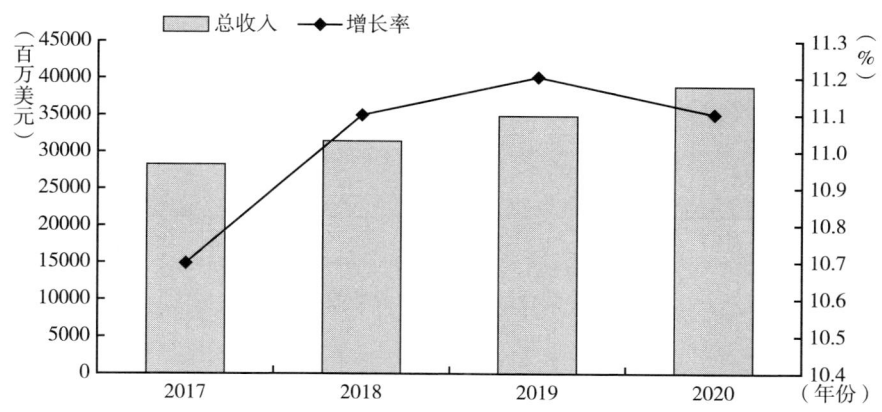

图14　印度尼西亚烟草行业销售额预测

资料来源：Marketline。

2014年丁香烟占印度尼西亚总销量的93%,而白烟仅占7%,这是印度尼西亚市场的一个显著特点。印度尼西亚的消费正在增长,白烟的份额却没有上涨,这说明制造商并没有努力寻找销售其产品的方法。传统的尼古丁替代品有口香糖、贴片和含片,电子香烟也正在全球范围内成为传统卷烟的威胁,但由于印度尼西亚法律禁止使用电子烟,所以对印度尼西亚市场没有产生影响。

(二)印度尼西亚-中国食品饮料企业间有较大的合作竞争空间

(1)中国食品饮料工业实力雄厚,正在积极推行国际化战略

截至2016年底,中国食品行业规模以上企业达到8844家,较上年增加622家。2016年中国食品行业主营业务收入23619亿元,同比增长8.0%,与上年相比提升1.7个百分点,高于全国工业收入增速3.1个百分点(见图15);食品行业利润总额突破2000亿元,同比增长8.2%,与上年增速相比下降0.9个百分点,低于全国工业利润增速0.3个百分点。

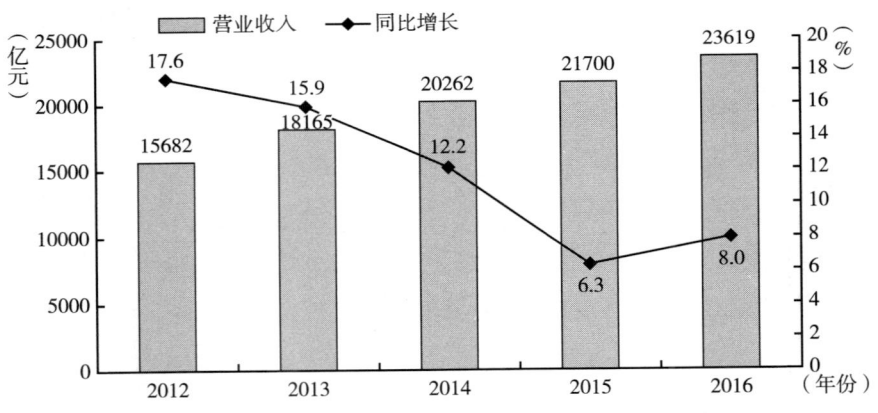

图15 中国食品行业主营业务收入及增速

资料来源:WIND。

在软饮料领域,据《2016~2020年中国软饮料行业投资分析及前景预测报告》数据,2015年全年中国软饮料产量17661.1万吨,同比增长6.2%。另外,2016年第一季度中国软饮料产量为4241.5万吨,同比上涨

9.68%。在酒类饮料领域,2014年白酒销售额5259亿元,2015年前十个月收入4367亿元,同比增长7%,全年预计销售额5500亿元。国产葡萄酒2014年收入420亿元,加上进口葡萄酒到岸价150亿元,终端市场预计销售额近千亿元,2015年进口葡萄酒仍增长30%以上。啤酒市场销售额1886亿元,加上进口啤酒终端市场预计销售额2500亿元。

虽然中国食品饮料产业已具有较雄厚的实力,但随着经济环境的改变和国内市场开发空间的减少,食品饮料产业在发展上已表现出一定的增长压力,因而许多食品饮料企业正在推行国际化战略,寻求国际合作。

以食品行业为例,虽然总体盈利规模稳定,但竞争加剧导致产品毛利下降。2016年中国食品行业毛利率平均为19.9%,与上年相比下降0.2个百分点,延续了之前的下降趋势(见图16)。饮料企业中,营收规模最大的康师傅品牌,2015年饮品的营业收入为338亿元,同比下滑9.6%;旺旺2015年饮品业务的营业收入为111.16亿元,同比下滑13.6%;蒙牛2015年冰淇淋业务营业收入为21.41亿元,更是急跌21.2%。

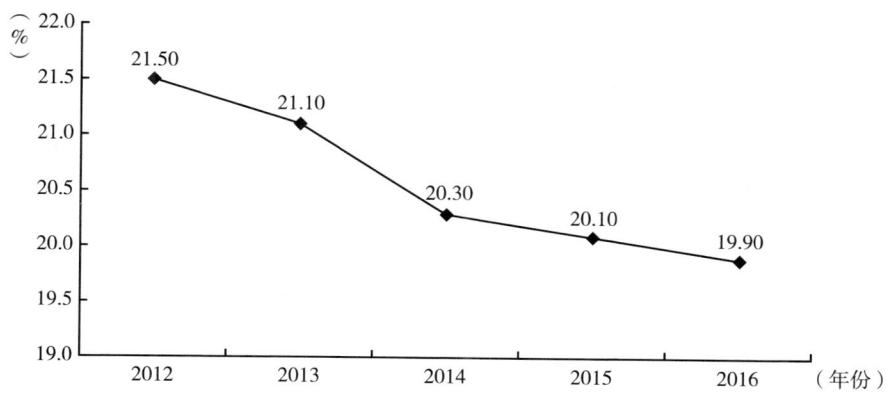

图16 中国食品行业毛利率走势

资料来源:WIND。

(2) 两国企业间存在一定的效率差异,可形成合作需求

印度尼西亚的加工食品市场主要由七大本土公司主导,包括世界最大的方便面生产商之一 Indofood Sukses Makmur、Wings Group、Mayora 和 Garuda

Food。这些公司已经将战略铺开,不仅以价格吸引客户,还通过创新生产出定制增值产品来迎合喜好传统速食的印度尼西亚消费者。外国企业和品牌也较好地融入印度尼西亚市场中,包括 Nestle 和 Kraft Unilever,经常与当地企业合作组建分销网络。下面将三个食品企业 Indofood、元祖股份与洽洽食品的财务指标进行对比分析。

Indofood 公司成立于 1990 年 8 月 14 日,1993 年之前公司名称为 Panganjaya Intikusuma,1994 年更名为现用名,它是 Sudono Salim 家族 Salim 集团旗下的一家公司。公司的业务范围包括研磨面粉以及管理服务和对经营石油、种植棕榈树、棕榈原油加工和运输的子公司的投资。Indofood 还生产季节性食品。公司拥有印度尼西亚最大的物流网络,公司持续保持着低产品成本竞争优势,主要得益于公司的经济规模、广阔的物流网络和强大的市场能力。公司于 1994 年 5 月 17 日在印度尼西亚证交所上市。

元祖股份主要从事烘焙食品的研发、生产与销售,是中国一家专业生产蛋糕、月饼、中西式糕点等烘焙产品的全国连锁经营企业,主要业务及其在企业收入中的比重分别是中西式糕点(27.8%)、蛋糕(33.17%)、水果(4.08%)以及月饼礼盒(33.22%)。近年来,中国食品工业协会面包糕饼专业委员会多次将"元祖"品牌评为"中国烘焙最具竞争力十大品牌"及"中国烘焙最具影响力十大品牌",并多次授予公司"中国月饼十强企业"等荣誉称号。经过多年努力,公司已发展成为中国国内烘焙市场领导者品牌之一。

洽洽食品主要生产坚果炒货类、焙烤类休闲食品,经过近十多年的发展,产品线日趋丰富,是中国坚果休闲食品行业的领军品牌,产品远销国内外三十多个国家和地区。主要业务及其在企业收入中的比重分别是葵花子类食品(76.45%)、薯片(6.3%)、其他产品(17.25%)。

从三家公司的盈利指标来看,Indofood 公司的利润率在 2012~2015 年 4 年间有起有伏,2015 年有一个显著的降低,相较于元祖股份和洽洽股份而言处于劣势,但是 Indofood 公司的资产回报率表现一直比元祖股份和洽洽股份好;从负债角度来看,Indofood 公司的负债率逐年上升,2015 年达到 46.96%,而元祖股份的负债水平则较高(见表37)。

表37 财务指标对比

单位:%

指标	2015			2014			2013			2012		
	Indofood	元祖	洽洽	Indofood	元祖	洽洽	Indofood	元祖	洽洽	Indofood	元祖	洽洽
利润率	8.2	10.62	14.32	10.56	8.08	12.07	7.8	12.31	11	12.5	20.44	13.94
收入增长率	-10.36	6.69	6.36	16.40	1.68	4.18	-9.20	13.13	8.68	4.33	25.48	0.4
资产增长率	-3.73	17.36	7.01	8.98	-1.75	8.18	3.14	-6.89	17.47	4.33	26.65	5.71
负债增长率	-4.04	17.4	12.9	13.32	5.5	24.6	24.16	-4.26	81.17	-30.48	15.34	10.44
资产负债率	46.96	58.33	36.01	46.79	58.31	34.13	23.15	54.3	30.29	15.72	52.81	19.64
资产回报率	12.06	11.73	8.24	13.92	9	7.17	48.82	13.05	7.16	57.49	22.14	9.21

资料来源:BVD、WIND。

总体而言,由于印度尼西亚食品加工对进口原材料的过度依赖,汇率波动所带来的汇兑损失将直接影响加工企业的成本,从而导致其利润率的波动。但是在企业资产利用效率方面,Indofood 公司比元祖股份和洽洽股份表现要好一些,Indofood 公司良好的资产回报率表现也反映了该公司在印度尼西亚食品加工行业的领先地位。

(三)食品加工是印度尼西亚政府鼓励外商投资的优先行业

根据2015年印度尼西亚政府颁布的《关于2015~2035年度全国产业发展总体规划》,该规划在与2015~2019年全国中期发展计划相对接的基础上,确立了未来二十年工业发展总体目标和路径,其中第一阶段(2015~2019年)的目标确定为:重点增加以农产品、矿产和石油等资源为基础的上游产业的加工深度,以增加产品的附加值,进而通过培育熟练的产业工人、提高对技术的掌握程度来支持工业的深化发展。由此可以看出,食品等与农业关联最直接的加工产业是印度尼西亚政府优先发展的产业。依据该规模,印度尼西亚工业部将食品加工业规划为重点产业群体,具体细分产业包括:食品加工业、水产品加工业、牛奶加工业、增鲜剂材料工业、植物油加工业、水果蔬菜加工业、面粉业、甘蔗业等。

为了实现食品加工业的优先发展,印度尼西亚政府对该领域的外商投资持积极欢迎态度,对外资参股比例的管制政策也较宽松,终端食品的加工制造一般不设限制,对食糖(白砂糖、原糖、冰糖)等农作物直接加工的上游食品工业外资比例上限一般为95%，只对甜蜜素及糖精之类的食品添加剂限制投资。

按照印度尼西亚政府的产业规划，各地区因农业资源特征的差异而有不同的发展重点，图17展示了各大区域规划发展的龙头食品工业。

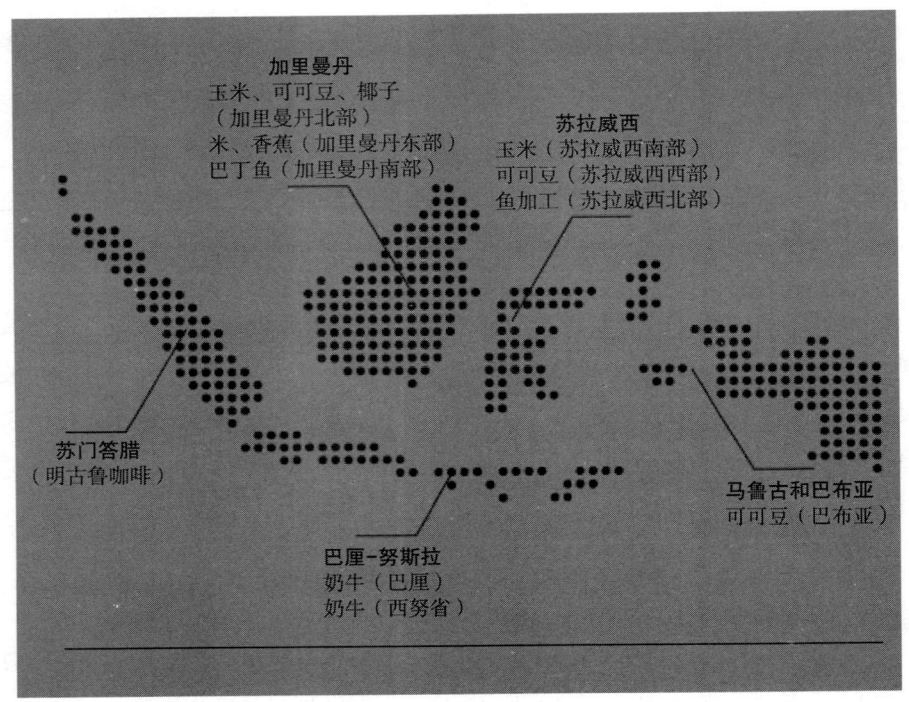

图17 印度尼西亚规划发展的龙头食品工业地理分布

资料来源：BKPM。

印度尼西亚在政策方面也存在一些不利因素，例如可能出台的限塑税收政策将增加食品饮料行业投资的运营成本，印度尼西亚是仅次于中国的世界第二大塑料废物产生国。因此，印度尼西亚政府计划对塑料瓶和包装征收至少200印度尼西亚盾（约合0.02美元）的消费税，以增加税收，并作为保护环境的措施。但是较大的瓶子和桶不适用这个新税政策。瓶装饮料（如水、冰茶、苏打水或果汁）在印度尼西亚非常受欢迎，这是因为印度尼西亚自来水卫生条件较差，这些小瓶包装则是课税对象。这项计划如果获国会通过，在客观上将增加食品饮料企业的产品成本。

经济合作篇

Economic Cooperation

B.9 印度尼西亚产业合作空间与主要风险总体分析

摘　要： 本文从产业现状、政府规划、产业投资与资金需求、政策优惠等角度分析了印度尼西亚产业提供的合作空间；同时从政策限制因素、社会与文化差异，以及基础设施建设领域的政策协调与用地问题分析了投资印度尼西亚产业将面临的挑战。

关键词： 产业合作　合作机会　风险因素

一 产业合作空间分析

（一）政府规划的三类优先投资领域

根据 2015 年印度尼西亚政府颁布的《关于 2015~2035 年度全国产业发

展总体规划》,未来二十年印度尼西亚工业发展总体将分为三个阶段。

第一阶段(2015~2019年):重点增加以农产品、矿产和石油等资源为基础的上游产业的加工深度,以增加产品的附加值为关键,同时通过培育熟练的产业工人、提高对技术的掌握程度来支持工业的深化发展。

第二阶段(2020~2024年):重点通过优化产业结构,提升科技水平,提高人力资本来培育产业的国际竞争力。

第三阶段(2025~2035年):使印度尼西亚成为工业强国,具有强大和深厚的产业基础、较强的全球竞争力,以及良好的科技和创新基础。

具体的定量目标如表1所示。

表1 印度尼西亚工业发展规划确定的具体目标

	工业发展指标 \ 年份	2015	2020	2025	2035
1	非石油和天然气工业部门的增长(%)	6.8	8.5	9.1	10.5
2	非石油和天然气工业部门对GDP的贡献(%)	21.2	24.9	27.4	30.0
3	工业产品出口对总出口的贡献(%)	67.3	69.8	73.5	78.4
4	工业部门就业人口数量(百万人)	15.5	18.5	21.7	29.2
5	工业部门就业人口占全部劳动力比重(%)	14.1	15.7	17.6	22.0
6	进口原材料与非石油和天然气工业部门的GDP之比(%)	43.1	26.9	23.0	20.0
7	工业部门的投资(万亿印度尼西亚盾)	270	618	1000	4150
8	爪哇岛以外的工业部门提供的附加值百分比(%)	27.7	29.9	33.9	40.0

资料来源:印度尼西亚工业部。

印度尼西亚中长期产业发展的战略思想是:①通过革新工业机器、提高劳动力素质和优化产业规模经济,提高工业技术效率;②科技创新,加强对科学知识和创新技术的掌握,加强新产品开发;③在战略性工业部门、海运业和劳动密集型产业发展中,政府给予帮助和鼓励,以提高其竞争力和生产力。根据上述战略思路和印度尼西亚产业现实,印度尼西亚政府优先支持符合以下标准的产业:①满足国内需求,替代进口或在国内市场具有较大增长潜力；②改善就业，创造较多就业岗位；③具有国际竞争力或在全球市场上有成长潜力；④附加值逐步提升，具有良好自我发展能力；⑤有利于优化产业结构；⑥具有比较优势，能控制原材料和生产技术。这些标准体现了印度尼西亚政府确保国内就业增长、增强工业自主能力、减少资源初级产品输出的经济政策思想。

综合分析印度尼西亚政府的相关文件和举措，在以下三个产业领域存在较大的产业合作空间。

（1）资源品的深加工相关产业

印度尼西亚政府自20世纪80年代后期就采取了减少对初级资源产品出口依赖的经济政策，尤其是降低了对石油、天然气、有色金属等能源矿产初级产品的出口依赖，目的是增强国内工业体系完整性和自我发展能力，获取更有利的国际分工地位和产业附加值。

印度尼西亚是一个自然资源丰富的国家，不仅农业、林业和渔业资源丰富，石油、天然气、矿产等自然资源也十分丰富，印度尼西亚政府在减少直接出口这些自然资源初级产品的同时，致力于布局和增强国内对这些资源产品的加工能力。因此，在本届政府规划的十大重点产业群中，就有四大领域属于资源品的深加工业，涉及具体产业23项，占其全部规划产业的五成多。具体如表2所示。

表2 印度尼西亚政府重点支持的资源品加工产业

重点产业群体	具体产业
食品加工业	水产品加工业
	牛奶加工业
	增鲜剂材料工业
	植物油加工业
	水果蔬菜加工业
	面粉业
	甘蔗业

续表

重点产业群体	具体产业
以农林为基础的上游工业	食用油工业
	油化工业
	农业化工行业
	牛饲料工业
	木材工业
	纸浆和造纸工业
金属和非金属矿业	铁和基础钢加工和冶炼工业
	非铁基本金属加工和冶炼工业
	贵金属、稀土和核燃料工业
	非金属矿物工业
以石油、天然气和煤炭为基础的化工业	上游石化工业
	有机化工业
	化肥工业
	塑料材料和合成树脂工业
	合成和天然橡胶工业
	其他化工产品工业

资料来源：印度尼西亚工业部。

（2）国内消费品产业尤其是劳动密集型产业

印度尼西亚人口众多，贫困人口比重较高，2017年1月印度尼西亚官方公布的贫困人口数据是：截至2016年9月，全国贫困人口2776万人，贫困人口率10.70%。其中，城镇贫困人口1049万人，贫困人口率7.73%，较上一年下降了0.49个百分点；农村贫困人口1728万人，比率为13.96%，较上一年仅下降0.13个百分点，下降缓慢。但按照人均2美元/天的国际标准，在2011年印度尼西亚贫困人口率仍然高达45%（Roberts，2015）①。基于这一现实，本届政府将增加就业作为消除贫困的关键举措之一，因此在经济发展策略上十分重视对劳动密集型产业的支持，在中期工业规划中除了上述加工产业中的食品加工业、以农业为基础的上游产业外，还强调优先发展纺织、皮革和制鞋业等劳动密集型行业，具体涉及产业17项，如表3所示。

---

① Roberts C. B.，Habir A. D.，Sebastian L. C.，*Indonesia's Ascent*：*Power*，*Leadership*，*and the Regional Order*，UK：Palgrave Macmillan，2015.

表3 印度尼西亚政府重点支持的劳动密集型产业

重点产业群体	具体产业
食品加工业	水产品加工业
	牛奶加工业
	增鲜剂材料工业
	植物油加工业
	水果蔬菜加工业
	面粉业
	甘蔗业
纺织、皮革和制鞋业	纺织业
	皮革和鞋业
	家具和其他使用木材行业
	塑料与橡胶加工和橡胶工业
以农业为基础的上游产业	食用油工业
	油化工业
	农业化工行业
	牛饲料工业
	木材工业
	纸浆和造纸工业

资料来源：印度尼西亚工业部。

(3) 增强工业自主发展能力的装备与零配件产业

印度尼西亚的制造业发展水平相对不高与其装备制造业发展不足有很大关系，许多重要装备仍然依赖进口，机械设备进口是全部进口品类中的第二大项。因此本届政府将装备制造与相关零配件产业作为重点支持的产业之一，详见表4所示。

表4 印度尼西亚重点支持的装备与零配件产业

重点产业群体	具体产业
医药与医疗设备行业	医疗设备行业
运输业	汽车业
	火车业
	造船业
	航空航天工业

续表

重点产业群体	具体产业
信息通信产业	电子工业
	计算机设备工业
	通信设备工业
能源产业	电气设备工业
资本货物业、零部件产业、辅助材料行业、工业服务业	机械设备工业
	零部件工业
	辅助材料工业
	工业服务

资料来源：印度尼西亚工业部。

（二）政府致力于改善基础设施，提供了合作投资空间，并支持了其他产业合作

（1）基础设施建设的目标和合作需求

印度尼西亚目前基础设施仍然相对落后，例如，公路条件差一直被作为印度尼西亚物流成本高的原因而饱受诟病。世界经济论坛发布的2015～2016年全球竞争力指数排名中，印度尼西亚基础设施竞争力在140个国家中排名第62位，较上一年度下降6个名次，也反映出印度尼西亚基础设施建设方面所面临的压力。

因而，印度尼西亚本届政府把加强基础设施建设作为经济发展的头号任务，制订了庞大的建设计划。2016年的政府预算中，基础设施投资预算资金从290万亿印度尼西亚盾增加到313万亿印度尼西亚盾。更重要的是，政府承诺将在未来几年继续大力进行基础设施建设投资，计划到2019年将资本性支出从国内生产总值的2.2%提高到5.3%，同时，把转移性支出预算资金更多地转移到生产性支出（如基础设施建设）领域。近年来，一系列大型基础设施项目的建设吸引了全球的关注，除了著名的雅万铁路外，还有诸如Palapa Ring PPP项目等，该项目将为印度尼西亚东部地区的互联网骨干网络建设铺设8395公里海底光缆，其西段和中段工程中标结果已于2016

年 1 月 22 日公布,东段仍在准备实施阶段。该项目投资预计达 3 万亿印度尼西亚盾,于 2018 年完工。另外,政府还在寻求非收费性国家道路建设和维护如何得以更有效地实施的改革方案,以解决目前印度尼西亚国内道路建设工程质量不高、维护状况不理想的问题。

政府规划的近期主要基础设施建设目标如表 5 所示。

表 5 印度尼西亚政府基础设施建设中期目标

类别	项目目标	指标
A. 住房开发		
1	提供更多的住房服务	为 220 万户家庭提供可行和经济实惠的房屋,详细信息:90 万户的普通住房,55 万户的出租房,45 万户的独立抵押贷款房,25 万户独立新房开发,以及 5 万户边境、灾后和冲突战争后的特别房屋的开发
		改善 150 万户家庭的住房质量,包括贫民区的处理
B. 居民区基础设施和能源供应		
1	提供更多可行的、可持续的饮用水和灌溉服务	贫民区处理面积 38431 公顷,加强 7683 个村庄的社区自立能力
		实现 100% 的供水服务,根据 4K 原则(数量、质量、连续性和可承受性)为 85% 的人口供水,根据基本需求为 15% 的人口供水
		实现 100% 的卫生服务(生活污水、垃圾和邻里排水),其中 85% 的人口根据标准化服务接入,15% 根据基本需求接入
2	提供更多的电力服务	电力服务覆盖(电气化率)增加到 96.61%
		加快发展 359 亿瓦额外发电
		村庄电气化率达到 100%,包括渔民和穷人的电气装置供给
		增加可再生能源发电厂的装机容量,即地热能,水力发电和太阳能增加 75 亿瓦
		人均用电量增加到 1200 千瓦时
		电网损失百分比降低到 8.18%
		发电厂一次能源燃料比例减少 2.04%
		实施 1 兆瓦海洋潮汐发电厂试点项目
		实施 10 兆瓦核电厂试点项目

续表

类别	项目目标	指标
3	为家庭、渔民、商业和交通提供更多的石油和天然气服务	增加110万户家庭的天然气使用（家庭连接）
		建设118个加油站用于运输
		输气管道增加到18322公里
		为60万渔民提供天然气
		天然气基础设施方面建造7个FSRU（浮动储存再气化装置）
		增加1个炼油厂

C. 供水与水力发电

类别	项目目标	指标
1	满足家庭、城市和工业的标准用水需求	扩大家庭、城市和工业使用的标准水基础设施容量，从51.44立方米/秒增加到118.6立方米/秒
2	实现灌溉用水和城市标准用水	增加水库灌溉水供应，建成16座水坝和49座新水库
3	提高灌溉管理的性能	建设灌溉土地100万公顷，恢复覆盖面积为300万公顷的受损灌溉网的功能
4	加快水力发电	水力发电装机容量从39.4亿瓦增加到68.8亿瓦

D. 交通

类别	项目目标	指标
1	扩大交通设施和基础设施的容量，以及多式联运运输系统的整合	将主要走廊地带每条走廊地带的平均交通时间（小时）从主要路线的每100公里耗费2.6小时缩短到2.2小时
		提升道路稳定性：国道提升到98%，省道提升到75%，区/市道路提升到65%
		新建公路2650公里，新建高速公路1000公里，对现有公路拓宽4200车道公里，以及对45592现有公路进行修护
		完成6000公里新建道路网（含高速公路）的基础准备工作
		通过建立15个新机场，国内航空公司运载的乘客人数增加到每年1.62亿人次
		开发9个机场用于航空货运服务
		航班准点率提升到95%
		增加24个港口的容量来增加海运量，包括5个枢纽港和19个集散港
		建造和开发163个非商业港口

续表

类别	项目目标	指标
1	扩大交通设施和基础设施的容量,以及多式联运运输系统的整合	完成50艘先驱船的建造,为193个先驱海运航线提供服务
		建设4471公里铁路,铁路货运量增加到150万标箱/年,使铁路货运占到全部货运的5%,客运达到7.5%
		通过建造和开发65个渡轮码头,购买50艘渡轮,连接北、中、南带整条运输走廊
		通过在120处建造河流和湖泊码头,提升河流和湖泊运输
2	提高国家交通行业服务的性能,保障全国联系,国家物流系统和全球联系	国家商船队进出口活动占有市场份额提高20%
		将使用不超过25年的商业运输船队数量增加到50%
		实现短途海运服务,与其他模式如爪哇岛和苏门答腊的铁路和道路运输相结合
		通过政府和私营部门联合创立的合伙企业或直接投资私营部门,提高私营部门在发展和运输方面的参与
3	减少运输部门温室气体排放量	温室气体排放量减少,在2020年底前,陆路运输减排 CO_2 29.82亿吨,空运运输减排 CO_2 159.45亿吨,铁路运输减排 CO_2 11.27亿吨
4	宽带服务	能够使用连接所有主要岛屿和地区/城市的全国光纤中枢网
		城市固定宽带速度为20 Mbps,覆盖71%的家庭和30%的人口,农村固定宽带速度为10 Mbps,覆盖49%的家庭和6%的人口
		移动宽带速度为1 Mbps,在城市地区渗透率达到100%,在农村地区达到52%

E. 城市大众公共交通发展

类别	项目目标	指标
1	增加城市大众公共交通服务	特大城市/大城市公共交通服务份额至少达到32%
		实施以公路/铁路为基础的大容量公共运输系统的城市至少为34个
2	城市道路交通的性能日益提高	将大都市/大城市的高峰时段道路交通速度提高到至少20公里/小时

续表

类别	项目目标	指标
3	改善信息技术应用和城市交通管理	通过使用信息技术,在整个省会城市内实施数字化管理系统
		在应用基于公共汽车的城市大容量公共运输系统的城市和中/大城市以及城市铁路网络的自动列车保护中实施信息技术

资料来源:印度尼西亚工业部。

印度尼西亚庞大的基础设施建设规划需要各方力量参与,其中包括境外投资者。2015~2019 年的基础设施建设大约需要投资 5500 万亿印度尼西亚盾,而政府预算资金只能负担其中的五成不到(见表6)。

表6 印度尼西亚政府基础设施建设中期规划所需资金

单位:万亿印度尼西亚盾,%

部门	资金来源规划				
	国家预算	地方预算	国有企业	私营企业	合计
公路	340.0	200.0	65.0	200.0	805.0
铁路	150.0	—	11.0	122.0	283.0
海运	498.0	—	238.2	163.8	900.0
空运	85.0	5.0	50.0	25.0	165.0
公路运输(包括 ASDP)	50.0	—	10.0	—	60.0
城市交通	90.0	15.0	5.0	5.0	115.0
电力	100.0	—	445.0	435.0	980.0
能源(石油和天然气)	3.6	—	151.5	351.5	506.6
信息科技和通信	12.5	15.3	27.0	223.0	277.8
水力资源	275.5	68.0	7.0	50.0	400.5
饮用水和废物处理	227.0	198.0	44.0	30.0	499.0
住房	384.0	44.0	12.5	87.0	527.5
合计	2215.6	545.3	1066.2	1692.3	5519.4
百分比	40.14	9.88	19.32	30.66	100

资料来源:印度尼西亚工业部。

政府资金的巨大缺口只能依赖私人部门（包括国外投资者）弥补。为了吸引私人和国外资本能够进入基础设施建设领域，印度尼西亚政府正在致力于完善公私合营的 PPP 运作模式。在以往的基础设施建设领域，政府主要依赖国有企业推进项目执行，即采用所谓的"SOE-led approach"，但印度尼西亚基础设施投资需求太大，国有企业没有足够的资源独自承担（Gustely，2015）。例如，2016 年 1 月初，印度尼西亚公共工程和住房部就发布信息，指出国有的建筑工程公司 Hutama Karya 所承担的贯穿苏门答腊的高速公路项目因资金不足难以推进，该项目由印度尼西亚政府以 100/2014 号总统令的形式指定给 Hutama Karya 公司负责，设计长度 2048 公里。公共工程和住房部在消息中指出希望私人资本能够参与该项目建设（Bisnis Indonesia，2016）。

印度尼西亚政府为推动公私合作促进基础设施建设采取了一系列措施，主要有：一是大力推行 PPP 模式，尤其针对那些限制营利或微利的项目；二是财政资金支持，分配给 PPP 基础设施项目的政府资金预计占到项目总投资的 30%；三是创新融资计划，建立专门的金融机构，开发专门的融资工具，如设立基础设施发展银行、基础设施信托基金、基础设施债券等；四是鼓励基础设施建设领域的纯私人投资，纯私人对基础设施的投资占基础设施投资总额要达到 20%。

（2）能源供应领域的合作空间

充足的能源供应，具体包括电力、天然气和煤的供应等，是保证印度尼西亚经济增长的重要基础条件，也是外国投资者考察合作环境的重要考量。目前，印度尼西亚能源供应相对紧张，以电力为例，2016 年的最新调查中，印度尼西亚大约 63% 的大学、银行和企事业单位办公及经营场所都配备了自备电源。其中，所有企业单位自备发电机或自建设电厂的比例为 100%，银行为 86.66%，大学为 42.29%，如此高比例自建电厂和自备发电机的现象，足以说明电力供应紧张对各类单位的影响。

印度尼西亚本届政府非常强调能源建设在工业发展中的基础性地位，并确定了能源发展规划，要求各部委协同支持能源建设，重点包括发电厂建设、输配电网建设,以及发电机制造业的发展、能源多样化和可再生能源的利用等。2015年的统计数据显示,印度尼西亚全国发电总量为239750GWh,其中蒸汽发电137816吉瓦时(占比57.5%),燃气-蒸汽发电43771GWh(占比18.2%),水力发电17054GWh(占比7.1%),柴油发电18108GWh(占比7.6%),其他形式或新能源发电23200GWh。而根据印度尼西亚工业部的中期发展规划,为配套新建产业项目,至少需要新增如表7所示的能源供应。巨大的能源缺口为外国投资者的投资合作提供了空间。

表7 印度尼西亚产业规划项目新增能源需求预测

编号	能源类型	年份			
		2015	2020	2025	2035
1	电力(GWh)	76187	123554	178845	446993
2	天然气(十亿MBtu)	505141	621712	782691	1559831
3	煤(千吨)	35238	45238	58571	83095

资料来源:印度尼西亚工业部。

(3)交通领域的合作空间

印度尼西亚国内交通以公路为主,其次是航空和水运,而铁路所占比重极低,其经济增加值在交通运输业中仅占1%左右,公路交通所占比重达48%以上,但公路总覆盖率还偏低,公路维护状况也较差。

以最近的2015年统计数据为例,印度尼西亚道路长度达到523974公里,按建设和维护的责任单位可分为国道、省道和市县村道路,通常情况下国道的道路情况最好,省道次之。但从里程上看,占比最大的是市县村道路,里程长度为421541公里(占比80.45%),而国道和省道分别为47017公里和55416公里(占比分别为8.97%和10.58%)。

从路面维护情况看,较大比例的公路缺乏有效维护,通行效率较低,处于良好状态的公路只占42.2%,其中国道的良好率最高,达到58.8%,而市县村公路的良好率不到四成。总体上,处于一般维护状况的公路占比23.3%,而另外的是19.8%受损和14.7%严重受损的公路(见表8)。

表8 印度尼西亚公路里程与质量情况

路面条件	国道		省道		市县村		合计	
	公里	百分比(%)	公里	百分比(%)	公里	百分比(%)	公里	百分比(%)
良好	27652	58.8	27964	50.5	165521	39.3	221137	42.2
一般	15156	32.2	13563	24.5	93374	22.2	122093	23.3
较差	2600	5.5	8335	15.0	92715	22.0	103650	19.8
非常差	1609	3.4	5554	10.0	69931	16.6	77094	14.7
合计	47017	8.97	55416	10.58	421541	80.45	523974	100.00

资料来源：公共工程部。

印度尼西亚本届政府中期发展规划中，提出了扩张铁路、公路道路网，提升道路速度的蓝图，其中包括新建一般公路2650公里、高速公路1000公里，并完成6000公里公路（含高速公路）新建项目的前期准备工作，实现六大经济走廊地带主要路线的通行速度由每100公里耗时2.6小时缩短到2.2小时，同时，缓解大城市交通拥堵情况，将大城市公路通行速度提高到至少20公里/小时。

然而，印度尼西亚当前公路建设能力与其目标有巨大差距，这也增加了对外国投资者参与的需求。来自公路局（Bina Marga）的数据显示，在过去37年里，收费公路建设平均每年只有25公里，国道每年只增长了1%~2%。为了满足2030年远景规划中产业发展的需求，高速公路建设每年至少需要增长500公里以上，国道每年需要增长超过5%。

铁路方面，印度尼西亚只在爪哇岛和苏门答腊岛建有铁路，并且里程较短，据世界银行的统计数据，截至2014年印度尼西亚仅有铁路4814公里，其中3464公里在爪哇岛，1350公里在苏门答腊岛。因此通过铁路出行的人数及铁路货运相对较少。印度尼西亚官方统计，在爪哇岛，2015年通过铁路运送人次数为3.2亿人次，过去5年平均年增长率为13.08%，而在苏门答腊岛，仅为530万人次，5年间几乎没有增长；而2015年铁路货运在爪哇岛为1007万吨，年均增长21.72%，而在苏门答腊岛则为2196万吨，年均增长8.5%。本届政府的中期规划中，到2019年要建设4471公里铁路，铁路货运量增加到

150万标箱/年,使铁路货运占到全部货运的5%,客运达到7.5%。这一目标较现有能力翻了一番,因此也为铁路投资提供了巨大空间。

(4) 供水领域的合作空间

印度尼西亚当前的居民公共供水系统明显落后,只有22.4%的人口有管道供水(见表9)。将自来水输送到家庭的主要运营机构是地方政府所有的供水公司(PDAM),但多数供水公司存在管理不善和投资不足的问题,约73%的供水公司处于亏损状态,平均水费价格低于单位运营成本,近50%的供水公司被政府确定为存在财务问题(BPPSPAM,2014),并且许多供水公司的固定资产投资速度跟不上折旧速度,出现负增长。

表9 印度尼西亚居民公共供水现状与目标

单位:%

年份	安全供水居民比例	其中:管道供水	其他方式	未享受安全供水的居民比例
2014	70.3	22.4	47.9	29.7
2019	100	59.7	40.3	0

资料来源:公共工程部。

本届政府的五年规划中,提出了所谓的"100-0-100"目标,即提供100%的安全饮用水、0%的人口生活在贫民窟、到2019年提供100%的安全卫生设施。如表9所示,政府的目标是增加使用管道水的人口比例,从2014年的22.4%增加到2019年的59.7%,这意味着拥有自来水的家庭数量要增长三倍,从1330万人增加到4000万人,这是一个相对宏大的目标,因为在2006~2013年自来水供应家庭的年平均增长率仅为4.6%左右。为实现新增2770万家庭的自来水供应,需要投资约为165万亿印度尼西亚盾,是负责该类事务管理的政府部门(Directorate General of Human Settlements)五年预算总额的约5倍。即使考虑到地方政府和国有供水公司可以自筹一部分资金,但仍然会存在巨大的资金缺口。因而,政府已通过许可制度(Izin Prinsip)有限开放该领域的私人投资,为私人和外国资本提供了合作空间。同时,从消费者角度看,鉴于政府在供水基础设施建设方面长期滞后的现实和未来极有限的财政资金预算，消费者日益接受以市场价格购买干净用水服务的消费观念，这为私人有偿供水服务投资提供了一定的市场基础和增长前景。

（三）不同地域的产业合作重点

由于印度尼西亚国土岛屿众多的地理特征和历史原因，印度尼西亚经济发展存在严重的区域不平衡。本届政府在制定产业发展规划时，把区域平衡作为基本战略目标之一，其核心是要提高爪哇岛以外地区的非油气制造业的经济贡献比例，使爪哇岛内外非油气制造业在经济中的占比由2013年的27.2%提高到2035年的40%。

从表10中可以看出，爪哇岛以外地区占据国土面积的大部分（93.22%），然而其经济贡献不足50%，尤其是非油气工业的贡献比例更低，只占27.22%。

表10 爪哇岛与外岛经济对比

项目	2014年比重(%)	
	爪哇	爪哇以外
土地面积	6.78	93.22
对GDP的经济贡献	57.99	42.01
非油气工业部门对GDP的贡献	72.78	27.22
大中型企业数量	83.04	16.96
工业部门外商投资	74.11	25.89
工业部门的国内投资	64.67	35.33
工业部门出口	58.18	41.82
工业部门进口	83.91	16.09
工业区的土地面积	71.99	28.01

资料来源：印度尼西亚工业部。

因此，政府认识到在爪哇岛以外发展工业的重要性，从而出台了在外岛建设14个重点工业园区的规划，并鼓励企业将其业务设在工业园区内，这意味着不同地区政府优先鼓励发展的产业和合作重点存在差异。

总体上讲，在爪哇岛内重点发展的产业方向是：（1）高科技产业；（2）劳动密集型产业;(3)以生产消费品为导向的产业。而在爪哇岛以外的地区,重点发展的产业方向是:(1)以自然资源为导向的工业(可再生和不可再生资源);(2)物流相关产业,以提高物流系统的效率;(3)工业园建设,希望通过工业园建设带动工业发展。

具体讲,印度尼西亚政府在外岛拟重点建设的工业园区(各园区有主打的产业方向)共有14个,主要分布在加里曼丹西部和南部、苏拉威西岛、苏门答腊岛北部三个大岛中经济相对落后的地区,同时在巴布亚、马鲁古群岛偏远地区也布局有工业园区建设。各工业园区的经济地理条件和产业重点详见表11。

表11 印度尼西亚政府规划建设的外岛工业园区及产业重点

所在省份	工业园区	目标规模（面积、投资额、就业人口）	依托企业	所专注的行业
西巴布亚	Teluk Bintuni	2112公倾,31.4万亿印度尼西亚盾,51500人	Pt. Pupuk Indonesia	化肥和石化工业
北马鲁古	Buli, East Halmahera	300公倾,4.4万亿印度尼西亚盾,10000人	Pt. Feni Haltim	镍铁行业
北苏拉威西	Bitung	534公倾,2.5万亿印度尼西亚盾,90000人	Pt. Pelindo	农产品加工及物流业
东南苏拉威西岛	Konawe	5500公倾,28.7万亿印度尼西亚盾,18200人	Jiangsu Delong Nickel Industry co. ltd	镍铁行业
中苏拉威西	Morowali	1200公倾,49.7万亿印度尼西亚盾,80000人	Pt. Sulawesi Mining Investment	镍铁行业
中苏拉威西	Palu	1500公倾,12.5万亿印度尼西亚盾,165000人	Pt. bangun Palu Sulteng	藤、农产品加工及相关行业
南苏拉威西	bantaeng	3000公倾,24.4万亿印度尼西亚盾,163200人	Pt. Hwadi and Bantaeng Sigma Energi	镍铁行业
西加里曼丹	Ketapang	1000公倾,4万亿印度尼西亚盾,10000人	Pt. Well Harvest Winning Alumina Refinery	氧化铝行业

续表

所在省份	工业园区	目标规模（面积、投资额、就业人口）	依托企业	所专注的行业
西加里曼丹	Mandor, Landak	306公倾,1.22万亿印度尼西亚盾,33600人	—	橡胶相关行业
南加里曼丹	Batulicin, Tanah Bumbu	530公倾,2.12万亿印度尼西亚盾,10000人	Pt. Meratus Jaya iron and Steel	钢铁行业
南加里曼丹	Jorong, Tanah Laut	6370公倾,22.3万亿印度尼西亚盾,30000人	Pt. Semeru Surya, Pt. Delta Prima	钢铁和农产品加工
楠榜	Tanggamus	3500公倾,17.5万亿印度尼西亚盾,104800人	Pt. Repindo Jagat Raya	海运业
北苏门答腊	Kuala Tanjung, Batu Bara	1000公倾,4.5万亿印度尼西亚盾,113200人	Pt. inalum	氧化铝行业
北苏门答腊	Sei Mangkei, Simalungun	2002公倾,9.5万亿印度尼西亚盾,83300人	Pt. unilever oleochemical indonesia	油脂化学品行业

资料来源：印度尼西亚工业部。

为支持外岛14个工业园区建设，政府将在园区内外重点发展如下基础设施。园区内的基础设施建设包括：(1)邻里道路、排水系统、桥梁和街道照明；(2)电力和电信网络；(3)工业废物处理装置；(4)符合卫生标准的用水处理装置；(5)绿地。园区外的配套基础设施建设包括：(1)港口，包括集装箱码头；(2)往返港口的公路；(3)铁路网；(4)发电厂和电信网络；(5)其他配套设施如研究中心、培训中心等。完成上述园区基础设施建设，投资需求共计约为55.44万亿印度尼西亚盾，具体信息见表12。

表12 外岛工业园区基础设施建设投资需求

单位：十亿印度尼西亚盾

项目	金额	项目	金额
机 场	8200.00	港 口	17664.00
道 路	8079.74	水资源	939.00
火 车	10085.00	合 计	55444.80
电 力	10477.06		

资料来源：印度尼西亚工业部。

（四）政府推出的激励投资的部分措施

（1）税收优惠

印度尼西亚政府颁布的目前仍有效的投资相关税收优惠措施主要包括以下两种类型。

企业所得税减免（Tax Holiday）

印度尼西亚财政部通过的 2014 年第 192 号财政部部长令、2015 年第 159 号财政部部长令做出相关规定，设立了鼓励产业投资的企业所得税减免政策，其目标是支持上游产业、重点产业和工业园区的建设和发展。印度尼西亚国内通常将这部分税收优惠措施称为 Tax Holiday，其实质是对企业应交所得税按一定比例减免，减免幅度为 10% ~ 100%，其中对信息通信产业领域投资额低于 1 万亿印度尼西亚盾的项目，减免幅度的上限为 50%。

享受上述规定的所得税减免需符合以下条件：

一是投资额至少为 1 万亿印度尼西亚盾，如果是投资电信、信息技术相关产业，则该投资额下限为 5000 亿印度尼西亚盾；

二是符合政府规定的产业范围，具体包括：基础冶金工业、石油炼化、油气化工、装备制造、农林渔加工、通信与信息技术、海运、经济特区（KEK）内制造业、PPP 模式以外的基础设施建设项目。

投资抵税和加速摊销等税收优惠政策（Tax allowance）

该类政策由 2007 年第 1 号政府令制定，并经 2011 年第 52 号政府令修订，目标是对特定行业和地区投资给予一定税收优惠，以激励社会资本在这些领域或地域的投资。具体优惠政策包括：

一是在投资后的 6 年内，将投资额的 30% 从净收入中做税前扣除，每年可税前扣除上限为投资额的 5%。这种净营业收入中的加计扣除规定，可以减少企业应税所得；

二是加速摊销相关成本费用；

三是对外国投资者的分红和股息减按 10% 征收资本利得税，若有双边税收协议，从其低者；

四是在以下情形，对于投资亏损，除在正常的 5 年税前补亏规定外，还可将税前补亏年限再延长 1~5 年，即最多可在亏损后的第 10 年内仍然以之前亏损金额冲抵当年应税所得。具体情形是：①在 PP 52/2011 文件中规定的工业园区和经济特区内进行的新投资，可延长 1 年税前补亏年限；②连续 5 年雇用印度尼西亚工人 500 名以上者，可延长 1 年税前补亏年限；③新增基础设施投资 100 亿印度尼西亚盾及以上者，可延长 1 年税前补亏年限；④在最近 5 年内为改进产品或提高生产效率而在印度尼西亚境内所花费研发费用占总投资额至少为 5% 者，可延长 1 年税前补亏年限；⑤自投资第 4 年起，所用原材料或印度尼西亚国内零部件至少达 70% 者，可延长 1 年税前补亏年限。符合多项条件的，延长年限可叠加，但最长不能超过 5 年。

（2）公私合营计划（PPP）及相关支持措施

为了弥补印度尼西亚政府和国有企业在基础设施建设方面的资金和经验不足，当局将公私合营（Public-Private Partnerships，PPP）作为推动基础设施建设的一项基本策略。在本届政府的发展目标中，期望 20% 的项目通过 PPP 形式开发，然而这一期望比例似乎过高，因为即使是经合组织的国家，也难以达到 20% 的比例。

近年来，政府已采取了一系列监管和体制改革措施来降低投资者的风险。这些措施包括建立担保基金（以减少 PPP 项目中国有单位财务问题带给私人合作者的风险）和财政用于基础设施的预算资金安排（以分担 PPP 项目的资金压力），并采取其他举措来协助 PPP 项目的长期融资、项目前期施工准备等。

另外，关于公共工程建设用地征用的第 2/2012 号法律，以及后续颁布的相关政府条例，为 PPP 项目开发中征地纠纷的解决提供了更有利的法律框架，能够加快土地征用和土地整理进度。例如，其中的第 30/2015 号总统令中规定私人投资者可以代表政府进行征地，以加快基础设施项目进度，而第 148/2015 号总统令则简化了政府批准土地征用的流程。

更为重要的是，2015 年年中颁布的第 38/2015 号总统令，为公私部门

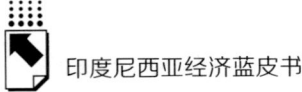

合营开展基础设施项目建设提供了基本的监管框架，一定程度上解决了PPP项目实施中的法律缺位问题。该法规扩大了可以开展PPP项目的行业范围，例如允许在石油、天然气加工和储存等领域开展基础设施项目的PPP合作；也允许将小型PPP项目打包为单一项目进行招投标操作，以便于投资者一次性承担一揽子项目；同时，该法规对政府部门如何操作、监管PPP项目的招投标，私人投资者如何参与PPP项目的程序有了更清晰的规定和指引，投资者参与PPP项目的程序性不确定性降低。

私人投资者参与基础设施项目的前提是能够获得可预期的回报，由于基础设施的服务收费往往是政府定价，收费标准又经常被定在成本水平以下，导致投资者往往难以获得合理的投资回报。针对这一问题，第38/2015总统令也做了制度性的突破，它允许基础设施投资者基于服务标准确定收费价格，即所谓"Availability-payment PPP schemes"，简称AP计划。例如，收费公路的投资者可以全面负责公路的设计、施工、运营和维护，从而对道路通行质量，比如通行速度、路面平整性、安全性等，有一定的自主把控，以此为基础，在确定收费标准时可以基于预设的通行质量向政府申请该路段的收费价格，从而解决了过去政府对收费标准规定过死，不符合道路实际情况的问题。

AP计划的推出，不仅是政府对PPP项目管理的技术性改变，更是观念上的突破。以往政府当局仅将私人资本作为弥补政府公共基础设施建设资金缺口的一种补充力量，在观念上不能接受私人资本通过公共服务谋求利润。而现在政府面临公共基础设施建设需求与政府财力之间的巨大缺口，不得不把私人资本作为基础设施建设的重要力量，并允许私人资本谋求合理利润。

二 合作风险因素分析

2014年10月上台的新一届政府致力于促进经济发展，推崇有管制的自由市场经济，强调政府在促进经济发展中的积极作用，着重推动经济基础设施建设和公用事业发展。两年时间过去后,取得了一些明显的成效,但仍然面临许多重要挑战,这些挑战也在一定程度上给中国与印度尼西亚之间的产业合作带来了不确定性。挑战与风险因素来自多个方面,既包括政党之间的竞争和政策上的不确定性问题、也包括经济增长的持续动力问题、贫困人口问题、用地问题和宗教文化差异等,详细分析如下。

(一)政策层面的限制性因素

(1)部分产业的进入限制政策

2015年12月31日启动的东盟经济共同体(ASEAN Economic Community,AEC)协议框架确定了277项贸易与投资自由化目标,印度尼西亚作为主要成员,对于这些目标的实现虽然也采取了一些改革措施,但总体上来讲印度尼西亚对AEC框架的执行主要是在商品贸易领域,而在服务贸易自由化和投资自由化方面的进展则比较有限。

对于外资的投资限制,2016年印度尼西亚政府虽已在冷库、体育、饭店酒吧、医药原料、收费公路、物流、职业培训、建筑咨询、信息通信等领域扩大了外资股权比例的上限,但目前正在执行的限制标准在一些行业实际上仍然高于AEC协议框架确定的限制性标准,例如,AEC协议框架规定,物流业作为优先发展的服务行业,应当允许其他东盟国家投资者持股达70%,而依据印度尼西亚第17/2008号法令规定只允许外国人持有物流公司的少数股权(不超过33%),2016年的修订中,将股权比例上限提高到67%,但仍低于AEC确定的标准。虽然2009年起生效的"东盟全面投资协议"(ASEAN Comprehensive Investment Agreement,ACIA)允许各国对于自己不愿开放的投资领域以例外清单形式制定自己的限定标准,但印度尼西亚新制定的例外清单中有一些高于原协议标准,如种植园、林业等,而且一些原本没有在ACIA例外清单中出现的行业出现在了印度尼西亚新制定的例外清单中,如运输、旅游等。

印度尼西亚管理外国投资的主要法律依据是《外国投资法》(*Foreign investment law*),它规定通过许可形式对有条件开放的产业领域进行外商投资管理，许可工作主要由印度尼西亚投资协调委员会（PKPM）负责。该法律规定外国投资者应采用"PMa"形式在印度尼西亚注册公司，"PMa"形式要求外国投资者至少与一个印度尼西亚人或印度尼西亚本土经济实体建立合伙关系。2016年以第44号总统令形式颁布的《投资管理条例》对产业限制领域进行了更新，条例将投资领域分为三种类型：（1）投资开放性领域；（2）投资禁入领域，具体包括大麻种植、含酒精饮料、赌场等20个行业；（3）有条件开放投资领域。没有出现在有条件开放投资领域和禁入领域清单中的产业则为开放性产业领域。有条件开放投资领域清单详见表13。

表13 外国投资限制产业清单

有条件开放产业领域	外资持股比例上限（未列出数字为禁止外资进入）
A 农业	
主要粮食作物种植、育种（种植面积大于25亩）	
玉米	49%
大豆	49%
花生	49%
绿豆	49%
木薯及马铃薯	49%
其他作物育种	
麻风树种植	95%
其他甜料植物	95%
甘蔗	95%
烟草种植	95%
棉花及纺织主材料种植	95%
其他地区未分类种植物	95%
腰果	95%
椰子	95%
油棕	95%
饮料原料（茶、咖啡、可可）	95%
胡椒	95%
丁香	95%
精油	95%
药剂原料（不属于园艺）	95%

续表

有条件开放产业领域	外资持股比例上限（未列出数字为禁止外资进入）
其他香料	95%
橡胶及其他树胶种植	95%
其他地方未分类的其他植物	95%
其他作物种植	
麻风树种植	95%
其他甜料植物	95%
甘蔗	95%
烟草种植	95%
棉花及纺织主材料种植	95%
其他地区未分类种植物	95%
腰果	95%
椰子	95%
油棕	95%
饮料原料（茶、咖啡、可可）	95%
胡椒	95%
丁香	95%
精油	95%
药剂原料（不属于园艺）	95%
其他香料	95%
橡胶及其他树胶种植	95%
其他地方未分类的其他植物	95%
农作物加工（可含种植）	
加工腰果使其成为腰果仁及腰果壳液的产业	95%
胡椒加工使其成为干白胡椒粒和干黑胡椒粒	95%
蓖麻种植及粗蓖麻油产业	95%
烟草种植及干烟草叶工业	95%
棉花种植及棉纤维工业	95%
椰子种植及椰子油工业	95%
椰肉、纤维、碳工业及工业粉尘、可可	95%
棕榈种植及棕榈油工业	95%
咖啡种植及分类、干燥、清洗、去壳产业	95%
可可种植及分类、干燥、清洗、去壳产业	95%
茶叶种植及绿茶/红茶工业	95%
丁香种植及丁香花干工业	95%

续表

有条件开放产业领域	外资持股比例上限（未列出数字为禁止外资进入）
精油植物种植及精油工业	95%
橡胶种植及厚橡胶生产工业	95%
除咖啡和可可外的种植业及除咖啡可可外的谷物去壳与清理工业具有同等容量或超过一定容量的领域	95%
动植物原油（食用油）工业	95%
椰肉、纤维、碳工业及工业粉尘、可可	95%
椰子油工业	95%
棕榈油工业	95%
种植园作物（可可、咖啡）分类、干燥、清洗、去壳产业	95%
砂糖和蔗糖工业	95%
砂糖和蔗糖工业	95%
绿茶/红茶工业	95%
干烟草叶工业	95%
棉籽及棉纤维工业	95%
丁香花干工业	95%
加工腰果使其成为腰果仁及腰果壳液的产业	95%
胡椒加工使其成为干白胡椒粒和干黑胡椒粒	95%
当季水果种子	30%
葡萄种子	30%
热带水果种子	30%
橘子种子	30%
苹果及核果种子	30%
浆果种子	30%
当季蔬菜种子	30%
年度蔬菜种子	30%
药草种子	30%
蘑菇种子	30%
花卉种子	30%
当季水果加工	30%
葡萄维护	30%
热带水果加工	30%
橘子加工	30%
苹果及核果加工	30%
浆果加工	30%

续表

有条件开放产业领域	外资持股比例上限 （未列出数字为禁止外资进入）
当季蔬菜加工（包括卷心菜、白菜、大葱、芹菜）	30%
块茎蔬菜加工（包括葱头、蒜头、土豆、胡萝卜）	30%
果实类蔬菜加工（番茄、黄瓜）	30%
辣椒及甜辣椒加工	30%
蘑菇加工	30%
室内植物加工	30%
非花卉室内植物加工	30%
园艺研究及园艺质量试验实验室	30%
园艺旅游业	30%
园艺类收获前服务行业	30%
花卉售卖或装饰行业	30%
园艺发展顾问	30%
园艺观赏	30%
园艺种植课程服务	30%
农业基因能力资源工程学及科技知识发展及研究	49%
基因工程学产品及科技知识发展及研究	49%
生猪育种和养殖（125头以上）	仅限于农业部指定区域
B 林业	
在捕猎区或捕猎公园的捕猎行业	49%
动物繁殖培育及保护	49%
包括水上、洞穴、自然探险在内的森林区域生态旅游业	70%
动物生长基因利用技术发展	
每年产量超过2000立方米的锯木行业	
薄木板工业	
胶合板工业	
单板层积材工业	
木屑工业	
木屑颗粒工业	
原始森林木材产品利用	
森林植物种子及种苗进出口	
森林地区水源利用	
自然栖息地野生动植物生长循环及捕捉	
C 海事渔业	
在公海及印度尼西亚海域使用捕鱼船只进行鱼类捕捉	

续表

有条件开放产业领域	外资持股比例上限（未列出数字为禁止外资进入）
海沙挖掘	
珊瑚/珊瑚装饰品	
D 矿产资源及能源	
油气建筑:平台	75%
油气建筑:储油设施	49%
油气建筑服务:天然气与原油产业设备	
油气建筑服务:陆地油管设备	
油气建筑:陆地油管设备	49%
油气建筑服务:横向/纵向油桶、储存设备、陆地天然气与石油销售	
地球物理学及地理学油气调查服务	49%
地热调查服务	95%
陆地油气钻孔	
海洋油气钻孔	75%
地热钻孔	95%
油气建筑服务:油井设备及维护	
油气建筑服务:油气工程及设计服务	
油气建筑服务:技术检查服务	
地热维护及运转服务	90%
发电站<1兆瓦	
小型电厂(1~10兆瓦)	49%
电厂(>10兆瓦)	95%（PPP合作框架内为100%）
地热发电厂(≤10兆瓦)	75%
电力传输	95%（PPP合作框架内为100%）
电力分配	95%（PPP合作框架内为100%）
电力设施咨询	95%
供电设施电力设施安装与建设	95%
高压/超高压电力设施安装与建设	49%
低压/中压电力设施安装与建设	
电力设施维护及运营	95%
高压/超高压电力设施利用或供电设备评估与检查	49%
低压/中压电力设施评估与检查	
E 工业	
汽车维修保养	49%
丁香烟工业	

续表

有条件开放产业领域	外资持股比例上限 （未列出数字为禁止外资进入）
白烟工业	
其他香烟工业	
纸浆工业	
贵重纸张工业（银行记账纸、支票簿、水印纸）	
印钞工业或特殊/安全性文件印刷（包括邮票、印花、重要信件、护照、居民文件及全息图）	
甜蜜素及糖精工业	
特殊墨水工业	
熔铅工业	
粒状橡胶工业	
F 国防安全	
炸药原料工业	49%
主要部件产业或支持的工业	49%
部件及供给产业	49%
主要工具产业	
安全咨询服务	49%
安全力量提供、钞票及贵重物品运输、使用动物的安全服务	49%
安全工具应用服务	49%
安全演练及教育服务	49%
G 公共事业	
使用高科技以及/或高风险以及/或工作价值超过50亿印度尼西亚卢比的建设服务	67%，东盟国家上限为70%
使用高科技以及/或高风险以及/或工作价值超过100亿印度尼西亚卢比的商业服务或咨询建设服务	67%，东盟国家上限为70%
饮用水工业	95%
H 商业	
商用车、摩托车、汽车私营企业	
商用车、摩托车、汽车零部件私营企业	
占地面积少于1200平方米的超市	
包括便利店及社区商店在内的占地面积少于400平方米的小型超市	
占地面积介乎400~2000平方米的百货商店	67%
首饰私营	
古董私营	
水上交通工具及其配套设备私营	

续表

有条件开放产业领域	外资持股比例上限（未列出数字为禁止外资进入）
除超市及小型超市以外的私营	
非大型商店或直销店的私营	
纺织品私营	
儿童玩具私营	
化妆品私营	
鞋私营	
电子产品私营	
食品饮料私营	
通过电子系统对其他各类商品进行销售的私营（如含酒精饮料）	
机构服务	
房地产经纪	
不属于生产的分配	67%
仓储业	67%
货物状况调查服务	
海陆空运输设备及其配套设施调查服务	
技术和行业调查	
生态调查	
仓储监管	
破坏性/非破坏性测试	
数量调查	
质量调查	
对某项活动是否符合现行标准的监管调查	
市场研究及市民收入调查	限东盟国家,上限70%
陆地运输工具出租（无操作人）	
农业工具出租	
工具、国内技术及建设工具出租	
办公室工具及机器出租（包括电脑）	
其他机器及其他地方未分类工具出租（发电机、纺织机、金属/木材处理加工、印刷机、电焊机）	
大楼清洁服务	
洗衣服务	
美容沙龙	
裁缝	
复印、文件打印等办公室专用服务	

续表

有条件开放产业领域	外资持股比例上限（未列出数字为禁止外资进入）
含酒精饮料大型经销（进口商、经销商及半经销商）	
含酒精饮料大型私营	
含酒精饮料流动小摊经营	
替代性经商系统运营	
替代性经商系统参与	
I 旅游及创新经济	
博物馆管理	67%,东盟国家上限为70%
古代及历史遗迹管理如寺庙、皇宫、历史遗物及古建筑	67%
旅游业办公室	67%,东盟国家上限为70%
餐饮业	67%,东盟国家上限为70%
两星级酒店	67%
一星级酒店	67%
无等级酒店	67%
汽车旅馆	67%,东盟国家上限为70%
台球室	67%,东盟国家上限为70%
保龄球馆	67%,东盟国家上限为70%
高尔夫球场	67%,东盟国家上限为70%
艺术画廊	67%
艺术表演大楼	67%
承办服务	67%,东盟国家上限为70%
卡拉OK	67%
表演	67%
会面、奖励性旅游、会议及展览操办	67%,东盟国家上限为70%
水疗	51%
自然保护区外的野外旅游	67%
电影、广告、海报、剧照、照片、幻灯片、铅板、旗帜、小册子、广告牌等	限东盟国家,上限51%
J 交通业	
陆上公共货运	49%
陆上特殊货运	49%
陆路长途客运（省际、城际、乡村等）	49%
陆路短途客运（的士、旅游大巴等）	49%
内海运输	49%
外海运输	49%

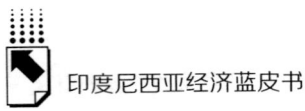

续表

有条件开放产业领域	外资持股比例上限（未列出数字为禁止外资进入）
外海客运	限东盟国家,上限70%
外海货运	限东盟国家,上限70%
省际公共交通运输	49%
省际先行交通运输	49%
县/市际公共交通运输	49%
县/市际先行交通运输	49%
县/市内公共交通运输	49%
规范道路河湖运输	49%
不规范道路河湖运输	49%
不规范道路河湖旅游运输	49%
公共物品/动物河湖运输	49%
特殊物品河湖运输	49%
危险物品河湖运输	49%
渡口码头	49%
码头旅客容纳设施	
站台	67%
航空业服务	49%
空运支持	67%
机场服务	67%
卸货服务	67%,东盟国家上限为70%
运输管理	67%
航空货运	67%
国外航运公司公共销售代理	67%
渡口公司	49%
河湖渡口公司	49%
民间航运	
依照国内行程的商业航空公司	49%
依照国外行程的商业航空公司	49%
无行程表的商业航空运输	49%
非商业性质航空运输	49%
机动车辆定期检测	49%
陆地客运站建设(仅限公共设施和公共货运站)	49%
混合模式运输	49%

续表

有条件开放产业领域	外资持股比例上限 （未列出数字为禁止外资进入）
K 通信信息	
固定电信网络运营	67%
移动电信网络运营	67%
综合电信服务的电信网络运营	67%
内容服务电信服务运营	67%
信息服务中心及其他电话增值服务	67%
互联网服务提供商	67%
数据交流系统服务	67%
公共需求电话网络服务	67%
互联网服务、其他多媒体服务	67%
公共传媒机构：电台	
公共传媒机构：电视台	
电信塔建造服务、管理及供应	
公报、杂志、报纸出版社	
私营传媒机构	
订阅传媒机构	20%
邮局	49%
投资少于100亿印度尼西亚盾的通过电子系统进行的商业交易运营	49%
L 金融保险	
投资经费企业	85%
营运资金企业	85%
多用途资金企业	85%
创投	85%
财产保险公司	80%
人寿保险公司	80%
再保险公司	80%
保险损失评估企业	80%
保险代理公司	80%
保险经纪公司	80%
再保险经纪公司	80%
精算咨询公司	80%
保险公司	30%

续表

有条件开放产业领域	外资持股比例上限 （未列出数字为禁止外资进入）
非银行外汇交易员	
金融市场保险公司	
M 银行业	
常规银行	
伊斯兰银行	
常规人民信贷银行	
伊斯兰人民信贷银行	
N 劳动力雇用	
国内劳动力中介服务	49%
劳动者服务提供，为劳动者争取工作岗位等	49%
劳动力训练	67%
国外劳动力雇用服务	
O 教育	
幼儿教育	
私人小学教育	
私人初中教育	
私人公共中学教育	
私人中等职业教育	
私人高等教育学位课程	
私人高等教育无学位课程	
P 卫生	
成品药工业	85%
卫生工具评估机构	67%
针灸服务	49%
病虫害防治服务	67%
急救及疏散服务	67%
毒品生产（医药行业）	
医药毒品大型经销商	
传统医药管理	
天然材料提取/传统医药行业	
医药原料大型经销商	
各类型药房及卫生用品售卖	
诊所：私人妇产诊所、公共医疗诊所等	
医院	67%，东盟国家上限为70%

续表

有条件开放产业领域	外资持股比例上限（未列出数字为禁止外资进入）
主要诊所:特殊医疗诊所、牙医专科等	67%,东盟国家上限为70%
卫生用品经销商	49%
卫生用品工业:A等级(棉花、绷带、卫生巾、成人纸尿片等)	33%
卫生用品工业:B等级(口罩、注射针、病人监护仪、安全套等)	
卫生用品工业:C等级(X光、心电图、隐形眼镜等)	
D等级(CT扫描、心脏导管、艾滋病测试等)	
细胞及网络实验室及银行	

资料来源：Regulation of the President of Therepublic of Indonesianumber 44 of 2016。

（2）对外贸易政策中存在一定的保护主义倾向，尤其体现为非关税贸易壁垒

虽然印度尼西亚平均关税税率自尤多约诺（Yudhoyono）第二任期开始有明显下降，但在降低关税的同时政府也推出了一些对外国商品有限制效应的政策和规定，这些限制主要是以非关税壁垒形式存在。例如，在2014年初，政府颁布了第7/2014号法令，该法令在规范贸易活动的同时，嵌入了许多贸易保护手段，2014年9月，印度尼西亚政府推出了关于产品标准化及其评估的第20/2014法案，该法案允许对某些产品强制实施、另一些产品在自愿基础上实施的产品国家标准（Standar Nasional Indonesia，SNI），该标准至少涵盖了10204个类别的产品，其中270个是强制性的（BSN，2015）。这些标准中包括适用于进口产品和本地产品的技术标准、认证和实验室测试程序。虽然国家标准的执行是出于提高产品质量的考虑，但在客观上起到了产品进品限定的效果，因为一方面，即使所进口的产品不存在质量问题，但也在实际上增加了这些产品的进口成本，例如检测成本、认证成本等；另一方面，印度尼西亚国家标准（SNI）中有许多具体标准与国际公认标准存在差异，导致国外厂商难以适从。据雅加达汽车制造商反映，SNI通常不如国际标准要求严格，但仍然需要执行，走相关的检测和认证程序；食品生产商如棕榈油生产商则反映SNI规格不同于国际公认的标准，这种差异导致生产

者必须遵守国内和国际两种标准，这增加了其产品经营成本和销售价格。

经常账户赤字是本届政府面临的挑战之一，因而政府努力增加非油气产品的出品，在《2015～2019年国家中期发展计划》中设定了增加非油气产品出口11.6%的目标。为了促进贸易平衡，印度尼西亚政府采取的策略包括：一是通过贸易外交，积极参与全球价值链分工；二是加强贸易审查和贸易救济、加强进口管理等。这些策略表明本届政府存在一定的贸易保护主义倾向，进口管理趋严，仅以本届政府上台不久的2014年12月为例，就有超过2100个注册进口商因未提供其进口活动的书面季度报告而被暂停进口资格（CNN，2014）。

(3) 政策稳定性和内在一致性问题

印度尼西亚自2004年开始实现了总统的直接选举，然而有研究认为，目前印度尼西亚政治格局仍处于从专权体制向民主体制转轨的进程中，一方面在总体趋势上，印度尼西亚政治人物中涌现出更多来自私人部门的代表，体现出平民政治的发展趋势；但另一方面当前政界和商界许多重要人物仍然出自前官僚集团或具有军事背景，前官僚和军事集团仍对政治、经济和社会具有重大影响（Poczter和Pepinsky，2016）[1]。

佐科（Jokowi）总统作为平民政治的代表人物，施政理念上具有超意识形态的实用主义和同情平民的思想特征（Mietzner，2015），其主导的本届政府在经济政策上总体表现出更开明、更重民生的取向。例如，2015年9月至2016年2月，政府就公布了10个系列的经济政策改革方案，总体目标锁定放松管制、支持投资、促进社会福利，在简化投资相关管理规定、推动基础设施建设、促进农村发展、加强农村灌溉、桥梁和道路建设等方面采取了许多具体的行动（《雅加达邮报》，2015）。然而，佐科的一些政策主张也面临许多阻力，各项政策的推出都必须协调来自反对党的阻力，也包括执政联盟中不同派别的分歧，这种分歧在新内阁成立时就已埋下伏笔，佐科领导的

---

[1] Poczter S., Pepinsky T. B., "Authoritarian Legacies in Post-New Order Indonesia: Evidence from a New Dataset," *Bulletin of Indonesian Economic Studies*, 2016, 1: 77–100.

执政党联盟仅在内阁中占据37%的席位，是首次出现执政党联盟居于少数席位的状况（见表14）。这种政治权力格局导致本届政府相关政策立法在议会的通过难，也对政策的稳定性和政策体系的内在一致性产生不利影响。

表14 历届政府执政联盟内阁席位对比

单位：%

派别	Wahid（1999~2001年）	Megawati（2001~2004年）	Yudhoyono（2004~2009年）	Yudhoyono（2009~2014年）	Jokowi（2014年至今）
执政联盟内阁席位占比	95	83	73	76	37
非执政联盟拥有的内阁席位占比	5	17	27	24	63

资料来源：Muhtadi B.①

政策的内在不一致性在对待外国投资的态度方面表现得尤为突出。外国投资者经常听到佐科总统发表印度尼西亚欢迎外国资本的言论，例如2014年11月10日在北京举行的APEC CEO峰会上，佐科总统敦促亚太经合组织商业领袖支持印度尼西亚的经济发展，并表示他的国家需要外国投资（《雅加达环球报》，2014）。然而本届政府的部长和官员们在政策实践中，经常提出限制性规定，给外国投资者传递出含混的信号。例如，为了弥补基础设施建设方面的巨大资金缺口，印度尼西亚政府正在着手修订限制私人部门参与基础设施建设和运营的第67/2005号总统令，然而，国家发展规划局（Bappenas）的负责人担心，修订后的条例可能会削弱国家对基础设施的控制（安塔拉新闻，2015）。对于外国投资者而言，劳动力市场相关法规、税务管理规定、产权保护规定等方面都是非常值得关注的问题（Ray和Ing，2016）②。

---

① Jokowi's First Year: A Weak President Caught between Reform and Oligarchic Politics [J]. Bulletin of Indonesian Economic Studies, 2015, 3: 349-368.
② Ray D., Ing L. Y., "Addressing Indonesia's Infrastructure Deficit," *Bulletin of Indonesian Economic Studies*, 2016, 1: 1-25.

（二）社会与文化层面因素带来的挑战

（1）人文差异形成的沟通成本和商业挑战

印度尼西亚民族众多，有一百多个民族，两百多种方言，主要居住在爪哇中部和东部的爪哇人是最大的族群，占印度尼西亚人口的45%；居住在爪哇西部的主要是巽他人，占人口的14%，是第二大群体；其他主要的族群包括马都拉人，他们分布在马德拉和爪哇东北沿海，占人口的8%。加里曼丹岛大部分是居住在内地的迪雅克人和住在海岸的马来人，马来人占人口的7%。居住在苏门答腊岛的族群有巴塔克人（Bataks），他们聚集在多巴湖周围；米南卡保人（Minangkabau）住在西部高地；亚齐人（Acehnese）生活在北部；楠榜人（lampungese）住在南部。在苏拉威西岛，米娜哈桑人（Minahasans）生活在北部，武吉士人（Bugis）和马卡拉雷萨人（Makassarese）聚集在南部海岸附近，托拉伊人（Toraja）则大部分居住在内陆地区。巴布亚岛和一些较小的东部岛屿的居民是美拉尼西亚人的后代。华人约占人口的3%，其中数百万华人居住在城市。另有少数印第安人、阿拉伯人和欧洲人分布散在各地。

印度尼西亚没有统一的国家宗教信仰，但有六种宗教信仰得到政府承认，分别是伊斯兰教、罗马天主教、新教、印度教、佛教和孔教，约87.2%的印度尼西亚人信仰伊斯兰教，这也使得该国被认为是世界上拥有最多伊斯兰人口的国家。

文化差异使得商业沟通成本增加，同时，有研究指出，印度尼西亚存在五个方面因素可能使种族文化差异在极端情况下演变成负面事件，对外国投资者的商业合作形成挑战。这些因素具体包括：一是一些地方仍然存在的贪腐和权力部门任人唯亲现象（Corruption，Collusion and Nepotism，KKN）引发的民众不满，而KKN往往又在政府的政治改革和政府与外国投资者打交道的过程中表现较为突出；二是大量贫困人口问题，目前按国际日均2美元/人的生活标准，印度尼西亚贫困人口率在2011年仍然高达45%；三是岛际间的政治与经济差异；四是金融或经济危机的潜在风险始终存在，印度尼西亚经济在1998年东南亚金融危机中受冲击非常严重，经济危机导致大量民众生活艰难,从而引发了一些社会冲突;五是外部世界的冲突事件可能传递给印度尼西亚民众(Roberts,Habir和Sebastian,2015)①。

(2)商业环境改善的同时仍然面临贪腐问题的挑战

在印度尼西亚的政治与经济改革过程中,较长时间以来都伴随着较严重的贪腐和任人唯亲问题,即所谓的KKN问题(Roberts,Habir和Sebastian,2015),随着本届政府强力反腐和大力改革,整体上讲印度尼西亚的营商环境已经有明显改善,如世界银行最新发布的EDB报告显示(见图1),其营商便利性指数在2016年有显著提升,由低于菲律宾到高于菲律宾,而腐败指数自2014年开始逐步有所改善,但在几个对比国家中仍然落后于巴西、印度、土耳其(见图2)。

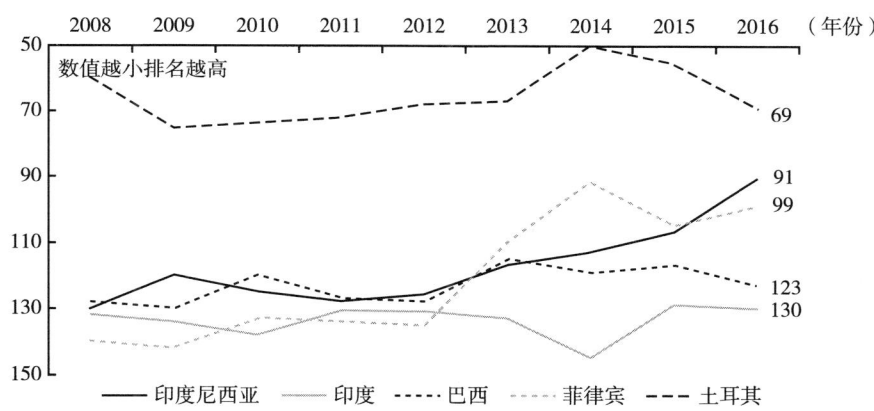

图1 印度尼西亚营商环境指数国际对比

资料来源:World Bank。

(三)基础设施建设领域投资合作面临的挑战

虽然推动基础设施建设是本届政府的施政要点之一,但在该领域寻求投

---

① Roberts C. B., Habir A. D., Sebastian L. C., *Indonesia's Ascent: Power, Leadership, and the Regional Order*, UK: Palgrave Macmillan, 2015.

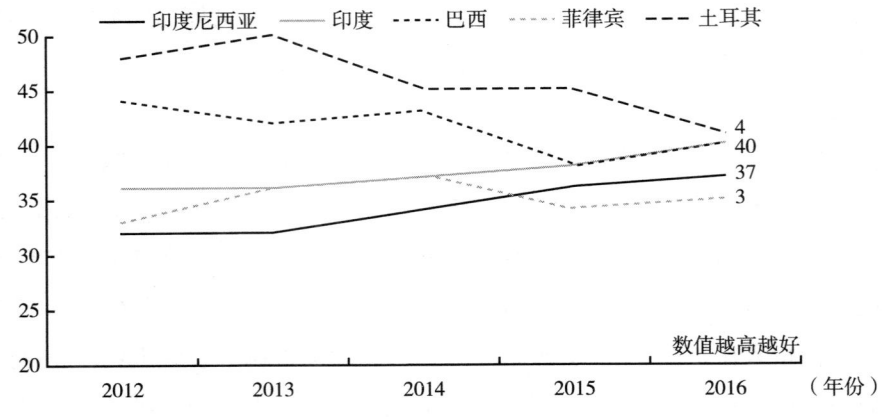

图2 印度尼西亚腐败指数评价国际对比

Source：Transparency International。

资合作仍然面临一些挑战，主要有以下几方面。

（1）政策协调性问题及当地国有合作方的能力问题

本届政府在2015～2019年中期规划中确定了基础设施建设投入5500万亿印度尼西亚盾的目标，但只有一部分资金来自政府预算，约一半资金需由企业筹集，包括约30%的资金由私人部门提供。基础设施建设的巨大资金缺口需要借助公私合营（PPP）等形式予以解决，但在真正的实施中，私人投资者面临不少实际困难，包括政府部门对项目的规划编制、评估和招投标管理等方面存在一些能力不足的问题，计划的科学性、程序的简明性等都存在不足，尤其是私人投资者参与公共基础设施项目的形式、参与比例、服务价格确定和回报实现形式和允许的盈利水平等都缺乏清晰的思路和一致的规定。

以高速公路建设为例，私人投资者反映的主要问题包括：一是项目规划设计和定价不合理，相关政府部门和机构间的协调性差，缺乏中长期规划，确定的收费水平过低，存在普遍的价格压制，使资金回笼水平低于成本，并且建成后的运营管理水平较低，公路损耗较快。二是工程发包模式不合理，将公路建设项目划分为大量的小合同、单年合同。其实，不仅仅是公路项目,大多数公共基础设施建设项目都是通过单年合同形式发包,在2015年公共工程和住房部签订的合同中93%采用该形式。一年一签合同的缺点是工程建设匆忙,往往质量低劣、监督不力,并且许多项目为了赶到年底之前完成,经常在雨季施工,严重影响工程质量(McCawley,2015)[①]。

再如,在供水投资方面,2015年2月,宪法法院决定撤销关于水资源的第7/2004号法令,恢复第11/1974号法令作为管制依据,直到有新的立法为止,原因是印度尼西亚宪法第33条规定:"土地、水和其中包含的自然资源应受国家控制,用于最大可能地服务人民的利益。"依据该条款,法院认为2004年的法令鼓励水资源商业化,侵犯了人们的基本水权,因而必须撤销,私营部门不能被授予水资源(如河流和泉水)的专有权,只允许获得国家许可和管理的水源。政府正在采取行动,制定新的水资源监管法律,但新的水法制定并通过议会仍需要一些时间。目前执行的是两个政府法规:一个是涉及水资源的政府121/2015规定;另一个是涉及饮用水供应的政府122/2015规定。这两项规定都再次强调了国家对水的控制的必要性,私营部门可以获得水源并参与饮用水的供应和分配,但只能与国有水厂(PDAM)或其他国有机构合作,并须由国家许可和管理。如果当地没有PDAM,私营部门可以提供饮用水,但必须遵守当地政府规定。在此之前,法院也有一系列关于石油、天然气和发电等自然资源的判例,其中都体现了强调资源国有化的思想,表现出一种趋势。因此,许多外国投资者要涉足印度尼西亚的基础设施建设项目须通过与当地国有机构合作的形式,但当地一些国有企业如供水领域的PDAM往往财务状况不佳,增大了合作的难度。

(2)建设用地问题

土地征用和融资是印度尼西亚政府加快基础设施建设面临的两个主要难题,其中在土地征用方面,印度尼西亚有一个为公共基础设施建设需要而征用土地的法律框架,即第2/2012号法律及其相关实施细则。但依据该法律

---

① McCawley P.,"Infrastructure Policy in Indonesia,1965—2015:A Survey," *Bulletin of Indonesian Economic Studies*,2015,2:263–285.

框架,工程征地实际上难度很大,耗时很长。佐科总统曾在亚太经合组织CEO峰会上举了一个例子,在他担任省长期间,由于政府无法获得土地,一段雅加达高速公路的建设停止了八年,后通过他亲自与未达成征迁协调的143户家庭协调后,工程才得以继续(《雅加达邮报》,2014)。本届政府已在土地征用方面努力做出改革,例如第30/2015总统令允许私人投资者代表政府获得土地,以帮助加快基础设施建设,第148/2015号总统令则简化了政府批准土地征用的流程,但即便如此,基建项目在土地征用方面仍然经常遇到阻力。

B.10
中国－印度尼西亚企业合作案例

摘　要： 本文通过雅万高铁、镍矿投资、OPPO印尼公司三大案件分别阐述了在印度尼西亚进行大型基础设施项目合作、产业投资和企业经营方面的经验和风险。这三种类型是中国与印度尼西亚开展企业合作的主要形式，因而其案例经验具有较好的参考价值。

关键词： 合作案例　雅万高铁　镍矿投资　OPPO印尼公司

一　雅万高铁案例：战略项目的共享合作

（一）合作形成过程

印度尼西亚雅加达－万隆高铁（以下简称雅万高铁）连接印度尼西亚第一大城市雅加达和第三大城市万隆，全长142千米，最高设计时速350千米，计划3年建成通车。届时，雅加达到万隆的旅行时间将由现在的3个多小时缩短至40分钟，极大地方便了民众出行，有效缓解了两个城市间的交通压力，带动沿线商业和旅游产业开发，促进印度尼西亚经济社会发展。

该项目自从2014年提出就备受关注，然而它的实施却一波三折。

该项目最先由日本进行规划、设计和可行性论证，日本协力机构（JICA）还因此为印度尼西亚提供了1500万美元资金用于前期准备工作，设计目标为高速铁路，项目融资需求约为55亿美元，印度尼西亚政府需通过某种形式为融资提供担保。

中国企业积极参与该项目的竞争，在 2015 年 3 月，印度尼西亚总统佐科访华期间，与习近平主席共同见证了发改委与印度尼西亚国有企业部签署《中印度尼西亚雅加达－万隆高速铁路合作谅解备忘录》；一个月后，习近平主席在雅加达会见佐科并见证了《关于开展雅加达－万隆高速铁路项目的框架安排》的签署。根据这一安排，印度尼西亚向中国提供雅加达与万隆之间的地形图、地震和地质资料等数据。雅万高铁项目进行公开招标以来，日本率先开展项目可行性调查，在竞标初期曾遥遥领先。但中方仅用约 3 个月就完成项目可行性调查。

2015 年 7 月日本安排首相特使和泉弘人递交了日本的方案，在其方案中将总工程费压缩至 6000 亿日元（约 49 亿美元），比中方的标价还低，摊还期 40 年，并提出其中 75% 可提供 0.1% 低利息日元贷款。日方还将工期缩短至 2019 年试运营、2021 年完工，并努力宣传高铁安全性。但方案要求投资方为印度尼西亚政府，项目贷款的担保方也应该是印度尼西亚政府。

2015 年 8 月 10 日，习近平主席特使、中国发改委主任徐绍史在雅加达总统府接受印度尼西亚总统佐科会见，就中印度尼西亚合作兴建雅加达至万隆高速铁路项目呈交可研报告，并对媒体公布中方 5 点承诺。派国家元首特使为一项投资合作项目递交可研报告实属破例，足见中方极其重视雅万高铁①。中方开出了提供项目总经费 55 亿美元全额贷款、无须印度尼西亚政府预算及债务担保的条件，即采用企业对企业的 B2B 模式，提供 2% 年利率贷款，摊还期从 40 年延长至 50 年。

随后，在 8 月末，日本首相安倍晋三专门派特使到访印度尼西亚，第二次修改雅万高铁日本方案的报价，除了报价外，日本方案修改的重点还包括贷款不用完全主权担保，提前完工和技术转移。据共同社报道，日本在新投标方案中提出，将这条高铁的本土化率从之前的 51% 提高至 70%。日方还提出，不排除印度尼西亚政府回购日本政府所有实体在该工程中所持股票的

---

① 网易：《雅万高铁：高新标准助推中国高铁赢得未来》，http：//money.163.com/15/0813/05/B0SGM37E00252605.html，2015 年 8 月 14 日。

可能性。①

中、日两国企业在雅万高铁项目上的竞争，一方面使印度尼西亚政府获得了更优惠的建设条件，印度尼西亚总统佐科2015年7月曾在内阁会议上表示："通过促使日中竞争，引发有利条件的策略成功了。"但另一方面也使印度尼西亚政府面临决策的两难，根据2013年数据，日本是印度尼西亚第二大投资来源国，中国是印度尼西亚非油气商品的最大出口市场、最大进口来源国和最大贸易伙伴。印度尼西亚基础设施和地区发展部副部长卢基·埃科·武尔扬托在面对路透社的采访时说："我们有两个伙伴，如果能够同时维持与双方的良好关系，对我们来说是有益的，因此在做这个（关于高铁项目的）决定时，我们必须聪明一些。"

就在双方递交了项目方案后，印度尼西亚政府2015年9月3日突然宣布取消雅加达－万隆高铁项目，转而考虑在两座城市之间修建时速为200千米至250千米的中速铁路。印度尼西亚经济统筹部部长纳苏蒂安给出的解释是中速铁路不会慢很多，而工程造价可显著降低30%至40%②。

经过中方多方努力，到了2015年10月16日，中国铁路总公司牵头组成的中国企业联合体，与印度尼西亚维卡公司牵头的印度尼西亚国企联合体终于正式签署了组建中印度尼西亚合资公司的协议，该合资公司将负责印度尼西亚雅加达至万隆高速铁路项目的建设和运营，标志着中国铁路特别是高速铁路"走出去"取得历史性突破。③

2016年3月16日，印度尼西亚雅加达至万隆高速铁路合资公司在雅加达和印度尼西亚交通部签署特许经营协议，标志着雅万高铁的全面开工建设获得重要法律保障。根据协议，合资公司对雅万高铁的特许经营权将从2019年5月31日开始，为期50年。同时，合资公司须在建设许可证颁发后

---

① 中国经营网：《中日激烈竞争雅万高铁的背后》，http：//www.cb.com.cn/economy/2015_0902/1148228.html，2015年9月2日。
② 新华社：《印度尼西亚取消雅万高铁 退回中日投标方案》，http：//finance.qq.com/a/20150906/020133.htm，2015年9月6日。
③ 央广网：《中国与印度尼西亚雅万高铁项目正式签署协议》，http：//www.guancha.cn/Neighbors/2015_10_16_337777.shtml，2015年10月16日。

3年内完成修建工作。另外，协议还将项目的总造价从此前的约55亿美元确定为51.35亿美元。①

2017年4月4日，中国与印度尼西亚企业合作建设的雅加达至万隆高速铁路（雅万高铁）项目总承包合同签署仪式在位于雅加达的维贾亚卡亚公司总部大厦隆重举行。该仪式标志着中国与印度尼西亚铁路合作取得重要进展，雅万高铁进入全面实施阶段。中国中铁发布公告称，近日，由公司控股股东中国铁路工程总公司参股的中印度尼西亚高铁公司（PT Kereta Cepat Indonesia China）与由本公司参与的中印度尼西亚高铁承包商联合体（High Speed Railway Contractor Consortium）（以下简称"联合体"）在印度尼西亚首都雅加达签署了印度尼西亚雅万高铁项目总承包合同（EPC），约定由联合体承担该项目的设计、采购、施工总承包，合同金额约为47.01亿美元（按4月6日汇率约折合人民币324亿元），项目工期为36个月。联合体各方具体承担的施工份额尚待进一步商定②。项目全部采用中国高铁技术和装备，借鉴中国高铁丰富的建设和运营管理经验，是中国高铁标准"走出去"第一单。经过一年多的努力，中印度尼西亚合作伙伴先后完成了高铁线路规划审批、项目建设许可、特许经营协议、线路环评、勘察设计等各项准备工作。此次总承包合同签署后，中国与印度尼西亚双方将加强项目建设组织和管理，高标准施工，确保项目顺利推进。③

2017年5月14日，在中国和印度尼西亚两国元首的见证下，国家开发银行14日在北京与印度尼西亚中国高铁有限公司就印度尼西亚雅加达至万隆高速铁路项目正式签署贷款协议，贷款额度45亿美元。雅万高铁项目贷款协议在"一带一路"国际合作高峰论坛期间正式签署，标志着中国高铁"走出去"的第一单进入快速实施阶段。④

---

① 新华社：《印度尼西亚雅万高铁项目获印度尼西亚交通部特许经营权》，http://www.peoplerail.com/rail/show-456-261136-1.html，2016年3月17日。
② 席来旺：《雅万高铁项目进入全面实施阶段》，《人民日报》2017年4月5日。
③ 徐伟：《印尼雅万高铁究竟花落谁家》，《中国经济时报》2015年9月4日。
④ 人民网：《印度尼西亚雅万高铁项目贷款协议正式签署》，http://china.cnr.cn/ygxw/20170515/t20170515_523755420.shtml，2017年5月16日。

（二）案例启示

（1）切中需求才能获取竞争优势

中国能在雅万高铁项目上的白热化竞争中最终获胜，而且是在报价更高的情况下获胜，虽然有多个层面的因素，但其中一个不可忽略的关键因素是中方的方案切中印度尼西亚本届政府的核心需求。

印度尼西亚佐科政府在雅万高铁建设项目上，"建与不建""建高速铁路还是中速铁路"等实际是政府一直面临的有争议性的问题，这种争议反映出推动雅万高铁建设在印度尼西亚国内本身就存在很大的难度。这种难度源自两方面的矛盾：一方面，为实施六大经济走廊建设战略，政府迫切希望建设一条高速铁路连接第一大城市和第三大城市，通过提高两大经济重镇的交通便利性来为西爪哇岛注入新的经济活力，惠及人口将超过1500万；另一方面，西爪哇岛在苏哈托时期已经得到了优先发展，这种优先发展在一定程度上是以牺牲自然资源富集的外岛经济利益为代价的，如何协调爪哇岛和外岛经济的发展利益是本届政府面临的重要挑战之一，公众希望政府预算资金被更多地用于爪哇岛以外的公共基础设施建设，因而佐科政府并不愿意动用有限的政府预算资金用于雅万高铁建设，否则他将面临经济与政治的双重压力。

在想建又缺乏政府财力支持的两难情境下，中方提供的项目方案切中印度尼西亚政府的核心需求，中方的方案虽然比日方方案高出约6亿美元的造价，并且日方同样提供项目的全额贷款，但中方方案采用企业对企业的B2B模式，无须印度尼西亚政府预算及债务的主权担保条件，较好地解决了印度尼西亚政府的两难问题。

虽然中国国内对中方上述方案存在风险过大的担心，但实际上抛开该项目的重大战略意义不谈，在经济层面上该项目的风险也并非由中国政府一方承担，印度尼西亚政府实际也承担了一定的隐性担保责任，因为作为该项目的承建和运营商的中印度尼西亚合资企业中，印度尼西亚方是印度尼西亚国有企业部下属的大型国有企业组成的联合体，作为印度尼西亚的大型国有企业，财务相对稳健，政府也在一定意义上扮演隐性担保角色，负有支持其发展的责任。

(2) 互惠共赢才能顺利推进合作

中国方案胜出的另一重要原因是中方一直遵循互惠共赢的思路推动合作，例如，中国方案承诺约六成零部件将在当地采购，将聘用约4万工人，将着重采用当地劳动力，机械技师则由中方供应，并且中方将为印度尼西亚提供相关技术教育和本土员工培训，甚至可进一步合作在其他国家开发第三个市场。

中国政府将高铁放在"一带一路"的首要位置大力推进，并推出金融配套政策予以支持。高铁出口受到如此重视，一方面是由于它在"一带一路"倡议实施中的重要性，另一方面是我国高铁产业已在全球范围内具备显著的竞争力，相对于德国、日本等主要竞争对手，中国可以覆盖从工务工程、通信信号、牵引供电到装备制造等的几乎全部产业链，实现一揽子总包方案出口，并且总体建造成本比竞争对手低至少20%。在竞争力显著的背景下，中国的高铁出口仍然坚持互惠共赢，在雅万高铁项目上就通过与印度尼西亚的国企联合体成立合资公司，共建共管，分享利益。雅万高铁不仅连接印度尼西亚首都雅加达和第三大城市万隆，未来还要进一步延伸至距万隆570千米的第二大城市泗水，同时还可以对8个站点的土地进行综合开发，可形成100千米的雅万高铁经济带，据初步测算，这条铁路通车5年后就可以盈利[1]，印度尼西亚方面的利益不仅是从合资公司处得到的直接利润分享，同时也得到了经济带大片区开发的长远利益。

二 镍矿投资案例：资源项目的潜力与政策风险

（1）禁矿政策出台

2008年12月16日印度尼西亚人民代表会议通过了新的《矿产和煤炭矿业法》（*Mineral and Coal MiningLaw*），2009年1月12日该法以2009年4

---

[1] 中国经营网：《中日激烈竞争雅万高铁的背后》，http://www.cb.com.cn/economy/2015_0902/1148228.html，2015年9月2日。

号令的形式正式颁布。新法将取代施行了42年的1967年的11号法（《印度尼西亚原矿业法》）。该法案的主要内容包括，要求投资商开发矿产资源的每一个步骤，包括地震勘探、开采、可行性研究和项目建设，都必须得到印度尼西亚政府的批准；限制投资商在某些特定地区进行开采活动以保护该国的小型和中型矿业公司；同时，要求投资者必须在印度尼西亚国内设立冶炼厂对矿产资源进行加工。另外，印度尼西亚政府开始重点培养本国能源企业，给本国能源企业提供诸多帮助和支持，其中包括提供更便利的贷款和投资手续。①

促进本地经济发展，提高能源矿业价值链国际分工地位是新矿法的基本立法精神之一，为此，该法规定"矿业许可证持有者有义务使用当地或国内的矿业服务公司，矿业服务业活动的范围包括：普查、勘探、可行性研究、矿区建筑、运输、环境、采后环保处理及土地复垦；安全和卫生，以及开采和冶炼领域的咨询、计划及设备测试等。矿业服务公司应当优先使用本地的承包商和本地劳工……"矿业证持有者应当"提高矿产品和煤炭的附加值；提高当地居民生活水平及地区经济发展……"作为可渡期规定，"新矿法生效之前已有的矿产或煤炭标准工作合同②继续有效至其有效期结束。……已生产的工作合同持有者有义务在最迟5年后其矿产品在国内进行冶炼加工"③。

上述政策不仅强调矿业开采要惠及当地，并且明确5年过渡期后，要禁止金融原矿出口，这一政策被外界尤其是国外投资者解读为"禁矿政策"。

（2）禁矿政策刺激下投资印度尼西亚镍冶炼项目的热潮

红土镍矿、铝土矿是印度尼西亚优势资源矿种，国际上对印度尼西亚的这两种资源出口依赖度较大，以镍矿为例，印度尼西亚的镍矿探明储量居世

---

① 韦红、卫季：《印度尼西亚能源矿产政策的调整及中国的应对》，《东南亚纵横》2016年第6期。
② 所谓标准工作合同（COW）是指新矿法出台前证明某个主体具备矿业勘探开采权的法律文件，其作用相当于矿业权证。
③ 宋国明：《解读印度尼西亚新矿法》，《国土资源情报》2010年第6期。

界第五位，出口量居世界第二位。镍是不锈钢生产不可或缺的原材料，中国作为全球第一大不锈钢生产国，对从印度尼西亚进口镍材料的依赖度非常大。2008年我国进口红土镍矿1170万吨，到2009年就增至1600万吨，需求势头非常强劲。印度尼西亚新矿法逐步禁止金属原矿出口的政策，使包括中国在内的许多国家镍生产等相关企业意识到危机，纷纷在印度尼西亚投资冶炼厂，掀起了一股矿产品冶炼厂投资热潮。

据印度尼西亚《国际日报》2011年3月3日的消息，印度尼西亚多种金属公司（Antam）准备与法国埃赫曼公司（Eramet S. A.）及日本三菱集团合作，共同在北马古鲁省的哈玛赫拉县区（Halmahera）兴建镍矿提炼工厂，预测投资金将达40亿美元。到2012年初，就有世界矿业巨头力拓（Rio Tinto）公司，中国的中钢集团，中国有色集团以及江苏大丰港集团、罕王集团等，已经或正在与印度尼西亚签约投资镍矿开采、冶炼、火力发电、自备码头等项目。

2013年8月6日全球第六大镍生产商——法国埃赫曼公司（Eramet）也宣布拟投资55亿美元在印度尼西亚建设年产6.5万吨的镍冶炼厂。2014年初，印度尼西亚投资协调委员会主席马亨德对外宣称经印度尼西亚投资协调委员会批准的各国在印度尼西亚新建的大型矿业冶炼项目就已达30家。

据不完全统计，截至2015年11月，中国企业在印度尼西亚的镍凝炼项目就达到规划产能约800万吨（实物矿），投资金融约200亿美元（见表1）。已形成产能方面，据印度尼西亚中国商会副秘书长杜湉在2016年9月8日接受中新社记者采访时披露，中国企业在印度尼西亚形成的产能，仅青山园区形成的产能就已达到9万吨镍当量。如果加上预期，到2017年底，中国企业在印度尼西亚投资的镍产业很有可能实现30万吨镍当量的产能，其耗用的红土镍矿数量已经接近了印度尼西亚历史最高出口水平，而在印度尼西亚新形成镍铁的产能也将接近中国目前有效镍铁产能的2/3①。

---

① 中华商务网：《印度尼西亚中企2017年有望实现30万吨镍当量产能》，http://www.chinaccm.com/26/20160912/2602_3645395.shtml，2016年9月12日。

表1 近期印度尼西亚新建镍凝炼投资项目及预计新增产能情况

序号	项目名称	工艺类型	规划产能(万吨) 实物吨	规划产能(万吨) 金属吨	预计2015年实现产能(万金属吨)	估算投资额(亿美元)
1	青山钢铁	RKEF	120	12	2	28
2	江苏德龙	RKEF	180	18		50
3	新兴铸管	RKEF	76	7.6		8.4
4	罕王集团	竖炉/高炉/电炉	60	6		18
5	上海泛太平洋	回转窑直还	90	9		20
6	青岛恒顺	高炉/RKEF	18	1.8		3
7	大丰港和顺	高炉/RK	5	0.5		1
8	新华联/央大	高炉/RKEF	30	4		4
9	振石集团	高炉	8	0.8	0.8	0.56
10	Infishdeco	高炉	4	0.4	0.4	0.28
11	宁波明辉	高炉	5.4	0.54	0.18	0.4
12	现代集团	高炉	3	0.33	0.33	0.15
13	华迪钢业	矿热炉/RKEF	35	3.5		3
14	江苏德力	高炉	2	0.2		0.15
15	福建吴钢	高炉	12	1.2		0.42
16	山西中豪	湿法	2.5	1		1
17	金麟实业	高炉	1.5	0.15	0.15	0.1
18	世纪冶金	矿热炉	4.5	0.45	0.45	0.3
19	Antam(Pomalaa)	RKEF	28	2.8	2.8	5.7
20	Antam(Buli)	RKEF	30	3		2.8
21	Pt Indoferro	高炉	20	0.8	0.8	2
22	Pt Titan	高炉	5.4	0.54	0.27	0.4
23	Pt Inco	湿法	8	6.24	6.24	40
24	Weda Bay(埃赫曼)	湿法				40
	合计		748.3	80.85	14.42	189.66

资源来源:《镍产业篇续一》, http://www.nieba.cn/Info/Details/qyfw/20151130100618280.html。

在这些项目中,青山钢铁和江苏德龙是最大的两宗案例。江苏德龙公司计划是在印度尼西亚东南苏拉威西 Konawe 工业区投入 50 亿美元(约合 60 兆盾),兴建镍冶炼厂,项目将分成几个阶段实施,第一阶段工程占地面积 100 公顷,兴建年产 60 万吨的镍铁冶炼厂,第一阶段的生产设施期望能于 2015 底建成;第二阶段工程占地面积 200 公顷,兴建年产 120 万吨的镍铁冶炼厂，预计2019～2020年建成。同时，还将购买500公顷土地以兴建335兆瓦的发电站。此外，还计划兴建具备日吞吐5万吨的自有港口，因大部分生产的镍铁将运往中国的总公司。德龙公司成为Konawe冶炼工业专区的首家工厂，Konawe工业区是分布在爪哇岛以外的本届政府规划建设的13个工业区之一，该工业区总面积达5500公顷①。德龙印度尼西亚项目公司总经理朱先生在面对日经新闻的采访时表示，他们做出进入印度尼西亚的决策实际是有些冲动的，"我们没有时间对项目进行严格的评估"②，因为印度尼西亚政府2014年起禁止原矿石出口，他们没有更多的选择。目前一期项目部分镍铁冶炼设备已经投产，电厂也将很快建设完成，预计2017年镍铁产量或达到18000金属吨③。

青山钢铁则投资约33亿美元，在印度尼西亚建设以镍铁冶炼为主，不锈钢深加工、火力发电为辅的产业工业园区。该项目一期SMI苏拉威西矿业投资有限公司年产30万吨镍铁冶炼及其配套2×65MW火力发电项目；二期GCNS印度尼西亚广青镍业有限公司年产60万吨镍铁冶炼及其配套2×150MW火力发电项目；三期ITSS印度尼西亚青山不锈钢有限公司年产100万吨不锈钢连铸坯及其配套2×350MW火力发电项目；四期IRNC印度尼西亚瑞浦镍铬合金有限公司年产60万吨高碳铬铁冶炼及其配套120万吨焦炭联产4×12.5MW余热发电与年产60万吨不锈钢冷轧深加工项目；五期TSI印度尼西亚青山钢铁有限公司年产200万吨碳钢冶炼与年产100万吨镍铁冶炼及其联产4×65MW余热发电建设项目。在所有的项目投产运营后，可形成在海外最大的镍铁冶炼与不锈钢产品产业群，带动印度尼西亚地区经济发展，调整国内国际不锈钢产品供应结构，解决印度尼西亚人员的就业问题，从而产生较高的社会附加值。

---

① 中国证券网：《德龙：将投50亿美元印度尼西亚兴建镍冶炼厂》，http://news.cnstock.com/news，bwkx-201501-3307927.htm，2015年1月13日。
② 新镍网：《中国德龙在印度尼西亚镍行业前进》，http://www.chinaccm.com/35/20161209/35220206_3827499.shtml，2016年12月9日。
③ 中国有色网：《印度尼西亚德龙镍铁项目投产》，http://www.cnmn.com.cn/ShowNews1.aspx?id=370913，2017年4月21日。

青山印度尼西亚镍冶炼厂2015年5月29日第一期项目完工，正式投产，耗资3.2亿美元，产量30万吨。2016年5月3日，园区内第一个入园项目SMI和第二个入园项目GCNS四月份镍铁生产再创新高，单月生产镍铁已达8万吨实物吨，并已全部运回中国供青山系国内企业生产使用。2017年4月18日第三期镍铁冶炼厂8条RKEF生产线顺序投产。

（3）政策波动及其他风险

在印度尼西亚进行镍矿、铝矿等矿业项目投资，实现了资源和产能的有效对接，避免了印度尼西亚禁止原矿出口政策对我国不锈钢产业的负面影响，其经济潜力非常巨大。然而，由于资源项目投资规模较大，涉及土地占用等与当地居民切身利益问题，又直接受政府政策的影响，因而这类投资面临的风险也十分显著。

一是出口政策导致的价格风险

包括中国在内的各国有色金属企业纷纷在印度尼西亚投资冶炼厂，根本目的是规避印度尼西亚禁止原矿出口政策带来的原料供应数量上的短缺和价格上的过高，2009年印度尼西亚禁矿政策一出，国际市场反应强烈，以镍价格为例，伦敦商品交易所镍3月电子盘的交易价格一路飙升（见图1），从2009年2月27日9250美元/吨一路飙升到2011年2月25日29425美元/吨，两年间上涨2.18倍。

随后大量外资企业斥巨资在印度尼西亚投资兴建冶炼厂，以期为母公司的后端产品加工提供充足的原料，同时从国际高镍价中获得可观的利润。然而，印度尼西亚政府与禁矿政策有关的实施细则的制定和执行却不干脆，许多当地矿业公司在过渡期内并无明确的建厂意愿，原矿依然大量出口，在2012年初，在过渡期过半后，印度尼西亚能源矿业部（Ministry of Energy and Mineral Resources）才以7号部长令形式进一步明确2012年5月7日起将落实新矿业法，对金属原矿出口采取了C&C名单、出口配额、出口税20%等限制措施，加征出口关税涉及镍矿、铝土矿、海砂等在内的14种矿产品。然而政策的执行似乎并不严格，2012年当年印度尼西亚国企Antam等第一批八个公司拿到足够配额继续大量出口原矿，年镍矿出口从

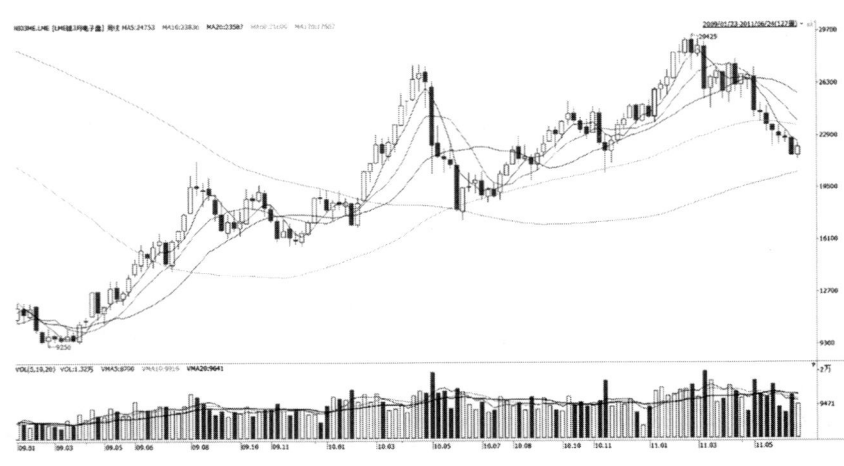

图 1　禁矿政策后国际镍价走势

资料来源：WIND。

原几百万吨到了 2013 年达到 6000 多万吨。原矿继续大量出口使国际镍价受压，2011 年起禁矿政策给投资者心理预期的影响似乎逐步消除，伦敦商品交易所 3 月期的镍价格不断走低（见图 2），当初热情高涨的镍冶炼投资者由此受到巨大打击，2011 年决定在印度尼西亚建厂的全球第六大镍生产商——法国企业埃赫曼（Eramet）在 Weda Bay 项目和新喀里多尼亚 SLN 项目被迫搁置，直到 2017 年该项目被青山钢铁收购才得以重启，根据双方签订的谅解备忘录，青山将拥有埃赫曼（Eramet）全资子公司 Strand Minerals Pte Ltd. 57% 的股份，获得控股权，实际拥有 Weda Bay 项目 90% 的股权，从而青山钢铁可利用 Weda Bay 项目生产镍矿，完成年产能 3 万吨的镍合金及精炼镍①。

2014 年初，新矿法设定的过渡期已到，在 1 月 11 日深夜当时的总统苏希洛签署 2014 年 1 号 PP 政府条例，明确禁止原矿出口，但适当延长经过选矿或粗加工的精矿石继续（包括铜矿、锰矿、铅矿、锌矿等矿物）出口至

---

① 中国镍业网：《埃赫曼与青山合作重振印度尼西亚镍项目》，http://mp.weixin.qq.com/s?src=3&timestamp=1492913456，2017 年 2 月 24 日。

图2 禁矿政策实施细则迟迟未出台背景下国际镍价走势

资料来源：WIND。

2017年1月。1月13日，印度尼西亚能矿部和财政部分别颁布部长条例，对原矿出口实施细则做出规定。其中，能矿部颁发了《关于在国内加工和提炼（冶炼）来提升矿产附加值的规定》（2014年第1号PM部长条例），规定在印度尼西亚国内矿产加工和提炼（冶炼）的最低标准。新的部长令重点规定可出口矿产提炼品的时限和数量限制，以及在国内加工和提炼（冶炼）的最低标准。比如粗加工后纯度分别达到最低纯度标准的铜矿（15%）、铁砂（56%）、铁矿石（62%）、铅（57%）、锌（52%）、锰（49%）等精矿石允许被出口到国外，直至提纯设施建设完成，但最迟不能超过2014年1号矿能部长条例公布后3年（2017年1月12日）。其中还规定低品位镍矿（<1.7%）有条件出口的条件，要求工厂必须在自己的产能中使用30%的低品位原矿才能得到出口配额，而配额多少是和矿区面积、储量、产能、建厂进度等挂钩的。财政部也颁发了《关于精炼矿石产品出口关税规定》（2014年第6号财政部长条例），规定对除铜精矿以外的精矿，2014年征收20%出口税，2015年上半年、下半年分别征收30%和40%的出口税，2016年上半年、下半年分别征收50%和60%的出口税（对铜精矿2014年征收25%的出口税，2015年上半年、下半年分别征收35%和40%的

出口税，2016年上半年、下半年分别征收50%和60%的出口税。①

这些禁矿政策配套的实施细则直到过渡期即将结束时才得以出台，5年过渡期中，不仅使积极建厂的投资商们承担巨大价格风险，也使更多有色企业处于建与不建左右为难的境地。2016年10月，矿产部部长Teguh Pamudji称政府可能放松矿石出口禁令，但没有任何官方的宣告。任何可能放松出口的消息都有可能导致镍价下滑，镍价2016年以来已经上涨近30%，几乎所有的镍投资者都反对放松禁令。

二是用工风险

以江苏德龙第一期项目为例，该期项目投资约10亿美元，用于镍冶炼厂、电厂以及位于苏拉威西岛南部纳威码头的建设。工程建设雇用了大约1000名印度尼西亚工人及2000~3000名中国工人，中国工人具备相关经验和设备操作能力，对加快工程进度和保障工程质量有益，但大量中国工人的到来引发了当地媒体对于劳动力输入方面的一些负面议论，因此德龙公司印度尼西亚负责人不得不增大雇用当地工人的比重，逐步减少中国雇用工人的数量。

三是政府部门协调问题导致的政策遵从成本高

虽然印度尼西亚本届政府自2014年起就建立了所谓投资"一站式服务"，但实际上执行起来效果并不理想。德龙公司印度尼西亚项目负责人指出"印度尼西亚协调投资委员会（BKPM, the Indonesian Coordinating Investment Board）对我们需要的几个关键的许可证没有管理权限"，"他们能做的是将有关方面聚在一起开会。开会是有用的，但不一定能解决我们的问题，仅能够指出一个方向"。由于政府部门的协调问题，德龙在印度尼西亚的项目进度几乎落后于计划一年时间。

中资企业在印度尼西亚投资的大型镍铁项目基本都是从开采到加工一条龙，而获取矿业权证是进行相关矿产开采的前提。根据印度尼西亚新矿法，矿业权分3种：普通矿业许可证（IUP）、民间矿业许可证（IPR）、特

---

① 驻印度尼西亚经商参处：《印尼政府出台原矿出口实施细则》，http：//id. mofcom. gov. cn/article/ziranziyuan/huiyuan/201401/20140100460467. shtml，2014年1月14日。

别矿业许可证（IUPK）。（1）普通矿业许可证的颁发由各级政府分别负责。如果矿业权区在一个县/市，由所在地的县/市长颁发；如果矿业权区在一个省内，且跨两个或两个以上的县/市，经当地县/市长推荐后由省长颁发；如果矿业权区跨两个或两个以上的省，经当地省长和县/市长推荐后由部长颁发。（2）民间矿业许可证主要是用于小规模矿产开发，由当地县/市长负责发证，优先颁发给当地的个人、社会团体、合作社。许可证初始期限最长5年，此后可以延长。（3）特别矿业许可证由能矿部部长负责颁发，主要是针对特别可开采区而颁发的。一个特别许可证的权限区内只授予1个品种金属或煤矿的特别开采权。许可证持有者对矿权区内发现的新矿种拥有优先权。可见，作为最常见矿业权证的 IUP 可能涉及不同层级的政府部门，当一个矿产项目跨县/市时，按照现行制度设计，需要先拿到相关县/市政府的推荐信，再到上一级政府申办矿业许可政。由于印度尼西亚自1999年起实行地方自治，县/市政府有相当大的自主决策权，这类跨区域的项目在实际操作时协调成本相当高。实践中，推荐信作为印度尼西亚政府所设计的各部门协调媒介，实际上经常成为中央和地方之间、政府各部门之间相互推诿的理由，各种矛盾往往一推了之，最终的结果是投资人要付出更多的时间和金钱成本才能做到遵照当地政策规定，实现项目推进。

三　OPPO 印度尼西亚经营案例：市场战略

（1）快速发展的历程

2013年4月，中国手机厂商 OPPO（广东欧珀移动通信有限公司）正式进入印度尼西亚，首推三款智能手机：Find 5、Find Piano 以及 Find Way。在雅加达发布之前，Find 5 已经在北京、曼谷及胡志明市公开发布[①]。OPPO 电

---

① Ahmad Taufiqqurakhman. Ponsel China OPPO Resmi Masuk Indonesia, http：//teknologi. inilah. com/read/detail/1979343/ponsel-china-oppo-resmi-masuk-indonesia, 2013年4月17日。

子集团总部位于广东东莞，之前OPPO主要生产MP3播放器、便携式媒体播放器、液晶电视、电子书阅读器、DVD等产品，2008年才开始进军手机产业。

2014年，当进入印度尼西亚一年后，OPPO就成为了受欢迎的品牌[1]，根据OPPO印度尼西亚公司负责人李杰（Jet lee）的目标，OPPO要打造成在印度尼西亚最受欢迎的品牌，为了实现目标，OPPO印度尼西亚在2014年就招募了3600名员工，在印度尼西亚全国设有5000个销售点以及在各大城市设置23个大型服务中心。OPPO智能手机每个月约售出20万部，并通过最新旗舰机F7与一些著名手机品牌竞争。2014年第四季度OPPO在印度尼西亚的市场占有率达到8.8%。

到2016年第一季度，OPPO进入印度尼西亚前五大智能手机生产商排行[2]。2016年8月，根据Gfk的市场调查，OPPO成为印度尼西亚排名前三的智能手机品牌[3]。IDC的研究数据显示，在2016年上半年，OPPO以153%的增长率占据全球手机生产商的第四位，前三位分别是三星、苹果和华为。

（2）市场成功的主要策略因素

一是广泛建立服务中心和销售网点，线上线下协同销售

在OPPO刚进入印度尼西亚手机市场之时，智能手机市场的竞争已经非常激烈，而且印度尼西亚民众几乎没有听说过OPPO手机。为了迅速打开市场，OPPO采取的策略之一，就是在印度尼西亚若干大城市设立服务中心，2013年进入当年OPPO开设了16个服务中心，从雅加达开始，逐步拓展到三宝垄、泗水及棉兰等大城市。服务中心的建立给客户提供了切身体验的机会，进而使客户接受这一新品牌。到2016年11月，OPPO在印度尼西亚设置服务中心达91个，划分了27个营销区域，发展了约2万家实体经销商，

---

[1] Yossie Dwi P. Setahun Masuk Indonesia, Oppo Berharap Jadi Merek Favorit, http：//www.jagatreview.com/2014/07/setahun-masuk-indonesia-oppo-berharap-jadi，2014年7月4日。

[2] Winda Destiana Putri. Oppo Masuk Lima Besar Produsen Smartphone di Indonesia, http：//trendtek. republika. co. id/berita/trendtek/gadget/16/06/25/o9bdtq359 – oppo-masuk-lima-besar-produsen-smartphone-di-indonesia，2016年6月25日。

[3] Fauzan Jamaludin. Berkembang pesat, Oppo peringkat ketiga di Indonesia, https：//www. merdeka. com/teknologi/berkembang-pesat-oppo-peringkat-ketiga-di-indonesia. html，2016年8月3日。

服务点和销售点通常设有导购小姐向来客推销，让客户切身体验 OPPO 手机。庞大的线下销售网络成为 OPPO 区别于小米等先行企业的最大特征，依赖这些线下网络，大大增加了客户接触和接受新手机的机会，并且通过激励性的分销政策充分调动经销商的积极性，利用这些经销商的本地声誉，迅速打开市场。实体店销售在一些小城市非常重要，因为这里的人们还不习惯于网上购物，更倾向于到销售点去购买手机。

另外，OPPO 也未忽略线上销售平台，它与印度尼西亚最大网上销售平台之一的 Tokopedia 达成合作[1]，借助后者的网络平台扩大销售，并取得了不俗的效果，例如，OPPO F1s 在正式发售的第一天就成功售出 1 万部。根据 Similarweb 的调查数据，每个月都有数百万印度尼西亚网民浏览 Tokopedia 超过 20 亿的网页，Tokopedia 用户可以通过各种付款方式便捷地买到 OPPO 产品，既可以在小型市场和邮局现金付款，也可以通过使用信用卡免息分期付款，并享受到由 Tokopedia 提供的快捷配送服务，甚至可享受当天送货服务。

二是提供更长的保修期

除了在大城市建立服务中心以及实行促销大优惠外，OPPO 还提供时间更长的保修期。绝大部分的手机生产商只提供一年的保修服务，但 OPPO 为了吸引印度尼西亚消费者，提供长达 2 年的保修服务[2]。

三是采用轰炸式的营销宣传

OPPO 用在短短 3 年时间就从一个市场新进入者一跃成为排名前三的智能手机销售商，另一个成功要素就是 OPPO 采用了轰炸式的营销宣传策略。OPPO 邀请众多一线明星进行代言，如聘请印度尼西亚著名明星 Isyana Sarasvati、Reza Rahadian、Chelsea Islan 为形象代言人，并大面积进行综艺冠名，所有大中城市，甚至三、四线城市的大街小巷都能看到 OPPO 的广告宣传。在 2016 年 7 月，OPPO 印度尼西亚公司还宣布与巴塞罗那足球俱乐部合

---

[1] Kamis. Kerjasama Tokopedia dan OPPO，http://nova.grid.id/News/Varia-Warta/Kerjasama-Tokopedia-Dan-Oppo，2016 年 11 月 17 日。

[2] OPPO akan Segera Masuk Indonesia，http://www.bedahtekno.com/bedah-gadget/oppo-akan-segera-masuk-indonesia，2013 年 4 月 30 日。

作①，推出巴塞罗那足球俱乐部主题限量版手机，并安排球迷见面会、特别定制手机或是纪念饰品等活动和服务。巴塞罗那俱乐部是一个在脸书（Facebook）上拥有9300万"粉丝"的足球俱乐部，其中900万"粉丝"来自印度尼西亚，该项合作是OPPO众多成功营销宣传的一个典型案例。

虽然OPPO的轰炸式营销宣传策略会因巨额广告投入成本而给企业资金形成一定压力，甚至存在一些对该战略可持续性的质疑，但该战略使OPPO迅速打开市场，攀升到市场前三的效果则不容置疑。

（3）手机国产化政策下本土建厂策略

OPPO手机进入印度尼西亚市场不久，就遭遇到印度尼西亚政府推动手机制造国产化的政策冲击。2013年印度尼西亚商务部以第38号部长令的形式颁布了一份《关于移动电话、手提电脑及平板电脑进口的规定》，该规定的基本精神就是要促进国内的手机、手提电脑及平板电脑产业的投资和发展，供应商被要求和印度尼西亚本地企业合作或是自行在印度尼西亚建立工厂。在此之前，印度尼西亚市场上销售的手机几乎全产依赖进口，2010年进口手机达4300万部，金额达到20亿美元，2013年上升到了5850万部，金额达26.8亿美元。印度尼西亚政府认为手机完全依赖进口，使得印度尼西亚除了进口关税之外不能得到其他任何经济利益，从而研究出台减少手机进口的相关政策。

虽然上述38号部长令的一些规定到2016年2月才完全实施，但从该条例出台起，手机进口明显下降。2014年，进口数量下降到5470万部，金额达32亿美元，2015年进一步下降到3300万部，金额达20亿美元。

在2015年及之后，为落实38号令的精神，相关部委从技术操作层面出台了一系列细则，其中最主要的是有关国产化水平计算标准的相关文件，如2015年7月8日，通信与信息技术部2015第27号《关于4G LTE手机国内组件范畴及4G/LTE手机测试技术规格》的法令，这项规定明确地规定了4G手机国产化水平必须在2016年达到20%，在2017年达到30%。配合通

---

① YOSSIE DWI PRANANTO. Oppo Indonesia Resmikan Kerjasama dengan FC Barcelona, http://www.yangcanggih.com/2016/07/25/oppo-indonesia-resmikan-kerjasama-dengan-fc-barcelona, 2016年7月25日。

信与信息技术部的法令，工业部出台了 2015 第 68 号《关于电子及电信产品国产化率计算规则》的法令，根据工业部部长 Saleh Husin 的说法，智能手机国产化率计算不仅仅和手机硬件有关，也应包括软件在内。随后，商务部又对原 38 号令进行修订完善，发布了 2016 年第 41 号部长令《关于平板、手提电脑及手机进口的规定》，2016 年 8 月工业部发布 2016 第 65 号法令《关于平板电脑、手提电脑、手机产品国产化水平（Domestic Component Levels）计算》的规定，更详细地解释了计算规划[1]，2017 年三部委还以通函形式出台了配套的技术性规则。

为应对这一政策变化，2015 年，印度尼西亚 OPPO 公司在万丹省的丹格朗收购了一家占地面积为 2.7 万平方米的电子厂，并投入 3000 万美元进行修缮改造。该厂成为 OPPO 在海外的首家工厂，规划产能为年产 OPPO 智能手机 600 万部。当年 9 月，该厂即进入正常生产状态，负责生产三款仅在海外市场销售的智能手机，分别为 OPPO JOY Plus，OPPO Neo5 和 OPPO Joy3，当时每月产能为 3 万~4 万台。

在 2016 年末，约有 16 个品牌的手机已满足印度尼西亚的国产化率 20% 的标准，分别是 Polytron、Evercoss、Advan、Axioo、Mito、Gosco、SPC、Asiafone、OPPO、Haier、Huawei、Smartfren、Bolt、Ivo、Lenovo 以及 Samsung，这些企业在印度尼西亚工厂的总体生产能力已达到年产 2302 万部智能手机的水平[2]。

在印度尼西亚国内建厂虽然一方面能够利用当地劳动成本相对节省的有利条件，也便于较快满足印度尼西亚政府对手机等电子产品的国产化率要求，但在另一方面也存在一些不利影响，包括零部件的采购范围缩小，不利于快速生产推出高配置的新产品，同时，劳动者技能水平和生产过程管理也构成一种潜在挑战。

---

[1] Kukuh Bhimo Nugroho. Memaksa Ponsel Impor Bernuansa "Merah Putih"，https：//tirto.id/memaksa-ponsel-impor-bernuansa-merah-putih-bnZa，2016 年 7 月 23 日。
[2] Lani Pujiastuti. Kurangi Smartphone Impor，Kandungan Lokal Ponsel 4G Wajib 30%，https：//finance.detik.com/industri/2960005/kurangi-smartphone-impor-kandungan-lokal-ponsel-4g-wajib-30，2016 年 7 月 3 日。

专题篇

Special Theme

B.11 佐科政府推动改革发展的策略与政治基础分析

摘　要： 本文从三个方面对佐科政府推动改革发展的政治策略进行了分析，包括佐科改革发展的基本理念，即九项目标的提出；改革发展思想的政治传承，即现行改革思想与历任总统如苏加诺、苏哈托、瓦希德以及苏西洛等领导人思想的关系；以及推动改革发展的具体政治策略，如合纵连横、政治和解、稳中求进等。此外，本文也就钟万学政治事件的政治含义进行简要分析。

关键词： 改革理念　实施策略　政治基础　钟万学事件

一　佐科改革发展的基本理念

（一）九项目标、一个中心

佐科的经济社会改革发展理念归纳起来就是九项目标（Nawacita），即国家安全、政府管理、落后地区和农村建设、法治改革、提高人民生活水准、提高国际竞争力、实现经济独立自主、民族性改革、巩固多元包容社会九方面。而上述九项目标聚焦于一个中心，即要将印度尼西亚建成世界海洋轴心国。世界海洋轴心国具体内容包含如下五方面。

第一，复兴海洋文化。佐科在国会发表的就职演说中重提"海上统帅精神"，"海上统帅精神"由印度尼西亚第一任总统苏加诺明确提出，也是世界最大岛国印度尼西亚一度辉煌的历史的真实写照。佐科认为复兴海洋文化必须进行"思想革命"：改变人们的习惯和思维方式、加强海洋精神的教育和宣传以及研究力度、提高渔民的经济和社会地位。

第二，保护和经营海洋资源。佐科认为开发和利用丰富的海洋资源是加快印度尼西亚经济建设，使印度尼西亚在2025年前进入世界发达国家行列最重要的环节。

第三，建设海上基础设施。海上基础设施建设是实现印度尼西亚国内各主要岛屿互联互通的前提条件，包括海上高速公路、深海港、航运业和海洋旅游业。

第四，活跃海洋外交。佐科认为外交战略的最终目标应该是加快国家建设和提高人民生活水平，向外看最终还是为了促进国内发展。所以，保障国家领土安全和主权完整、维护地区和平与秩序成为佐科海洋外交战略的两大核心目标。

第五，提升海上防御能力。针对印度尼西亚国防力量尤其是海军发展落后的现状，佐科在2014年5月的竞选宣言中提出将印度尼西亚海军建设成为东亚人所尊重的地区海事力量，加强印度尼西亚海军力量主要目的是保护国际航道，是防御而非进攻[1]。

（二）改革发展理念的政治传承

本届总统佐科的改革发展理念是对印度尼西亚独立后数位政治家治国理

---

[1] 许力平等：《从贫民窟到总统府——印度尼西亚传奇总统佐科》，社会科学文献出版社，2015，第113~113页。

念的继承和发展,例如,它继承了苏加诺的特里萨克蒂(Trisakti)和平民主义思想、苏哈托的发展三步曲思想、瓦希德的多元主义思想、苏西洛的大国平衡外交策略。

(1)继承苏加诺的特里萨克蒂思想

佐科完整地继承了苏加诺的特里萨克蒂思想。苏加诺的特里萨克蒂思想包括三方面:政治主权完整、经济自给自足、文化保持民族特色。佐科政府编制的《2015~2019年国家中期规划》第五章明确地把特里萨克蒂思想定为国家发展目标和愿景。第一点关于政治主权完整,佐科在美国访问时回答的美国议员关于印度尼西亚如何严肃治腐的问题是印度尼西亚坚持政治主权独立最好的阐释。针对美国议员的挑衅问题,尽管当时佐科非常生气,但还是克制自己冷静作答:"印度尼西亚已有9位部长、19位省长、340位县市长、2位印度尼西亚央行行长因贪腐而被绳之以法。美国呢?有几位部长或省长因贪腐而坐牢的呢?"佐科的回答令该议员哑口无言;第二点关于经济自给自足,他曾邀请部分创新工业人士,了解其是否已做好准备迎接全球创新工业和东盟经济共同体挑战,受邀人士都表示已做好准备迎接挑战,迎接竞争。故此,佐科对经济自给自足的前景表示乐观;第三点关于坚持印度尼西亚文化特色,佐科在回答媒体《指南针》编辑的评论时做出了自己的解读,"我认为建设印度尼西亚主要是制度建设。制度建设好了,我们的民族会越来越有工作热情。尽管这不可能一蹴而就,但我们必须朝着既定目标一步一步向前走"。佐科深信必须先从改变制度开始,印尼人民习惯制度后,就会养成热情工作的习惯和文化。佐科在竞选期间提出的思想革命具体内容也与第三点高度一致,即努力改变制度,改变人们的思想,然后才会有热情工作的文化和习惯[①]。

(2)继承苏加诺的平民主义思想

佐科出身草根,信奉平民主义思想不足为奇。但是由于所处时代不同,

---

① Gapey Sandy, *Terbukti*, *Jokowi Wujudkan Konsep Trisakti Bung Karno*. 2015.12.15, http://www.kompasiana.com/gapey-sandy/terbukti-jokowi-wujudkan-konsep-trisakti-bung-karno_56702e06529773ed134241d3.

佐科的平民主义与苏加诺的平民主义侧重点有所不同。

　　苏加诺时期的平民主义更多地表现为激进，是当时苏加诺为对抗殖民主义、团结平民、实现印度尼西亚式社会主义的利器。苏加诺的平民主义是建立在以纳沙共（即民族主义、宗教和共产主义）思想为领导的政治同盟中。因此，苏加诺下台意味着平民主义思想陷入长期冻结状态：苏哈托三十多年通过去苏加诺化的统治使民主和平民主义失声，但平民主义思想依然活跃在印度尼西亚平民心中，无法彻底根除。所以苏哈托新秩序时期，总有人会代表人民呐喊，其中最具代表性的就是苏加诺的女儿梅加瓦蒂。

　　佐科时代的平民主义更多地依赖佐科本人的形象，这种政治平民主义思想源于百姓对贪腐和寡头统治的政党和国家机器的深恶痛绝，从而转化为积极支持佐科参加 2014 年总统选举的力量。因为佐科是正直和朴素的草根代表，而非政治精英代表，因此，佐科被视为民众代言人。佐科是借助平民主义运动产生的政治人物，而非单由某个政党组织包装的产物。佐科参选、竞选抑或选举及当选后就职的任何一个环节都体现了中下层百姓的团结一致。佐科在担任梭罗市市长和雅加达特区省长时，就已通过卫生和教育领域的亲民举措为贫困的底层百姓谋福利；他下基层了解民众疾苦，与民众亲密接触是其平民主义思想的力证。即使身为总统，佐科依然以其独特的佐科式亲民方式践行着平民主义思想。

　　（3）借鉴苏哈托发展三步曲

　　"发展三步曲"（Trilogi Pembangunan）是苏哈托新秩序时期明确提出的发展理论，是落实发展印度尼西亚国家政治经济社会政策的基石。即国家稳定有活力、高经济增长、均衡发展①。佐科及其团队虽无明确提出类似苏哈托发展三步曲的发展理念，但在佐科最得力支持者苏力亚·帕洛的讲话中可以看出苏哈托发展三步曲对佐科团队的影响。2016 年 1 月 28 日，在泗水召开题为"加快发展国家自给自足的经济政策"的民主国家党全国研讨会上，

---

① https://id.wikipedia.org/wiki/Trilogi_Pembangunan.

苏力亚·帕洛在讲话中表示并非前任的所有东西都是错误的，他对苏哈托时期的发展三步曲格外推崇，认为稳定是前提，必须放在第一位，然后才能发展经济，经济发展后才有条件谈均衡。苏力亚·帕洛在讲话中强调印度尼西亚民族之所以依然落后根本原因在于印度尼西亚人自欺欺人、自以为是、不虚心学习，所以他号召学习前任领导人值得学习的理论、政策，包括苏哈托的发展三步曲①。

（4）继承瓦希德包容的多元主义思想

印度尼西亚第四任总统瓦希德被尊称为"印度尼西亚的多元主义之父"。瓦希德在伊斯兰传经院讲话时，总是援引《古兰经》原文三处，即宗教不可以强迫、你信你的宗教我信我的宗教、准许在安拉身边的宗教是伊斯兰教。从神学角度而言，瓦希德的态度很坚定，即"不宽容"；但从民族和国家层面而言，瓦希德态度截然不同，他强调尊重他人选择和信仰不同宗教的自由。因此，针对干涉别人信仰自由的个人或组织，瓦希德态度激烈②。佐科的九项目标很明确地表示印度尼西亚坚定地拥抱多元主义思想及营造对话巩固殊途同归的决心；"保护每一位公民"反映了佐科包容的宽大胸怀，对任何政治、社会、文化、经济群体或结盟一视同仁。体现佐科多元主义思想的具体事例不一一列举，仅以2016年底佐科因当选世界最有影响力人物而获奖时，美国驻印度尼西亚前大使鲍尔·沃尔夫威兹（Paul Wolfowitz）的讲话为例：佐科总统信守承诺，维护印度尼西亚宗教包容，这是他成为重要人物的关键之处。不仅仅是印度尼西亚，全世界都需要像佐科这样的人物，维护宗教不同，坚定信守民主③。

---

① *Ketua Umum Partai NasDem：Tidak semua kebijakan rezim terdahulu salah*，http：//fraksinasdem.org/2016/01/29/ketua-umum-partai-nasdem-tidak-semua-kebijakan-rezim-terdahulu-salah/. 2016.1.29.

② Abu Asadillah，*Inilah Pluralisme Yang Diamalkan Gus Dur*，http：//www.gusdurfiles.com/2016/07/inilah-pluralisme-yang-diamalkan-gus-dur.html. 2016.7.19.

③ *Pancasila Sebagai Fondasi Pluralisme Nawacita*，http：//presidenri.go.id/topik-utama/topik-utama-pluralisme/place_tu_pluralisme/pancasila-sebagai-fondasi-pluralisme-nawacita.html. 2016.5.30.

(5)借鉴苏西洛重视提升印度尼西亚国际影响力的外交理念

苏西洛和佐科两位领导人都强调提升印度尼西亚的国际影响力，注重经济外交。不仅如此，佐科还传承了苏西洛时代的全方位外交政策和大国平衡战略。2010年苏西洛政府提出全方位外交政策，积极发挥印度尼西亚在国际事务中的角色，维护和提高民族间的互利合作和友谊，如积极发挥东盟成员国作用；实行大国平衡战略，与美、中、日、欧盟等建立战略合作关系，成为G20成员国；苏西洛政府注重通过贸易合作或商品交易进一步加强经济合作；以独立和公平为基础，为人类共同福祉，提高国家间合作，维护世界和平及秩序。佐科的九项目标第一点内容就是：要加强印度尼西亚在全球及地区事务中的角色，建立不同文明间的相互理解，推动世界民主及和平，提高"南南合作"，共同应对威胁人类的全球问题；佐科一上任就在各个重要国际会议和场合频频亮相，担任印度尼西亚形象宣传大使和招商引资宣传员。

二 佐科推动改革发展的主要政治策略

印度尼西亚是一个由不同民族、文化、宗教、语言组成的多元且复杂的国家。一方面，后苏哈托时期近20年来，印度尼西亚在选举民主和民主程序方面取得较大进步，多党制建设日趋成熟，公民力量不断壮大；另一方面，苏哈托32年威权统治（Authoritarian）、军人干政传统、意图建立伊斯兰国的极端力量等反民主因素始终存在，对民主改革进程形成挑战，也构成了佐科政府谋求改革发展、建设强大海洋国家的巨大阻力。为了化解阻力，推动经济社会发展，佐科政府采取了一系列灵活的政治和改革策略，其中主要有以下几方面。

（一）合纵连横，扭转国会弱势

佐科政府于2014年10月初组建内阁时，最大的挑战来自国会。印度尼西亚国会两极分化严重，反对党联盟力量大于执政党联盟，国会主席由当时还是反对党的专业集团党主席担任。佐科总统成功地运用政治妥协，使部分反对党离开反对党联盟，成为执政党联盟成员，从而成功瓦解了强大的反对党联盟，扭转了执政党在国会的弱势地位。2015年8月，2014年大选中得票7.59%的民族使命党总主席祖尔基夫利哈桑宣布，民族使命党脱离反对党联盟，正式加盟辉煌联盟，民族使命党在内阁中获得两个部长职位；2016年1月，福利公正党新任主席索希布尔·伊曼（Muhammad Sohibul Iman）宣布支持辉煌联盟，福利公正党在2014年大选中得票6.79%。民族使命党和福利公正党的加盟使原本处于少数党地位的执政党联盟变成了多数党联盟，使佐科的执政基础更加牢固；2016年1月，内部分裂的专业集团党召开全国大会，时任主席巴克利公开表示专业集团党支持佐科政府。国会最大反对党——专业集团党支持佐科，加入执政党联盟，使国会朝野力量对比发生了质的变化。

（二）政治和解，包容反对派谋求政局稳定

深谙爪哇智慧的佐科擅长发挥政治和解能力，与最有实力的反对派领袖互动，团结有影响力的各色政治人物包括各大伊斯兰政党和伊斯兰民间组织领袖，巩固执政基础，保持政局平稳。从2016年10月底开始，佐科与最大反对派领袖普拉博沃在其庄园会面；2016年11月1日，在国家宫会见印度尼西亚最有影响力的伊斯兰组织——印度尼西亚伊斯兰学者联合会、穆哈马迪亚、伊斯兰教师联盟（伊联）等领袖；2016年11月17日，在国家宫会见普拉博沃；2017年1月5日，大印度尼西亚运动党副主席阿里夫（Arief Poyuono）表示佐科政府已向大印度尼西亚运动党伸出橄榄枝，第三次内阁重组时，愿为大印度尼西亚运动党提供四个部长职位，包括：政治法律安全统筹部部长、农业部部长、劳工部部长、总统幕僚长[1]；2017年3月10日，与前总统苏西洛在国家宫闭门会谈。佐科不仅亲力亲

---

[1] Fransisco Rosarians, *Kans Gerindra Masuk Kabinet*, *Begini Hubungan Jokowi-Prabowo*. 2017.1.5, https://m.tempo.co/read/news/2017/01/05/078832875/kans-gerindra-masuk-kabinet-begini-hubungan-jokowi-prabowo.

为，身边干将如现任海事统筹部部长鲁胡特及得力支持者专业集团党主席瑟迪亚的行动也很果决。2017年2月3日，鲁胡特拜访印度尼西亚伊斯兰学者联合会主席马鲁夫·阿敏，为印度尼西亚伊斯兰学者联合会对钟万学的强烈反对情绪从而导致社会不安降温；2017年4月6日，鲁胡特在出席由伊联举办的题为"穆斯林经济与海洋经济"的专家会议中表示伊联是印度尼西亚维护统一团结最强大的力量，政府将为伊联商人引荐大财团或企业合作①；2017年5月7日诺凡托宣布专业集团党支持伊斯兰教师联盟干部2018年参选东爪哇地方领导人②。

佐科在钟万学亵渎宗教案（自2016年下半年至2017年5月9日判决日）中始终保持中立态度，没有禁止伊斯兰反钟万学的数次大规模游行示威活动，只是合理借助国家机器，避免事态朝着更为恶劣的方向发展。佐科尊重而非打压伊斯兰力量，顺应大多数意愿，得到伊斯兰主流力量的支持。如，2017年5月8日佐科政府表态由于违背潘查希拉将解散伊斯兰激进组织——自由党（HTI）后，伊联主席萨义德阿吉尔、穆哈马迪亚青年运动主席安扎尔（Dahniel Anzar）纷纷表示支持政府。

（三）稳中求进的反腐和政府治理策略

贪腐和官僚主义问题在印度尼西亚一直饱受诟病，世界银行《2016年营商环境报告》显示印度尼西亚在全球189个国家和地区的营商环境排名中居第109位，远远落后于第18位的马来西亚和第90位的泰国等东南亚国家。

铲除腐败、提高政府效率和透明度是佐科在总统竞选期间的承诺，也是其执政以来重视的工作之一。但由于佐科政府采取经济发展优先的

---

① Wahyu Suryana, *PBNU Gelar Sarasehan Ekonomi Umat dan Kemaritiman Indonesia*. 2017.4.6, http://www.republika.co.id/berita/dunia-islam/islam-nusantara/17/04/06/onz6xg313-pbnu-gelar-sarasehan-ekonomi-umat-dan-kemaritiman-indonesia.

② Dian Kurniawan, *Setya Novanto*: *Golkar Akan Dukung Kader NU di Pilkada Jatim*. 2017.5.7, http://pilkada.liputan6.com/read/2943539/setya-novanto-golkar-akan-dukung-kader-nu-di-pilkada-jatim.

执政理念，在一定程度上要求反腐工作服务于经济改革发展大局，因而反腐和政府治理决心虽大，但实施策略上强调稳中求进，有时也会出现一些妥协。

（1）组建强势反腐领导团队

2015年12月，佐科任命阿古斯·拉哈尔佐（Agus Rahardjo）为反腐委员会主席，反腐委员会副主席分别是巴萨莉雅（Basaria Panjaitan，印度尼西亚第一位女性反腐委员会领导）、马尔瓦塔（Alexander Marwata，反贪法院法官）、萨乌特（Saut Situmorang，情报局出身）、拉奥德（Laode Muhammad Syarif，哈沙努丁大学学者）。拉哈尔佐是第一位非法律背景出身的反腐委员会主席，曾任职国家发展规划署。2006年，担任公共产品和服务采购政策发展中心主任；2010年成立政府产品和服务采购政策机构并担任主任；拉哈尔佐在中央及地方政府任职期间对公共服务改革和电子化做出贡献。拉哈尔佐是穆斯林，为人朴实、声誉良好。在他领导下的反腐委员会踏实认真、有条不紊地开展反腐工作，就连宪法法院前主席马福德（Mahfud MD）都赞扬反腐委员会工作认真负责，有条不紊走上正轨[1]。仅2016年就有96起贪腐案进入调查程序。而2017年初曝光的电子身份证案是反腐委员会成立以来的最大贪腐案，涉案金额高达2.3兆印度尼西亚盾。

2016年6月，佐科任命时任反恐局局长的迪多·卡尔纳费安为印度尼西亚共和国警察总长。迪多正式上任前表示会努力消除因贪腐、暴力和傲慢而导致民众对警察的不信任，重塑印度尼西亚警察形象；也表示希望警察内部改革能得到社会尤其是如穆哈马迪亚等伊斯兰组织的支持。上任后邀请穆哈马迪亚为警方合作伙伴，加强社会监督。自上任至今，迪多率领印度尼西亚警察在内部改革、维护社会治安、反腐等方面采取了一系列改革举措。迪多上任后第一个动作是内部改革，严格实行内部监管制度，出台中高级警察财产申报制度；2017年3月调查结果显示，该机构已不再是印

---

[1] Maya Ayu Puspitasari, *Mahfud Md. Dulu Ragukan KPK di Bawah Agus Rahardjo, Sekarang?*, https://m.tempo.co/read/news/2017/02/09/063844923/mahfud-md-dulu-ragukan-kpk-di-bawah-agus-rahardjo-sekarang. 2017.2.9.

度尼西亚最腐败的政府机构，腐败率从原来的91%降为40%[①]；2016年下半年至今多起大规模穆斯林示威游行以及2017年地方领导人选举，警方都能经受住考验。

（2）反腐斗争中的平衡

佐科早在担任梭罗市市长和雅加达首都特区省长之时就已坚决反腐。当选总统后，曾邀反腐委员会协助审查新内阁候任部长是否清廉，上任后采取了一系列反腐措施，半年后反腐开始减速。

上任初期，佐科和时任能矿部部长苏迪曼·萨义德（Sudirman Said）采取一系列动作较大的改革举措，包括：取消石油补贴这一影响国家财政预算多年的沉重包袱、成立特殊行动小组调查臭名昭著的石油进口腐败案、解散印度尼西亚国有油气巨头——国家油气公司负责能源交易的公司、任命前反腐委员会副主席阿敏·苏尔亚纳迪（Amien Suryanadi）担任贪腐丑闻缠身的油气监管机构（SKK Migas）负责人以及改革强势派苏迪曼重拳整顿能矿部官僚作风等。六个月后，苏迪曼因过度强调技术官僚管理而树敌颇多，其中包括佐科的得力干将鲁胡特。两人在最具战略意义的能矿合约上产生重大分歧；苏迪曼也与鲁胡特盟友——时任海事统筹部部长的里扎尔·拉姆利（Rizal Ramli）因分歧而公开冲突；苏迪曼还公开质疑深受佐科信任的国企部部长莉妮·苏玛尔诺，批评国家电力公司操纵政府的电气化计划。2015年12月下旬，因苏迪曼公开一段录音而引爆自由港丑闻。该录音中时任国会主席瑟迪亚·诺凡托与石油商惹渣（Reza Chalid）试图向印度尼西亚自由港敲诈商业股份，并提及鲁胡特是确保自由港公司前期续约得到总统支持的关键。引发媒体关注，连续数周登上头条。苏迪曼公开指控瑟迪亚并希望得到总统支持。而鲁胡特和瑟迪亚又是协助佐科的得力干将和功臣，所以尽管瑟迪亚最后被迫辞去国会主席一职，但仍获佐科支持，成为印度尼西亚专业集团党主席；而改革强硬派苏迪曼则在第二次内阁重组

---

① Junaidi Sinaga On, *Hebat, Era Tito Karnavian Polri Tak Lagi Lembaga Terkorup*. 2017. 3. 23, https://seword.com/politik/hebat-era-tito-karnavian-polri-tak-lagi-lembaga-terkorup/.

中遭到撤换。

佐科在反腐问题上逐渐主张采取预防而非惩罚性举措,佐科指出,腐败官员列入刑事问责流程不仅使官僚机构运作变慢,也会阻碍发展规划。他还向法院和警察指示,尽量避免调查和起诉负责监管基础设施建设的政府官员和地方领导。尽管曾将反腐视为政治价值,竞选总统时也曾承诺坚定改革和反腐,但佐科慢慢发现,改革复杂且充满政治风险。2016 年,佐科不再轰轰烈烈反腐,因为那样做不仅会破坏他苦心营造的政治稳定,还会影响国家基建,所以佐科在反腐问题上讲究平衡①。

2017 年反腐委员会曝光的特大贪腐案——电子身份证案也能说明佐科在反腐问题上非常讲求平衡。2017 年 3 月 3 日,反腐委员会曝光电子身份证涉案名单,共 38 人,由官员、政客和企业人士组成,涉案金额高达 2.3 兆印度尼西亚盾;3 月 9 日,反腐委员会副主席萨乌特表示将会逐一曝光 70 名涉案人员;3 月 12 日,反腐委员会发言人费卜利(Febri Diansyah)呼吁牵涉电子身份证案的各方要持合作态度,合作方法之一就是写好相关说明,返还涉贪资金。截至 2017 年 4 月 16 日,共上交 2500 亿印度尼西亚盾,其中 2200 亿由企业和公司上交,其他 300 亿由 14 名国会和行政人员上交。

(3) 多方面提高政府效率和透明度

为提高政府效率和透明度,佐科政府采取了如下措施。

第一,以有效、高效、协同为原则对政府官僚机构进行重组。梳理中央和地方政府内部机构间职权的纵横向关系,简化结构,加强协同。逐渐减少辅助机构,以削减政府不必要支出,要求有关部委集中清理按政府条例、总统条例或总统决议成立的辅助机构,尤其是职能相同的机构或相关部位的辅助机构,执政之初中央政府各部门共设有 127 个辅助机构,2014 年取消 10 个,2015 年取消 2 个,2016 年取消 9 个。

---

① Eve Warburton, Jokowi and the New Developmentalism, 2017.2.15, http://dx.doi.org/10.1080/00074918.2016.1249262。

第二，控制公务员数量，实行公开、有竞争的公务员选聘制度。执政之初，中央政府决定五年内推迟公务员招聘，要求每退休两名公务员，招聘一名新人，以控制和减少公务员人数，实行公开选拔招聘制，提高教育培训质量，实行公务员业绩管理制度，加强国家公务员信息管理，鼓励大城市公务员分流至边境地区。

第三，推行电子政务系统，包括电子预算、电子采购、电子审计、电子产品一览表和电子现金流管理系统。电子政务系统可提高政府机构服务质量和透明度，节省时间和成本，减少政府公共服务过程中的贪腐行为。雅加达首都特区已实行电子政务办公；日惹班杜尔县旁贡哈尔约（Panggungharjo）村是目前印度尼西亚村一级中最早为社会服务实行名为"村社服务系统"电子政务系统的；印度尼西亚内政部也开启电子化改革，2016年5月20日即国家复兴日启用地方条例电子系统，便于制定更负责、透明、高质量的地方法规，为民众反馈对地方政府政策的意见提供更便捷的渠道。

第四，整顿码头等关口服务。佐科上任后即下令要缩短码头装卸货和通关时间。两年后的数据显示，雅加达丹戎不碌港装卸货通关时间仍需要3.2~3.7天，泗水丹戎佩拉港和望加锡港需要6天，苏门答腊勿老湾港需要7天。佐科认为码头低效是印度尼西亚物流成本昂贵的罪魁祸首，因此下令印度尼西亚警察总长迪多将军成立调查工作小组对码头展开调查。迪多将军表示工作小组严格调查装卸货的每个环节，包括前期手续、报关手续（海关负责）、过关手续，若存在乱收费现象等违规行为，每个环节都将追责；印度尼西亚警方将为集装箱在码头滞留的人士开设报告服务系统；上述港口管理者被限时一个月改善装卸货管理，工作小组成立后即开始工作。

第五，整顿乱收费（Pungli）行为。2016年10月11日，佐科下令政治法律安全统筹部部长维兰托成立"清理乱收费工作小组"，展开取缔乱收费行动；并拟向社会开通网上投诉平台，全面清理各部委存在的乱收费行为。

（四）坚守地方领导人直选

尽管印度尼西亚地方领导人选举历史不算长，变化却很频繁。2005年以前，地方首长正、副职由地方国会选举产生；《2004年第32号地方政府法》出台后，改由选民直接投票选举产生，简称地方领导人选举。2005年6月，第一次举行地方领导人选举；《2007年第22号大选举办者法》出台后，地方领导人选举被纳入大选体系，简称地方领导人大选。2007年雅加达首都特区第一个举行地方领导人大选。后又出台大选举办者新法即《2011年第15号法》，该法使用省长、县长、市长选举表达。2014年印度尼西亚国会重提改变地方领导人直选办法，当年10月24日国会全会决定地方领导人由地方国会选举，不再由选民直接选举，该决定得到226名议员（包括专业集团党73名议员、福利公正党55名议员、国家使命党44名议员和大印度尼西亚运动党32名议员）支持。

后经佐科所在执政党的多方努力，地方领导人直选维持不变，最后出台《2015年第1号关于替代2014年第1号省长、县长和市长选举法修正案》。该修正案规定从2017年开始分七步走，至2027年实现全国地方首长选举同步进行。具体时间表为：2015年9月，为当年及2016年上半年领导人结束任期的地区进行同步选举；2017年2月，为2016年下半年及当年领导人结束任期的地区进行同步选举，共有101个地方（包括7个省、76个县、18个市）首长同步选举；2018年6月，为当年和2019年领导人结束任期的地区进行同步选举；2020年，为2015年选举地区同步选举；2022年，为2017年选举地区同步选举；2023年，为2018年选举地区进行同步选举；2027年全国同步选举。若省长职位空缺，可任命厅级领导为代理省长；若县长和市长职位空缺，可任命处级领导为代理县长、代理市长。

该修正案还规定地方首长候选人自被定为候选人起必须请辞国会和地方国会及地方代表委员会议员、印度尼西亚国民军、印度尼西亚警察、文职公务员；修正案还对大选委员会职权做出修改：向国会和政府咨询后编写和制定《大选委员会条例》和选举技术指南，大选委员会须立即执行大选监督委员会的选举行政处罚决定；增加大选监督委员会职权；对以独立人身份参加竞选者做出具体规定；对竞选资金做出规定；禁止竞选人或竞选团队为影响选举或选民而承诺或给予金钱或其他实物；每个个人和民间法人捐款不得超过 7500 万印度尼西亚盾[①]。

三 政治基础

依据宪法规定，印度尼西亚实行三权分立的政体，国家政权由立法、司法和行政三大体系组成。在"新秩序"（New Order）时期曾出现苏哈托一权独大，立法机构和司法部门不能发挥应有作用的情况，自 1998 年哈比比总统上台之后，才逐步恢复民主进程，走向三权分立的道路。

（一）政党格局

印度尼西亚实行结党自由，只要不违背宪法规定的作为立国基础的潘查希拉精神，国民可以自由组建政党。2014 年大选有 10 大政党入主国会，分别是：斗争民主党（PDI-P）、专业集团党（Golkar）、大印度尼西亚运动党（Gerindra）、民主党（PD）、民族使命党（PAN）、民族复兴党（PKB）、福利公正党（PKS）、团结建设党（PPP）、民主国家党（Nasdem）、人民心声党（Hanura）。经过佐科及其团队的不懈努力，至 2016 年，专业集团党、民族使命党、团结建设党三党加入执政党联盟，使执政党联盟在国会反弱为强，而大印度尼西亚运动党、民主党、福利公正党组成在野党联盟。但在政党联盟内部，也存在一些明显的意见和利益冲突。

---

① Intan Pratiwi, *Ini 21 Poin Perubahan Revisi UU Pilkada*, http：//nasional.republika.co.id/berita/nasional/politik/16/06/03/o866qx354 - ini - 21 - poin-perubahan-revisi-uu-pilkada 2016.6.3.

表1　本届国会十大政党及席位分布

单位：个，%

政党名称	国会议席数	议席占比	政党主席	当前与政府的关系
斗争民主党	109	19.46	梅加瓦蒂	执政党联盟
专业集团党	91	16.3	瑟迪亚·诺凡多	执政党联盟
大印度尼西亚运动党	73	13.3	普拉博沃	反对党联盟
民主党	61	10.9	苏西洛	反对党联盟
民族复兴党	47	9.04	慕哈敏·伊斯干达尔	执政党联盟
民族使命党	49	8.8	祖尔基夫利·哈桑	执政党联盟
福利公正党	40	7.1	索西布尔·伊曼	反对党联盟
团结建设党	39	7.0	穆哈穆德·罗马	执政党联盟
民主国家党	35	6.3	苏力亚·帕洛	执政党联盟
人民心声党	16	2.9	乌斯曼·萨普塔	执政党联盟

（二）内阁组成及政党背景

现任总统佐科于2014年7月当选，任期5年，他是民主斗争党干部，当选总统前，曾任中爪哇省梭罗市市长、雅加达首都特区省长，因担任上述两地领导人期间政绩斐然而声名鹊起。当选总统后，他组建了由34个政府部门组成的工作内阁，当前内阁成员及他们的政党背景如表2所示。

表2　本届内阁成员及政党背景

内阁部门	现任部长	政党背景
海洋资源统筹部	鲁胡特·彬萨尔·潘贾伊坦	专业集团党
政治法律安全统筹部	维兰托	人民心声党
经济统筹部	达尔敏·纳苏迪安	无政党
人力发展和文化统筹部	普安·马哈拉尼	斗争民主党
国家秘书部	普拉迪克诺	无政党
国家发展规划部	班邦·布鲁约内加拉	无政党
交通部	布迪·卡尔亚·苏亚迪	无政党
海事渔业部	苏茜·布加斯杜蒂	无政党
旅游部	阿里夫·雅哈	无政党
能矿部	伊格纳斯·约南	无政党
内政部	扎赫尤·库莫洛	斗争民主党

续表

内阁部门	现任部长	政党背景
外交部	雷诺·马尔苏迪	无政党
国防部	李亚米渣·李雅朱杜	无政党
司法人权部	亚松纳·劳力	斗争民主党
通信部	路迪亚达拉	无政党
国家行政机构官僚改革部	阿斯曼·阿卜努尔	国家使命党
财政部	丝莉·穆利亚尼	无政党
国企部	莉妮·苏玛尔诺	无政党
合作社和中小企业部	阿纳克·阿贡·科泰·乌拉赫·普斯巴尤卡	斗争民主党
工业部	爱尔郎卡·哈尔塔尔托	专业集团党
商务部	鲁基塔	民主国家党
农业部	阿姆兰·苏莱曼	无政党
劳工部	哈尼夫·达基里	民族复兴党
住房和公共工程部	巴苏基·哈迪慕利约诺	无政党
林业环境部	西蒂·努尔巴亚·巴卡尔	民主国家党
国土部	索弗亚·扎里尔	无政党
宗教部	鲁克曼·哈基姆·赛弗丁	团结建设党
卫生部	妮拉·穆鲁克	无政党
社会部	考菲法赫·因达尔·巴拉万萨	民族复兴党
妇女儿童部	尤哈娜	无政党
文化教育部	穆哈吉尔·埃芬迪	无政党
高教科研部	穆哈玛德·纳西尔	无政党
青年体育部	伊玛姆·纳赫拉维	民族复兴党
农村和落后地区建设及国内移民部	艾克·普特拉	无政党

（三）主要政党的主张及与佐科政府改革思想的关系

（1）斗争民主党

斗争民主党于1999年成立，现任党主席为梅加瓦蒂·苏加诺。斗争民主党自成立以来，一直坚持苏加诺主义、亲贫民思想，其前身是印度尼西亚民主党。1996年苏哈托政府干涉民主党领导人选举，另立亲政府的苏尔瓦迪为主席，因而梅加瓦蒂另起炉灶，于1999年成立斗争民主党，并在当年大选中获胜，成为国会第一大党；2004年大选不敌专业集团党成为国会第二大党；2009 年大选以 14% 的选票沦为第三大党；2014 年大选斗争民主党以 19.46% 的选票再次获胜，成为第一大党，并与民主国家党、人民心声党、民族复兴党结成执政联盟，即印度尼西亚辉煌联盟（KIB）。

表3 斗争民主党近四届大选成绩

单位：张，个，%

大选年	选票和占比	国会议席和占比	排名
1999	35689073(33.74)	153(33.12)	1
2004	21026629(18.53)	109(19.82)	2
2009	14600091(14.03)	95(16.96)	3
2014	23681471(18.95)	109(19.46)	1

斗争民主党主张提高竞争力、制定亲民而有盈余的财政预算、控制外债。尽管是执政党联盟第一大党，也是佐科所在政党，但并不表示该党会支持佐科政府出台的所有政策。尤其是 2015 年下半年，主流媒体频繁报道斗争民主党对佐科政府经济政策的批评和不满，如 2015 年 4 月 11 日，斗争民主党中央理事会秘书长哈斯托·克里斯扬托（Hasto Kristiyanto）在斗争民主党第四次大会上宣读七点政治主张，强调斗争民主党将继续努力确保佐科政府出台的政治政策与潘查希拉方向一致、努力纠正新自由主义和新资本主义①；2015 年 10 月 1 日，斗争民主党国会议员里埃克（Rieke Diah Pitaloka）公开质疑政府推出的两期经济组合拳的有效性，认为没有全面综合考虑劳工问题，经济政策与工业、商业和劳工没有关联；并质疑佐科推出经济组合拳的意图是为了一小撮人的经济利益，并非为改善人民生活而引进投资②；2015 年 10 月 7 日，斗争民主党国会议员马鲁瓦·西拉伊特（Maruarar Sirait）表示佐科制定的经济政策必须向劳动密集型实体经济倾斜，解决劳

---

① Laurencius Simanjuntak, *Sikap politik Kongres PDIP: Kawal kebijakan Jokowi sesuai Trisakti*. 2015.4.11，https://www.merdeka.com/politik/sikap-politik-kongres-pdip-kawal-kebijakan-jokowi-sesuai-trisakti.html.
② Saiful Munir, *PDIP Kritik Paket Kebijakan Ekonomi Jokowi*. 2015.10.1，https://ekbis.sindonews.com/read/1049511/33/pdip-kritik-paket-kebijakan-ekonomi-jokowi-1443678120.

动就业问题至关重要，且短期内最好降低油气电价①；2015 年 10 月 18 日，斗争民主党国会议员约里雅丽（Juliari P Batubara）批评佐科政府制定的经济组合政策落实缓慢，政府应确保政策落实，而不应停留在出台政策文件层面②。2016 年后斗争民主党对佐科政府政策的批评现象减少，表明两者已经取得更多的共识。

（2）专业集团党

专业集团党原名专业集团、专业集团联合秘书处，1964 年成立。苏哈托当权的新秩序时期的每届大选，专业集团都胜出。苏哈托下台后，专业集团改名为专业集团党。1999 年大选输给斗争民主党，排名第二。2004 年大选击败梅加瓦蒂所在的斗争民主党再次成为赢家；2009 年和 2014 年大选分别输给民主党和斗争民主党，排名第二。

专业集团党内部在 2014 年末曾分立为两大阵营：巴克利阵营和阿贡·拉克索诺阵营，即"双主席"之争。专业集团党巴厘全国大会上，巴克利当选为主席，而在雅加达全国大会上，阿贡·拉克索诺当选为主席。印度尼西亚司法人权部出台一份决议认可阿贡为合法领导人；而 2015 年 4 月国家行政法院裁决推迟执行司法人权部的决议；2015 年 7 月 10 日，审理该案的四名法官决定撤销巴克利提出的有关专业集团党"双主席"的起诉，结果是法院认定雅加达全国大会选举结果有效，即阿贡为专业集团党主席；2015 年 10 月，最高法院撤销国家行政法院的判决；2016 年初，现任副总统同时也是前任专业集团党主席的卡拉领导内部和解，最终双方达成一致，同意 2016 年年中召开特别大会；2016 年 5 月 17 日，在巴厘岛举行的特别大会上，瑟迪亚·诺凡托当选为专业集团党主席，专业集团党的"双主席"纠纷终于落下帷幕。

---

① Syamsul Bachtiar, *PDIP Minta Kebijakan Ekonomi Jokowi Sentuh Sektor Riil*. 2015.10.7，http：//www.teropongsenayan.com/18399 - pdip-minta-kebijakan-ekonomi-jokowi-sentuh-sektor-riil.

② *PDIP：Realisasi Paket Ekonomi Jokowi Lamban*. 2015.10.18，http：//ekonomi.inilah.com/read/detail/2245782/pdip-realisasi-paket-ekonomi-jokowi-lamban#sthash.2F46rBAf.dpuf.

表4 专业集团党近四届大选成绩

单位：张，个，%

大选年	选票和占比	国会议席和占比	排名	总主席
1999	23741749(22.46)	120(24)	2	阿克巴尔·丹戎
2004	24480757(21.58)	129(23.7)	1	阿克巴尔·丹戎
2009	15037757(14.45)	106(18.9)	2	尤素夫·卡拉
2014	18432312(14.75)	91(16.3)	2	巴克利(2014~2015年) 瑟迪亚(2015年至今)

专业集团党主张重视增长、均衡和民族主义的经济发展，强调重点发展基础设施尤其是交通业，优先发展燃油改制项目和粮食安全项目。尽管专业集团党2016年1月才加入执政党联盟，但专业集团党对佐科政府支持度较高。根据主流媒体报道，专业集团党不仅支持政府各项政策，还愿意为其背书。如2016年10月20日，专业集团党国会议员穆罕默德·米斯巴克洪（Mukhamad Misbakhun）表示政府运作良好，2016年财政政策旨在为高质量的经济增长打基础①。

（3）大印度尼西亚运动党

大印度尼西亚运动党是普拉博沃·苏比安托（前陆军战略预备队司令部司令，苏哈托前女婿）退出专业集团党后，于2008年7月12日成立的政党。普拉博沃一直担任总席。2009年第一次参加大选就获得4.6%的选票成功入主国会；2014年大选以13%的选票成为入主国会的第三大政党，与专业集团党等组成在野党联盟。

表5 大印度尼西亚运动党近两届大选成绩

单位：张，个，%

大选年	选票和占比	国会议席和占比
2009	4646406(4.5)	26(4.64)
2014	14760371(11.81)	73(13.3)

---

① M. Akbar, Politisi Golkar Ini Sebut Kebijakan Ekonomi Jokowi Berjalan Baik. 2016.10.26, http：//www.republika.co.id/berita/ekonomi/makro/15/10/20/nwhrwx336 - politisi-golkar-ini-sebut-kebijakan-ekonomi-jokowi-berjalan-baik.

大印度尼西亚运动党提出六点经济主张，其中包括建设强大、自给自足、公正繁荣的经济，建设民主经济和粮食安全。作为第一大在野党，大印度尼西亚运动党对佐科政府政策的批评自佐科上台后就不绝于耳，例如2015年10月21日，赫利表示依然怀疑政府第四期政策组合拳的有效性，认为相关工资计算对工人不利[1]；2016年1月12日，该党中央理事会主席阿里夫（Arief Poyuono）表示政府出台的经济政策犹如日本动漫《哆啦A梦》，仰赖神奇的口袋解决问题，认为佐科计划2016年实现粮食自给自足是白日梦[2]；2015年10月23日，大印度尼西亚运动党国会成员班邦·哈尔约（Bambang Haryo）表示政府出台的五期经济政策组合拳并无清晰的经济理念为基础，规划也不成熟，给人的印象是政府只是拆东墙补西墙，随意拼凑成组合拳，对经济包括印度尼西亚盾汇率不会产生实质性影响[3]；2016年5月1日，该党副主席阿里夫批评佐科政府出台的政策不给工人合理薪酬的希望，同时相关投资政策反而有利于无技能外劳在印度尼西亚就业，尤其是为中国投资者雇用中国劳工提供便利[4]；2016年6月1日赫利表示佐科政府出台的12期政策组合拳并没发挥积极作用[5]。自2016年10月底普拉博沃与佐科会谈后，批评声音减少。

（4）民主党

民主党于2001年组建，2003年获批。现任主席是前总统苏西洛。民主党的

---

[1] Eka Permadi, *Politisi Gerindra Ragu Efektivitas Kebijakan Jokowi*. 2015. 10. 21，http：//politik. news. viva. co. id/news/read/689598 - politisi-gerindra-ragu-efektivitas-kebijakan-jokowi.

[2] *Politisi Gerindra：Hanya Khayalan, Kebijakan Ekonomi Jokowi seperti 'Doraemon'*. 2016. 1. 12，https：//www. intelijen. co. id/politisi-gerindra-hanya-khayalan-kebijakan-ekonomi-jokowi-seperti-doraemon/.

[3] Erik Purnama Putra. *Gerindra：Paket Kebijakan Ekonomi tidak Berdasarkan Konsep Jelas*. 2016. 10. 23，http：//nasional. republika. co. id/berita/nasional/umum/15/10/23/nwnevd334-gerindra-paket-kebijakan-ekonomi-tidak-berdasarkan-konsep-jelas.

[4] *Gerindra：Paket Kebijakan Ekonomi Pemerintah Tak Berpengaruh untuk Buruh*，http：//www. tribunnews. com/nasional/2016/05/01/gerindra-paket-kebijakan-ekonomi-pemerintah-tak-berpengaruh-untuk-buruh.

[5] *Gerindra：12 Kebijakan Ekonomi Jokowi Tak Efektif*，http：//berdemokrasi. com/gerindra - 12 - kebijakan-ekonomi-jokowi-tak-efektif. html.

成立被认为与当时担任政治安全统筹部部长的苏西洛意欲参加总统竞选有关，民主党能在很短时间内声名鹊起，被认为与苏西洛个人声望有关①。2004年第一次直选，民主党获得7.45%的选票，在国会占据57个议席，成为第五大党；2009年大选中，民主党以26.4%的选票占据150个议席而成为第一大党，在很多省份获得大多数民众支持，包括亚齐、雅加达和西爪哇省。2011年，民主党爆发贪腐丑闻，时任民主党主席、副主席、财务总监等高层都牵涉贪腐，民主党高层几乎被一锅端，直接导致2014年大选失利，只获得10.9%的选票。

表6 民主党近三届大选成绩

单位：张，个，%

大选年	选票和占比	国会议席和占比	排名	总主席
2004	8455225（7.45）	57（10）	5	哈迪·乌道茂
2009	21703137（20.4）	150（26.4）	1	阿纳斯
2014	12728913（10.19）	61（10.9）	4	苏西洛

民主党提出三项经济发展主张：自然资源尽可能为人民福祉服务即潘查希拉公平经济、与他国建立互惠的商贸关系、为外国投资者提供便利。作为在野党，尽管民主党对佐科政府政策经常持批评态度，但有时也会对部分经济政策表示赞赏。如2016年3月30日，民主党提出十点意见，包括：要求政府给予政党表态或决策的自由；认为基础设施建设长期而言对印度尼西亚经济有利，民主党全力支持，但基础设施建设不应影响援助底层百姓项目，必须采取正确的融资政策，融资来源不应只是财政预算，还可以是国企和私企，财政预算过多用于基础设施建设，会影响贫困消除项目②。

(5) 民族复兴党

民族复兴党是伊斯兰政党之一，现任主席是慕哈敏·伊斯干达尔

---

① https：//id.wikipedia.org/wiki/Partai_Demokrat.
② Elza Astari Retaduari, Demokrat Minta Pemerintah Hormati Kedaulatan Partai Politik. 2016.3.3, http：//news.detik.com/berita/3169144/demokrat-minta-pemerintah-hormati-kedaulatan-partai-politik.

(Muhaimin Iskandar)。1998年6月23日,由伊斯兰教师联合会的长老们发起而成立伊斯兰政党,其中之一就是已故总统瓦希德。在2004年大选中获得10.57%的好成绩;2009年大选只获得4.6%的选票,为执政党联盟成员;2014年大选获得9.04%的选票,为执政党联盟成员。

民族复兴党对制定税收目标有自己的看法,同时建议央行降低2016年基准利率至5%以下。尽管是执政党联盟成员之一,但其对佐科政府政策并非完全支持。例如:2015年12月8日,民族复兴党表示内阁不团结、很混乱,政府没有很认真很谨慎地使用财政预算的大部分钱;同一天,该党也批评政府出台的第一期至第八期经济政策①;2016年10月12日,民族复兴党表态支持佐科的法律政策②;2016年10月20日,民族复兴党表示佐科执政两年政局平稳③。

(6)民族使命党

民族使命党也是伊斯兰政党之一。成立于1998年8月23日,现任主席是祖尔基夫利·哈桑(Zulkifli Hasan)。民族使命党由50位社会知名人士发起成立,其中有前穆哈默迪亚总主席阿敏·赖斯(Amis Rais)、古纳万·穆哈默德(Goenawan Mohammad)、阿卜提拉·多哈(Abdillah Toha)、利扎尔·拉马里博士(Dr. Rizal Ramli)、法伊扎尔·巴斯里博士(Drs. Faisal Basri,印度尼西亚著名经济学家)等。1999年大选,获得8%的选票;2004年大选,获得6.44%的选票;2014年大选获得8.8%的选票,为在野党联盟成员。2015年9月加入执政党联盟。

民族使命党提出由财政投资与金融市场融资相结合的方式进行基础设施建设;应加强农业和工业发展的相互关联性;走中间路线的政治经济政策帮

---

① *PKB Juga Kritik Paket Kebijakan Ekonomi Jokowi*. 2015.12.8,http://www.jpnn.com/news/pkb-juga-kritik-paket-kebijakan-ekonomi-jokowi.
② *PKB Mendukung Paket Kebijakan Hukum Presiden Jokowi*. 2016.12.26,http://www.dpp.pkb.or.id/content/pkb-mendukung-paket-kebijakan-hukum-presiden-jokowi.
③ Taufiqurrohman,*PKB:2 Tahun Pemerintahan Jokowi,Stabilitas Politik Terjaga*. 2016.10.20,http://news.liputan6.com/read/2630739/pkb-2-tahun-pemerintahan-jokowi-stabilitas-politik-terjaga.

助政府克服眼前的经济困难。具体有五点：借助强有力的政治支持，建立对政府的信任；保持印度尼西亚盾汇率稳定；提高出口；建设有较强竞争力的工业战略；避免工人下岗和保护社会购买力①。身为执政党联盟成员，祖尔基夫利领导下的民族使命党基本支持佐科政府政策。

（7）福利公正党

福利公正党同样是伊斯兰政党之一，原名正义党，成立于1998年，2002年4月更名为福利公正党，现任主席是索希布尔·伊曼（Sohibul Iman）。2013年1月31日，前主席哈桑·伊斯哈克（Luthfi Hasan Ishaaq）因被反腐委员会定为牛肉腐败案嫌犯而辞去主席一职，由前主席阿尼斯玛达（Anis Mata）接任，2015年8月10日，阿尼斯玛达辞职后，由索希布尔·伊曼接任主席。2004年第一次参加大选获得7.34%的好成绩，2009年大选获得7.9%的选票，成为执政党联盟成员；2014年大选获得7.1%的选票，与大印度尼西亚运动党结成在野党联盟。

福利公正党主张经济平等理念，重点消除贫困、解决失业问题、创造新增长源、推动工业化。作为在野党，福利公正党对佐科政府并非完全不支持。例如：2015年12月21日，主席索希布尔·伊曼（Sohibul Iman）公开表示福利公正党非常欣赏并支持佐科政府的部分政策②；2016年7月11日，福利公正党对佐科任命退役高级警监（前国家缉毒局执行局局长）高列斯·梅乐（Gories Mere）和年轻政客迪亚兹（Diaz Hendropriyono）（佐科竞选总统时的得力干将之一）担任总统特别幕僚负责情报和社会事务意见很大③；2017年1月6日，福利公正党质疑佐科政府提高机动车办证费用、

---

① Bayu Hermawan, *PAN Tawarkan Kebijakan Ekonomi-Politik Jalan Tengah*. 2015.9.9，http://nasional.republika.co.id/berita/nasional/politik/15/09/09/nuenlh354 – pan-tawarkan-kebijakan-ekonomipolitik-jalan-tengah.

② Bagus Prihantoro Nugroho, *PKS Apresiasi Sejumlah Kebijakan Jokowi-JK*. 2015.12.21，http://news.detik.com/berita/3101720/pks-apresiasi-sejumlah-kebijakan-jokowi-jk.

③ *Jokowi Angkat Stafsus Intelijen*, *PKS 'Kebakaran Jenggot'*. 2016.7.11，http://www.beritateratas.com/2016/07/jokowi-angkat-stafsus-intelijen-pks.html.

900 瓦电用户基准电费和最高级汽油费政策①。

(8) 团结建设党

团结建设党是伊斯兰政党之一，1973 年 1 月 5 日，由印度尼西亚伊斯兰教联盟党、伊斯兰教师联合会、白尔蒂伊斯兰教党和印度尼西亚穆斯林党 4 个穆斯林政党合并而成，现任主席是穆哈穆德·罗马（Muhammad Romahurmuziy）。1999 年大选，获得 12% 的选票，成为国会第三大党；2004 年获得 8.15% 的选票；2014 年获得 7% 的选票，2014 年 10 月加入执政党联盟。

团结建设党提出以沙里阿为基础的经济政策，认为若任由常规经济体制主导印度尼西亚经济，很难降低贫困率和失业率。身为执政党联盟成员，团结建设党对佐科政府出台的政策可谓支持和反对参半。例如：2015 年 11 月 16 日，团结建设党国会议员阿米尔·乌斯卡拉（HM Amir Uskara）表示政府推出的 6 期经济政策组合拳之间需要协同，才能更好地落实；政策执行存在多头管理问题；中央政府和地方政府的协调还需改进，以使地方政府对组合拳有更积极的回应②；2016 年 12 月 28 日，团结建设党表示支持政府优先发展基础设施建设；对粮食自给自足项目的进展也持正面评价③。

(四) 钟万学事件透射的政治含义

(1) 事件及其背景介绍

2014 年 10 月至 2017 年 5 月担任雅加达首都特区副省长、省长的钟万学是印度尼西亚客家华人后裔，也是 1964~1965 年亨克甘东（Henk Ngantung）担

---

① Rico Afrido Simanjuntak, *PKS Minta Pemerintah Jokowi Tunda Kenaikan TDL dan BBM*. 2017. 1.6, https://nasional.sindonews.com/read/1168486/12/pks-minta-pemerintah-jokowi-tunda-kenaikan-tdl-dan-bbm-1483652542.

② Politikus PPP: Implementasi Paket Kebijakan Ekonomi Tumpang-Tindih, Siapa Bertanggung Jawab?, http://www.jpnn.com/news/politikus-ppp-implementasi-paket-kebijakan-ekonomi-tumpang-tindih-siapa-bertanggung-jawab.

③ John Andhi Oktaveri, Fraksi PPP: Kebijakan Ekonomi Jokowi Tepat, Tapi Tindakan Pengamanan Berlebihan. 2016.12.28, http://kabar24.bisnis.com/read/20161228/15/615491/fraksi-ppp-kebijakan-ekonomi-jokowi-tepat-tapi-tindakan-pengamanan-berlebihan-.

任雅加达省长后的第二名华人后裔基督徒。钟万学1966年出身于勿里洞，原从事锡矿生意，因深感国内政治环境对底层百姓不利，毅然选择从政。钟万学最初加入新印度尼西亚协会党（Partai Perhimpunan Indonesia Baru），并顺利当选2004～2009届东勿里洞县议员。钟万学初入政坛就表现出坚定且强硬的反腐态度，他经常与底层百姓接触、愿意聆听百姓声音，因此备受当地社会关注。七个月后，获民众支持的钟万学于2005年竞选东勿里洞县县长，并成功当选2005～2010年东勿里洞县县长；2007年竞选邦加－勿里洞省长败选；2009年以最多选票获得者身份当选专业集团党国会议员。2012年，钟万学以普拉博沃领导的大印度尼西亚运动党副省长候选人身份与斗争民主党的省长候选人佐科搭档，成功当选雅加达首都特区副省长。佐科－钟万学搭档胜选后采取了许多改善雅加达民生的举措，如2012年11月10日推出"雅加达健康卡"、12月1日推出"雅加达教育卡"；大刀阔斧改革官僚机构、官僚作风，如实行官员拍卖制度，建立电子纳税制度，力求监督机制公开透明；大力建设雅加达基础设施，甚至不惜得罪既得利益者①。

2017年雅加达首都特区领导人选举于2015年提前拉开序幕，早已退出大印度尼西亚运动党并成为无政党背景的现任省长钟万学参选下届省长在雅加达甚至印度尼西亚掀起了一场全民甚至全球瞩目的大运动。支持钟万学的民众自发组成"阿学的朋友"志愿者团体支持无政党背景的钟万学以独立身份参选。支持率之高使钟万学直至2016年6月初依然对媒体表示要以独立身份而非政党候选人身份参选。"阿学的朋友"志愿者成功收集到一百万雅加达市民身份证复印件，从而符合独立身份参选需百万雅加达市民身份证的要求。执政党联盟的一些政党包括斗争民主党曾多次向他伸出橄榄枝，但都遭拒绝。2016年2月12日，苏利亚帕洛领导的民主国家党最先表态无条件支持钟万学；维兰托领导的人民心声党也表态无条件支持钟万学参选；专业集团党于2016年5月表态有条件支持钟万学，即支持

---

① Tangguh Sipria Riang, *Survei*: 50 *Persen Lebih Publik Muslim Indonesia Dukung Ahok*, www. kompas. com, 10 Maret 2015.

钟万学以政党候选人身份参选；2016年7月，钟万学终于宣布以政党候选人身份参选；2016年9月20日，斗争民主党正式表态支持钟万学与斗争民主党候选人即现任副省长加劳特（Djarot）搭档参选2017～2022届雅加达首都特区领导人。

民意支持度高又得到四大政党支持的阿学及其搭档当选本应毫无悬念，不料事情突然发生大反转。2016年11月4日，雅加达发生伊斯兰游行，要求警方就钟万学亵渎《古兰经》一事展开调查。游行人数多达十万人，虽然警方严阵以待，但当天晚上仍有个别地区发生小规模骚乱；事后，警方按卡拉与游行示威者谈判时做出的承诺，就钟万学亵渎《古兰经》一事展开调查，并把钟万学定为亵渎《古兰经》嫌犯；警方事后也证实抓获9名混进游行队伍意图制造更大骚乱的伊斯兰国成员[①]；伊斯兰组织印度尼西亚伊斯兰学者理事会教义捍卫国家行动（GNPF）于11月18日表示将于12月2日再次组织游行示威，要求警方逮捕钟万学。被定为亵渎《古兰经》嫌犯后，民调显示钟万学－加劳特组合支持率一度落后于其他两组。2017年2月15日，雅加达特区首长选举，尽管钟万学－加劳特组合与阿尼斯－善迪雅格组合分列第一、第二，但选票未过半数，4月19日进行第二轮选举，钟万学组合败选。

（2）事件的政治含义

虽然败选原因众说纷纭，但不管真正原因如何，事件本身折射出了伊斯兰力量在印度尼西亚政治生活中的重大影响，佐科政府的改革发展政策取向很大程度上取决于能否妥善处理好政治经济改革与伊斯兰民众、伊斯兰政党利益之间的关系。

印度尼西亚是世界上伊斯兰人口最多的国家，伊斯兰人口数量和印度尼西亚历史决定了伊斯兰组织及其领导人在印度尼西亚历史舞台上占据重要地位，是一支不可忽视的政治力量。苏哈托威权统治时期，只允许存在三个政党，分别为专业集团党（主要成员是公务员）、民主党、团结建设党（伊斯

---

① Fachri fachrudin, 9 *Terduga Anggota ISIS yang Ingin Kacaukan Aksi 4 November Ditangkap*.

兰政党）。这说明即使在苏哈托专制时代，伊斯兰力量在政治生活中仍扮演重要角色；苏西洛领导时期，凭借其高超的政治手腕获得伊斯兰力量支持；佐科上任后，尤其是2016年下半年开始，反对派与伊斯兰力量联合产生的政治不确定因素，已显现为佐科政府执行改革发展策略的巨大挑战，增加了政策前景的不确定性。但乐观的一面是：佐科政府比前任更重视聆听伊斯兰声音、更重视关注伊斯兰整体发展，希望通过协调维持政治与社会稳定，以能够集中精力谋求经济发展和社会改善。

Summary

Indonesia locates at an important node in China proposaed 21st century maritime Silk Road Initiative, and Indonesia itself has also proposed a maritime strategy of Global Maritime Fulcrum, which means strategic synergy and strategic competition coexist between two countries. The scale of Indonesian economy and its population are large, that ranked as the fourth largest population and third largest developing economy worldwide. Indonesia has a long relation with China and the social, economic and cultural differences are also obvious. Nowadays, the significance of doing research on Indonesian economy Problems and related political and cultural factors, to deepen understanding and promote cooperation is extremely outstanding.

This book is the first bluebook in China providing comprehensive analysis on Indonesia economy. This book, connecting macro and micro level analysis, consists of five parts and twelve chapters. The five parts are overall report on Indonesian economy, foreign trade and investment, industrial economy, political economy and economic cooperation. A wide set of economy related elements are included in the book's analysis, such as government policies, industrial structure, leading enterprises, political culture and other factors. By which the book shows Indonesian macroeconomic and major industry development dynamics, competitiveness and cooperation space. For Chinese government, enterprises that seeking cooperation in Indonesia, and for Chinese scholars, this book provides valuable information and reference.

The first chapter analyzes Indonesia's macroeconomic trends and prospects. In 2016, the Indonesian economy rebounded after a five-year continuous decline. The economic growth is characterized as investment-driven, and the inflation and downward trend in exchange rate have been effectively controlled. On the other hand, the imports and exports still show bilateral decline, andthe unemployment rate is still relative high. Indonesia's macro-economic improvement is mainly due to the governmental investment expansion, infrastructure construction strengtheningand transfer payment increase, energy subsidies cutting and other policy measures. Whether the economy of Indonesia can continue to improve, it's subject to the financial constraintsof governmental investment continuing expansion, the weak domestic consumption growth, and export weakness, therefore there isnotableuncertainty.

The second part rangs fromchapter I to chapter III, analyzing Indonesia's foreign trade and foreign investment.

The second chapter analyzes the situation of Indonesianinternational trade. Since 2012, the total import and export value has declined bilaterally and resulted in a trade deficit in 2012 and 2014. During the period of 2015 – 2016, Indonesia achieved a trade surplus, but this is the result of a higher decline in imports than that in exports. As for the export structure, the export value of resource-based goods and industrial products are roughly equal. For import structure, equipment and industrial products are the main categories. The major trading partners of Indonesia are Asia – Pacific countriesand its trade surplus mainly comes from trades with United States, Netherlands, and India. Since 2015 China is its largest source of imports and the third largest export market.

Chapter 3 examines the situation of foreign investment in Indonesia. Since 2013, the growth of foreign direct investment into Indonesia has slowed down to a level of about $ 29 billion a year. The main areas of foreign direct investment are mining, transportationand communications, metallurgy, machinery and electronics industry, as well as electricity, natural gas and water supply. For indirect investment, foreign investment into Indonesian securities market has been relatively high. but recently affected by the dollar interest rate rise and other factors, a negative net investment appeared in late 2016. China's investment in Indonesia reached US $ 2.66 billion, ranking No 3 In 2016.

The part Industrial economy includes five chapters, including those sectors Indonesian government set priority to develop and those Interesting areasfor cooperation under "One Belt One Road" frame.

Chapter 4 analyzes thedevelopment, competitiveness and opportunities of the

Summary

Indonesian energy industry. The result shows that energy consumption demand in Indonesia rises greatly, but the energy production rises slowly. Oil and gas resources are the main resources for energy production, and thermal power generation is the main type of power production. Meanwhile, hydroelectric power and geothermal power have great potential for energy production. Indonesia is rich in natural resources, but supply gap of energy still exists. Thus there are many investment opportunities in this sector.

Chapter 5 analyzes the situation of IT, communication, radio and TV industry development in Indonesia. Data shows a significantly growth in recent years, and the market value of IT and communication sector has exceeded 100 billion US dollars a year, but growth margin of radio and television sector declines. In sub-segmentations, Internet access service, online retail and e-commerce sector achieved outstanding growth, and hardware sector performs moderately. Analysis also shows notable cooperation space in this area, because of relatively small markes cale comparing to other Asia – Pacfic countries, limited enterprises' competitiveness comparing to neighbor countries' counterparty, encouraging policies of current government to develop this industry.

Chapter 6 analyzes the transportation, including land, sea and air. The analysis shows that the Indonesian transportation industry has grown significantly. The road sector accounts for the largest proportion in transportation industry and shows an above 20% annual growth. Annual growth rate of the aviation sector is above 30%, and 50% for railway sector since 2014, but the proportion of railway is very small, only 1% in 2016. As trying to expand the road network and to enhance the transport efficiency, current government encourages private capital participating toll road construction and operation. Meanwhile, as Indonesian local companies have relatively limited fund and capacity in these areas, there are abundant opportunities in toll road business. Similarly, the aviation sector also exists huge market space to expand and intensify the network.

Chapter 7 analyzes the financial industry, including banking, securities and insurance. Indonesian financial system is relatively underdeveloped and the coverage is low. In banking sector, the big four national banks account for around half of the market, and their asset growth slowed down in recent 2 years. In securities market and insurance market, foreign investors play important role. Foreign investors account for about 40% of the stock market transactions, while foreign insurance companies are the main player of the insurance market. The stock market has seen a mid-term rise since September 2015, but as for the external environment impact, recently a negativenet foreign investment appeared, showing foreign investors worry about the uncertainty of future growth. As the financial sector scale is still relatively small, and the government desires to promote financial development, especially in banking and insurance, there exist notable opportunities in the market. But meanwhile, the government also stresseson risk prevention and prudential supervision, which means challenges for foreign investors to take advantage of these opportunities.

Chapter 8 analyzes Indonesia's food and beverage and tobacco industries. As an agriculture-related industry, it is of great significance regarding employment problem. Thus the government gives it a priority for develoment. Data shows the food and beverage industry has contributed significantly to Indonesia's GDP. In the past five years, we see a continue growth of the industry, but the growth rate has slowed down. There is still notable growth potential considering the large population and supporting policies.

Thepart of economic cooperation includes two chapters, which analyze the experience of Indonesian industrial cooperation space and Chinese enterprises seeking cooperation in Indonesia.

Chapter 9analyzes the cooperation space provided by the Indonesian industry from the perspective of industry status, government planning, industrial investment and capital demand, and preferential policies. At the same time, this chapter also analyzes challenging factors such as policy restrictions, social and cultural differences. Especially in the infrastructure construction area, policy coordination and land acquisition issues are discussed.

Chapter 10discusses cooperation experience and risks of Chinese investment in Indonesia, in areas of large-scale infrastructure project, industrial investment and business operation through three case studies of Jakarta – Bandung high-speed railway, Nickel Investment and OPPO Indonesia. These three types are the main forms of business cooperation between China and Indonesia, thus the case

Summary

experience has a good reference value.

The last part is a special theme on political economy which describes the political basis and political strategy of the current government to promote economic development and social reform. Chapter 10 focuses on thoughts and strategies of Jokowi's reform and development. Jokowi set up nine goals of reform and development, which underlies some basic thoughts succeeding from predecessors such as Soekarno, Soeharto, Gus Dur and Susilo Bambang Yudoyono and other leaders. Jokowi uses several important political strategies to balance his reform target and incumbency challenges, such as integration and alliance, political reconciliation, keep steady and make progress strategy, etc. This chapter introduces the political events of Basuki Tjahaya Purnama happened from the second half of 2016 to May 2017 and analyzes its implication to future reform.

Contents

I General Report

B. 1 Dynamics and Prospects of Indonesian Economy / 001

    1. Overall Characteristics of Economic Development / 002
    2. Foreign Trade and Foreign Investment Situation / 009
    3. Industry Development Trend / 012
    4. Major Economic Policies and Development Measures / 016
    5. Analysis of the Prospects of Economic Growth / 021

Abstract: In 2016, the Indonesian economy rebounded after a five-year continuous decline. The current value GDP growth rate is 5.02%. The economic growth is characterized as investment-driven, industrial structure optimizing, mining and oil&gas industry's economic share decreasing, service industry's share growing, and the inflation and downward trend in exchange rate have been effectively controlled. On the other hand, the imports and exports still show bilateral decline, in spite of the trade surplus slightly expanded. Meanwhile, the unemployment rate is still relative high. The improvement of Indonesia's economy is mainly due to the governmental investment expansion, infrastructure construction strengthening and transfer payment increase, energy subsidies cutting and other policy measures. Whether the economy of Indonesia can continue to improve, the international community is cautiously optimistic on this question. But subject to the financial constraints of governmental investment continuing expansion, the weak domestic consumption growth, export weakness, as well as the unstable international economic environment and domestic politic uncertainty, Indonesia's economic growth is still facing obivious challenges.

Keywords: Macroeconomic; Economic Rebound Trend; Prospect Analysis; Reform Measures

Ⅱ Foreign Trade and Foreign Investment

B. 2　Analysis of the Situation of International Trade in Indonesia

/ 032

Abstract: Since 2009, the share of Indonesia's total international trade value in global trade has increased, but began at 2012, the total import and export value has declined bilaterally and resulted in a trade deficit in 2012 to 2014. During the period of 2015 −2016, Indonesia achieved a trade surplus, but this is the result of a higher decline in imports than that in exports. As for the export structure, the export value of resource-based goods and industrial products are roughly equal. For import structure, equipment and industrial products are the main categories. The major trading partners of Indonesia are Asia-Pacific countries. Since 2015 China is its largest source of imports and the third largest export market, and its trade surplus mainly comes from trades with United States, Netherlands, India.

Key words: International Trade; Total Trend; Trade Structure

B. 3　Report on the Development of Foreign Investment in Indonesia

/ 043

Abstract: Since 2013, the growth of foreign direct investment into Indonesia has slowed down to a level of about $ 29 billion a year. Meanwhile, foreign investment into Indonesian securities market has been relatively high, but a negative net investment appeared in late 2016 due to factors as the interest rate rise

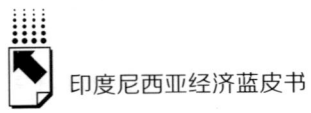

of the US dollar. The outflow is offset by capital inflows of public foreign debt, resulting a slight positive balance of capital account and international payments. The main areas of foreign direct investment are mining, transportation and communications, metallurgy, machinery and electronics industry, as well as electricity, natural gas and water supply. In 2016, China's investment in Indonesia reached US 2.66 billion, ranking No 3 with a three places rose.

Keywords: Foreign Investment; Investment Trends; Industry Focus

Ⅲ Industrial Economy

B.4 Energy Industry's Trends, Competitiveness and Opportunities / 052

Abstract: The energy consumption demand in Indonesia rises greatly, but the energy production rises slowly. Oil and gas resources are the main resources for energy production in Indonesia, and thermal power generation is the main type of power production. Meanwhile, hydroelectric power and geothermal power have great potential for energy production. Indonesia is rich in natural resources, but supply gap of energy still exists. There are a lot of power-investment opportunities in Indonesia with supporting infrastructure and preferential policy. Chinese enterprises already have some power-investment experience in Indonesia, and therefore are competitive in the market.

Keywords: Energy Industry; Power; Industry Opportunity

B.5 Information & Communication Industry's Trend, Competitiveness and Opportunities / 087

Abstract: The special geographical environment of Indonesia makes it particularly important to develop infrastructures such as information communication and radio and television industries. Both information communication and radio and television industries have grown significantly in recent years, in which the size of the information and communication industry has exceeded 100 billion US dollars, but the radio and television industry growth margin declines. In the field of segmentation, Internet access and online retail are priorities to develop, and e-commerce sector has the fastest growth as well as network hardware industry development is stable. However, Indonesian information and radio and television industry occupy rather small market in the Asia-Pacific region. In comparison with similar enterprises in China, there is still a significant gap in competitiveness. Construction of information and communication facilities will be a crucial mission for new Indonesia government. Thus, cooperation between China and Indonesia among those field has a bright future.

Keywords: Information Communication; Radio and Television; Internet Access; Online Retail

B. 6   Transportation Industry's Trends, Competitiveness and Opportunities
/ 135

Abstract: To develop transportation infrastructure is the top priority of Jokowi's administration. This chapter analyzes the current situation of the transportation industry including land transportation, sea and aviation sectors. This chapter also analyzes leading companies' strength in competition and market opportunities for external investors. The analysis shows that the Indonesian transportation industry has grown significantly. The road sector accounts for the largest proportion in transportation industry and shows an above 20% annual growth. Annual growth rate of the aviation sector is above 30%, and 50% for railway sector since 2014, but the proportion of railway is very small, only 1% in 2016. As trying to expand the road network and to enhance the transport efficiency, current government encourages private capital participating toll road construction and operation. Meanwhile, as Indonesian local companies have

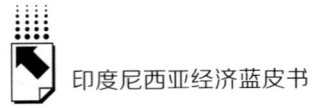

relatively limited fund and capacity in these areas, there are abundant opportunities in toll road business. Similarly, the aviation sector also exists huge market space to expand and to intensify the network.

Keywords: Road; Sea Transportation; Aviation; Government Planning; Investment Space

B.7 Financial industry' Trends, Competitiveness and Opportunities
/ 177

Abstract: Indonesian financial system is relatively underdeveloped and the coverage is low. In bankingsector, the big four national banks account for around half of the market, and their asset growth slowed down in recent 2 years. In securities market and insurance market, foreign investors play important role. Foreign investors account for about 40% of the stock market transactions, while foreign insurance companies are the main body of the insurance market. The stock market has seen a mid-term rise since September 2015, but as for the external environment impact, the net foreign investment in the market is negative, showing foreign investors worry about the uncertainty of future growth. As the financial sector scale is still relatively small, and the government desires to promote financial development, especially in banking and insurance, there exist notable opportunities in the market. But on the other side, the government also stresses on risk prevention and prudential supervision, which means there are obvious challenges for foreign investors to take advantage of these opportunities.

Keywords: Banking; Securities Market; Insurance; Main Enterprises

B. 8　Food industry' Trends, Competitiveness and Opportunities

/ 214

Abstract: The Indonesian food and beverage industry has contributed significantly to its GDP. In the past five years, the Indonesian food and beverage industry has maintained a growing trend, but the growth rate has slowed down. There is still notable growth potential considering the large population and policy support from the government. This chapter first analyzes the development trend and competitiveness of all sub-markets of this industry, and the opportunities by assessing market potential, government incentive policies, and comparative advantage comparison between Indonesian and Chinese food companies.

Keywords: Food and Beverage; Tobacco and Alcohol; Industry Dynamics; Leading Enterprises

Ⅳ　Economic Cooperation

B. 9　Analysis of Industrial Cooperation Space and Main Risks in Indonesia　　　　/ 255

Abstract: This chapter analyzes the cooperation space provided by the Indonesian industry from the perspective of industry status, government planning, industrial investment and capital demand, and preferential policies. At the same time, this chapter also analyzes challenging factors such as policy restrictions, social and cultural differences. Especially in the infrastructure construction area, policy coordination and land acquisition issues are discussed.

Keywords: Industry Cooperation; Cooperation Opportunities; Risk Elements

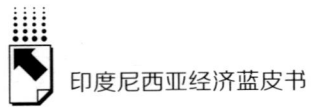

B.10　Case Studies of Sino – Indonesian Business Cooperation　　／295

Abstract: This chapter discusses cooperation experience and risks of Chinese investment in Indonesia, in areas of large-scale infrastructure project, industrial investment and business operation through three case studies of Jakarta-Bandung high-speed railway, Nickel Investment and OPPO Indonesia. These three types are the main forms of business cooperation between China and Indonesia, thus the case experience has a good reference value.

Keywords: Cooperation Case; Jakarta-Bandung high-speed railway; Nickel Investment; OPPO Indonesia

V　Special Theme

B.11　Political Strategies of Jokowi's Administration to Promote Reform and Development　　／314

Abstract: This chapter focuses on the major thoughts and strategies of Jokowi's reform and development. Jokowi set up nine goals of reform and development, which underlies some basic thoughts succeeding from predecessors such as Soekarno, Soeharto, Gus Dur and Susilo Bambang Yudoyono and other leaders. Jokowi uses several important political strategies to balance his reform target and incumbency challenges, such as integration and alliance, political reconciliation, keep steady and make progress strategy, etc. This chapter also introduces the political events of Basuki Tjahaya Purnama happened from the second half of 2016 to May 2017 and analyzes its implication to future reform.

Keywords: Reform Idea; Implementation Strategy; Political Foundation; Basuki Tjahaya Purnama event

Abstrak

Sebagai salah satu negara besar yang berada di Jalur Sutra Abab 21 yang dikemukakan oleh Tiongkok, Indonesia juga mengajukan konsep strategis "Poros Maritim Dunia" yang bersinergi sekaligus bersaing dengan Jalur Sutra Abab 21. Sebagai kekuatan ekonomi yang besar, Indonesia merupakan negara terbesar keempat dengan jumlah penduduk yang besar sekaligus negara berkembang terbesar ketiga di seluruh dunia. Meskipun pergaulan antara Indonesia dengan Tiongkok telah bersejarah lama, perbedaan kedua negara dalam bidang sosial, ekonomi, dan budaya tetap menyolok. Dengan demikian, penelitian terhadap ekonomi Indonesia serta faktor-faktor politik dan budaya yang terkait dengan perkembangan ekonomi Indonesia dapat memperdalam pemahaman dan mendorong maju kerja sama kedua negara.

Sebagai buku biru Indonesia yang pertama, buku ini bertema ekonomi yang terdiri dari 5bagian (totalnya 12bab), yaitu: Laporan Umum, Perdagangan Luar Negeri dan Penanaman Modal Asing, Bagian Ekonomi Industri, Bagian Ekonomi Politik, Dan Bagian Kerja Sama Ekonomi. Buku biru ini mengandung ekonomi makro maupun ekonomi mikro dan dititikberatkan pada analisis terhadap kebijakan pemerintah, struktur industri, perusahaan-perusahaan besar, budaya politik di Indonesia, dan pembahasan terhadap ekonomi makro dan perkembangan industri utama, daya saing, dan peluang kerja sama agar dapat memudahkan pemerintah maupun perusahaan Tiongkok menemukan kesempatan kerja sama di Indonesia dan memberikan informasi yang cukup banyak kepada kalangan akademik yang berminat meneliti Indonesia.

Bab I berisi analisis terhadap perkembangan dan prospek ekonomi makro Indonesia. Analisis yang kami lakukan menunjukkan bahwa pertumbuhan ekonomi Indonesia yang terus mengalami penurunan dalam kurun waktu 5 tahun mulai membaik pada tahun 2016, dan sektor-sektor ekonomi yang berfungsi sebagai penggerak investasi mengalami kenaikan, inflasi dan kurs yang menurun juga berhasil mengalami perbaikan. Akan tetapi, nilai ekspor dan impor tetap menurun, tingkat pengangguran juga tetap tinggi. Ekonomi makro yang membaik disebabkan oleh kebijakan-kebijakan pemerintah Indonesia, antara lain: investasi pemerintah Indonesia dalam jumlah lebih besar, pembangunan infrastruktur dan pembayaran transfer yang diutamakan, serta subsidi energi yang dihapus. Penulis beranggapan bahwa tidak dapat dipastikan apakah ekonomi Indonesai dapat terus membaik karena keterbatasan keuangan investasi pemerintah dan menurunnya pertumbuhan konsumsi dalam negeri serta ekspor.

Bagian neraca perdagangan, dan investasi asing terdiri 2bab.

Bab Ⅱ berisi analisis terhadap neraca perdagangan Indonesia. Analisis yang kami lakukan menunjukkan bahwa sejak tahun 2012 nilai impor maupun ekspor dua-duanya mengalami penurunan, bahkan mengalami minus dalam kurun waktu 2012 – 2014. Dalam periode 2015 – 2016, neraca perdagangan Indonesia mengalami surplus yang disebabkan oleh penurunan nilai impor yang melebihi penurunan nilai ekspor. Komoditas utama yang diekspor oleh Indonesia adalah hasil sumber daya alam dan hasil industri yang sama rasionya, sedangkan komoditas utama yang diimpor oleh Indonesia adalah mesin dan perlengkapan serta hasil industri. Negara-negara Asia-Pasifik menjadi mitra perdagangan Indonesia yang utama, dan surplus neraca perdagang Indonesia terutama berasal dari Amerika Serikat, Belanda, dan India. Sejak tahun 2015, Tiongkok menjadi negara asal impor terbesar dan negara tujuan ekspor Indonesia ketiga.

Bab Ⅲ berisi analisis terhadap investasi asing di Indonesia. Pembahasan yang kami lakukan menunjukkan bahwa investasi asing langsung mengalami perlambatan dengan mempertahankan nilai sekitar 29 miliar dolar Amerika setiap tahun sejak tahun 2013. Investasi asing langsung terutama pada sektor-sektor seperti pertambangan, transportasi pergudangan dan komunikasi, pengolahan logam, mesin dan perlengkapan serta alat elektronik, listrik, gas alam, dan penyediaan air; sedangkan investasi asing tidak langsung terutama pada bursa saham, tetapi pertumbuhan investasi pada bursa saham mengalami minus akibat tingkat bunga dolar Amerika naik belakangan ini. Pada tahun 2016, Tiongkok menjadi investor terbesar ketiga dengan investasi langsung yang mencapai 2.665 miliar dolar

Amerika.

　　Bagian Ekonomi Industri terdiri dari 5 bab yang dititikberatkan pada industri-industri penting dalam perencanaan pembangunan pemerintah Indonesia dan fokus kerja sama dengan luar negeri dalam kebijakan Satu Sabuk Satu Jalan. Isi-isi konkret sebagai berikutnya:

　　Bab IV berisi analisis terhadap perkembangan industri energi, daya saing, dan peluangnya. Dalam beberapa tahun ini, kebutuhan energi Indonesia mengalami pertumbuhan yang menyolok. Akan tetapi, pertumbuhan produksi energi tidak mengalami perbaikan. Energi Indonesia terutama pada sumber migas sehingga pembangkit listrik terutama berasal dari migas. Padahal, pembangkit listrik tenaga air dan panas bumi berpotensi besar. Meskipun sumber daya alam Indonesia kaya raya, persediaan energi tetap tidak memadai, sehingga banyak peluang untuk investasi dalam bidang perlistrikan di mana sarana infrastruktur dan kebijakan memadai.

　　Bab V berisi analisis terhadap informasi dan komunikasi. Beberapa tahun ini, pertumbuhan industri informasi mengalami kenaikan dengan nilai totalnya menerobos 100 miliar dolar Amerika, sedangkan pertumbuhan industri komunikasi mengalami penurunan. Sub-sub sektor yang penting terutama pada jaringan internet dan belanja online dengan perdagangan elektronik berkembang pesat dan perangkat keras internet berkembang stabil. Penulis beranggapan bahwa peluang kerja sama dalam industri informasi dan komunikasi boleh dikatakan banyak berkat daya saingnya yang masih kalah jika dibanding dengan perusahaan Tiongkok yang bersangkutan akibat skala pasarnya belum besar, dan pemerintah Jokowi sangat mementingkan pembangunan infrastruktur informasi dan komunikasi.

　　Bab VI berisi analisis terhadap industri trasportasi yang terdiri dari tiga bagian: transportasi darat, transportasi laut, dan transportasi udara. Analisis yang kami lakukan menunjukkan bahwa beberapa tahun ini industri transportasi berkembang pesat. Di antaranya, industri transportasi udara rata-rata tiap tahun naik lebih dari 30%, transportasi jalan raya yang menjadi bagian utama transportasi rata-rata tiap tahun naik lebih dari 20%, transportasi kereta api mengalami kenaikan secara drastis sejak tahun 2014. Akan tetapi, transportasi kereta api hanya merupakan 1% dari transportasi Indonesia. Penulis beranggapan bahwa peluang kerja sama dalam jalan tol cukup besar karena pemerintah Jokowi yang sedang berusaha menambah jaringan jalan raya dan meningkatkan efisiensi penggunaannya mendorong partisipasi swasta, serta pembangunan dan pengelolaan perusahaan Indonesia terkait jalan raya masih kurang; begitu juga halnya dengan transportasi udara.

Bab Ⅶ berisi analisis terhadap industri keuangan yang terdiri dari perbankan, bursa saham (IHSG), dan asuransi. Sistem keuangan Indonesia relatif belum maju dan layanan keuangan masih rendah. Dalam perbankan, nilai empat bank milik negeri yang terbesar merupakan 50% dari nilai total semua bank di Indonesia, tetapi pertumbuhannya dua tahun ini agak melambat; tingkat partisipasi modal asing dalam pasar saham dan asuransi cukup tinggi karena nilai transaksi penanam modal asing merupakan 40% dari nilai transaksi pasar saham dan perusahaan asuransi modal asing adalah pelaku utama dalam pasar asuransi. Sejak September 2015, IHSG mengalami kenaikan dalam jangka menengah. Akan tetapi, belakangan ini investasi asing yang minus dalam IHSG makin menyolok akibat pengaruh eksternal. Hal ini menunjukkan kekhawatiran penanam asing terhadap pasar Indonesia. Penulis beranggapan bahwa terdapat peluang perkembangan industri yang cukup besar berkat skala pasar saham dan asuransi yang relatif kecil serta tekad pemerintah Jokowi untuk mendorong perkembangan keuangan, terutama kapasitas perbankan dan asuransi. Sementara itu, pemerintah Indonesia menekankan antisipasi dan pengawasan risiko sehingga terdapat kesulitan bagi penanam modal asing untuk menggunakan industri-industri yang tersebut di atas.

Bab Ⅷ berisi analisis terhadap industri makanan, minuman, dan tembakau. Sebagai industri menyangkut pertanian yang sangat berarti dalam mengatasi masalah pengangguran, industri makanan, minuman dan tembakau menjadi salah satu industri yang sangat diutamakan oleh pemerintah Jokowi. Pertumbuhan industri tersebut memberikan kontribusi besar terhadap pertumbuhan ekonomi Indonesia dan selalu naik dalam 5 tahun yang baru lalu dengan tingkat pertumbuhan yang agak melambat. Penulis beranggapan bahwa terdapat peluang perkembangan yang cukup besar berkat jumlah penduduk Indonesia yang besar dan kebijakan pemerintah Jokowi yang kondusif.

Bagian Kerja Sama Ekonomi terdiri dari 2 bab, masing-masing analisis terhadap peluang kerja sama dengan industri Indonesia dan pengalaman kerja sama perusahaan Tiongkok dengan Indonesia.

Bab IX berisi analisis terhadap peluang kerja sama dengan industri-industri Indonesia dari banyak segi, antara lain: kondisi sekarang industri, perencanaan pembangunan pemerintah, investasi industri, kebutuhan modal, dan fasilitas kebijakan; dan pembahasan terhadap tantangan yang akan dihadapi jika menanam modal pada industri Indonesia dari faktor-faktor seperti keterbatasan kebijakan, perbedaan sosial dan budaya, dan koordinasi kebijakan dalam pembangunan infrastruktur serta masalah penggunaan tanah di Indonesia.

Bab X berisi analisis terhadap pengalaman dan risiko kerja sama dengan Indonesia dalam proyek infrastruktur, investasi industri, dan pengelolaan perusahaan dengan tiga contoh: kereta api cepat Jakarta-Bandung, investasi tambang nikel, dan Perusahaan OPPO Indonesia. Ketiga macam kerja sama tersebut merupakan kerja sama perusahaan antara Tiongkok dengan Indonesia yang utama sehingga bernilai untuk diteliti.

Bagian Ekonomi Politik terdiri dari dua bab yang masing-masing membahas tentang dasar politik dan strategi politik pemerintah Jokowi untuk mengembangkan ekonomi dan reformasi sosial. Bab XI berisi analisis terhadap strategi politik pemerintah Jokowi dalam rangka menjalankan kebijakan reformasi dari tiga segi. Pertama, pikiran Jokowi dalam mengeluarkan kebijakan reformasi, yakni Nawacita; kedua, pewarisan pikiran pemimpin-pemimpin sebelumnya, antara lain Soekarno, Soeharto, Gus Dur, dan Susilo Bambang Yudoyono, yakni hubungan antara pikiran Jokowi dengan para pendahulunya; ketiga, poin-poin strategi politik pemerintah Jokowi dalam menjalankan kebijakan reformasi, antara lain: koalisi partai politik, rekonsiliasi politik, mengejar kemajuan sambil menjaga kestabilan.

权威报告·热点资讯·特色资源

皮书数据库
ANNUAL REPORT(YEARBOOK) DATABASE

当代中国与世界发展高端智库平台

所获荣誉

- 2016年,入选"国家'十三五'电子出版物出版规划骨干工程"
- 2015年,荣获"搜索中国正能量 点赞2015""创新中国科技创新奖"
- 2013年,荣获"中国出版政府奖·网络出版物奖"提名奖
- 连续多年荣获中国数字出版博览会"数字出版·优秀品牌"奖

成为会员

通过网址www.pishu.com.cn或使用手机扫描二维码进入皮书数据库网站,进行手机号码验证或邮箱验证即可成为皮书数据库会员(建议通过手机号码快速验证注册)。

会员福利

- 使用手机号码首次注册会员可直接获得100元体验金,不需充值即可购买和查看数据库内容(仅限使用手机号码快速注册)。
- 已注册用户购书后可免费获赠100元皮书数据库充值卡。刮开充值卡涂层获取充值密码,登录并进入"会员中心"—"在线充值"—"充值卡充值",充值成功后即可购买和查看数据库内容。

社会科学文献出版社 皮书系列
SOCIAL SCIENCES ACADEMIC PRESS (CHINA)

卡号:792814436178
密码:

数据库服务热线:400-008-6695
数据库服务QQ:2475522410
数据库服务邮箱:database@ssap.cn
图书销售热线:010-59367070/7028
图书服务QQ:1265056568
图书服务邮箱:duzhe@ssap.cn

子库介绍
Sub-Database Introduction

中国经济发展数据库

涵盖宏观经济、农业经济、工业经济、产业经济、财政金融、交通旅游、商业贸易、劳动经济、企业经济、房地产经济、城市经济、区域经济等领域，为用户实时了解经济运行态势、把握经济发展规律、洞察经济形势、做出经济决策提供参考和依据。

中国社会发展数据库

全面整合国内外有关中国社会发展的统计数据、深度分析报告、专家解读和热点资讯构建而成的专业学术数据库。涉及宗教、社会、人口、政治、外交、法律、文化、教育、体育、文学艺术、医药卫生、资源环境等多个领域。

中国行业发展数据库

以中国国民经济行业分类为依据，跟踪分析国民经济各行业市场运行状况和政策导向，提供行业发展最前沿的资讯，为用户投资、从业及各种经济决策提供理论基础和实践指导。内容涵盖农业，能源与矿产业，交通运输业，制造业，金融业，房地产业，租赁和商务服务业，科学研究，环境和公共设施管理，居民服务业，教育，卫生和社会保障，文化、体育和娱乐业等100余个行业。

中国区域发展数据库

对特定区域内的经济、社会、文化、法治、资源环境等领域的现状与发展情况进行分析和预测。涵盖中部、西部、东北、西北等地区，长三角、珠三角、黄三角、京津冀、环渤海、合肥经济圈、长株潭城市群、关中—天水经济区、海峡经济区等区域经济体和城市圈，北京、上海、浙江、河南、陕西等34个省份及中国台湾地区。

中国文化传媒数据库

包括文化事业、文化产业、宗教、群众文化、图书馆事业、博物馆事业、档案事业、语言文字、文学、历史地理、新闻传播、广播电视、出版事业、艺术、电影、娱乐等多个子库。

世界经济与国际关系数据库

以皮书系列中涉及世界经济与国际关系的研究成果为基础，全面整合国内外有关世界经济与国际关系的统计数据、深度分析报告、专家解读和热点资讯构建而成的专业学术数据库。包括世界经济、国际政治、世界文化与科技、全球性问题、国际组织与国际法、区域研究等多个子库。

法律声明

"皮书系列"（含蓝皮书、绿皮书、黄皮书）之品牌由社会科学文献出版社最早使用并持续至今，现已被中国图书市场所熟知。"皮书系列"的LOGO（ ）与"经济蓝皮书""社会蓝皮书"均已在中华人民共和国国家工商行政管理总局商标局登记注册。"皮书系列"图书的注册商标专用权及封面设计、版式设计的著作权均为社会科学文献出版社所有。未经社会科学文献出版社书面授权许可，任何使用与"皮书系列"图书注册商标、封面设计、版式设计相同或者近似的文字、图形或其组合的行为均系侵权行为。

经作者授权，本书的专有出版权及信息网络传播权为社会科学文献出版社享有。未经社会科学文献出版社书面授权许可，任何就本书内容的复制、发行或以数字形式进行网络传播的行为均系侵权行为。

社会科学文献出版社将通过法律途径追究上述侵权行为的法律责任，维护自身合法权益。

欢迎社会各界人士对侵犯社会科学文献出版社上述权利的侵权行为进行举报。电话：010-59367121，电子邮箱：fawubu@ssap.cn。

社会科学文献出版社